海峡西岸经济区
发展报告2018

洪永淼 主 编
蔡伟毅 任 力 郑若娟 副主编

中国财经出版传媒集团
经济科学出版社
Economic Science Press

图书在版编目（CIP）数据

海峡西岸经济区发展报告.2018 / 洪永淼主编.—北京：经济科学出版社，2018.11
ISBN 978-7-5141-9995-6

Ⅰ.①海… Ⅱ.①洪… Ⅲ.①区域经济发展-研究报告-福建-2018 Ⅳ.①F127.57

中国版本图书馆 CIP 数据核字（2018）第 280547 号

责任编辑：周胜婷
责任校对：靳玉环
责任印制：邱　天

海峡西岸经济区发展报告2018

洪永淼　主　编

蔡伟毅　任　力　郑若娟　副主编

经济科学出版社出版、发行　新华书店经销
社址：北京市海淀区阜成路甲 28 号　邮编：100142
总编部电话：010-88191217　发行部电话：010-88191522
网址：www.esp.com.cn
电子邮箱：esp@esp.com.cn
天猫网店：经济科学出版社旗舰店
网址：http://jjkxcbs.tmall.com
固安华明印业有限公司印装
710×1000　16 开　21.75 印张　350000 字
2018 年 12 月第 1 版　2018 年 12 月第 1 次印刷
ISBN 978-7-5141-9995-6　定价：88.00 元
(图书出现印装问题，本社负责调换。电话：010-88191510)
(版权所有　侵权必究　打击盗版　举报热线：010-88191661
QQ：2242791300　营销中心电话：010-88191537
电子邮箱：dbts@esp.com.cn）

前　　言

又是一年金秋时节,《海峡西岸经济区发展报告2018》如期与读者见面了。多年来,海峡西岸经济区发展研究课题组坚持跟踪海峡西岸经济发展动向,搜集最新发展数据,深入调研"海西"发展状况,形成系统性的分析框架和理论观点,并在此基础上提出与时俱进的研究内容和政策建议。这已经是课题组第七次发布海峡西岸经济区发展报告。依例,课题组历经一年的选题策划、研究探讨、分工撰写和编辑修改,将最新的观点和思考编辑成册,以飨读者。

《海峡西岸经济区发展报告2018》承续往年发展报告的风格和体例,所选的研究主题集中于当前中国宏观经济政策当局所关注的重要方面和区域经济发展的热点话题。全书将十五个研究主题划分为四个板块:开放与自由贸易区、公共服务、金融以及农业与乡村振兴。课题板块与研究主题切合当前经济发展的实际状况,紧跟经济发展的最新热点。

福建省作为"一带一路"建设的核心区,同时伴随着福州、厦门和平潭三个片区成为"自由贸易试验区",福建省以及海峡西岸经济区正处于良好的发展机遇期。为了国家重大发展战略和地方经济发展的需要,厦门大学经济学科发挥学科和人才优势,于2015年联合省内外和境内外高校、科研机构以及相关政府部门、金融机构和企业共同成立了"中国(福建)自由贸易试验区研究院"。2018年,中央政府宣布将建设海南自由贸易港,关于自由贸易港的研究正迅速升温。课题组在此经济现实背景下研究海峡西岸经济区建设自由贸易港的可能性和相应发展思路。

在建设"一带一路"核心区和"自由贸易试验区"的过程中，金融服务是一项必不可少的重要组成部分。经济发展、产业结构调整、对外开放的深入，都离不开金融行业的参与和支持。课题组研究了厦门自由贸易港建设的金融支持，并探讨福建和厦门发展科技金融和绿色金融的可行性及相应对策。

产业发展补短板是"供给侧"结构性改革中非常重要的一个环节，而公共服务行业是海峡西岸经济区的一个重要短板。加快公共服务行业的发展能更好地实现海峡西岸经济区高质量发展。课题组研究了公共服务发展机制、医疗发展机制和可持续发展等多方面课题。

农业发展与乡村振兴是当前中央政府特别关注的一个经济发展问题，习近平总书记提出了"绿水青山就是金山银山"的重要科学论断。农业可持续发展和乡村振兴是当前学术界关注的热点问题。课题组提出了福建省乡村振兴的宏观思路和微观对策，并探讨其中的农业多功能发展问题和文化支持对策。

基于以上的现实状况与理论分析，课题组将以上四个板块内容细分为十五个专业选题，进而形成本年度的发展报告。本年度发展报告各个专题的内容简述如下：

专题一　建设自由贸易港区的基本思路——以厦门市为例

厦门经济特区成立以来，经济发展实现历史性飞跃，开放型经济迈上新水平，综合实力显著增强，为厦门自由贸易港区的发展创造了良好的外部环境。建设厦门自由贸易港区，有利于提升厦门片区建设质量，更好地服务全国改革开放大局，也是深入贯彻落实习近平总书记重要批示精神的具体体现。挂牌两年来，厦门自贸区建设已经成为全市推动先行先试、改革创新的重要推进器，在制度创新、投资管理、贸易管理、金融开放、两岸开放、事中事后监管、产业发展、法治保障等方面取得了突出的成就，自贸区已成为厦门改革创新高地和推动厦门转型发展的重要引擎。其主要表现为发展质量方面持续提升，改革创新不断取得新突破，开放型经济迈上新水平，对台战略支点作用更加突显。而在发展过程中仍存在一些问题和差距，特殊监管区域制度创新和完善仍需加快步伐，非特殊监管区域产业优化集聚需进一步完善，制度顶层设计和监管政策创新需进一步集成，厦台两地合作优势和潜力挖掘需拓展新途径。在功能定位上，要对标国际先进规则，坚持全面深化改革、全方位对外开放，努力建设投资贸易更加开放、产业发展更加有利、资金融通更加活跃、人员进出更加便捷的国际先进自由贸易港区，当好深化全球开放合作的排头兵和先行者。同时，以促进自由贸易港区跨境贸易和投融资便利化、服务自由贸易港区实体经济发展为出发点，按照积极稳妥、把握节奏、宏观审慎、风险可控的原则推进，在资本项目可兑换、外汇管理体制改革、扩大人民币跨境使用、金融业对内对外开放、金融监管等方面先行先试，最终为全国深化金融改革和扩大金融开放服务。还需突出对台特色，进一步放宽对台投资贸易限制，率先推进对台投资自由化贸易便利化，打造对台合作先行先试区。

专题二　海峡西岸建设自由贸易港区的现状及前瞻

自由贸易港无疑是当前中国经济的一个热点话题之一。而就在 2018 年，海南省成为第一个获得中央文件批示予以支持建设自由贸易港的地区。福建自贸试验区从挂牌以来，认真贯彻国家自贸区发展战略部署，紧抓制度创新核心，扎实推进重点实验任务建设，自贸试验区的改革成效不断凸显，但与自由贸易港区仍存在差距。自由贸易港是指全部或者绝大多数外国商品可以免税进出的港口，设在国家与地区境内、海关管理关卡之外的特殊区域，并且准许在自由港内开展货物自由改装、加工和制造等业务活动的特殊经济功能区。海峡西岸经济区作为以福建为主体，涵盖周边区域，对应台湾海峡，具有自身特点、自然聚集、独特优势的区域经济综合体，也是国家战略布局中重要的一环，该如何在福建自由贸易试验区的基础上建设自由贸易港呢？本专题旨在对该问题进行探讨。

专题主要分为五个部分。第一部分是引言；第二部分简单介绍了自由贸易港区的概念与特点；第三部分将主要笔墨置于对福建自贸试验区发展现状的回顾与分析，结合三大片区（厦门、福州、平潭）最新政策与数据，分别从贸易投资、金融开放、产业发展、法制建设以及闽台合作五个方面着重展开；第四部分描述了上海、广东建设自由贸易港区的设想与举措，归纳了国内较早提出自贸试验区升级为自由贸易港区的上海及广东经验及相应借鉴；第五部分是海峡西岸建设自由贸易港区前瞻，为福建自贸试验区全面深化改革进而迈向自由贸易港区提出了几点建议：空间范围上扩展自贸区的地域空间，功能服务上往复合型自由贸易港发展，贸易投资上进一步制度创新，金融领域上大力发展离岸金融市场、推进金融业深度开放创新，闽台合作上推动两岸政策对接融合，产业发展上多管齐下促进高端服务业的产业发展，法制建设上完善知识产权制度、创新税收优惠制度、健全容错纠错机制等。

专题三　厦门自贸区金融改革与自由港政策衔接问题研究

自由贸易港，对于拥有自贸区的福建，尤其是福建省的厦门，是一个期盼已久的梦想。2015 年福建自贸试验区挂牌后，厦门自贸片区成为其组成部分之一，在不断推出自贸新政的同时，也一步步为始终未变的自由港梦想打下坚实基础。国家领导人及厦门市领导也高度重视厦门自由贸易港的建设。习近平在代表第十八届中央委员会向党的十九大作报告时指出，赋予自由贸易试验区更大的改革自主权，探索建设自由贸易港。厦门市委书记裴金佳也表示：厦门将从四方面探索打造自由贸易试验区升级版，争取建设自由贸易港。自由贸易港是在自由贸易试验区基础上的升级，探索自贸区金融改革与自由港政策衔接问题，有利于突破现有的制度瓶颈和政策障碍，逐步形成以自由港带动自贸区，以自贸区支撑自由港，有分工、有协作、互相补充的开放新格局。文章首先通过比较分析法研究厦门自贸区与国内其他早期自贸区和国际领先自由港的异同，厘清厦门自贸区金融改革的发展现状。然后从路径依赖的角度出发，识别厦门自贸区金融改革面临的制度瓶颈和政策障碍，包括：厦门自贸区内金融机构及金融行业发展远不能满足其经济转型升级的需求；以账户为核心的金融监管模式对自贸区转型的制约。随后，从金融创新与风险防范的角度出发，对自贸区向自由港转型的政策衔接提出三个方案：自贸区外汇管理改革方案、自贸区离岸人民币制度方案和自贸区金融驱动制造业发展方案。最后，从金融开放的角度出发，提出四条实现自贸区金融改革与"一带一路"倡议衔接的方案：探索金融改革助力贸易便利化方案；探索金融改革助力投资自由化方案；探索金融改革实现金融国际化方案；探索金融改革助力两岸金融合作先行先试方案。

专题四　福建省对外直接投资区位选择研究

本专题研究福建省企业对外直接投资区位选择问题。通过统计数据与案例分析，可以看出，福建省企业对外直接投资的区位选择主要受福建省的地理位置、资源禀赋、产业结构、人文环境和福建籍海外华人华侨等因素的影响。福建的地理位置三面环山，东边面海，这就决定了福建省企业对外直接投资最重要的路线就是沿着东海和南海向东南亚地区延伸，并延展至南亚地区和非洲地区，这亦是海上丝绸之路的线路。福建的资源禀赋和产业结构决定了福建省对外直接投资主要集中在纺织服装、养殖渔业和服务业等传统产业。人文环境因素决定了福建省对外直接投资主要投向与福建省地理位置相近、人文风俗相似的中国台湾、中国香港和东南亚等区域,同时福建籍华人华侨在福建省对外直接投资中扮演着重要的角色。

通过对我国整体对外直接投资区位分布以及福建省对外直接投资区位分布的分析,可以看出,福建省对外直接投资的区位选择与全国整体情况既有相同之处,也有所不同。首先,中国香港是福建省境外直接投资的第一目的地,这与全国整体情况是相吻合的,尤其是福建省企业在香港上市较多。其次,福建省在东南亚国家投资数额较大,高于全国整体情况,这主要与福建省自身的产业结构、产业发展优势和东南亚地区广泛分布的福建籍华人华侨有关。再其次,福建省对中国台湾地区投资走在全国各省区市的前列,这与福建省的地理位置优势、福建省与中国台湾地区之间深厚的历史渊源、国家的政策支持是分不开的。最后,福建省对全球其他地区的投资从比重来说数额不大,但福建省企业全球布局的趋势明显。

专题五 厦门市完善政府购买公共服务机制研究

进入21世纪以来,人民日益增长的对美好生活的需要主要体现为对民生类公共服务的需要,而这些需要亟须通过全面深化政府购买公共服务改革来予以满足。厦门市于2014年开展市本级政府购买服务试点工作,先后出台多项政策对政府购买服务工作进行规范,优化了公共服务提供,推动了政府职能转变,促进了社会组织发展,改善了民生和社会事业。厦门市政府购买公共服务实践虽已取得一定成效,但在项目执行范围、购买服务定价、承接主体培育、相关配套机制建设、购买服务规范化等方面仍存在一定问题。这些问题的存在,已经严重制约厦门市政府购买公共服务改革的深入,并由此对社会体制改革、政府职能转变形成掣肘,也对厦门市公共服务供给效率和民生改善形成阻碍。因此,完善厦门市政府购买公共服务机制,是转变政府职能、创新社会治理、激发市场活力、保障和改善民生、优化公共服务供给的必然选择，也是当务之急。本研究立足于厦门市实际，认为单位认识不到位、监督和评估机制不完善、承接主体培育相对不足、部门联动机制不完善以及法律制度不健全是造成厦门市政府购买公共服务现存问题的主要原因。在此基础上，本研究从主体、环境和制度等方面入手，提出完善厦门市政府购买公共服务机制的系统性政策建议和机制设计：第一是明确购买主体角色定位，强化政府购买服务意识，加大政策支持力度，完善各项综合配套政策；第二是加强制度环境建设，完善相关法律法规，营造政府购买服务市场环境；第三是完善规范购买流程，合理确定购买目录，积极研究定价机制，完善监督和评估机制，积极培育承接主体，并重视学习借鉴国内外先进经验。

专题六　福建省可持续发展的影响因素研究

根据笔者前期应用生态足迹模型对福建省1985~2014年生态足迹和生态承载力的研究结果，自1985年开始，福建省的生态足迹已超过其生态承载力，出现生态赤字，即福建省自1985年起已处于不可持续发展的状态。为探究造成这一状况的原因，本专题利用相同样本，以STIRPAT模型为基础，采用偏最小二乘回归（PLS）的方法对福建省可持续发展的影响因素进行实证分析。结果表明：就福建省而言，人口规模、城市化率、人均GDP、第二产业占比与人均生态赤字呈正相关；而第一产业占比、单位GDP能耗、研发费用占比则与人均生态赤字呈负相关；同时，人均GDP、人均GDP二次项与人均生态赤字的相关系数均为正。由此可以得出如下结论：首先，在影响福建省可持续发展的诸多因素中，最为重要的是人口规模，其余依次为第二产业占比、人均GDP和城市化率，这些指标在样本期间内增长迅速，不可避免带来生态环境的压力。其次，第一产业占比和研发费用占比越高，生态赤字越小，这个结论符合理论分析和现实情况；然而，实证结果表明单位GDP能耗与生态赤字之间为负相关，这点无法得到理论和现实的支持,其原因可能是福建省经济发展所需的能源大多来自其他省份或地区,本身不是能源产地;同时,还可能由于福建省环保管制是相对严格的,对能耗产生的排放有较严格的控制。最后,从人均生态赤字和人均GDP的关系来看,人均GDP和人均GDP二次项与人均生态赤字的相关系数均为正,说明经济增长是以环境为代价的,并且人均生态赤字下降的拐点并未随着经济增长而出现,无法支持环境库兹涅茨曲线的假说。

专题七 厦门市分级诊疗"三师共管"模式的绩效评估

早在2008年,厦门市就立足于地方实际,率先开始了分级诊疗方向的改革尝试。2012年以来,厦门市医疗改革的探索走在全国先列。经过不断的调整和完善,厦门市逐渐形成了"慢病先行,急慢分治,上下一体,三师共管"的分级诊疗模式,即"厦门模式"。该模式以医院—社区一体化的"1+1+X"为基础,逐步演化成患者和医生团队一对一的"三师共管"模式。本专题对已有研究文献作了系统回顾和梳理,然后构建博弈模型,分析了厦门市分级诊疗的改革思路。在此基础上,本专题基于Logit方法和OLS方法,利用从厦门市"高友网"和"糖友网"中随机抽取的22383个患者数据,对厦门市分级诊疗"三师共管"模式的绩效进行评估。实证分析结果表明:首先,实施"1+1+X"和"三师共管"后,有76%的可能性提高了收缩压指标的健康水平,有23%的可能性提高了舒张压指标的健康水平,同时,研究发现性别对于高血压的发生没有影响,而随着年龄每增大一岁,患高血压的风险会增加大约3%。其次,高血糖患者的血糖波动水平明显下降了11.4%,而且年龄上升会增加血糖的波动水平。厦门市实施"三师共管"后,慢病管理效果显著,一是提升了基层医疗机构的服务能力,二是充分调动了基层医务人员的积极性,三是分级诊疗成效显现,四是患者就医习惯趋于合理。

专题八　抓住地铁时代机遇加快厦门跨岛发展步伐的研究

随着厦门市城市经济发展速度的加快及交通方面的迫切需求，地铁建设势在必行。截至目前，厦门地铁已开通了地铁1号线，其余线路正在紧锣密鼓的建设规划进行中。厦门地铁1号线于2017年12月31日开始试运营，起于镇海路站，经过思明区、湖里区、集美区，贯穿集美新城、厦门北站，止于岩内站。该线路贯穿各区并连接岛内外，一定程度上缓解了日益紧张的岛内外互通状况。地铁不仅改善了城市交通状况，更在节能环保、经济发展、文化传播、公共服务等方面上起着重要的促进作用。在厦门市进入地铁时代的新形势下，机遇与风险并存。在如何更好地抓住地铁所带来的机遇的同时，规避建设期间及后续面临的潜在风险也急需我们的了解。本专题在厘清厦门地铁发展规划和现状的基础上，也对上海地区及日本东京的地铁建设情况进行了梳理，得出了在房地产发展、商业格局变化、地铁运营经验、政府支持政策等方面的诸多启示。最后使用SWOT分析的方法进行态势分析，从政治、经济、社会、技术四方面对厦门市发展地铁的外部环境机遇与挑战做出了剖析，同时也分析了厦门市地铁建设自身内部条件的优势与劣势所在。在综合比较机遇、威胁、优势与劣势的基础上做出了针对抓住地铁时代机遇促进厦门跨岛发展的战略指导，包括：SO战略中的优先发展战略、轨道交通与城市发展一体化的TOD战略；ST战略中的"人才兴业"发展战略、统筹发展战略、投融资发展战略；WO战略中以政府为主导的多元化投融资发展战略、模仿创新战略；WT战略中的保守战略。

专题九　厦门自由贸易港建设的金融支持

党的十九大报告中提及要赋予自由贸易试验区更大改革自主权，探索建设自由贸易港。包括上海、浙江、广东、天津、辽宁、山东、河南、江苏、陕西、四川等多个省区市正积极探索建设自由贸易港。在这样的背景下，作为福建自贸区的核心成员，厦门应当充分把握自身的沿海近台优势，以发展国际化的离岸中心为方向，建设两岸共同发展、相互促进的自由贸易港。本专题主要从金融的视角，借鉴中国香港、新加坡、迪拜等国际上先进的自由贸易港的发展经验，在此基础上，探讨在厦门市自由贸易港建设中如何将厦门市发展成为一个离岸金融中心。

2018年可以视为中国自由贸易港建设的元年。党的十九大报告中提及要赋予自由贸易试验区更大改革自主权，探索建设自由贸易港。自贸区升级为自贸港，其主要目的正是为了更好地服务于对外开放。自由贸易港建设主要涉及贸易、投资、金融等多个方面，其中，金融起到关键性的支持作用，没有自由开放、监管有力、适度创新的金融环境，自由贸易港的建设将面临巨大的障碍。上海捷足先登，其他省市如浙江、广东、天津、辽宁、山东、河南、江苏、陕西、四川等也在积极探索。福建自贸区核心片区成员的厦门，也应当积极筹划、建设有自己特色的自由贸易港。

专题十　福建省科技金融发展问题研究

如何促进科技资源与金融资本的高效衔接，进而推动科技金融有序、高效的运行，不断增强科技创新对于经济发展的贡献率，是我国创新型国家体系建设的内在需要。与苏、浙、沪等发达沿海省市相比，福建省科技金融的发展还存在较大空间。本专题首先利用DEA（数据包络分析方法）方法对福建省科技产出与金融投入的结合效率进行简单的实证分析，与江苏、浙江、广东等沿海省份相比较，发现福建省科技金融存在的问题和不足。并从市场、政策等多个角度寻找造成其不足的原因，包括：金融投入不高，科技成果转化率低；存在投入冗余和产出不足，两者未实现有效配置；科技金融市场发育不完善，科技型中小企业融资难；科技金融政策措施有待进一步提高；科技金融服务支持体系不健全；科技金融人才发展不平衡等问题。针对这些问题，借鉴国内外科技金融模式，结合福建省经济发展实情，本专题提出了加快福建省科技金融发展的若干建议。

专题十一　福建省绿色金融发展的对策分析

绿色金融是指以金融业促进环保和经济社会的可持续发展，以及金融业自身的可持续发展。本专题首先从绿色金融的概念、发展现状、相关政策方面进行概述；其次通过政策文件内容、绿色金融实践比较，分析福建省以及国内各省区市绿色金融发展状况；然后提出福建省绿色金融发展中存在的问题；最后针对当前存在的问题，提出福建省绿色金融体系建设政策与战略建议，促进福建省绿色金融更好地跟上绿色金融发展的新趋势。

专题十二　海峡两岸暨香港金融市场联动研究——基于六元非对称 VAR-BEKK-MVGARCH 模型

海峡两岸暨香港既符合同属一国的内部金融联动，又因制度设计的差异性而存在开放经济下的金融关联特点。在信息广泛共享和传播的影响下，台湾地区资本市场的发展将不可避免地受到大陆、香港甚至全球跨境资本流动的冲击。同时各个外汇市场本身存在关联影响，考虑到海峡两岸暨香港汇率制度安排的异质性，汇率因素还会在金融市场相互作用关系中充当重要角色。因此，深入理解和探究大陆、香港和台湾外汇市场和资本市场的非对称联动机制，对于我国的汇率制度改革、金融体制改革和经济当局的风险监管具有非常重要的启示意义。本专题通过采用1993年1月～2018年6月大陆、香港和台湾的汇率数据以及股票市场数据，结合 VAR-BEEK-MVGARCH 模型，研究海峡两岸及香港外汇市场和股票市场这两个金融子市场之间的溢出效应和非对称效应，并进一步探讨金融市场联动关系的动态诱因。结果显示，海峡两岸暨香港的外汇市场和资本市场密切关联，是一个统一的整体，波动溢出效应强于均值溢出效应；新台币涨跌易受人民币和港元波动的影响以及港股市场的非对称冲击，台湾股票市场显著受到人民币汇率波动的影响以及港元和 A 股的非对称冲击；对于各地内部的外汇市场与资本市场的动态相关系数而言,本地的经济增长具有显著正向效应,对外贸易则呈现出反向关系,资本账户开放和汇率市场化改革会显著强化市场间的金融互动。基于此,我们建议坚持推进对外开放政策,进一步开放资本项目,这有助于疏通海峡两岸暨香港的资金通道,形成资金"互联畅通"的效果。

专题十三　福建省乡村振兴的思路与对策

乡村振兴战略是党的十九大提出的实现我国两个一百年"中国梦"的七大战略之一。地处海峡西岸经济区核心区的福建省如何实现乡村振兴,早日实现农业和农村现代化是一个具有理论和实践意义的主题。本专题综述了目前国内外政界、学界有关乡村振兴的文献;随后分析了福建省乡村振兴中存在的主要矛盾和发展短板,比如福建省人地资源禀赋紧张、农民科学文化素质和组织化程度不高、福建省三大城市圈的城市化水平和质量有待于提高;最后提出了福建省乡村振兴的思路和对策,即"人""地""钱"。首先,"人":通过组织化农民实现乡村振兴的外部规模经济;通过提高农民科学文化素质来促进乡村振兴;通过发展海峡西岸城市群三大都市圈来转移农民,从而逐渐实现福建省人地资源禀赋适度性。其次,"地":通过土地产权变迁,促使福建省农民有进入城市的第一桶金。最后,"钱":县级和乡镇体制改革,节约大量资金;通过归口管理全省支农资金,实现资金优化配置;通过省级区域内耕地占补平衡,增加对乡村振兴的资金投入。在解决福建省"人、地、钱"三大核心问题的前提下,逐渐实现全省农业和农村现代化。

专题十四　福建省农业多功能性理论与实证研究

20世纪90年代以来,越来越多的学者和机构认为农业具有经济、社会、文化和生态的四大功能,2007年中央一号文件中首次提到多功能农业的内涵。党的十九大提出乡村振兴战略,其具体路径就是发挥农业的多功能性,并提出乡村振兴是实现我国两个一百年"中国梦"的七大战略之一。福建省农业和农村现代化面临"八山一水一分田"的资源刚性约束,而发挥农业的多功能性比较优势、提高全省农业产业的发展水平,有利于促进福建省早日实现乡村振兴的伟大目标。因此,本专题以福建省及其各地市为研究对象,通过建立一套包括农业的经济、社会和生态三个方面功能的农业多功能性综合评价指标体系,运用熵权TOPSIS法,对福建省九个地市2012~2016年的农业多功能发展状况进行评估,探讨福建省农业功能分区政策的效果。实证研究发现,2012~2016年农业多功能综合发展水平较高的为福州市和泉州市,较低的为宁德市和三明市。从经济、社会和生态三个方面来看,福州市、南平市、漳州市和龙岩市的经济功能比较突出,福州市、泉州市和厦门市的社会功能比较突出,龙岩市、南平市和泉州市生态功能比较突出。各地市的农业多功能发展水平基本均衡,从农业的经济、社会和生态三个功能来看,不同的地市各有所侧重,发展差异较大。从农业多功能发展水平的综合评价结果来看,各地市农业多功能发展的发展状况基本符合福建省对农业产业带的规划和布局。本专题还提出,要根据九个地市的农业资源禀赋,因地制宜,通过农业供给侧结构性改革,进一步促进全省各地市农业多功能性发展,从而早日实现福建省农业和农村现代化的政策建议。

专题十五 福建省乡村振兴的文化支持

乡村振兴是当前国家的重要政策内容,中共中央十九大报告中明确提出乡村发展战略。2018年中央一号文件即为《中共中央国务院关于实施乡村振兴战略的意见》,该问题的重要性可见一斑。振兴福建乡村经济,促进乡村发展,是福建省政府农村工作中面临的一个现实难题,也是其工作的一项重要内容。本专题基于福建乡村现实情况,力图从文化支持的角度出发,研究福建乡村文化振兴现存的问题,提出相应的政策建议。本专题从文化人才、文化资源资本、文化事业和文化产业四个方面对福建乡村文化存在的问题进行深入探讨。研究发现，福建乡村基层文化事业人才和农村文化产业人才双缺失，社会资源资本利用环境不佳，公共资本利用效率低，文化事业供给不足、资源资金分配不合理，文化管理体制不规范，乡村文化产业发展相对落后，产业体系不健全、文化创新能力低、产业消费相对滞后。基于现存的问题，为振兴福建乡村，本专题认为，从文化人才方面，政府需要在提高基层文化人才数量和质量的同时，保护民间技艺传承人。在文化事业方面，应该规范文化专项资金的分配，促进文化及相关资源投入结构合理化，并因地制宜提供相应的文化产品。在文化产业方面，本专题认为，应该保证文化产业中文化的真实性、刺激文化消费需求、激励文化产业创新。总之，本专题沿着现状、问题、建议的基本思路，用较为翔实的数据对福建乡村振兴问题进行深入剖析，提出福建乡村振兴的一些基本思路，该研究思路方式和建议可以为国家乡村振兴提供一些相关借鉴。

目　　录

板块一　开放与自由贸易区

专题一　建设自由贸易港区的基本思路
　　　　——以厦门市为例 ………………………………………… 3
　　一、建设自由贸易港区的可行性和必要性 ………………………… 3
　　二、厦门经济特区和自由贸易试验区发展情况 …………………… 4
　　三、厦门自由贸易港区的总体设计 ………………………………… 12
　　四、创新金融服务 …………………………………………………… 15
　　五、打造两岸融合发展先行区 ……………………………………… 19

专题二　海峡西岸建设自由贸易港区的现状及前瞻 ……………… 24
　　一、引言 ……………………………………………………………… 24
　　二、自由贸易港简介 ………………………………………………… 25
　　三、海峡西岸自由贸易港区建设现状 ……………………………… 26
　　四、上海、广东建设自由贸易港区的设想与举措 ………………… 43
　　五、海峡西岸建设自由贸易港区前瞻 ……………………………… 46

专题三　厦门自贸区金融改革与自由港政策衔接问题研究 ……… 53
　　一、厦门自贸区与国内其他自贸区及国际领先自由港的对比研究 … 53
　　二、从路径依赖的角度出发，识别厦门自贸区金融改革面临的制度
　　　　瓶颈和政策障碍 ………………………………………………… 57
　　三、从金融创新与风险防范的角度出发，探讨实现自贸区向自由港

　　　　转型的政策衔接方案 ··· 61
　　四、从金融开放的角度出发，探索实现自贸区金融改革与"一带
　　　　一路"倡议的衔接方案 ··· 66

专题四　福建省对外直接投资区位选择研究 ·············· 73
　　一、我国对外直接投资的区位选择及其特征 ················· 74
　　二、福建省对外直接投资的区位分析 ··························· 81
　　三、福建省对外直接投资区位特点 ······························· 87
　　四、推动福建省对外直接投资的对策建议 ····················· 88

板块二　公共服务

专题五　厦门市完善政府购买公共服务机制研究 ·············· 95
　　一、厦门市政府购买公共服务实践进展与成效 ············· 95
　　二、厦门市政府购买公共服务现存问题与原因 ··········· 103
　　三、完善厦门市政府购买公共服务机制的政策建议 ····· 108

专题六　福建省可持续发展的影响因素研究 ·············· 115
　　一、问题的提出 ·· 115
　　二、可持续发展思想的演进 ·· 116
　　三、环境影响因素的理论基础 ···································· 124
　　四、福建省可持续发展影响因素的实证分析 ··············· 127
　　五、结论 ·· 136

专题七　厦门市分级诊疗"三师共管"模式的绩效评估 ······ 139
　　一、引言 ·· 139
　　二、文献回顾 ·· 141
　　三、厦门市分级诊疗的改革思路：基于博弈论的分析 ····· 144
　　四、厦门市"三师共管"模式的绩效评估：基于 Logit 方法和

OLS 方法 ………………………………………………… 147

　　五、结论 ……………………………………………………… 153

专题八　抓住地铁时代机遇加快厦门跨岛发展步伐的研究 …… 157

　　一、地铁建设的意义 ………………………………………… 157

　　二、厦门地铁发展规划及现状 ……………………………… 160

　　三、上海与东京地铁建设的经验与启示 …………………… 163

　　四、厦门地铁的机遇与挑战、优势与劣势 ………………… 170

板块三　金　融

专题九　厦门自由贸易港建设的金融支持 …………………… 183

　　一、自由贸易区与自由贸易港 ……………………………… 183

　　二、厦门片区的金融创新实践 ……………………………… 185

　　三、厦门市建设自由贸易港可借鉴的国际经验 …………… 190

　　四、对厦门市建设自由贸易港的政策建议 ………………… 195

专题十　福建省科技金融发展问题研究 ……………………… 200

　　一、科技金融内涵 …………………………………………… 200

　　二、福建省科技和金融的结合效率分析 …………………… 201

　　三、国内外科技金融模式借鉴 ……………………………… 210

　　四、加快福建省科技金融发展的政策建议 ………………… 213

专题十一　福建省绿色金融发展的对策分析 ………………… 218

　　一、绿色金融概述 …………………………………………… 218

　　二、国内 31 个省区市绿色金融发展状况 ………………… 219

　　三、福建省绿色金融发展存在的问题 ……………………… 227

　　四、福建省绿色金融体系建设政策与战略建议 …………… 229

专题十二 海峡两岸暨香港金融市场联动研究
——基于六元非对称 VAR-BEKK-MVGARCH 模型 234

一、引言 234

二、理论文献回顾 235

三、海峡两岸暨香港金融市场动态相关性研究 237

四、扩展性研究：动态相关性的影响因素分析 248

五、结论与政策启示 251

板块四 农业与乡村振兴

专题十三 福建省乡村振兴的思路与对策 257

一、文献综述 257

二、福建省乡村振兴存在的问题 261

三、促进福建省乡村振兴的思路和对策 266

专题十四 福建省农业多功能性理论与实证研究 275

一、文献综述 275

二、农业多功能发展水平评价指标体系构建 280

三、福建省农业多功能性综合评价分析 284

四、政策建议 294

专题十五 福建省乡村振兴的文化支持 299

一、福建乡村的基本概况 299

二、福建乡村振兴现存的问题 305

三、振兴福建乡村的若干文化举措 315

四、结语 323

后记 325

海峡西岸经济区发展
报告2018
Chapter 1

板块一 开放与自由贸易区

专题一　建设自由贸易港区的基本思路

——以厦门市为例

一、建设自由贸易港区的可行性和必要性

厦门经济特区建设36年来,经济发展实现历史性飞跃,开放型经济迈上新水平,综合实力显著增强,较好地发挥了改革"试验田"和开放"窗口"的作用。新起点上,厦门有基础、有能力、有必要继续为国家改革开放事业探索道路、创造经验。

1. 贯彻落实习近平总书记重要批示精神的需要

2017年4月,习近平总书记批示对福建自贸试验区建设两周年取得的成效给予充分肯定,同时要求我们要抓紧谋划下一阶段深化试验的重点目标任务,坚定践行新发展理念,对标国际先进规则,提升政府治理水平,加快改革系统集成,力争取得更多可复制推广的制度创新成果,特别是进一步发挥沿海近台优势,在深化两岸经济合作、推动21世纪海上丝绸之路建设上发挥更大作用,更好地服务全国改革开放大局。建设厦门自由贸易港区,是深入贯彻落实习近平总书记重要批示精神的具体体现,有利于提升厦门片区建设质量,更好地服务全国改革开放大局。

2. 深化改革、扩大开放的需要

随着经济全球化和我国发展进入新常态阶段,厦门市经济社会加快发展中遇到的体制机制障碍,迫切需要向深化改革要活力,向扩大开放要空间。建设厦门自由贸易港区,就是对标国际最高开放标准,率先进行风险压力测试,实行更加开放、符合国际惯例的创新举措,加快建立与开放型市场经济相适应的

政府管理制度，进一步发挥好改革开放"试验田"和"排头兵"的作用。

3. 差异化服务国家战略的需要

厦门经济特区因台而设，作为对台工作的桥梁纽带作用和重要基地平台日益凸显。当前，两岸进一步深化交流合作面临着诸多挑战。通过建设厦门自由贸易港区，积极探索对台合作新突破，努力为两岸关系和平发展和祖国统一大业做出新的历史性贡献。厦门作为海上丝绸之路核心区，应在贯彻落实国家"一带一路"建设方面发挥重要作用。建设厦门自由贸易港区就是充分发挥厦门对外开放先行先试的作用，为积极服务"一带一路"建设探索新途径、积累新经验。

4. 厦门自身发展的需要

建设自由贸易港区，对标国际标准，深化改革开放，突出对台特色，打造国际化、市场化、法治化的国际一流营商环境，将有力地推动厦门建设成为高素质的创新创业之城、海上丝绸之路战略支点城市和两岸融合发展示范区，为建设"五大发展"示范市做出更大的贡献。

二、厦门经济特区和自由贸易试验区发展情况

（一）厦门经济特区发展情况

厦门经济特区成立以来，深入推进改革开放，发展质量持续提升，对台融合发展进一步深化，为厦门自由贸易港区的发展创造了良好的外部环境。

1. 发展质量持续提升

坚持发展的速度、质量、效益相统一，推动产业转型升级，促进经济持续健康发展。全市地区生产总值从1981年的7.41亿元，增加到2016年的3784.25亿元，增长了近510倍，年均递增16.1%。三次产业结构由1981年的26.5:51.6:21.9调整为2016年的0.7:43.6:55.7。财政总收入由1981年的1.95亿元，增加到2016年的1083.34亿元，年均递增20.0%[①]。厦门以

---

① 资料来源于"厦门市2016年国民经济和社会发展统计公报"，http://www.stats-xm.gov.cn/tjzl/tjgb/ndgb/201803/t20180326_32325.htm.

占全省1.3%的土地，创造全省1/4的财政收入，并成为全省唯一的财政总收入突破千亿大关的城市。

2. 改革创新不断取得新突破

率先基本建立社会主义市场经济体制，在国企改革、开放市场、社会治理等诸多领域创造了一系列全国率先。近年来，国家陆续赋予综合配套改革试验区、自由贸易试验区、国家自主创新示范区及全国首批质量强市示范城市、现代服务业综合试点、多规合一、创新社区治理等一大批创新试点任务，使厦门成为我国重大改革先行政策密度高、力度大、措施集中、效果较突出的系统集成地之一。

3. 开放型经济迈上新水平

积极探索实行自由港某些政策，建立起多层次、全方位、宽领域的全方位对外开放格局。截至2016年年底，已有超过100个国家和地区的外商来厦投资，累计合同利用外资541.3亿美元，实际利用外资337.8亿美元，外贸进出口总额占福建全省一半以上，全市累计境外投资项目1137个，分布在65个国家和地区，协议投资总额117.3亿美元，其中中方投资105.9亿美元①。厦门成为境外资本的重要聚集地、对外贸易的重要口岸、对外交流对内辐射的重要窗口。

4. 对台战略支点作用更加突显

发挥厦门经济特区在对台交流合作中的独特优势，对台先行先试成果丰硕。在三通直航、经贸合作、人员往来、文化交流、基层政党交流等方面，厦门屡创先行先试之举；在开辟两岸人员、货物往来通道，搭建两岸经贸交流合作的平台，打造两岸民间交流的品牌方面，厦门发挥桥梁、窗口和风向标作用。36年来，全市累计设立台资项目4705个，累计实际利用台资40.93亿美元，台资企业产值占全市工业产值达35%。2016年，对台进出口总额54.24亿美元，台湾地区成为厦门第二大贸易伙伴。2016年经厦门口岸往返两岸的旅客吞吐量达217.3万人次，占两岸往返旅客总量近四分之一②。

---

① 资料来源于"厦门特区35周年数读"，http：//www.mnw.cn/xiamen/news/1553437.html。
② 资料来源于厦门市外侨办2016年统计报告。

（二）厦门自贸区发展现状

挂牌两年来，厦门自贸区建设已经成为全市推动先行先试、改革创新的重要推进器，自贸区已成为厦门改革创新高地和推动厦门转型发展的重要引擎。

1. 制度创新

积极将改革创新融入全市改革开放的总体部署中，扎实推进各项试验任务，成功探索了一批独具特色的改革试点，在投资、贸易、金融、两岸交流合作、法治建设、政府职能转变等一批重点领域取得了显著突破。两年多来，推出278项创新举措，其中属全国首创49项，向全市复制推广创新举措201项，充分彰显"改革创新试验田"作用。

2. 投资管理

积极推进以便利化为核心的投资贸易监管制度改革，建立符合国际惯例的投资贸易管理新体制。

（1）实施外资"准入前国民待遇+负面清单+备案管理"新模式。降低和取消准入条件、控股比例等外商投资限制，进一步提高开放度和透明度。挂牌至今，引进外资企业1673家，合同利用外资587.62亿元。改革境外投资管理方式，对一般境外投资项目实行备案制，项目审批时限由21天缩短至1天。境外投资便利度不断提高，成为企业对接"一带一路"和"走出去"的"桥头堡"。2016年厦门片区69个境外投资项目备案，投资额15.4亿美元①。

（2）率先在全国实现"一照一码"商事制度改革。企业登记全程电子化、首创个体工商户简易登记模式；设立"一站式"综合服务大厅，建立"线上+线下""一站式"服务机制；推出国地税一窗联办、税控发票网上申领、电子签章服务等创新举措。

3. 贸易管理

（1）对标新加坡率先建设国际贸易"单一窗口"。进一步加大"单一窗口"系统集成，成为海关总署全国口岸"互联网+自主报关"首个试点。

---

① 资料来源于厦门市金融办2016年统计报告。

与台湾地区关贸网络实现互联和数据交换，与新加坡"单一窗口"实现船舶信息互联互通。

（2）实施贸易便利化措施。率先实施信息互换、监管互认、执法互助的"三互"通关模式，推行关检"一站式"查验和海关查验信息交互全程电子化，实施物流分类联网监管。

（3）推出港航一揽子监管创新制度。建设智慧物流平台，实现全港物流信息无缝连接、集装箱交接无纸化。对国际航行船舶进口岸和船载危险品实施"同步申报、同岗审批"，船舶通关提速提效。率先在全国实施"保税供船""进口直供"的邮轮物供"快速通道"模式。国际船舶登记制落户。

4. 金融开放

加快完善类金融机构的服务功能，形成了业务覆盖更广、功能相互补充的金融组织体系。

（1）建立跨国公司本外币跨境资金池、实现外债和外汇资本金意愿结汇，开展跨境本外币贷款，境外母公司境内发行熊猫债落地。

（2）积极发展融资租赁业务。厦门成为全国第三大飞机融资租赁聚集区，是中国南方首个同时开展经营性和融资性租赁、本地和异地航空公司租赁、整机和发动机租赁为一体的区域。同时，拓展船舶、医疗器械、轮船等融资租赁领域，实现大型设备、船舶租赁零的突破。

（3）发展航运金融。依托航交所加快推动航运金融发展，推出海运费网上支付试点，发布海峡两岸集装箱班轮运价指数（TWFI）和厦门出口集装箱运价指数（XCFI），推出"航易贷"，提高厦门港揽货竞争力。

（4）不断丰富跨境电商金融产品，用于支持跨境电商企业发展及跨境电子交易平台建设。

（5）拓展人民币境内外结算功能。推动跨境人民币业务流量不断扩大，开展"一带一路"沿线国家或地区办理跨境人民币结算业务。

5. 两岸开放

（1）拓展开放新领域。扩大台商投资领域，降低准入门槛。推出放宽旅行社、个体工商户经营等创新举措。简化办理程序，为550多名台籍医师办理在厦短期行医注册审批。设立大陆首家台商独资海员外派机构——厦门台塑兴公司。沛亚人力成为大陆首家获得人力资源服务许可证的台湾独资机构。

(2) 对台金融创新。开展两岸人民币现钞直接调运和新台币现钞结算，建立跨海峡人民币代理清算群，开设72个账户（台湾地区44个），清算总量827亿元人民币，占大陆1/10。先行开展对台跨境人民币贷款业务，占大陆三个试点地区业务总量的85%。大陆首个全牌照两岸合资证券公司——金圆统一证券有限公司已获台湾地区金融监管机构准出，正待中国证监会批准。降低台湾金融机构准入门槛，引进台湾第一银行、中信托银行、富邦财险、永丰证券等台资金融机构。

(3) 开创两岸合作新机制。建立两岸通关信息互换通道，推动两岸海关"经认证的经营者"（AEO）互认试点，率先实施两岸商品快速验放通关模式。率先采信台湾检验检测机构出具的认证结果和检测结果。建立两岸冷链物流市场合作机制，共同制定食品冷链物流标准。

6. 事中事后监管

创新事中事后监管机制，推出第三方信用评级、信用承诺制度、信用联合惩戒制度和社会共治制度等全国首创举措。自贸试验区信息信用平台上线运行，平台收录43家政府部门的信用信息记录和2.5万家企业信息。创新综合监管执法协作机制，建立O2O的综合监督管理执法体系，运用信息化监管方式来强化诚信体系和事中事后监管。

7. 产业发展

发挥"保税+"等政策功能优势，培育发展新动能，促进新兴产业集聚发展，形成航空维修、融资租赁、航运物流、国际贸易、高端制造、金融服务、创新创业七大产业。挂牌起至2017年5月累计2.66万家、注册资本4500多亿元；2016年地区生产总值434.2亿元，同比增长12.7%；进出口额1323.5亿元，同比增长8.2%。2017年1~5月地区生产总值198.55亿元，同比增长11.7%，进出口额703亿元、同比增长42.06%[①]。

(1) 航空维修业。开展海关特殊监管区外航空保税维修试点政策。完善产业链配套，出台实施航空维修产业扶持办法。集聚太古飞机、新科宇航、霍尼韦尔等13家航空维修企业。

(2) 融资租赁业。发挥"保税+"的政策功能优势，打造区域性融资租赁集聚区。入驻融资租赁企业260家，包括工银租赁、建信租赁、招银租

---

① 资料来源于《人民日报海外版》2017年6月22日第08版。

赁等知名央企和鑫桥租赁、南山租赁等全国民营租赁企业龙头。

（3）金融服务业。大力推进金融改革创新，促进金融、类金融产业聚集发展，助力实体经济发展。累计引进金融、类金融企业4752家，推出周转贷、易速贷、创业贷等特色金融产品。区内离岸账户客户6569户，离岸存款、贷款等业务发展活跃①。深化两岸金融合作，初步建成集两岸人民币跨境贷款、清算、现钞调运与反假币为一体的两岸货币业务合作支点。

（4）高端制造业。初步形成以精密机电为主导的高端制造产业集群，推进厦门钨业三元材料、瑞声科技、贝姆勒精密机电等11个先进制造业龙头项目建设。促进油脂加工产业形成，引进油脂深加工和高端食品加工项目。

8. 法治保障

以立法引领和规范自贸试验区建设，颁布《厦门经济特区促进中国（福建）自由贸易试验区厦门片区建设规定》，成立了自贸区法庭、知识产权"三合一"巡回审判法庭、自贸区检察室、厦门国际商事仲裁院、厦门国际商事调解中心、厦门港航调解中心、自贸区调解工作室、厦门破产管理人协会，形成了独具片区特色的多元化纠纷解决机制，成为全国典范。2017年上半年，自贸区法庭受理各类自贸区案件1479起、总标的16.25亿元（涉外、涉港澳案件62起）；厦门国际商事仲裁院受理案件377件、总标的63.01亿元，其中涉自贸区案件168件、标的24.3亿元②。

（三）厦门自贸区存在的问题和差距

1. 特殊监管区域制度创新和完善仍需加快步伐

货物状态分类监管机制有待进一步完善。《关于海关特殊监管区域"仓储货物按状态分类监管"有关问题的公告》中规定，海关特殊监管区域内企业经营非保税仓储货物，需经管委会审核同意后报海关核准。海关可依据相关规定对区内企业与保税货物有关的货物流、资金流和信息流等开展稽查。海关可以对进出区非保税货物进行抽查。厦门自贸区和上海自贸区都在统筹研究推进货物状态分类监管试点，但仍未形成成熟的模式。货物各种状态共

---

① 资料来源于厦门市金融办2016年统计报告。
② 资料来源于中国（福建）自由贸易试验区厦门片区管理委员会网站。

同存在，涉及物流企业、仓储企业、监管机构等多方主体，存在串换风险。同时，不同主体信息化程度不一，监控系统的联网，以及动态、实时监控核查的系统和流程机制还有待完善。在海关公告内容基础上，下一步在区内企业业务核准、海关稽查等方面还可以推进一些便利化措施。

国际中转集拼监管流程仍有待简化。海关对境外启运，通过海运方式进入自贸区专门仓库且目的地为境外的中转货物，拆箱后按照相同目的地、航线、收货人等规则，实施与口岸出口货物直接拼箱出口的监管模式。目前，自贸区都在实施国际中转集拼，但国际中转集拼是一个系统工程，涉及海关等多个部门，监管的难度也比较大，且由于厦门自贸区国际中转集拼业务量规模尚小比重不大，制度需求和监管创新的动力也显不足，总体上国际中转集拼监管尚未形成一个成熟的模式，有待进一步简化和优化流程。

海关特殊监管区外汇管理体制有待完善。目前，对海关特殊监管区内企业的外汇收支管制比较严格。对于海关特殊监管区企业离岸转口和提单转卖业务，需"先收后支"，买卖结算币种需一致。但在实际业务操作中，许多货物在采购时还未能锁定买家，操作难度很大。又如，"区内机构办理单笔等值5万美元以上的服务贸易外汇收支，由金融机构按照服务贸易外汇管理法规规定直接审核交易单证后办理"等，资本项目的外汇收支管控则更加严格。

2. 非特殊监管区域产业优化集聚需进一步完善

经济流量还需进一步做大。目前，自贸区非特殊监管区的功能定位和产业定位相对明确，但经济流量不大，规模效应不明显。自贸区注册企业数量大，但实际运营率不高。在帮助企业更好地运用自贸区政策功能、进一步做大经济流量方面有待加强和完善。此外，对我国已签订自由贸易协定（FTA）带来的实际和潜在新增经济流量在自由贸易试验区（FTZ）和本地落地之间还需加强联动和谋划。

自由贸易公共服务平台搭建需加快步伐。在货物贸易方面的公共服务平台搭建步伐相对较快。跨境电商、保税展示交易、大宗商品交易等新业态新模式的培育，都需要夯实区内服务业和服务贸易发展的公共服务支撑平台。但目前，在服务贸易，尤其强化自贸区全球资源配置功能方面的产业要素资源集聚不足，相关公共服务平台搭建进展较慢。同时，区内外产业联动的公共服务平台相对缺乏，区内跨境资源要素与区外产业贸易投资发展对接的平台和机制也有待进一步完善。

3. 制度顶层设计和监管政策创新需进一步集成

国家顶层制度和政策开放不足制约一些制度创新。相对上海自贸区获得国家金融政策支持相比，厦门自贸区金融开放程度不够，"金改30条"政策未落地。在对台方面，如在 ECFA 框架下，针对台湾服务提供者在自贸试验区设立的各类增值通信类服务业务，审批程序手续繁杂、获批慢。随着下一步推进自由贸易港区的贸易自由化，对投资、金融、外汇等开放要求和制度创新需求进一步提高，进而对国家顶层制度设计和政策开放的需求将进一步提高。

本地跨部门联合服务和协同监管机制还需提升。联合服务方面，目前国际贸易"单一窗口"平台还主要是解决国际贸易流程的协同，尚未演进到政务服务链的集成和境内外一体化的程度。联合监管方面，对于一些需跨部门的联合随机抽查、协同监管等，流程和机制还不健全。跨部门协同监管合力还不够，对于自贸区改革创新过程中出现的新现象新问题，各部门监管职责存在盲点，未能实时跟进调整，无法实现监管链条的高度无缝对接。

4. 厦门与台湾合作优势和潜力挖掘需拓展新途径

对台开放模式有待进一步探索和创新。两岸贸易、投资等各领域进一步深化交流合作进展较为缓慢，大陆对台单方面开放措施未达到预期成效。厦门自贸区按照统一负面清单，结合 ECFA 框架下服务贸易早期收获部门及开放措施、海峡两岸服务贸易协议中大陆承诺表中各产业部门的市场开放承诺，推进了厦门自贸区内两岸经贸合作先行先试，但目前要进一步深化厦门与台湾服务贸易、高端产业、两岸金融等对接合作还遇到多方面的挑战，包括前期探讨福建自贸区与台湾自由经济示范区直接对接合作的渠道也基本中断。

厦门与台湾共同推动"一带一路"倡议需加强谋划。台湾在大陆"一带一路"倡议中具有重要的地缘位置优势，理应积极响应和参与这一倡议，推进台湾经济转型升级，避免被边缘化。但受制于台湾当前政治局势，两岸之间交流合作已经陷入低迷，台湾通过自贸区平台参与"一带一路"倡议以及亚投行的渠道和机制难以正常建立，需要加强合作新思路的研究和谋划。

三、厦门自由贸易港区的总体设计

（一）功能定位

对标国际先进规则，坚持全面深化改革、全方位对外开放，努力建设投资贸易更加开放、产业发展更加有利、资金融通更加活跃、人员进出更加便捷的国际先进自由贸易港区，当好深化全球开放合作的排头兵和先行者。

1. 国际开放合作示范区

积极探索深度参与国际产业竞争合作新模式，引领我国开放型经济水平的全面提升。率先建立符合国际惯例的管理新体制，为推动实施新一轮高水平对外开放进行更为充分的风险压力测试，探索形成经济更加开放的系统试点经验，打造国际开放合作新样板。

2. 海上丝绸之路合作"桥头堡"

建设全球重要的国际航运中心，打造跨越海峡、对接东盟、横贯欧亚的对接"一带"与"一路"的国际物流新通道，构筑对接东南亚国家和地区的重要门户和"桥头堡"。

3. 两岸融合发展先行区

率先探索实施台资企业陆资待遇、台胞市民待遇，先行试验更为高效便捷的两岸货物、服务、资金、人员等制度规则，深化两岸交流融合。

（二）区域设计

厦门自由贸易港区区域选择的基本考虑：一是服务开放型经济发展。要能够进行充分的风险压力测试，推进扩大进出口和国际经济合作交流，促进内外贸一体化发展、国内国外市场联动发展。二是服务产业竞争力提升。要能够针对制约产业发展的税收机制等问题进行系统制度性创新，提升产业参与国际竞争合作水平。三是服务对台战略和"海丝"倡议。要能够凸显"一区三中心"功能定位，率先推进两岸融合发展和"一带一路"国际合作。四是遵循梯度推进原则。《1985—2000年厦门经济社会发展战略》曾提出分三步走，逐步增加自由港的因素。前两步建设保税工厂及保税区、自由贸易区等目标已在厦门成功实践。将从海关特殊监管区域开始，采用渐进方式，通过分阶段、分区域逐步扩大开放自由度。为此，厦门自由贸易港区拟分两个阶段加以推进。

（1）第一阶段从物理围网区+功能拓展区做起。物理围网区包括东渡港区、海沧港区、航空港等海港空港区和海沧保税港区、象屿保税区、保税物流园区等海关特殊监管区。功能拓展区主要是根据厦门区位优势和产业特点所设置的若干产业发展区，包括厦门自贸试验区其他区域和有关重点产业发展区域。并根据区域和产业发展需求，推动港区与海关特殊监管区域、海关特殊监管区域与功能拓展区的联动发展。

（2）第二阶段扩大到厦门全岛、岛外的港区和海关特殊监管区以及功能拓展区。在第一阶段先行试点的基础上，将区域扩大到岛内的思明区和湖里区。将对标国际最高开放标准，推动实施新一轮更高水平的对外开放。

（三）制度设计

总体安排：探索实施符合国际通行做法的金融、外汇、税收、投资和出入境管理制度，建立和完善风险防控体系，构建具有中国特色的自由贸易港区制度体系；重点加大制度创新力度，争取国家授权实行集约管理体制，建立既对标国际最高水平，又符合中国发展实际的"一线放开、二线安全高效管住"的贸易监管制度；推进建立有利于提升航空维修等产业国际竞争力的税收制度、发展模式；探索构建有利于离岸贸易、离岸金融、离岸租赁发展的制度环境和税收政策；给予台资企业陆资待遇、台胞市民待遇。

（四）物理围网区+功能拓展区内相关政策

1. 物理围网区

深化"一线放开、二线安全高效管住、区内自由"的监管改革创新，取消或最大限度简化入区货物贸易和服务贸易等的管制措施。依托信息化监管手段，通过系统集成和创新举措叠加实现创新，提升物理围网区贸易便利化。主要有：

(1) 建立"一线放开"自由出入境制度。采取对进出货物和运输工具实行负面清单管理、采用风险管理机制取代账册管理、对于境外到厦门自由贸易港区中转集拼的境外货物免予海关监管等监管模式。实行"正面清单"免予检验检疫模式、全面实施风险管理制度、对过境中转集装箱免予开箱查验等检验检疫监管模式。

(2) 建立"二线安全高效管住"的风险防控制度。实施货物通关"一次申报、分步处置",全面推行企业自报自缴,海关对税收要素审核后置。深化货物状态分类监管试点,促进国内国外两个市场联动发展。

2. 功能拓展区

围绕飞机维修、邮轮游艇、跨境电商、集成电路、软件信息、生物医药等厦门重点产业发展需求,创新建立具有国际竞争力的产业监管模式,完善有利于提升产业国际竞争力的税收制度、发展模式,加快提升产业国际竞争合作能力。

(1) 率先建立有利于提升航空维修、邮轮游艇、集成电路等产业国际竞争力的税收制度、发展模式。重点是围绕集成电路和生物医药产业发展需求,建立以供应链为单元的全程保税模式。围绕游艇产业发展需求,参照粤港澳游艇自由行,探索建设闽台游艇综合试验区。推进航空维修区外保税维修试点,探索高技术含量、高附加值项目的境内外维修,拓展全球供应链服务。创新租赁期设备保税监管模式,创新艺术品保税监管机制。

(2) 创新国际船舶相关政策。制定从事国际运输业务的中国籍船舶的税收优惠政策。参照国际船舶运输税制的世界性标准,试点由吨税制取代所得税制。免除完成国际船舶登记的船舶进口关税和增值税。对在完成国际船舶登记的船舶上工作的船员免征个人所得税。

(五) 全岛区域相关政策

(1) 探索实施部分消费商品种类免税进口交易。

(2) 探索实现资金流动的相对自由。加快构建服务实体经济发展和对外开放合作的金融体系。逐步放宽外汇管理,与国际金融市场建立灵活的资金融通关系,放宽台商银行等外资银行准入门槛,并适时开展离岸金融等业务。

(3) 实施特殊的外籍人士进出管理政策,实现外籍人士往来的相对自由。

四、创新金融服务

以促进自由贸易港区跨境贸易和投融资便利化、服务自由贸易港区实体经济发展为出发点，按照积极稳妥、把握节奏、宏观审慎、风险可控的原则推进，在资本项目可兑换、外汇管理体制改革、扩大人民币跨境使用、金融业对内对外开放、金融监管等方面先行先试，最终为全国深化金融改革和扩大金融开放服务。

（一）稳步有序推进人民币资本项目可兑换

在风险可控的前提下，在总结和借鉴上海自贸试验区成功经验的基础上，在厦门自由贸易港区内探索有序推进资本项目可兑换，逐步放松资本项目下管制，促进资本跨境自由兑换和流动。

1. 创新有利于风险管理的账户体系

按照"一线放开、二线安全高效管住"原则，探索建立符合自由贸易港区实际的本外币自由贸易账户（FT账户）体系，为资本项目可兑换试点、探索投融资汇兑便利、扩大金融市场开放和防范金融风险提供基础制度安排。按照"分账管理、离岸自由、双向互通、有限渗透"的设计理念，在厦门地区金融机构内部设立自由贸易港区分账核算单元，并建立相应的机制实现与金融机构其他业务分开核算和风险隔离；自由贸易港区内的居民可通过设立本外币自由贸易账户实现分账核算管理，开展投融资创新业务；非居民可在自由贸易港区内银行开立本外币非居民自由贸易账户，按准入前国民待遇原则享受相关金融服务。居民自由贸易账户与境外账户、境内区外的非居民账户、非居民自由贸易账户以及其他居民自由贸易账户之间的资金可自由划转；居民自由贸易账户与境内区外的银行结算账户之间产生的资金流动视同跨境业务管理。

2. 推进证券投资领域资本项目开放

从债券类、股票类、集体投资类、衍生品等多个层面放开或扩大境内外双向投融资渠道。如允许符合条件的区内银行和非银行金融机构进入境内银行间市场，在限额内开展同业拆借、票据、债券、外汇市场和黄金交易业务；进一步完善QFII、RQFII和QDII制度，逐步放宽市场准入，提高投资额度和上限、扩大投资范围；在区内试点QFLP（合格境外有限合伙人）、QDLP（合格境内有限合伙人）制度，允许境外投资者通过QFLP等计划投资国内PE和VC市场等。

3. 推动境内外个人投资更加便利化

允许在自由贸易港区内工作和生活的个人开展跨境人民币结算，个人在区内获得的工薪、劳务收入和投资收益等合法所得可在完税后向外支付。启动合格境内个人投资者境外投资制度（QDII2）试点，允许符合条件的个人开展境外实业投资、不动产投资和金融类投资，进一步提高国内居民投资海外金融市场以及外国投资者投资中国金融市场的自由程度和便利程度。

（二）深化外汇管理体制改革

外汇管理体制改革是资本账户开放的前提，同时，资本账户开放也必然引致外汇管理体制的全面调整，因此要协调好外汇管理体制改革与资本账户可兑换之间的政策安排。

1. 持续推进简政放权

减少外汇管理行政审批，从重行政审批转变为重监测分析，从重微观管制转变为重宏观审慎管理，从行为监管转变为主体监管，简化业务办理流程，构建更加便利、规范、透明、高效的外汇管理体系，提升贸易和投资便利化程度。

2. 深化外债管理方式改革

推动外债宏观审慎管理，建立宏观审慎规则下基于微观主体资本或净资产的跨境融资约束机制，企业和金融机构均可按规定自主开展本外币跨境融资。

3. 完善跨境投融资外汇管理

在自由贸易港区实行限额内资本项目可兑换试点，符合条件的自由贸易港区内机构在限额内自主开展直接投资、并购、债务工具、金融类投资等交易，限额内实行自由结售汇。

（三）扩大金融双向开放

对接国际高标准经贸规则，探索金融服务业对外资实行准入前国民待遇加负面清单管理模式，推动金融服务业对符合条件的民营资本和外资机构扩大开放，加快金融机构集聚。

1. 优化自由贸易港区金融机构准入制度

支持符合条件的银行业金融机构通过新设法人机构、分支机构、专营机构、专业子公司等方式进入自由贸易港区经营。支持国家丝路基金、亚投行、金砖银行等在自由贸易港区设立分支机构。

2. 放松国内金融业的准入限制

支持符合条件的民营资本依法设立中小型民营银行、金融租赁公司、财务公司、汽车金融公司、消费金融公司等金融机构。

3. 扩大金融业对外开放

落实《自贸试验区负面清单》（2017年版）、借鉴《中国（上海）自贸试验区金融服务业对外开放负面清单指引（2017年版）》，重点放宽台湾地区及"一带一路"沿线国家和地区银行业金融机构、证券公司、证券投资基金管理公司、期货公司、保险机构、保险中介机构外资准入限制，放宽所有权和经营范围限制，简化外资银行分行和支行扩展及业务拓展程序，为外资银行、券商和基金管理公司与我国境内本土机构平等竞争逐步创造条件。支持与我国签署自由贸易协定的国家或地区金融机构在自由贸易港区内设立合资金融机构，逐步提高持股比例。

（四）扩大人民币跨境使用

扩大人民币境外使用范围，推进贸易、实业投资与金融投资三者并重，推动资本和人民币"走出去"。

1. 便利人民币跨境使用

在跨境资金流动宏观审慎管理政策框架下，简化跨境贸易和投资人民币结算业务流程。辖内结算银行可按照"了解你的客户""了解你的业务""尽职审查"原则，凭收付指令为厦门片区内个人办理经常项下和直接投资项下的跨境人民币结算业务。

2. 推进跨境投融资人民币业务

推动开展跨境人民币贷款、双向人民币资金池业务，大力开展跨境人民币再保险和全球保单分入业务，开展人民币境外证券和境外衍生品等投资业务，支持区内企业的境外母公司或子公司在境内发行人民币债券、募集资金根据需要在境内使用等。

3. 建设区域性人民币清算中心

扩大跨海峡人民币代理清算群规模，将清算群向"一带一路"沿线国家和地区、澳大利亚、非洲国家和地区延伸发展，拓展清算业务范围。探索建设"一带一路"（对台）人民币跨境支付子系统。

（五）拓展金融服务功能

增强金融服务实体经济能力，建立完善自由贸易港区与国际航运中心、两岸贸易中心、国家自主创新示范区的联动机制，为国家自主创新示范区、国际航运中心、两岸贸易中心建设提供金融支撑。将自由贸易港区打造成为特色金融产业集聚区，成为厦门金融千亿产业链新增长点。

1. 发展航运金融，支持厦门国际航运中心建设

加快航运金融产品研发创新，实行航运保险协会注册制，推动区内金融机构研发船舶融资、航运基金、航运保险（出口信保、运费险、海关事务保险）、航运贸易融资及航运价格衍生产品等产品创新。

促进金融与科技融合，支持国家自主创新示范区建设。积极探索支持创新型中小微企业、"双创"事业的科技金融服务创新。加快大数据、云计算、移动互联网、人工智能和区块链等金融科技在支付清算、数字货币、财富管理、风险管理等领域的创新发展与应用。

2. 加快贸易金融创新，支持两岸贸易中心建设

结合海关监管创新，依托国际贸易"单一窗口"，将保税展示交易内销货物电子化分段担保模式全面推广到海关所有保证金业务；扩大集中汇总征税通关保函业务；试点海关实务保证保险；建立政府关税保函风险补偿金试点；推动海关关税信息与金融机构共享，促进金融机构关税保函授信创新。在遵守国家有关规定前提下，稳妥发展各类交易场所，促进商品现货流通，并适时探索开展场外衍生品交易。

3. 建设特色金融产业集聚区

积极发展融资租赁业、供应链金融、股权投资基金、互联网金融等业态。设立融资租赁创新试验区，发展船舶、飞机、大型设备、医疗器械等融资租赁业务；培育发展第三方支付、股权众筹、互联网小贷等互联网金融业务；发展创业投资基金、风险投资基金、成长型企业股权投资基金，拓宽科技型、创新型企业融资渠道。

4. 发展离岸金融，拓展跨境业务的金融服务功能

以内外分离为框架，依托自由贸易港区分账核算账户体系，陆续发展离岸银行、离岸保险、离岸证券、离岸信托等业务。支持具有离岸业务资格的商业银行在自由贸易港区扩大相关离岸业务，适时扩大试点银行和业务范围，探讨允许注册在自由贸易港区的中外资（包括港澳台资）法人银行机构按照国际通行规则开办OSA业务，不受牌照限制。

（六）加强金融监管、防范金融风险

坚持金融改革开放和防范跨境资本流动风险并重的基本原则，探索建立综合性金融监管协调机制，深入开展跨部门、跨行业、跨市场的金融风险监测评估，加强对重大风险的预警防范，切实防范开放环境下的金融风险。完善跨境资金流动风险监管机制，强化做好反洗钱、反恐怖融资、反逃税工作，防范非法资金跨境、跨区流动。

五、打造两岸融合发展先行区

突出对台特色，进一步放宽对台投资贸易限制，率先推进对台投资自由化贸易便利化，打造对台合作先行先试区。

（一）提升对台投资开放合作

进一步取消和放宽对台湾投资准入限制，在自由贸易港区范围内，先行先试在 ECFA 框架下大陆对台湾的全部扩大开放措施。在梳理整合自由贸易港区全球投资者负面清单基础上，探索制定台湾投资负面清单，试行以"短清单"形式、与国际接轨的行业分类列示方式，明确台湾投资负面清单中的各类禁止、限制及鼓励投资合作的条款。加强事中事后监管，高标准推进厦门自由贸易港区信用体系建设，推动信用监管标准与台湾对接，构建厦门与台湾一体化、数据可交换、可共享的企业信用协同监管体系。

（二）拓展对台贸易开放合作

1. 优化贸易管理制度

在厦门自由贸易港区内，有序分步推进对台货物贸易自由化，打造台湾输大陆商品快速验放通道、大陆商品出口台湾最高效通道。优化提升货物通关效率，探索将"三品一械"（食品、药品、化妆品和医疗器械）的快速检验检疫通关模式扩大至其他需求较高、潜力较大的货物产品和种类。初期先行先试全面实行进口台湾货物预检验制度，后期探索试行除国家禁止和限制的商品等外，对厦门与台湾间进出口商品原则上不实施检验，仅实施备案管理。深化两岸数字证书、原产地证书等互认互通，在自由贸易港区扩大厦门与台湾互认的认证认可结果和检验检测结果，动态跟踪和明示两地采信产品名录和检验检测机构名录，探索试行厦门自由贸易港区与台湾间"一次认证检测，两地通行"。开展国际中转集拼，以台湾进出口货物为试点，探索先入区、后报关的货物入区模式和分批进出、集中申报的通关模式。

2. 发展对台加工贸易

依托境内关外模式，在厦门自由贸易港区发展加工贸易再出口业务，以及"委托加工"等业务，同时深化厦门与台湾产品检测认证机构合作，实现产品在厦门自由港加工，产品可在厦门提出检测认证申请、实现在厦门检验、在厦门获得台湾相关认证证书。

3. 扩大服务贸易开放合作

在厦门自由贸易港区探索实现对台服务贸易自由化，进一步扩展对台服务贸易开放领域和范围，原则上除涉及意识形态、国家安全以及敏感领域外，均可探索试行对台全面开放。

研究和试行鼓励台湾企业在厦门自由贸易港区设立大陆总部、销售中心、技术服务中心、结算中心和物流中心的政策。鼓励在高端体检、整形美容、康体恢复、养老养生等台湾享有优势的项目上,扩大对台服务贸易进口,推进台籍医师在厦行医注册审批更加便利化,探索适度放宽行医期限限制。扩大旅游服务业开放,吸引和鼓励更多台资旅行社在自贸片区试点经营省内居民赴台团体游等业务。扩大文化领域开放合作,在印刷、演艺、影视等领域试行允许放宽台资企业经营内容限制,支持和鼓励台湾掌中布袋戏、高山族传统织布工艺、漆工艺、锡工艺、中国结工艺等传承人在厦门自由贸易港区进行台湾经典传统工艺展示,探索创新厦门与台湾文化产业合作的商业运营模式。

推进厦门与台湾服务业领域执业资格和标准深度对接,推进跨境职业资格互认范围拓展扩大,探索允许取得经大陆认可的台湾资质或国际通行资质的台湾地区电信、建筑、工程技术、会计、法律、医疗等领域专业服务人员和机构,在自由贸易区内依照有关规定开展相关业务。探索在厦门自由贸易港区工作和居住的台湾人员社会保障与台湾有效对接。

(三)深化对台金融开放合作

1. 放松对台金融准入和业务限制

在ECFA框架协议下,探索先行先试在自由贸易港区对台湾金融服务业进一步降低准入门槛和业务门槛,适度提高参股大陆金融机构持股比例,对进入厦门自由贸易港区的金融中介分支机构,试行与大陆金融机构相一致的监管政策。

2. 对人民币跨境资金流动实施宽松管理

在自由贸易港区内,分步骤推动实现人民币跨境资金自由流动,先行先试更加便利的跨境贷(借)款管理政策。放宽境外人民币通过资本项下回流的限制,以跨境贷款为主要突破口,探索取消跨境贷款额度限制,进一步降低对开展业务的投资主体的营业收入资格要求,试行将放款主体放宽至台湾的非银行业金融机构,借款主体扩展为包括区内的银行和非银行金融机构。创新跨境贷款开放路径,允许自由贸易港区内台资企业在一定额度内向境外关联企业提供跨境贷款,探索允许台湾银行在内地利率市场进行有额度拆借。创新厦门与台湾金融合作体制机制,促进两地金融监管部门签署货币互换协议，在自由贸易港区先行先试构建两岸货币互换机制。完善人民币跨境资金流动的风险对冲机制，允许开展跨境贷款的自由贸易港区企业在离岸利率市场开展对冲，降低风险。积极鼓励和支持自由贸易港区内金融机构和企业赴台发行宝岛债并允许所筹资金回流使用。允许符合条件的自由贸易港区内的银行业金融机构试点人民币与新台币的直接挂牌与清算。在自由贸易港区内试点台资持股厦门中小金融机构，不受股比限制。支持在自由贸易港区内开展对台跨境资产转让。

3. 加强对台金融合作

加强两地资本市场合作，探索允许两地银行机构在港区内开展股权投资合作，试行允许个人直接投资包括台湾在内的境外企业股权。加深对台保险业合作，探索在港区内的厦门与台湾保险产品可互购、互认，进一步放宽台资保险机构在自由贸易港区可经营的险种范围。吸引和鼓励台湾地区金融机构在自由贸易港区设立地区总部和服务中心、数据中心，支持本地各类金融外包企业承接台湾征信、结算、客户服务、保险审核、语音服务、数据采集处理、风险分析等业务，支持引进台湾地区金融运营、信息管理、客户管理、产品研发等方面专业人才。

（四）建设厦金经济融合先行区

1. 推进建设厦金自由经贸区

在厦门自由贸易港区，启动厦金经济合作一体化进程，研究探索对金门货物贸易、服务贸易、资本投资实施全面的国民待遇，对台胞在开放就业领域、认可台湾地区职业技术教育资格和标准等方面享受与大陆居民同等的市民待遇。先行先试在 ECFA 框架协议下，港区企业赴金投资更加便利化。探索率先推动视产地为金门的产品如同大陆产品一致的关税、检验认证政策，探索经金门输大陆产品检疫前置模式。

2. 打造厦金产业合作最紧密区域

一是加强旅游合作，进一步简化省外来厦临时人员申办赴金马澎地区出入境手续，探索加强厦金旅游产品资源整合和线路串联，发展医疗＋旅游、养生休闲＋旅游、文化＋旅游等高端旅游项目。探索对厦门自由港区游艇、帆船出入境实行便利化监管模式，推动厦金门游艇和帆船常态化通航，打造厦门金门海上自由行最顺畅通道。二是加强会展合作，在自由贸易港区规划建设国际展售中心和会议中心，探索针对包括台湾在内的境外参展人员试行入境落地签政策。三是加强文化交流和教育合作，利用金门人口较少、教育资源供大于需的特点，探索在自由贸易港区内鼓励设立台湾独资的非学历职业技能培训机构，建设厦金人才培养中心。推动建立"产官学"合作机制，依托高校、专项基金会等平台，采用"请进来、走出去"的交流合作模式，促进两地的官员、学者、企业家，相互加深了解、加强沟通、推进合作。四是加强跨境电商合作，建设厦金两地跨境电子商务仓储物流中心，依托自由港海空联运和厦金地缘优势，发展与跨境电子商务相适应、高效率的物流仓储、分拨配送支撑服务和线下体验中心。

3. 探索厦金通关自由化

加强两地往来的基础设施建设，推进厦金大桥启动建设。利用自由港政策和金马澎离岛政策，分步骤试行对厦门乃至福建居民往返金马澎地区给予免签注的便利通关政策，第一阶段探索实行厦门户籍居民赴金旅游"一签多行"，对厦门居民持通行证赴金马澎在一年内不限次数往返；允许内地居民在厦申办经厦门进出金马澎地区的手续，推动支持省外居民在来厦期间，在厦适用简易备案程序赴金马澎地区"1日游"。第二阶段试行"先申报，后自由行"的简化政策，允许需要赴金马澎的厦门居民，先进行网上申报，通过出示厦门市身份证过境。第三阶段将"先申报，后自由行"政策复制推广至厦门暂住居民，打造厦金直接往来最便捷通道。

专题二 海峡西岸建设自由贸易港区的现状及前瞻

一、引　　言

建立自由贸易试验区是党中央、国务院根据国内外形势做出的重大战略部署。从2013年的上海，到2014年的天津、广东、福建，再到2016年的辽宁、浙江、河南、湖北、重庆、四川、陕西，自由贸易试验区实践，由东到西，由点到面，形成了"1+3+7"的格局。与以往建各类经济特区主要是利用本地资源优势、带动地方经济不同，自贸区建设的目标是形成一批"可复制、可推广"经验。2017年十九大报告指出，"赋予自由贸易试验区更大改革自主权，探索建设自由贸易港"。2018年3月"两会"期间，政府工作报告中提到，"全面复制推广自贸区经验，探索建设自由贸易港，打造改革开放新高地"。

对福建而言，自2015年4月福建自由贸易试验区挂牌以来，自贸区实践已三载有余。在此期间，福建自贸区紧紧围绕着"改革创新试验田、两岸经济合作示范区、21世纪海上丝绸之路沿线国家和地区开放合作新高地"这一战略定位，扎实推进各项试验的任务，推出了一批独具特色的改革试点，具有福建特色、对台先行的制度创新体系已经基本形成。福建自贸区建设硕果累累，正在快速成为两岸新兴产业和现代服务业合作示范区、东南国际航运中心、两岸区域性金融服务中心和两岸贸易中心，也成为先行先试、制度创新的重要标杆地。同时，作为自贸区依托的福建省不仅具有对台地缘人缘的独特优势，也是"一带一路"倡议的节点城市，是海上丝绸之路和陆地丝绸之路的重要交汇枢纽。可以说，福建自贸区已经具备了进一步升级为自由港的基础和条件，而自由港建设也必将给福建自贸区全面发展带来质的飞跃。

本课题结合福建自贸试验区三年多来的最新研究动态，深入分析海峡西岸建设自由贸易港区的现状并提出政策建议。本专题主要包括四个部分：第一部分对自由贸易港区的概念、特征进行简要介绍；第二部分从贸易投资、金融开放、产业发展、法制建设、闽台合作五个方面回顾海峡西岸自贸试验区发展现状；第三部分归纳了国内较早提出自贸试验区升级为自由贸易港区的上海及广东经验及相应借鉴；第四部分提出海峡西岸建设自由贸易港区的前瞻。

二、自由贸易港简介

（一）概念

自由贸易港是自由贸易区的一种形式。一般来说自由贸易港是指设在国家与地区境内、海关管理关卡之外的特殊经济功能区，它允许境外货物资金自由进出，对进出港区的全部或大部分货物免征关税，并且准许在自由港内开展货物自由储存、展览、拆散、改装、重新包装、整理、加工和制造等业务活动。当然，外国的船舶必须遵守自由港区所属地有关卫生、移民及治安等法律规定。

现代自由港内设有可供货物长期储存的仓库，有加工设备和比较完善的国际通信设施等。当代世界著名的自由港首推中国香港、新加坡，此外，阿联酋迪拜、韩国釜山、巴拿马科隆等都有着各具特色、影响较大的自由港。

（二）特征

1. 境内关外

依据上文所述的自由港区的现代定义可以得知，其最主要的特征即为"境内关外"。"境内关外"一词最早出现在《关于简化和协调海关业务制度的国际公约》（简称《京都公约》）关于自由区的附属约定中。该附约中，自由港这个概念，包括在自由区的概念之中，其指的是一个国家中的部分领土。在这部分领土中，所有其他国家的货物均能被相对自由地进行相应操作，如转运及相对简单的再加工；同时在该自由区内的各种活动暂不需要接受海关部门的监督管理。

2. 商事便利

现代意义上的自由港区，一般是由一国政府或相关管理机构设立的，从设立目的来看意在发展当地的贸易与商业活动，保持在物流行业中的领先地位，带动更大区域内经济的活跃。因此，相关机构必定会制定一系列的法律法规以给予港区内相关企业及人员一定的便利化，如海关申报、检验检疫、海关放行等相关程序的减免。

3. 管理高效

自由港区是一片多功能的地区，不仅承载着众多贸易货物的转运功能，大多也是各国（地区）与外界联系的窗口。因此，发展成熟的自由港区会依据一套相对完整的法律法规体系，提供高效的管理和服务，解决相关企业后顾之忧的同时，也为本国（地区）的经济安全把关。

4. 功能综合

由于自由港区经历了百年的演变，其功能也由最早的简单通商口岸演化为近现代的具有一系列综合功能的海关特殊监管区。世界上现存的自由港区大多是集转口贸易、出口加工、商业旅游、外商投资等众多功能于一身。这与国家间贸易经济往来的密切以及世界经济一体化的进程是分不开的。

三、海峡西岸自由贸易港区建设现状

海峡西岸是指台湾海峡西岸，以福建为主体包括周边地区，海峡西岸建设自由贸易港区是在福建自由贸易试验区三个片区的基础上，完成自由贸易试验区向自由贸易港区的升级。福建自由贸易试验区规划范围118.04平方公里，包括平潭、厦门、福州三个片区。其中海关特殊监管区域64.81平方公里（已物理围网面积9.786平方公里），非海关特殊监管区域53.23平公里①。以下分别从贸易投资、金融开放、产业发展、法制建设、闽台合作五个方面回顾福建自由贸易试验区三年来的发展现状。

（一）贸易投资

1. 贸易便利化

2015年以来，在福建自贸试验区建设中，一方面是对接国际贸易通行规则，建设国际贸易"单一窗口"，开展出境加工等业务。2016年，福建通过"单一窗口"大幅提升口岸综合服务效率，企业进出口货物申报时间由原来4小时缩短到5~10分钟，速度提高20~40倍；船舶进出境由原来36小时分别缩短到2.5小时和1小时，速度提高14~36倍。自2017年起，国际贸易"单一窗口"在全国范围内推行。另一方面，在复制和推广上海自贸试验区的经验外，还进一步对贸易监管进行制度创新。

目前已有五批可复制推广的创新举措。从内容上看，主要包括以下几方面：

（1）采取"简化CEPA和ECFA项下，货物进口原产地证书提交需求""实施加工贸易单耗信任审核""改革原产地签证管理""放宽海运集装箱货物直接运输判定标准"等措施，提升通关效率。

（2）通过推动台湾产品快速通关、试点海运快件业务、闽台监管互认、台湾车船便捷通关以及简化原产地证管理等举措，积极推进对台贸易便利化，加大对台开放力度。

（3）通过深入实施货物状态分类监管，密切关检合作及优化流程等举措，改进监管模式，完善监管技术系统。福建自贸实验区建立了全国自贸试验区首个国家级进口食品检测实验室和"报、检、测、管、放"五位一体的进口食品检验检疫查验场，率先实现国检"集中查验模式"，4个工作日内可完成监测并出具监测结果，进口预包装食品最快1个工作日予以放行，极大减轻了企业负担。

（4）通过创新跨境电子商务高效便捷监管模式，打造两岸跨境贸易和快速

---

① 福建省人民政府．中国（福建）自由贸易试验区产业发展规划（2015—2019年）．http://www.fzftz.gov.cn/show.aspx？Id=799&ctlgid=335544．

物流新通道，节省企业通关时间和成本。试点实施海事、交通、船检三部门联合办理船舶证书机制。加强口岸管理部门执法合作，拓展"一站式作业"。

（5）设立"入区加工""委内加工"等海关监管制度，促进海关特殊监管区域内外产能合作。建立以供应链为单元的新型加工贸易监管模式，扩大第三方检验检测结果采信商品范围。推进进出口产品质量追溯体系建设，实现重点敏感产品全过程信息可追溯。

2. 投资自由化

（1）对外商投资管理模式改革。对外商投资实行准入前国民待遇加负面清单管理制度，减少和取消外资准入限制，提高开放度和透明度。对负面清单之外的领域，将外商投资项目审批由核准制改为备案制（国务院规定对国内投资项目保留核准的除外），将外商投资企业合同章程审批改为备案制，外资企业设立、变更实行备案制。按照内外资一致原则实施管理，不得专门针对外商投资准入进行限制。参照国际标准，2018年版负面清单以统一、透明的方式列明了股权要求、高管要求等特别管理措施。负面清单本质上就是"宽进"政策。三年来，福建自贸试验区投资体制改革实现从"严进宽管"到"宽进严管"的转变。降低了准入条件、控股比例等限制，投资自由化程度明显提高。2018年1~6月，福建自贸试验区新增外资企业348家，合同外资38.2亿美元，分别占全省同期的33.1%、40.8%。挂牌以来至2018年6月底，福建自贸试验区新增外资企业3415家，合同外资248.1亿美元，分别占全省同期的50.4%、48.4%[①]。

（2）对外投资促进体系。三年来福建自贸试验区加快对外投资合作"一站式"服务平台建设，对境外投资实行以备案制为主的管理模式。企业手续办理时间大大压缩，从29天降为3个工作日。试验区企业"走出去"的积极性显著增强。2018年上半年，福建省共对全球43个国家和地区开展对外投资，备案（核准）项目133个，中方协议投资额（以下简称"投资额"）合计20.0亿美元，同比增长1.7倍。实际对外投资13.9亿美元，为上年全年16.7亿美元的83.3%[②]。

---

① 福建自贸试验区2018年上半年新增企业情况．中国（福建）自由贸易试验区门户网站，http://www.china-fjftz.gov.cn/article/index/aid/9510.html.

② 福建省2018年上半年对外投资快速增长质量提升．福建省商务厅网站，http://swt.fujian.gov.cn/xxgk/tjxx/dwtzhz/qsdwtztj/201807/t20180718_3602305.htm.

(3) 投资管理体制创新。自 2015 年 4 月挂牌以来，福建自贸试验区根据自身地域特色和《中国（福建）自由贸易试验区总体方案》安排，不断推出投资便利化创新举措，包括"一照一码"登记制度、"一表申报"制度、推行电子营业执照、推行"一掌通"3A 移动税务平台等 31 项。

（二）金融开放

福建自由贸易试验区自挂牌成立以来，坚持宏观审慎、风险可控的原则，大力推进金融制度创新，稳步推动金融对外开放，在人民币跨境使用、外汇管理体制改革、跨境投融资业务、引进金融机构和推动两岸金融合作方面陆续出台相应政策措施，并取得了一定的成效。

1. 人民币跨境使用

（1）厦门片区。福建作为自由贸易试验区，除了国家出台的关于鼓励和支持扩大人民币跨境使用的政策措施都适用外，还有更加细化的措施对自由贸易试验区的人民币跨境使用进行规定。2016 年 4 月份，根据《中国人民银行关于金融支持中国（福建）自由贸易试验区建设的指导意见》，经中国人民银行总行批复同意，中国人民银行厦门市中心支行印发《关于支持中国（福建）自由贸易试验区厦门片区扩大人民币跨境使用的通知》。通知中的措施主要包含以下几个方面：

厦门片区内的个人可办理经常项下和直接投资项下人民币跨境结算业务。这突破了之前境内个人只能办理货物贸易和服务贸易跨境人民币结算的限制，增加了办理收益、经常转移和直接投资业务的许可，并将自贸试验区金融参与面扩展到境外个人。

支持跨国企业集团开展跨境双向人民币资金池业务，并在门槛上有所降低。跨国企业集团可以指定区内一家成员企业作为主办企业，办理跨境双向人民币资金池业务。其中，境内外成员企业营业收入要求比区外降低 50%。同时试点双向净流入（出）限额管理，净流入（出）的上限比区外扩大 1 倍，便利跨国企业集团自主统筹配置境内外人民币资金，加强跨境资金流动的总体平衡。

支持区内金融机构和企业境外发行人民币债券募集资金回流。在债券发行募集总金额内,允许发债主体将所筹资金根据实际需要的原则调回境内使用,并对资金调回使用的规模实行宏观审慎管理,无须逐笔报经人民银行批准,便利区内主体拓宽境外直接融资渠道并回流境内使用。

鼓励区内企业境外母公司发债资金用于支持区内企业发展。区内企业的境外母公司按有关规定在境内发行人民币债券,募集资金用于集团内设立在区内全资子公司和集团内成员企业借款的,不纳入现行外债管理,吸引境外母公司境内发债资金留存自贸试验区内使用,用于开展直接投资和支持区内成员企业经营发展。

支持区内银行发放境外人民币贷款。鼓励区内银行基于实际需要和审慎原则向境外机构和境外项目发放人民币贷款,满足企业对本币贷款的需要,便利企业开展境外直接投资、对外承包工程等境外项目合作。

(2)福州和平潭片区。福州片区的金融机构利用自贸区的政策优势,积极创新金融产品,促进跨境人民币业务的发展。加大了跨境人民币业务创新力度,自贸区内金融机构充分利用自贸区的政策优势,加强业务创新,通过跨境直贷、跨境贸易融资、海外代付等拓宽企业融资渠道,降低融资成本,推进人民币跨境使用和跨境金融创新。工商银行创新推出跨境人民币贸易融资综合服务,为进出口企业提供低成本融资服务,平均融资成本较同信用等级的企业低1个百分点。中国银行推出"跨境人民币自贸区联行代付"业务,为境外机构和境外项目提供融资服务,实现自贸区内银行向境外进行人民币资金融通。建设银行在全省建行系统内首创固贷项下跨境融资性风险参与业务,突破国际业务产品只针对进出口企业的限制以及企业项目建设资金主要来自境内固定资产贷款的难题。福建海峡银行创新推出海峡"自贸通"产品,面向区内跨境电商、整车进口等重点产业提供贸易融资、衍生品避险等一揽子金融服务方案。

2. 外汇管理体制改革

(1)厦门片区。2015年以来,厦门市为落实国务院发布的《中国(福建)自由贸易试验区总体方案》,制定了厦门片区外汇管理实施细则,积极推动试点政策落地实施,促进区内实体经济发展。三年来,各试点政策取得良好效果,截至2017年年末,厦门片区涉外收支总额占全市总额的

21.7%，结售汇总额占全市总额的19.7%①。2018年2月份，国家外汇管理局厦门市分局发布《进一步推进中国（福建）自由贸易试验区厦门片区外汇管理改革试点实施细则》，进一步推动福建自由贸易试验区的外汇管理改革，政策调整主要体现在七个方面。一是进一步明确区内主体的责任与义务，防范跨境资金流动风险；二是放宽货物贸易电子单证审核条件，允许注册且经营场所均在区内的银行自主审慎选择区内企业，为其办理货物贸易外汇收支时审核电子单证；三是调整区内融资租赁业务外汇管理部分政策；四是支持发展外汇市场业务，提升企业资金使用效率；五是支持发展总部经济和结算中心，调整跨国公司外汇资金集中运营管理业务的参与主体范围；六是整合明确区内外汇业务监管有关事项；七是删除区内企业外债资金意愿结汇、直接投资项下外汇登记及区内外商投资企业资本金意愿结汇等相关条款。

（2）福州和平潭片区。2018年7月12日，经国家外汇管理局批复同意，《福建省特殊经济区域台资企业资本项目管理便利化试点实施细则》施行，试点适用于福建自由贸易试验区福州片区、平潭片区等区域，主要有五大方面的政策便利。一是资金结汇使用更为便捷，允许资本项目收入结汇后，在境内先行使用资金，打破了现行外汇政策要求企业资本项目收入结汇后在境内使用，需事前由银行逐笔审核交易单证的规定；二是境内股权投资更自由，允许将资本项目收入划转或结汇用于境内股权投资，突破了现行外汇政策仅允许以投资为主业或经营范围载明"投资"的外资企业使用资本项目收入开展境内再投资的限制；三是外资外汇登记更灵活，允许企业自主选择外汇局福建省分局辖内任何一家银行办理外资外汇的登记，即在福建省内银行办理境内直接投资基本信息登记、变更与注销手续，不再只由企业工商注册地银行办理；四是外债开户选择多元化，允许一笔外币债务开立多个专用账户，突破一笔外币债务最多只能开立3个外债专户的限制，单笔外债开户个数不受限制；五是外债注销登记更简便，简政放权，将外债注销登记下放到开户银行直接办理，取消试点企业办理外债注销业务时间限定。

---

① 搜狐财经.厦门自贸片区外汇管理试点政策新版出台. http://www.sohu.com/a/219533850_655432.

3. 跨境投融资业务

实行限额内资本项目可兑换，自主开展跨境投融资活动。在自贸试验区内注册的、负面清单外的境内机构，按照每个机构每自然年度跨境收入和跨境支出均不超过规定限额的要求，自主开展跨境投融资活动。限额内实行自由结售汇。符合条件的区内机构应在自贸试验区所在地外汇分局辖内银行开立资本项目——投融资账户，办理限额内可兑换相关业务。

允许企业开展境外证券和境外衍生品、借贷资金等业务。支持自贸试验区内符合条件的企业按规定开展人民币境外证券和境外衍生品等投资业务。允许区内银行业金融机构按照银行间市场等相关政策规定和我国金融市场对外开放的整体部署为境外机构办理人民币衍生品业务。允许区内个体工商户根据业务需要向境外关联经营主体贷出人民币资金。

支持个人人民币境内外投资和结算。支持自贸试验区个人开展经常项下、投资项下跨境人民币结算业务。在区内居住或就业并符合条件的境内个人可按规定开展跨境贸易、其他经常项下人民币结算业务，研究开展包括证券投资在内的各类人民币境外投资。在区内居住或就业并符合条件的境外个人可按规定开展跨境贸易、其他经常项下人民币结算业务以及包括证券投资在内的各类境内投资。

简化流程，促进跨境投资便利化。简化直接投资外汇登记手续，直接投资外汇登记下放银行办理，外商投资企业外汇资本金实行意愿结汇。放宽区内机构对外放款管理，进一步提高对外放款比例。允许区内符合条件的融资租赁收取外币租金。

在跨境投融资业务相关措施的鼓励下，跨境投融资更加便利化。厦门和福州地区，对外资的利用程度逐年增长。

从图1和图2的统计数据来看，自2010年以来厦门地区利用外资规模逐年攀升。2008年金融危机之前，实际利用外资总额较小，但增长速度快。金融危机之后，实际利用外资额增加，增长率保持在一个较为稳定的状态。新批外商投资项目整体呈逐年增加的趋势，尤其2016年、2017年，新批外商投资项目猛增，数量上超过1000项。

由图3和图4可知，近年来福州地区的实际利用外资额在不断增长，增长率也维持在一个比较稳定的水平。近三年来，新批合同外资项目数量明显增多。总的来说，福州地区对外资的利用逐步提高。

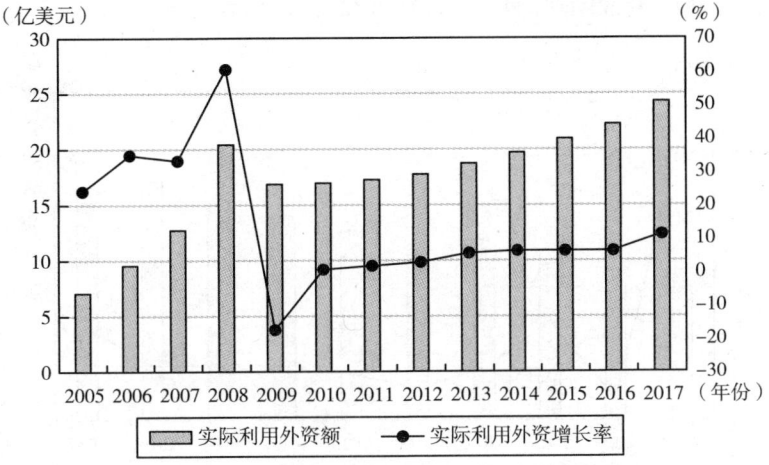

图1　厦门地区实际利用外资情况

资料来源：Wind。

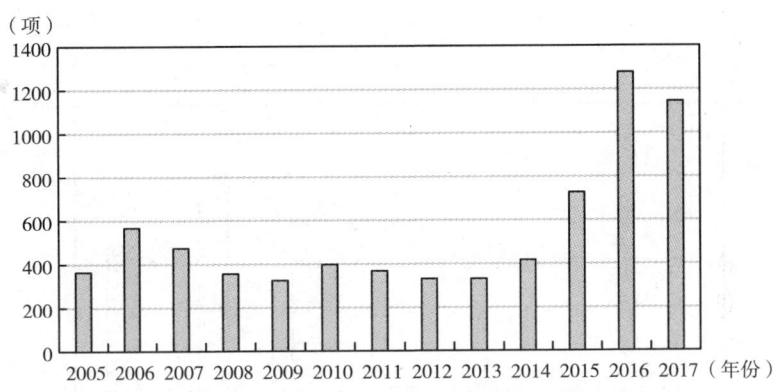

图2　厦门地区新批外商投资项目

资料来源：Wind。

4. 两岸金融合作

近年来，海峡两岸的经贸往来快速增长，福建自由贸易试验区的成立进一步推动了两岸经济贸易关系的发展，也有力地推动了两岸的金融合作，各项举措竞相推出，主要包括以下几个方面：

（1）可对台进行人民币拆出拆入。在宏观审慎管理框架下，自贸试验区银行业金融机构可与台湾地区金融同业按一定比例跨境拆入人民币短期借款,向台湾地区金融同业跨境拆出短期人民币资金。

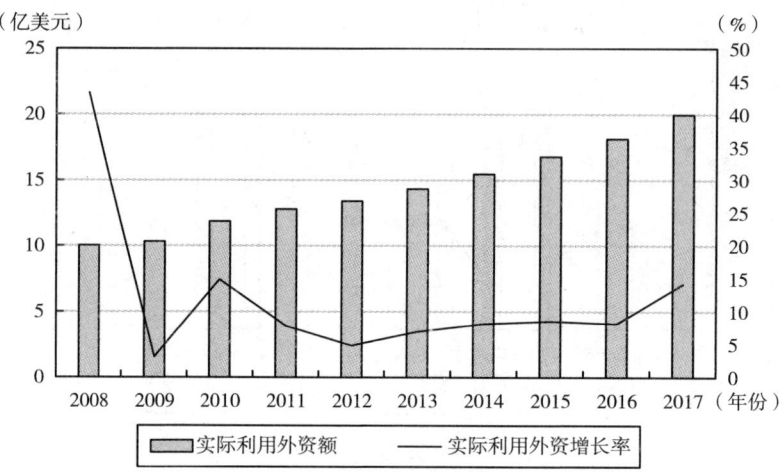

图3 福州地区实际利用外资情况

资料来源:Wind。

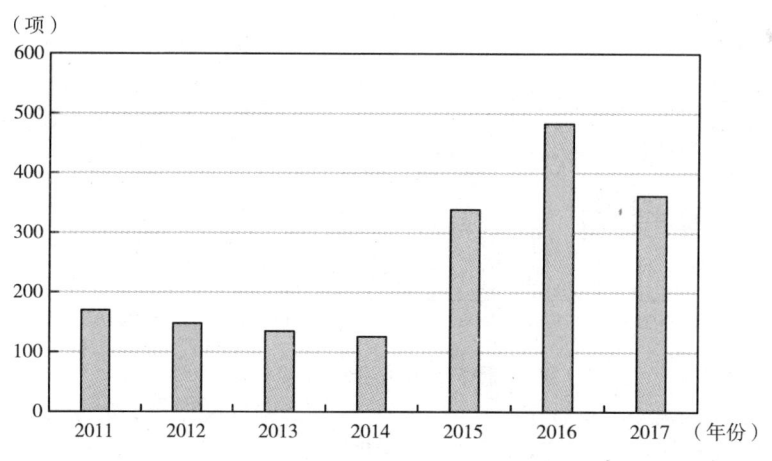

图4 福州地区新批合同外资项目

资料来源:Wind。

(2)新台币的交易和结算。支持自贸试验区在海峡两岸金融合作中发挥先行先试作用。支持自贸试验区在两岸货币合作方面探索创新。允许符合条件的银行机构为境外企业和个人开立新台币账户,允许金融机构与台湾地区银行之间开立新台币同业往来账户办理多种形式结算业务,试点新台币区域性银行间市场交易。支持厦门片区完善两岸货币现钞调运机制。

（3）支持建立自贸试验区金融改革创新与厦门两岸区域性金融服务中心建设的联动机制，深化两岸金融合作。

（4）支持自贸试验区在两岸金融同业民间交流合作基础上，完善两岸金融同业定期会晤机制，促进两岸金融合作与发展。完善两岸反洗钱、反恐融资监管合作和信息共享机制。

目前，两岸已相互开放金融市场业务，允许人民币与新台币的汇兑，加速两岸信用联盟的构建，推动金融信息的相互交换，互设金融分支机构等，两岸的金融合作正由低层次的间接往来走向"直接、双向"的更高层次的合作，并逐渐变得正常化。

（三）产业发展

福建自贸区是对外开放和外向型经济发展的前沿平台，区内经济规模较大、业务功能丰富、综合实力较强。目前，已形成以贸易、航运、物流、金融、高端制造为主的产业功能和企业群体。保税仓储、分拨、配送等功能集聚，国际采购、国际中转、转口贸易、整车进口等业务不断完善，保税展示交易、融资租赁、跨境电商、专业服务、旅游服务等新业态方兴未艾。

1. 港口航运功能显现

福建自贸试验区包括海沧港区、东渡港区、江阴港区（1~9号泊位）、平潭港区等全省港口、岸线、航线资源较为优越的港区，万吨级以上深水泊位67个。2017年全年海沧港集装箱吞吐量共计753.36万标箱，再创历史新高，同比增长19.08%，增速居全国各口岸首位，2018年1~7月，福建省厦门港集装箱吞吐量完成611.05万标箱、同比增长6.34%，货物吞吐量完成1.25亿吨、同比增长2.73%，增幅居全国沿海八大干线港第二，实现高质量增长[①]。目前，港区具有国际中转、国内中转、海铁联运等多元运输业务模式和集拼、配送、采购、转口贸易等高端航运服务功能，开通了数十条通往世界各主要港口的集装箱班轮航线，丹麦马士基、美国总统轮船、法国达飞以及中远、中海等全球知名航运公司在港区内设立了分公司或代表机

---

① 中国（福建）自由贸易试验区门户网站，http://www.china-fjftz.gov.cn/.

构。优越的港口条件为航运、物流、贸易、旅游会展、邮轮经济的发展奠定了坚实的基础。

2. 贸易物流蓬勃发展

福建自贸试验区内集聚的贸易类和物流类企业主要从事冷链物流、城市物流、保税仓储、分拨、配送和国际贸易、转口贸易等业务。2018年第一季度,海沧保税港区物流营业收入累计1.08亿元,码头营业收入累计3.76亿元,同比增加35.47%,第一季度海沧港区完成货物吞吐量2857.05万吨,同比增加17.01%,集装箱吞吐量184.46万标箱,同比增加12.25%[①]。随着福建自贸试验区建设和对外开放不断扩大,港口航运等各项功能有效发挥,政策效应不断溢出,以外向经济为主要业务的各类功能性机构和市场主体将加快集聚,贸易物流将呈现快速发展态势。

3. 金融服务加速崛起

福建自贸试验区内贸易、航运、物流、航空服务的金融服务业初具规模,其中大宗商品贸易融资、融资租赁、外保内贷、商业票据等金融业务发展迅速,尤其是两岸跨境人民币业务创新进行较为深入探索和尝试。立足两岸区域性金融服务中心,自贸试验区扩大金融开放、促进金融服务产品创新、培育产业金融、延伸金融产业链具有扎实基础。

4. 先进制造集聚发展

福建自贸试验区内的福州经济技术开发区、福州保税港区加工贸易区、海沧港区出口加工区、平潭综合实验区港口经贸区都具有一定的制造业产业基础,形成了电子信息、海洋生物及医药、智能装备等产业集群。高端制造业具备了一定的规模和高端化发展基础,通过对周边地区的辐射带动,逐步形成千亿产业集群,带动区域制造业与服务业融合发展。

5. 新业态新模式不断涌现

福建自贸试验区经济发展活跃,创新能力较强,产业先行先试的氛围良好,保税展示、跨境电商、服务外包、专业服务、文化创意、旅游会展、社会服务等新业态发展迅速。东渡港区的国际邮轮母港、海沧港区的大宗商品交易、江阴保税港区的整车平行进口、平潭台湾小商品交易、跨境电子商务等新模式初具雏形。自贸试验区建设为充分利用政策资源优势,拓展新业

---

① 中国(福建)自由贸易试验区门户网站,http://www.china-fjftz.gov.cn/。

态、探索新模式营造了良好氛围①。

（四）法制建设

1. 知识产权制度

自贸区背景下平行进口所涉及的知识产权保护，其实质是贸易自由化、便利化与知识产权保护之间不同价值取向的碰撞、摩擦，而其目的则应当是实现对上述两种不同价值取向的平衡兼顾。加强自贸区知识产权保护主要从强化知识产权公共服务职能及切实保护知识产权权利的角度实现，因此，应该尽早在自贸区内建立知识产权一站式服务平台，并设立知识产权法院的派出法庭或普通法院的知识产权法庭，为知识产权法律制度的实施提供行政保障和司法保障。

中国（福建）自由贸易试验区成立三年多来，福建省各级知识产权部门围绕党中央、国务院对深化知识产权领域改革的重大决策部署，根据省委省政府要求，着眼于构建精简高效、合理统一的知识产权综合管理和保护体制机制，不断完善知识产权公共服务体系，创新知识产权保护方式，积极探索，开拓创新，形成了许多可复制、可推广的新模式和新经验，为福建省创新驱动发展提供了有力支撑。2017年，福建省知识产权局发布《关于印发中国（福建）自由贸易试验区知识产权工作可复制可推广创新经验的通知》，在福州、厦门、平潭三个自贸片区复制推广16项创新经验，努力打造知识产权友好型自贸区，并力争在各片区先行先试的基础上在全省逐步推开。其中包括建立"三合一"知识产权综合管理模式、开展"存证云"服务有效衔接公力保护与私力救济、以"互联网+知识产权"方式创新知识产权公共服务、出台"全覆盖"扶持奖励政策服务企业"走出去"、建立快维中心提供"一站式"知识产权保护、加快人才引进形成两岸知识产权服务业聚集区等诸多内容，涵盖知识产权创造、运用、保护、管理和服务全链条。

（1）为健全知识产权保护体制机制，福建省知识产权局与工商、版权及海关等部门联合制定了《关于建立福建自贸试验区知识产权行政执法与海关

---

① 福建省人民政府. 中国（福建）自由贸易试验区产业发展规划（2015—2019年）. http://www.fzftz.gov.cn/show.aspx? Id=799&ctlgid=335544.

保护协作机制的意见》，就部门间建立联席会议制度、共享执法信息、建立案件会商制度及执法协作等达成协作意见，提高省内自贸试验区知识产权行政执法与海关保护的协调性和便捷性。

（2）厦门自贸区在立法方面，针对知识产权保护和申报难的问题出台了《中国（福建）自由贸易试验区厦门片区知识产权扶持与奖励办法》，规定凡在该片区注册、经营的各类商事主体均可按办法规定申请相关扶持与奖励，实现了知识产权主要领域全覆盖，体现自贸试验区知识产权集中管理和综合管理的职能；在执法有效性方面，厦门自贸区成立了知识产权执法协作互助中心，为企业提供知识产权维护援助。

（3）从企业自身角度来说，福建自贸区地处福建东南沿海，交通和区域便利等因素对人才的吸引力较强，且有国家的政策支持，高素质人才的引进对公众整体知识产权保护意识的提升有促进和帮助作用。

2. 税收制度

当前福建自贸区的税收优惠做法和国内其他自贸区的做法基本相同，除了延续之前出口退税、保税加工、免税缓税等税收优惠政策之外，主要在促进贸易和投资方面引入新的税收优惠政策，表现为选择性征税、分期缴纳所得税、融资租赁出口退税、飞机租赁进口环节增值税优惠等措施。

（1）对设在自贸试验区海关特殊监管区域内的企业生产、加工并经"二线"销往内地的货物，根据企业申请，按其对应进口料件或按实际报验状态征收关税，进口环节增值税、消费税照章征收。企业选择按进口料件征收关税时，应一并补征关税税款缓税利息（内销选择性征收关税政策）。

（2）对自贸试验区内注册的国内租赁公司或其设立的项目子公司，经国家有关部门批准从境外购买空载重量在25吨以上并租赁给国内航空公司使用的飞机，享受规定的增值税优惠政策。

（3）在现行政策框架下，对自贸试验区海关特殊监管区域内生产企业和生产性服务业企业进口所需的机器、设备等货物予以免税。但生活性服务业等企业进口的货物以及法律、行政法规和相关规定明确不予免税的货物除外。

（4）自贸试验区获得股权奖励人员在获得股权时，按照"工资薪金所得"项目，参照2005年的《财政部国家税务总局关于个人股票期权所得征收个人所得税问题的通知》和2016年的《国家税务总局关于个人股票期权所得缴纳个人所得税有关问题的补充通知》规定计算确定应纳税额。获得奖励人员一次性申报缴纳税款有困难的,经主管税务机关审核,可分期缴纳个人所得税,但最长不得超过 5 年。

(5)自贸试验区内企业以未分配利润、盈余公积、资本公积向个人股东转增股本时,应按照以下规定计算缴纳个人所得税:个人股东获得股权数额按照"利息、股息、红利所得"项目,适用 20% 税率征收个人所得税。个人股东一次性申报缴纳税款有困难的,经主管税务机关审核,可分期缴纳个人所得税,但最长不得超过 5 年。

(6)对设在平潭的鼓励类产业企业减按 15% 的税率征收企业所得税。据了解,目前公布的《平潭综合实验区企业所得税优惠目录》共 5 大类 127 条,其中高技术产业 74 条、服务业 18 条、农业及海洋产业 10 条、生态环保业 9 条、公共设施管理业 16 条。全部属于《平潭综合实验区产业发展指导目录》中已规定的产业类型。根据《平潭综合实验区企业所得税优惠目录》,凡是以符合该目录规定的产业项目为主营业务,且其主营业务收入占企业收入总额 70% 以上的企业,均可享受这一优惠政策。

此外,自贸试验区还有一系列保税、递延交税、分段担保措施在一定程度上可以降低税负成本。可以看到,与世界主要自由港的税制优惠设计相比,目前福建自贸区差距明显。税收优惠范围有限、税率优惠有限,更不用提与产业、经营行为、期限、限额等要素组合,形成立体型、多层次的税收优惠体系。税收优惠的产业导向特征不明显,只针对飞机租赁提出了较为具体的增值税优惠举措。

(五)闽台合作

1. 探索闽台产业合作新模式

积极促进台企创新升级。推出各项扶持优惠政策,增加对台资企业的资金支持力度。福州片区出台相关政策,发挥财政资金作用推动其发展,分别给予华映显示科技 142 万元、中日达金属 147 万元、百鲜食品 75 万元技改项目资金补助[①]。平潭片区对台湾同胞创业发展给予优惠政策,对台资企业实

---

① 福州市人民政府,http://www.fuzhou.gov.cn/tzgg/201707/t20170718_1294006.htm。

行税费减免、开办补助、资金扶持等,积极协助其市场开拓,参加展会。厦门片区出台外经合作、开拓海外市场相关政策,资金支持台企研发创新。2016年,支持7家台企技术创新项目,扶持台企研发经费245万元,带动企业配套投资约2397万元;支持3家台企产学研合作项目,扶持台企产学研经费94万元,带动企业配套投资约1408万元;推荐3家台企申报省级企业技术中心等①。

积极规划引导两岸科研技术产业合作交流。福州片区成立两岸高端材料研发合作中心,成功研发国内首个拥有自主知识产权的抗菌超薄玻璃;新大陆科技集团携手台湾科研机构,成功研发全球首枚二维码解码芯片;投资两亿元建设两岸智慧城市研发中心暨中试基地,建设两岸物联网应用示范中心。平潭片区引入台达电子参与高新技术园区建设开发;聘请台湾经济研究院为平潭片区制订台湾产业布局平潭自贸片区可行策略研究计划。厦门片区完成9项两岸冷链物流相关标准合作制定与推广;增加对台科研合作项目资金补助力度;举办第二届海峡两岸大学生优秀工业设计作品展暨"冠捷杯"新视界工业设计大赛;建设海沧生物医药港,筹建"台湾生技产业园";建设"厦门两岸集成电路自贸区产业基地";建设微电子育成中心等。

积极吸引台湾创新人才、产业在闽集聚发展。福州片区建立海峡两岸(船政)文化创意园、台商创业园等园区。平潭片区建设两岸青年"三创"基地。厦门片区打造两岸青年创业创新创客基地、一品威客创客空间、云创智谷、台湾创业馆等产业园区。

积极拓展闽台农业产业链深度合作。2015年出台《关于加强中国(福建)自由贸易试验区农作物种子企业监管服务的意见》,取消在自贸试验区内从事农作物(粮棉油作物除外)新品种选育(转基因除外)和种子生产(转基因除外)的两岸合资企业由大陆方面控股的要求,但台商不能独资。

2. 扩大对台服务贸易开放

传统服务业。率先试行放宽台资建筑业企业认定方法、台湾独资物业服务企业资质认定标准,采认台湾医师级别、教师从业资格证,落实台湾导游换证执业政策。福州、厦门、平潭三片区共批准设立27家台资旅行社并开

---

① 黄茂兴. 中国(福建)自由贸易试验区发展报告(2017—2018)[M]. 北京:社会科学文献出版社,2018.

展相关业务。在平潭备案的台湾建筑企业有 49 家,备案从业人员 109 人,此外还有台资演艺经纪公司、专科医院、旅行社、人力资源机构等纷纷在闽落户①。

保险服务。福建银保监局指导福建省保险行业协会在平潭片区先后设立福建保险业"创研中心""消保中心""宣教中心"。

金融业服务。货币合作上为 60 家台湾银行铺底人民币资金近 50 亿元,现钞调运 315 批次、90.18 亿元;对人民币清算渠道,已有 23 家台湾银行在厦开立 43 个人民币代理清算账户,清算金额 947.19 亿元②。还大力推进了台胞个人住房贷款、台胞信用卡、台企台胞征信查询业务、两岸银行同业业务;搭建对台金融服务专业化平台:对台离岸金融、跨境结算等特色业务中心 10 余家;开展了外商投资股权投资(QFLP)试点,创建了首家两岸合资公募基金管理公司,举办了两岸双创大赛等。

知识产权服务。厦门片区 2015 年成立两岸知识产权智库,首批汇聚 15 名海峡两岸知识产权人才和专家。举办两岸知识产权实务合作论坛,向台学习借鉴。对具有全国专利代理人资格的台湾居民以及台湾知识产权人才给予住房薪酬补贴。福州片区与福州市马尾区人民法院知识产权保护合作协议,设立自贸区(涉台)知识产权调解中心。

科技创新和信息服务。福建省政府与国家自然科学基金委员会签订《关于设立促进海峡两岸科技合作联合基金的协议书》,2014~2017 年,三年来联合基金共批准立项 55 项,资助经费 1.23 亿元。福建省政府还出台了《福建省科学技术厅关于支持自贸试验区企业开展闽台科技合作措施的通知》,鼓励台湾重大研发机构来闽创办或合作创办研发机构,对其给予优先资助。三年来,每年都组织举办海峡两岸信息服务创新大赛暨福建省计算机软件设计大赛。

医疗健康服务。截至 2017 年年底,在闽有 1 所台资独资医院,1 所合资医院,1 所合作门诊部,新批准设置 8 个台资(含合资)医疗机构。政府出台一系列政策鼓励台湾医师来福建自贸试验区执业。目前台湾地区医师在闽

---

① 黄茂兴. 中国(福建)自由贸易试验区发展报告(2017—2018)[M]. 北京:社会科学文献出版社,2018.
② 中国(福建)自由贸易试验区门户网站,http://www.china-fjftz.gov.cn/.

短期执业 105 人，获得大陆医师资格认定 321 人。

3. 推动对台货物贸易自由

货物贸易通关机制。开展货物通关、贸易统计、原产地证书核查、"经认证的经营者"互认、检验检测认证等合作。福州片区 2016 年 10 月 1 日正式开展两岸海关 AEO 互认合作，建立 ECFA 项下原产地证书核查机制。平潭片区建成全国质检系统唯一的两岸检验检疫数据交换中心，启用两岸检验检疫电子证书互换与核查系统；已实行 ECFA 原产地证电子数据互换，免予纸质证明，主动推进证书互认、标准等效性评估。厦门片区厦门海关与"高雄关"实现"监管互认""执法互助"，与台湾关贸网建立了点对点传输通道。福建自贸区对台湾输入区内产品试行快速检验检疫模式与采信第三方检验结果有机结合实施，其对农产品、水产品、食品和花卉苗木等成效显著。

平潭台湾商品免税市场进口货物直通放行。发展平潭对台小额贸易点，放开对台船舶吨位和金额限制，目前有澳前对台小额贸易点 1 个，对台小额贸易经营企业 16 家，平潭对台小额商品交易市场已累计进口销售台湾商品近 10 亿元[①]。对预包装食品、化妆品采用特别宽松政策，对台湾白酒、小家电则试点采信台湾认证认可和检验检测结果。

新兴货物贸易形态，允许台商在闽设立经营类电子商务企业，目前已有 20 家入驻并开展业务。国家食药监管总局下放了台湾进口部分中药材和医疗器械的审批权至福建省，出台了文件加强事中事后监管。2017 年年底已受理台湾牛樟芝输入申请，备案 2 例一类医疗器械审批。

4. 促进两岸往来更加便利

人员出入境手续。一方面，率先签发非闽户籍居民赴台湾（金马澎）团队旅游"一次有效往来台湾通行证"，方便大陆居民赴台旅游；另一方面，对台湾居民实施更加便利的出入境政策，在台北、台中设立代办点，还推出了三个月临时有效的台胞驾驶许可证，对在闽投资就业的高管、专家和技术人员可以申请办理五年期台湾居民来往大陆通行证业务。

车船出入境手续。出台了一系列政策措施简化游艇、帆船进出境手续，首创"台车入闽一体化快速通关模式"。

两岸海上客运航线。"客带货"形式、对台海运快件和集装箱货运实

---

① 平潭综合实验区招商局，http://www.pingtan.gov.cn/site/zsj/info/index.jsp?inx=8.

现常态化经营,平潭至台北、台中客滚轮航线航行时间只需 2.5 小时。一般性赴台文化团组审批权下放至省级文化行政部门、台办,不再有人数限制。在平潭开展了台湾社区试点,由台商协会组建平潭台商发展有限公司,参与台胞社区建设,投资约 4 亿元,其中项目启动资金 3500 万元。

四、上海、广东建设自由贸易港区的设想与举措

(一)上海自贸区

中国(上海)自由贸易区试验区(以下简称上海自贸区)是国家主管部门在上海浦东新区规划设立的自由贸易试验区。上海自贸区是中国第一个真正意义上的完全开放的自贸区。

根据 2017 年 3 月公布的《全面深化中国(上海)自由贸易试验区改革开放方案》,上海将在洋山保税港区和上海浦东机场综合保税区等海关特殊监管区域内,设立"自由贸易港区"。其主要内容是以建设开放度最高的自由贸易园区为目标,建设"三区一堡"(开放和创新融为一体的综合改革试验区、开放型经济体系的风险压力测试区、提升政府治理能力的先行区、服务国家"一带一路"建设和推动市场主体走出去的"桥头堡"),强化"三个联动"(区内改革同全市改革的联动、同上海国际金融中心和科技创新中心的联动)。方案明确了 98 项重点改革任务,至 2017 年年底,98 项改革任务已全部推开,超过 76% 已基本完成。

上海相关部门提交的自由贸易港初步方案中,货物、资金、人才三大要素的自由流动将是具体落实的重点。

在货物自由流动方面,争取一线无条件准入、登记式备案、区内免证免审,进出口的货物在自由港之内不需要海关等部门审核,相关部门只对重点货物实行抽检。

资金自由流动方面,主要内容包括:改善外汇管理方式,调整税收优惠政策,完善自贸区账户制度,加快人民币离岸业务发展等。落实到具体细节上,自由港将争取实现"增量"外汇的自由流动。此外,自由港将争取大幅降低港区内注册企业的所得税税率。

人才自由流动方面，对于港内企业聘用的外籍人才，将以发放中国绿卡为目标，在港内企业工作的外地人才上海落户也可能会有更进一步的优惠措施。

在方案的整体设计方面，"境内关外"这一概念成为重中之重，相对应的是，"一线放开、二线安全高效管住、区内自由"。"一线放开"就是要从原来的常规性监管，变成精简监管。"二线高效管住"立足于"单一窗口"的平台功能，将涉及贸易监管的海关、检验检疫、外汇、支付等相关监管部门接入"单一窗口"作业平台，实现集约式、一站化的高效管理。

自由贸易港的建设，目标并不止于贸易自身，方案的初步设想是以贸易带动产业，"要把巨大贸易量带来的巨大附加值留下"。以此为目标，离岸贸易、离岸金融将是自由贸易港政策的发展方向。

（二）广东自贸区

广东自贸区由三个片区组成，共 116.2 平方公里，分别是广州南沙新区片区（60 平方公里）、深圳前海蛇口片区（28.2 平方公里）和珠海横琴新区片区（28 平方公里）。在广东自贸区现有的框架下，广州南沙、深圳前海和珠海横琴形成了"一区多片"的发展模式。其中南沙自贸区占广东自贸区一半以上的土地面积，同时拥有深水良港，重点发展航运物流，这被认为是建设自由港的优势所在。

2018 年 3 月上报国务院的《进一步深化中国（广东）自由贸易试验区改革开放方案》明确提出"探索在广州南沙保税港区，设立自由贸易港区"，而国际贸易和离岸金融是其自由港建设的重难点。2018 年 5 月 11 日，广州市政府发布了《建设广州国际航运中心三年行动计划（2018—2020年）》（以下简称《行动计划》），其中提及将申报设立自由港。将在一线进出境模式、离岸型经济管理体制和国际贸易等方面率先突破，探索实现贸易自由和资金"自由流动"。

作为中国改革开放最初前沿的阵地，广东具有建设自由贸易港的优越自然条件和物质基础。广东的地区生产总值和物流产业约占全国的 10%，货物贸易进出口总值和国际物流占全国的比重都在 1/4 左右；产业结构层次高，广州先进制造业增加值占规模以上工业的比重约70%，深圳占比则高达75%[①]。产业结构的高端化决定了在广东建设自由贸易港可以对接国际高端资源，在全球产业链、价值链、创新链中可占据更加有利的位置。广东另外一个独特优势是毗邻香港这一国际著名的自由贸易港，能够借鉴香港经验并与香港实现融合、联动发展，形成巨大的自由贸易港区，加快推进粤港澳大湾区建设。南沙已提出要建立保税港区与港澳机场海陆货物快运快速通道，打造两地联动的快件中心；简化国际中转、国际分拨和国际贸易监管手续，放开贸易准入条件，建立离岸型经济管理体制，形成自由进出的货物贸易管理模式；探索建立国际通行的金融、外汇管理规则，实现资金自由流动；深化粤港澳合作，实现南沙自由贸易港与港澳在通关监管、贸易规则和金融服务等方面的对接。深圳前海蛇口自贸片区也开始自由贸易试验区升级研究，提出了探索深港自由贸易组合港建设的设想。

广东自由贸易港建设是粤港澳大湾区发展策划的核心区和重要引擎。港澳本身已经是自由贸易港，探索建立自由贸易港区群，在制度、法律、标准等方面从更高的层面推进区域融合发展。借鉴港澳特别是自由港的发展经验，探索"一国两制"下粤港澳体制机制、法律法规等制度层面的全面对接与衔接。推动港澳作为三个自贸试验片区的标杆和带动作用，使三个自贸试验片区成为港澳自由港制度外溢的首要承接，形成"2+3"共同带动建设开放型湾区，全面提升粤港澳大湾区对外开放水平，促进三个自贸试验片区与港澳之间的要素双向便利流动，以及与港澳在标准、认证等方面的互认和对接。

未来三年，广州将在大数据分析的基础上确定负面清单和重点监管对象，实现精简、精准监管，在有效守住安全底线的同时，将创新"不申报、不征税、不统计"的一线进出境模式。将着力加强广州港仓储物流能力和港口核心竞争力建设，加快推进自由港规划建设、港口资源整合等工作，推动国际航运中心建设再上新台阶。

---

① 杜宏禹. 从自贸试验区到自由贸易港：地方竞逐全面开放高地. http://epaper.21jingji.com/html/2017-12/29/content_77475.htm.

（三）上海、广东自贸区对海峡西岸建设自由贸易港区的启示

1. 政府职能转换

各地政府简政放权，提升市场的竞争活力。上海自贸区最成功的改革之一来自政府职能的转变，从事前审批监管制度创新为事中事后监管制度，放开了政府的监管权限，提升了上海自贸区吸引外资的效率，取得了优异的成绩。自贸区所在的各地方政府应学习这样的模式，通过各种方式来将更多权限赋予市场，处理好政府监管与市场竞争之间的关系，将两者有机结合，合力刺激经济发展。

2. 区域融合合作

广东自贸区毗邻香港、澳门地区，是改革开放发展经济的重要地区。依托地缘合作优势，广东自贸区更注重在扩大对港澳开放、破除准入后的隐形壁垒和政策障碍、自贸区自身体制机制的创新上有所突破。比如，广东自贸区深圳前海片区实行香港资格认证和执业许可；珠海横琴片区也宣布与港澳合作开展"一试双证""一试三证"证书认证试点工作；广州南沙片区也积极引进境外仲裁员制度，香港仲裁员占大多数。以香港、澳门的成功经验来进行广东自贸区的改革创新，让广东自贸区金融经济有更大的发展空间，充分发挥出广东自贸区的发展特点。而福建毗邻台湾，可以参考借鉴粤港澳区域金融合作经验，尤其是如何有效处理"行政壁垒""跨境壁垒"问题。

五、海峡西岸建设自由贸易港区前瞻

与自由贸易试验区相比，自由贸易港有3个显著不同：涵盖的空间范围要比自贸区更为广泛，开放程度和带动作用也比自贸区更大；"自由"的范围不同，除了贸易自由外，还包括投资自由、资金自由、人员出入境自由等；功能和服务能力不同，自由港是一种综合性创新，突破地域的限制，更加注重协调、统一和规范性。

海峡西岸建设自由港应该充分利用对台地理位置、厦门经济特区立法

权、海上丝绸之路核心区以及自贸区改革自主权优势，从聚焦自主创新、对标国际贸易通行规则、加快政府职能转变和服务"一带一路"建设的角度，探索打造自由贸易试验区升级版，带动国内区域经济发展和提升国际经济影响力。

（一）空间范围上扩展自贸区的地域空间

与自由贸易区相比，自由贸易港所涵盖的空间范围更广泛，海峡西岸自由贸易试验区仅仅局限于划定的三片区100多平方公里，但是对于建设自由贸易港区而言，由于全方位的自由化，要求地域规模化，如果地域过小，就会影响到自贸区的战略定位与发展目标的实现。区域空间的大小也是决定自由贸易港区建设成效的一个重要因素。早期的自由港，非关税地区仅包括港口指定区域或扩大至其所在城市的部分区域。从20世纪80年代开始，自由港不再仅限于单一港口界定，而是向其所在城市地区外溢，融合发展，中国香港和新加坡就是典型代表。比如，整个香港特别行政区都是自由港。自由港是一种能够有效地实现以港口带动腹地、以点带面的区域融合发展战略。统筹与海峡西岸经济区其他地区的协调发展，平潭综合实验区作为海峡西岸经济区先行先试的突破口，逐步向海峡西岸经济区其他地区推广成功经验，形成重点突破、以点带面、协调推进的对台交流合作新格局。

（二）功能服务上往复合型自由贸易港发展

自由贸易试验区升级为自由贸易港，可理解为自由贸易试验由点到面的扩大，空间范围扩大之后，功能和服务方面在自由贸易试验区现有基础上也会有所提升。国际上公认较为成功的自由贸易港发展经验告诉我们，自由贸易港的发展从来就不是一步到位的，港口的功能与服务都有一个循序渐进逐步完善的过程。如香港发展成为自由港大致经历了转口贸易型、加工贸易型、综合型和跨区域综合型4个发展阶段。从19世纪中期，允许外国船只自由进出港口，对进出口货物免征关税，凭借着优越的地理位置香港逐渐成为转口贸易型自由贸易港；20世纪中期，随着本地加工业的充分发展，香港成为加工贸易型自由贸易港；再到20世纪90年代，香港形成了以工业、外贸、金融、旅游、运输与通信及建筑等行业为支柱的多元化经济结构，自由贸易港也由加工贸易型转向综合型。最后，随着香港和内地，特别是珠三角地区，区域分工合作深入发展，香港转向跨区域综合型自由贸易港。

福建自贸区在未来的发展中应该着力于向多功能、综合型服务港口的自由贸易港区发展。一是要优化物流信息系统，构造共享数据信息平台，实现仓储、配送、分拨一体化的物流升级，节省时间和成本，提高港口行政管理效率；二是要革新监管技术，创新监管手段，实施智慧监管，充分运用大数据、云计算、互联网等方式提高监管效率和精准度；三是完善统筹协调监管机制，加强政府部门之间政策措施的沟通与协商，建立统一的海关监管机构，整合各主要贸易监管部门之间的服务流程。

（三）贸易投资上进一步制度创新

自贸区现在虽然也是在尽力做到"一线放开""区内自由""先进区、后报关"等，但是货物到港还是要向海关申报备案，对比世界上成熟的自由港区来说，这并未达到实现人、货物、资金在区内最高度自由的国际标准。自由贸易港实行的是"一线放开，二线管住，区内自由"，要在保证贸易安全的基础上即二线自由贸易港到非自由贸易港区的分界管住，而一线进入自由贸易港区内不申报。因此，应进一步制度创新实行最宽松、最先进、最合理的体制，最大限度促进贸易投资自由化、便利化。

上海自贸区制度创新的主要内容就是对贸易和投资便利化以及贸易监管制度的改革与创新。海关提出一些最新措施，大幅提高了自贸区的贸易与投资便利化水平。未来，福建自贸区在贸易便利化方面，要创新监管理念，尽量减少政府对企业日常经营事务的干扰。建立大数据监管信息平台，打破监管部门之间信息壁垒，精简整合监管程序流程，统筹协调监管机制革新监管技术，创新监管平台，加强事中事后监管。继续完善"单一窗口""分类监管"制度，改革"报关报检"模式、"检验检疫"模式、"税收征管"制度等。在投资自由化方面，要优化外商投资准入制度，继续削减负面清单，提高其公开透明度，加快推进《外国投资法》出台。优化商事登记制度，探索建立公司注册官制度，引入市场中介组织，营业执照和登记电子化改革。优化商事备案制度，出台具体实施细则。

（四）金融领域上全面推进开放创新

1. 大力发展离岸金融市场

在新时代背景下，自由贸易港的综合型功能决定它的业务也将从在岸贸易、在岸金融转向离岸贸易、离岸金融。通过离岸金融市场的发展，可以吸引更多的国际投资者，更好地促进资金的合理优化配置，有利于加快国内金融机构的国际化步伐，提高国内金融机构的整体综合竞争力。福建自贸试验区应围绕自由贸易港建设要求和发展趋势提前布局，加快区内离岸金融产品和服务体系研发，探索构建以离岸贸易为基础和起点的金融服务链。推动区内商业银行抓紧研究在岸和离岸客户协同开发方法，积极营销"走出去"企业的境外平台公司，密切关注重点客户海外布局中的跨境金融服务需求。鼓励具有办理离岸金融业务资质的金融机构在自贸区扩大补充和完善相关离岸金融业务，大力发展面向21世纪海上丝绸之路沿线国家和地区的跨境供应链金融服务。对照国际最高开放标准，研究构建便利离岸公司设立、跨国企业总部资金调配的离岸型金融服务体系。

2. 推进金融业深度开放创新

落实"一行三会"尚未细化的金融创新政策。在账户管理方面，借鉴上海自贸区可行经验，争取建设与自贸试验区相适应的账户管理体系。探索设立放开外商投资比例的证券、基金、期货公司，加大对境内外市场交易平台的引资力度。争取试点基于贸易金融领域的资产转让市场建设，大额信贷资产转让市场。吸引海上丝绸之路沿线国家地区在闽设立支付结算中心和跨境金融资产交易平台等。

（五）闽台合作上推动两岸政策对接融合

福建自贸区因台而设，最大特色是深化对台合作。闽台之间有着深厚的地缘相近、血缘相亲、文缘相承、商缘相连、法缘相循的"五缘"优势，这是福建对台的社会基础。在未来的发展中，一是要继续探索实施台商投资准入负面清单，进一步取消或放宽对台湾投资者资质要求、股比限制、经营范围等准入限制。二是要加强对台湾自由经济示范区的研究与对接，深入研究台湾自由经济示范区和福建自贸区合作的相关议题，以加强闽台合作研发创新、合作打造品牌、合作制定标准。三是要不断完善提升闽台通关合作机制，创新闽台口岸查验模式，探索合作查验、一次放行和监管互认。试行与台湾检验检疫证书联网核查，逐步扩大采信台湾第三方检测检验结果的商品、政策适用范围，促进贸易便利化，扩大对台贸易规模。四是要充分吸引台湾金融、通信、商贸、运输、旅游、医疗、专业技术等领域的人才到自贸试验区来就业或创业，借助台湾在专业服务领域的优势以及丰富的投资经验，为两岸企业合作创造更有利的条件。

（六）产业发展上多管齐下促进高端服务业产业发展

长期以来，福建服务业以交通运输、仓储和邮政、批发零售等传统服务业为主，金融、信息、科技和咨询服务等现代服务业规模较小，知识密集型的高端服务业更为薄弱，产业转型升级任务十分繁重。高端服务业发展水平与上海、广东等区域相比，存在一定差距。

高端服务业是资金密集型产业，政府可以通过资金补助、专项资金、优惠信贷政策措施拓宽高端服务业发展资金渠道，出台一系列有利于高端服务业发展的政策措施，支持引导民间资本进入高端服务业。加强人才队伍建设，引进国内外高端服务业人才，联合高校教育培养等，并提供各种便利措施留下人才。对高端服务业实行税收优惠减免，鼓励发展。借助外部力量，加强国际交流和合作，扩大开放程度，学习借鉴优秀经验。

（七）法制建设上健全相关配套制度

1. 完善知识产权制度

知识产权制度对于营造一个国际化的营商环境来说至关重要，事关企业权益保护，很大程度上决定了对外资的吸引力。应建设完善的知识产权一体化公共服务平台，同时设立互联网平台和实体机构，提供知识产权的信息共享、发展分析、维权咨询、成果展示、人才培训等。加强对过境货物的知识产权执法。借鉴上海自贸区的做法引入临时仲裁，在福建自贸区设立国际仲裁机构，出台针对临时仲裁的规定。加快完善相关的法律体系，为自由贸易试验区向自由贸易港升级保驾护航。

2. 创新税收优惠制度

世界主要自由港都采取了很多政策优惠措施，在税制设计上与各自所在国家的其他地区相比，都有着力度较大的税收优惠安排。这种税收优惠安排不仅体现在税率低，而且还体现在课税范围设置、应税客体的计算口径、减税、免税、退税，乃至现金资助和补贴等诸多方面。这表明，世界各地的自由港为了吸引投资和产业进入，无一例外地在进行着税收竞争，预料未来这种竞争只会越来越激烈。海峡西岸应该继续探索设定符合自身情况的税收优惠安排，这必将对自由港的更快发展提供助力。

对标当前国际先进自由贸易港的税制设计，海峡西岸自由贸易港区优惠税制设计应遵循以下五大原则。

（1）税制设置力求简明化、透明化原则。自由贸易港区的相关税制应当力求简明化、透明化。我国当前的税种设置还是较为繁杂的，一个繁杂而不透明的税收体系会极大增加制度运行成本，不利于吸引资本进入和企业发展。反观新加坡、中国香港等自由港，其税制则以简明、信息公开透明而著称。

（2）税率优惠为辅、间接优惠为主原则。首先，自由港税率要体现出优惠性。在关税设计上，当今世界先进自由港的关税，一般除了少数商品如烟草酒之类的之外，均免税，这应该说是世界各地自由港实现离岸贸易的一个最基本税收做法。其次，应着力于量身打造适合自身情况的税率外优惠措施。

（3）税制优惠差异化设计服从本港战略定位、产业功能设置原则。从福建自由贸易区的战略定位和实践经验来看，海峡西岸自由贸易港必将定位于综合资源配置型的自由港，因此在税制优惠设计方面，中国香港、新加坡的做法值得我们重点参考和借鉴。

（4）税制优惠的稳定性与灵活性相结合原则。

（5）税制优惠的适度性原则。福建自贸区有着自己独特优势，不必要一味通过税收减让来实现引资。中国香港、新加坡虽然企业所得税率较中国是低的，但还是高于很多自由港。

3. 健全容错纠错机制

自贸试验区建立鼓励改革创新、允许试错、宽容失败的机制，完善以支持改革创新为导向的考核评价体系，充分激发创新活力。政府虽然公布了容错纠错机制的规范性文件，但并未落到实处，也没有具体的实施细则。健全容错纠错机制，完善容错纠错规范，能够进一步推动广大干部改革创新，保护干部干事创业的积极性，进一步推进重点项目、重点工作的落实，开创全面深化改革的新局面。

参考文献

[1] 陈雪怡. 服务"加速度"发展驶入"快车道"[N]. 海南日报，2018-5-19.

[2] 福建省人民政府. 中国（福建）自由贸易试验区产业发展规划（2015—2019年）. http://www.fzftz.gov.cn/show.aspx？Id=799&ctlgid=335544.

[3] 黄茂兴. 中国（福建）自由贸易试验区发展报告（2017~2018）[M]. 北京：社会科学文献出版社，2018.

[4] 李思奇，武赟杰. 国际自由贸易港建设经验及对我国的启示[J]. 国际贸易，2018（4）.

[5] 李珍. 福建自贸区建设现状及战略思考[J]. 湖北经济学院学报（人文社会科学版），2016（12）.

[6] 林晓伟，李非. 福建自贸区建设现状及战略思考[J]. 国际贸易，2015（1）.

[7] 刘坤坤，杨娉. 金融改革下广东自贸区法律框架的构建路径[J]. 湖南科技学院学报，2015（8）.

[8] 彭梓航. 天津自贸区发展研究——基于国内三大自贸区的对比分析[J]. 现代商业，2018（1）.

[9] 赛亚尔·亚德卡尔. 上海自贸区贸易便利化改革对天津自贸区的启示[J]. 现代商业，2018（6）.

[10] 王孝松，卢长庚. 中国自由贸易试验区的竞争策略探索——基于上海、广东自贸区的比较分析[J]. 教学与研究，2017（2）.

[11] 徐刚，洪灿. 福建自贸区运行现状与未来展望[J]. 福建江夏学院学报，2017（6）.

[12] 徐勇. 上海、天津、广东先进经验对福州自贸区建设的启示[J]. 大陆桥视野，2016（11）.

[13] 杨鹏，马秋. 浅议自贸区法制建设[J]. 法制博览，2016（36）.

[14] 周汉民. 我国四大自贸区的共性分析、战略定位和政策建议[J]. 国际商务研究，2015（4）.

专题三　厦门自贸区金融改革与自由港政策衔接问题研究

一、厦门自贸区与国内其他自贸区及国际领先自由港的对比研究

（一）对福建、上海、广东、天津自贸区金融改革现状全面评估

1. 福建自贸区

中国（福建）自由贸易试验区包括厦门、平潭和福州三个片区，面积共118.04平方公里①，以"一区三片"的格局镶嵌在八闽大地。

从投资领域开放来看，目前福建自贸区正在提升外资效益的步伐，使涉外投资的体制得以健全，并采取措施优化投资环境；同时，依托着各类开发区等平台，使得海上丝绸之路沿线国家企业增加来福建投资的兴趣。

从金融创新来看，福州片区实施大量金融扶持政策、积极引进金融类企业，并开展金融创新业务。福州片区于2016年9月进行新一批金融创新。

福建自贸区的政府管理模式乃是一种政府主导型的管理模式。其中，福州、厦门、平潭将分别设立片区管理委员会，但不设立省级管委会。与我国传统政府管理模式相比较，福建自贸区的管理模式存在不少创新之处。

---

① 中国（福建）自由贸易试验区门户网站"自贸区简介"，http://www.china-fjftz.gov.cn/article/index/gid/8/aid/142.html。

2. 上海自贸区

上海自由贸易试验区于 2013 年 9 月 29 日正式挂牌,金融改革开放从一开始就是上海自贸区的重要内容。

从投资开放来看,上海自贸区实行负面清单和准入前国民待遇改革。对负面清单以外领域,实施内外资一致的市场准入,开放领域覆盖 WTO 划分的 12 个服务部门中的 11 个,覆盖率达 91.7%,超过 90% 的外商投资企业通过备案方式设立[①]。

从金融创新来看,上海自贸区开展金融创新业务。上海自贸区创设的自由贸易账户体系,建立了"一线审慎监管、二线有限渗透"的资金跨境流动管理基础性制度,能对跨境资金流动进行实时监测,并以自由贸易账户为基础,提供资本项目可兑换、利率市场化、金融市场开放、人民币国际化等核心领域金融改革的制度安排和操作路径。

上海自贸区采用新的贸易便利模式,建成国际先进水平的国际贸易"单一窗口"。借鉴联合国国际贸易"单一窗口"标准,实施贸易数据协同、简化和标准化。纳入海港、空港和海关特殊监管区域的物流作业功能,通过银行机构或非银行支付机构建立收费账单功能,便利企业办理支付和查询。实现物流和监管等信息的交换共享,为进出口货物质量安全追溯信息的管理和查询提供便利[②]。

3. 广东自贸区

广东自贸区由南沙、横琴、前海三个片区构成,其金融改革的总体原则为坚持金融服务实体经济,坚持全面深化改革,坚持粤港澳一体化发展,坚持守住金融风险底线。

在投资开放方面,设立南沙境外投资股权投资母基金,开展外商投资股权投资企业试点(QELP)及合格境内投资者境外投资试点(QDIE),深化跨国公司外币资金集中运营管理改革试点。

在金融创新方面,内外资融资租赁行业统一管理体制改革试点于 2015 年 6 月正式启动,是全国首个试点地区。包括:培育互联网金融平台、互联

---

① 智艳,罗长远. 上海自贸区发展现状、目标模式与政策支撑 [J]. 复旦学报(社会科学版),2018(2).

② 国务院、国务院关于印发全面深化中国(上海)自由贸易试验区改革开放方案的通知,2017.

网银行、互联网证券公司和互联网保险公司等新业态；创新发展离岸金融业务，支持浦发银行、平安银行的离岸中心积极开展离岸业务等。

在贸易便利化方面，建设国际贸易结算中心，建设大宗商品仓单登记交易中心，支持在区内设立大宗商品仓单登记交易中心；探索开展跨境现货交易，支持和推动横琴交易平台探索开展跨境现货交易等。

4. 天津自贸区

中国（天津）自由贸易园区，是中国政府即将设立在天津市滨海新区的区域性自由贸易园区。天津自改革开放以来就一直是我国经济发展的重要战略地区。

天津自贸区根据总体方案的任务和措施指示已推行了诸多措施，包括将自贸试验区内符合条件的金融机构纳入优先发行大额可转让存单的机构范围，在自贸试验区内开展大额可转让存单发行试点。在加强监管前提下，允许具备条件的民间资本依法发起设立中小型银行等金融机构。支持金融租赁公司和融资租赁公司在符合相关规定前提下，设立项目公司经营大型设备、成套设备等融资租赁业务，并开展境内外租赁业务等。

（二）与中国香港、新加坡、迪拜等自由港的先进经验对比研究

福建自贸区厦门片区成立以来，各个方面都取得了很大的成绩，至2017年年末，厦门港现有生产性泊位165个（含漳州），其中万吨级以上泊位76个；全年港口货物吞吐量2.11亿吨，同比增长1.0%；港口集装箱吞吐量1038.14万标箱，同比增长8.0%[①]。但与世界著名自由港相比，仍存在以下几方面的不足。

在贸易便利化方面，从世界经济论坛发布的《全球贸易促进报告2016》可知，中国在信息和通信技术的可得性与利用率，尤其是国内市场准入、对外市场准入方面落后于亚太地区的整体水平，世界排名也较为靠后。而中国香港有着全球经济最自由、开放程度最高和港区服务功能最完善的港口，拥有高度自由、高度开放和便捷的出入境制度。

在金融创新方面，金融领域开放创新是自贸试验区探索高度开放区域的

---

① 厦门市2017年国民经济和社会发展统计公报. 厦门市统计局官方网站.

重要任务，这方面厦门自贸区还存在以下不完善之处：金融服务业开放程度低；资本项目可兑换进展缓慢；自由贸易账户功能有限，账户中的资金对企业来说"易进难出"。而像中国香港、新加坡等发达自由港，已经逐步取消对资本项目交易的限制和其他外汇管制，实现港区内人民币的自由兑换，保障自由港内资金自由进出。

税收优惠力度不够。厦门致力于打造东南国际航运中心，但是税收优惠力度与中国香港和新加坡相比有较大差距，从而影响国际船舶在厦门登记注册与离岸贸易发展，影响厦门建设东南航运中心的进程。金融业是现代服务业重要组成部分，但是福建自贸区厦门片区仍未有关于境外股权投资和离岸业务税收优惠等政策，一定程度上限制了区内金融业务创新。

管理机构不完善。一是厦门自由贸易实验区挂牌两年多来，内设机构不完善，管委会工作人员尚未完全到位，熟悉自贸区业务的管理人才短缺；二是由于实行"宽进严管"的原则，商事主体登记数量剧增，部分监管部门，如市场监督管理局，出现执法队伍人员配备严重短缺的情况；三是自贸区挂牌后各种检查和考察过多也过于频繁，真正用于项目招商、项目实施和制度创新方案研究的时间有限。相比之下新加坡采取公私合作体制，园区内不设政府机构，而是在政府监管下由专业公司负责管理，园区内没有行政干预，管理宽松且有较大灵活性。

信息化平台建设滞后。随着互联网信息革命和数字贸易发展，传统监管模式无法满足现代自由贸易港内企业在金融创新、投资便利化和现代服务业方面的要求。然而，厦门自由贸易区目前尚未建立统一的口岸监管公共信息平台，无法满足"一点接入、一次查验、一次放行"的通关要求。

在法制体系方面，新加坡的《自由贸易区法》是新加坡自贸港的核心法律，内容包括监管体系、优惠政策、管理制度和功能定位等。新加坡政府机构对企业没有常规的行政管理，执法机构根据法律对园区企业实行监督，处置违规机构。而厦门自贸区则存在一些法律不健全、法规冲突问题，《厦门经济特区商事登记条例》第二十九条规定与国务院制定的《企业信息公示暂行条例》第十七条，对于被载入经营异常名录满三年的商事主体做出不同规定，法规冲突将影响商事主体经营异常名录制度的合法有效实施[①]。

---

① 赵瑞. 中国（上海）自贸区的发展战略和法律规制［J］. 南方论刊，2014（5）.

二、从路径依赖的角度出发,识别厦门自贸区金融改革面临的制度瓶颈和政策障碍

(一)厦门自贸区内金融机构及金融行业发展远不能满足其经济转型升级的需求

1. 金融机构同质化问题较为明显

商业银行是金融机构主要力量,离岸金融是国际资本追求金融自由化的产物,然而中国商业银行起步晚,随着对外开放程度的加深,金融环境跟不上经济发展,金融机构产品创新、市场定位、发展战略等方面模仿程度较高,有比较严重的同质化倾向。银行业务本身具有同质性,但较高程度的同质化会影响到整个金融体系的完善,不利于自贸区参与国际竞争和自身的可持续发展。金融机构出现同质化趋势往往是因为各家都选择类似的市场、服务类似的客户、推出类似的产品。同时,金融创新能力不足通常是导致同质化的重要因素。

2. 金融创新能力仍需提高

随着改革的深入,厦门自贸区在营造国际一流的营商环境、深化对台交流合作等方面的制度创新在省内遥遥领先。但是相对于上海自贸区,管理创新本土首创、主动首创、长远谋划方面还有待突破和超越。

为求得更好的发展,厦门应积极寻求培育贸易新型业态,提升贸易服务功能,根据美丽厦门产业结构的调整方向,加强国际贸易结算支付、保税展示交易平台、大宗商品交易中心、两岸贸易中心等贸易平台建设,鼓励境内外企业建立区域营运中心,重点发展总部经济、跨境电子商务、融资租赁、冷链物流、互联网金融等新型贸易业务,强化贸易创新功能,促进贸易转型升级。

3. 风险管理水平有待升级

投资开放的过程中,外企的大量涌入为自贸区内带来充足的资金和技术,在为自贸区经济提供竞争活力的同时,外资的大量投入会导致区外企业的熟练劳动力大批进入区内企业,使得自贸区外企业受损,企业竞争力下降。同时,大量外国资本长驱而入,会使得国内本土企业受到很大冲击,导致本土企业的竞争力下降,可能会带来本土产业失去经济主权和控制权的风

险，不利于本土产业的优化升级。

金融改革还可能带来汇率风险、利率风险、资金流动、混业经营以及套利行为所产生的风险等。与此同时，在当前自贸区建设背景下，金融创新支持我国产业优化升级仍存在一定的难点，金融创新过程中所存在的这些风险和挑战会严重阻碍我国产业优化升级的进程。

贸易自由化在给中国产业升级带来机遇的同时，贸易摩擦也不断增加，特别是在知识产权保护方面，我国贸易摩擦涉案数量与日俱增，对中国创新转型、发展高科技新兴产业战略形成制约，我国产业升级面临的压力增大。同时，货物进口自由化和便利化将导致外国货物与服务产品的大量输入，这无疑会加剧国内企业的产能过剩，加剧国内企业之间的竞争，从而给国内企业、产业的发展和升级带来一定的风险和挑战。

因此，厦门自贸区应积极寻求防范产业升级带来的风险的有效措施。其有效防范措施有如下几点。

（1）在投资开放下，政府制定优惠政策，引导外资进入国内有效供给不足的行业，增强本土企业的竞争力。

（2）在金融开放下，注意完善我国金融监管机制，构建区内跨境金融安全网络，设立和完善金融机构定期向监管部门信息披露的制度，对境外流入自贸区的资金严格监管，严格控制相关资金账户的套利行为。

（3）在贸易开放下，保护自贸区内产业，指导企业及时调整结构，提高竞争力，逐步加强适应国际市场的能力，增强对国外市场环境的变化敏感度，努力提高产品质量和附加值，调整产业结构，提高竞争力。

4. 融资租赁政策需进一步完善

融资租赁可以高效分配社会资源、拉动国内需求、拓展海外市场、优化产业结构、提升服务能级、聚集高端人才、创新金融服务等。它不但具有产融结合的特征，也与自贸区服务实体经济的方向高度一致，且融资租赁将有形的贸易与无形的经济结合在一起，有利于风险控制，在各项制度创新中相对容易取得突破。因此，研究如何大力发展厦门自贸区的融资租赁，具有重要的意义。

厦门自贸区自挂牌以来，实施了多项融资租赁业务。融资租赁在我国是一个受监管的行业，只有通过审核批准的融资租赁公司才有权签订《融资租赁合同》。因此，厦门自贸区融资租赁的发展依然受到一些因素的制约，导致融资租赁公司国际竞争力不高，需要新的制度创新来推动其突破瓶颈，寻求发展。

想要促进自贸区融资租赁发展可以从以下几点入手。

（1）推进融资租赁证券化发展。一方面能够为融资租赁公司提供低成本的资金来源，并拓宽企业融资渠道，另一方面可以提高资金流动性，降低以短期资金支持长期业务使得资产负债期限结构不匹配的风险，缓解企业资金压力。

（2）推进融资租赁业务领域发展。适时调整相关政策，适度减少针对企业生产实物产品的税收优惠，相应地加强对企业研发、品牌建设等的税收减免和直接财政补贴，支持企业发展高附加值服务，大力发展与供应链管理相关的产业，提高全球供应链管理能力。

（3）推进风险管理体系建立。自贸区对融资租赁的优惠力度高于预期，很多大型金融机构提交了在自贸区设立融资租赁子公司的申请，这将是国内融资租赁行业的又一次跨越式发展，但与此同时更要加强风险防范意识，完善相对的风险管理体系，保证融资租赁行业的健康快速发展。

（二）以账户为核心的金融监管模式对自贸区转型的制约

随着全面改革开放的不断推进，上海自贸区、天津自贸区、广东自贸区和福建自贸区都在积极寻求经济领域的改革和创新。

自贸区金融监管的核心是账户监管。目前，对账户监管取得了一定的成绩，但是也存在非常大的潜在风险。在很多自贸区的企业反映对于企业融资、资本的跨境流动管制过多，导致其融资渠道非常受限的情况同时，账户管理下的套利情况非常严重。其他包括高科技产品，服务贸易等也容易出现虚假贸易。另外，这种行政化控制的方式也直接影响了自贸区开放的进度。同时，金融领域的综合经营、去"机构化"等金融创新的新趋势和新特征，也进一步导致了现有的"机构型"分业监管模式内监管真空和监管错配等现象出现，使得监管的全面性和有效性相对不足。

因此，在试点自贸区资本账户开放的同时，唯有进行有针对性的金融监管模式改革，才能防范和规避资本账户开放下的系统性金融风险，保障"新常态"下金融体系的稳健运行。

账户监管是计划经济导致的路径依赖，包括制度框架和监管理念两方面。

1. 制度框架

目前，自贸区在外部监管方面仍沿用"一行三会"的管理模式，与区外的监管模式一致。这个体系对自贸区的金融监管容易出现扭曲和漏洞。首先，分业监管框住了金融创新，各行业间存在着一道隐形的壁垒，没有了行业间的接触和融合，就很难出现金融业务的创新；其次，当考虑监管部门的既得利益时，又必然会产生规则的扭曲。由于分业监管是各行业分开监管，每个主管部门都代表了各自行业的利益，从而拘泥在自身的职业管理的格局中，导致了寻租可行性增大。

制度是一套非常稳定的结构系统，制度均衡的突破伴随着共有信念的突破，在没有足够的外部竞争和内在各要素积累的情况下，一个局部的"制度创新"是很难持续的。自贸区的金融监管创新在整体框架下必然受制于制度瓶颈，除非可以作为"飞地"单独立法或者实施。

2. 监管理念

厦门自贸区要放开手脚进行金融监管创新，首先要改变原有的思维惯式，正确理解监管与风险的关系，由现有的机构型分业监管模式逐渐向功能性、目标性监管模式转型，并赋予市场自由度，将原有的规则性监管转变为原则性监管，使得我国的金融监管模式积极适应"新常态"下的未来资本账户开放趋势，保障经济转型升级目标的顺利完成。

（1）金融监管不等于行政控制。监管的本质是维护公平、保护合法经营的企业主体和金融消费者，这一点可以通过法律的规范来实现，因此简政放权、法治监管才是促进金融市场规范发展、激励金融创新的制度基础，行政化的手段只会干预金融企业的经营，并且造成寻租空间，不利于金融监管的客观目标的真正实现。

（2）当前中国的金融市场风波并非来自监管的宽松，而是扭曲的"放开"所导致。有观点认为中国在推进金融监管创新的过程中，确实出现了市场波动加大等风险（陈舒艳，2016）。自贸区的精髓和核心在于"放权"，即充分发挥自贸区的优势，大力推进自贸区的建设，适应解决全球化的新趋势，势必要收缩政府权力，赋予市场更大的活力。政府应该在法治基础上去行政化，不能再以风险为由拒绝放松管制，否则，无法实现自由贸易区的功能定位，也无法和其他国家的自贸区和国际金融中心相竞争。

三、从金融创新与风险防范的角度出发,探讨实现自贸区向自由港转型的政策衔接方案

自贸区向自由港转型的政策衔接方案主要有三个方案:自贸区外汇管理改革方案、自贸区离岸人民币制度方案以及自贸区金融驱动制造业发展方案。

(一)自贸区外汇管理改革方案

目前,厦门自贸区外汇管理政策与上海自贸区外汇管理政策相似,但在单证简化、直接投资外汇政策优化、融资租赁租金收取以及对外放款额度确认等方面仍存在政策差异(见表1)。

表1　厦门现行外汇管理政策与上海自贸区外汇管理政策的差异

项目	具体业务	上海自贸区	厦门自贸区
银行单证审核	经常项下收结汇购付汇业务	(1)区内银行在遵循"展业三原则"的基础上,可自行决定是否需要审查单证及需审查单证的类型,对等值5万美元以上的服务贸易、收益和经常转移对外支付仍须提交税务备案表 (2)区内A类企业货物贸易外汇收入无须进入待核查账户	(1)银行为企业办理进口付汇手续时,对以信用证、托收方式结算的,要按国际结算惯例审核有关商业单据;货到付款方式结算的,要审核对应的进口货物报关单或进口合同或发票;以预付货款方式结算的,要审核进口合同或发票 (2)对单笔等值5万美元以下的原则上可以不审单,对单笔等值5万美元以上的国际运输项下、对外承包工程项下等10种服务贸易外汇收支,详细规定银行须审查的单证类型 (3)企业贸易外汇收入必须先进入出口收入待核查账户
	资本项下外汇资本金的支付及原币划转、资本金结汇所得人民币资金的支付	在办理每一笔资金支付时,均应审核前一笔支付证明材料的真实性和合规性,但对证明材料的类型可自行决定	对外汇资本金结汇明确规定要审查的单证类型,对外汇资本金账户原币划转要审查出资确认登记表及划转交易的真实性、合法性

续表

项目	具体业务	上海自贸区	厦门自贸区
直接投资	直接投资外汇登记	对直接投资前期费用基本信息登记，以货币形式出资的新设、并购、增资等外汇登记及变更登记，外国投资者出资入账登记，境内机构境外放款额度登记及变更登记等登记事项，均下放至银行直接办理	对与直接投资相关的前期费用基本信息登记，企业设立、增资、减资、清算、先行收回投资、利润汇出、股权转让等事项，均要求到外汇局办理逐笔登记，根据资本项目信息系统登记额度，再到银行办理资金汇出、汇入
	外汇资本金结汇	(1) 区内外商投资企业对已办理入账登记手续的外汇资本金，可根据企业的实际经营需要在银行办理结汇；结汇所得人民币资金应存放于外商投资企业在其资本金账户开户银行开立的一一对应的结汇待支付账户 (2) 允许区内外商投资性公司、外商创业投资企业、外商投资股权投资企业等以股权投资为主要业务的外商投资企业，在境内投资项目真实、合规的情况下，以结汇资金开展境内股权投资。这些企业也可以继续按照外币原币划转的方式开展境内股权投资	(1) 对除跨国公司外汇资金集中运营管理试点企业以外的外商投资企业，实行外汇资本金"支付结汇制"。每一次结汇必须提供前一笔结汇所得人民币资金按照支付命令函对外支付的发票等相关凭证 (2) 允许外商投资性公司、外商创业投资企业、外商投资股权投资企业，将外汇资本金原币划转至被投资企业开立的境内再投资专用账户开展境内股权投资，允许厦门合格境外有限合伙人（QFLP）外汇资本金结汇用于股权投资，其余企业的外汇资本金及其结汇所得均不得用于境内股权投资
融资租赁	租金收取	允许区内非金融类融资租赁公司在购买租赁物的资金50%以上来源于国内外汇贷款或外币外债的前提条件下，在境内以外币形式收取租金。收取的租金超出偿还外币债务的部分可直接在银行办理结汇	厦门还未有该方面的政策支持
境外放款	境外放款额度	境外放款额度上限为其所有者权益的50%	境外放款额度上限为其所有者权益的30%
结售汇管理	大宗商品衍生品柜台交易所涉结售汇业务	符合一定条件的银行在向外汇局上海市分局办理事前备案及履行大宗商品实物交易真实性、套期保值适度性审查的条件下，可以为区内企业大宗商品衍生品交易项下因境外平盘产生的汇率敞口或外汇盈亏办理结售汇业务	只有少数经厦门银监局和国家外汇管理局批准的银行可以为企业大宗商品衍生品交易产生的损益办理结售汇业务

通过厦门自贸区与上海自贸区外汇管理政策差异的对比，提出以下几点福建自贸区厦门片区外汇管理创新发展方向及推进的意见。

1. "区与区对接模式"，突出对台特色

对于台湾，厦门具有地理、血缘、文化等区位优势，由此，福建自贸区厦门片区的建设要与厦门两岸区域性金融服务中心建设的战略目标联动，通过争取面向台湾的贸易、投融资汇兑便利化的政策，推动厦门片区与台湾自由经济示范区的对接和合作；在两岸经济制度化合作受阻的背景下，为建立两岸统一大市场提供新的推进平台。

2. 借鉴成功经验，分阶段落实自贸区建设

第一阶段，借鉴上海，突出对台。厦门自贸片区可在上海自贸区的已有框架内，对已经放开的外汇管理政策，包括简化经常项目收结汇及购付汇单证审核、资本金意愿结汇等进行复制实施；同时结合厦门实际，探索个人自主开展境外投资额度的测算方法，提前做好汇兑及支付环节的政策储备。同时，结合厦门的发展战略和对台区位优势，积极向上争取跨境电子商务外汇支付业务试点和个人对台贸易外汇管理试点。

第二阶段，协调本外币管理政策。可探索开展自贸区内企业和银行借用外债的"比例自律"管理，结合厦门实际，完善企业借用外债结汇"负面清单"管理，允许区内中资企业借用外债在"负面清单"范围以外结汇；争取跨国公司外汇资金集中运营试点业务改为事后备案制，推动事前管理向事后监管转变；开展"分类别、有管理"的资本项目可兑换试点，在国家发改委、商务部等上游监管部门对个人境外投资的政策落地后，结合第一阶段对个人自主境外投资额度的测算，试行个人资本账户开立，试行区内符合条件的个人在一定额度内可自主开展直接投资、债券工具、金融类投资。同时，在第一阶段试点的基础上，对区内符合条件的机构自主开展境外投资的额度进一步放宽，提升投资便利化水平。

第三阶段，区内政策更加开放，并逐步向区外扩散。要进一步优化区内企业和银行借用外债的"比例自律"管理方式，尝试引入资产负债比例、杠杆率等市场主体借用外债参考指标；对外汇资本金结汇、中资企业借用外债结汇"负面清单"进行压缩；试行将跨国公司外汇资金集中运营企业分币种的国际、国内外汇资金主账户，分别统一为一个账户进行管理，简化自由贸易账户体系，降低账户管理成本；试行个人对外贷款和个人对外借款业务；

对前期自贸区内试点的外汇管理政策开展成熟度评估和向区外推广的风险压力测试。

3. 构建厦门框架,逐步建立外汇管理新模式

第一阶段,充分利用外汇局现有的监测分析系统开展非现场及现场检查、核查,并配合开发实时监测系统。要针对自贸区内企业物流模式较为复杂、贸易方式较为特殊、物流与资金流往往不一致的特点,主动研究适合自贸区内企业业务特点的非现场监测方法;以银行为抓手,探索对银行经常项目外汇业务、资本项目外汇业务的主体监管和分类管理;针对目前"展业三原则"存在的问题,尽快设计银行原则性监管指引,并结合风险提示函、约谈、培训等方式,督促银行按照"展业三原则"履行好代位监管的职责;在将更多业务办理权限下放至银行的背景下,核对定期抽取的部分银行所报送的数据,督促银行提升数据质量。

第二阶段,实现从定时监测到实时监测的转变,着手建立外汇业务评价体系。要对前期已落地政策的实施情况开展风险评估,以便及早发现风险,制定风险应对措施;改变以往运用外汇局监测分析系统定时监测的模式,运用实时监测系统,对市场主体的经济活动、外汇业务开展全流程无缝监控,探索实时监测系统模式下的主体监管,建立宏观审慎管理框架下的外债管理体系;尝试将中央银行个人征信系统的数据,会计师事务所、仓储公司等第三方商业机构审计和管理系统的数据纳入实时监测系统,并对日常监管中发现的企业关联主体的信息进行收集和整理,纳入实时监测系统中,以提升非现场监测分析的效率;结合实时监测结果,探索建立市场主体的外汇业务评价体系及评价数据库。

第三阶段,构建大数据时代下的外汇管理新模式。不断完善运用实时监测系统开展主体监管的方式方法,结合外汇业务评价数据库,对中资企业和银行借用外债的比例自律管理参数、机构和个人自主开展境外投资的额度、对企业和银行现场核查的频率等进行动态调整;配合区内政策向区外推广的进程,针对区外企业和银行的特点,对前期的外汇监管模式进行调整和完善;同时,与人民银行、银保监局、证监局等调控监管部门建立风险管理协调联动机制,确保在更加开放的政策环境下能够及时掌控风险。

(二) 自贸区离岸人民币制度方案

目前,中国台湾作为排行前列的人民币离岸市场,台湾人民币资金存款总量巨大。厦门自贸区应定位为在岸的离岸金融中心,可以利用其两岸紧密合作的区位优势和先行先试的政策优势,背靠大陆广阔腹地、携手台湾、面向世界,将两岸区域性金融服务中心建设成为离岸人民币的融资中心、定价中心和及其他金融服务中心,在"一带一路"建设中发挥其金融比较优势并拓展其金融服务的空间。

两岸金融中心应合作制定统一、合理、可实现的目标,向中央要政策优惠,特别是对设在两岸金融服务中心的金融类产业企业按15%的税率征收企业所得税。同时支持台湾地区离岸人民币市场发展,促进台湾地区人民币资金回流,要采取更多优惠措施促使两岸在金融机构、金融业务、金融人才、金融创新等方面开展交流与合作,凸显金融中心对台优势。

从资金流动来看,离岸市场主要有四种模式:完全离岸(非居民→离岸中心→非居民,即资金从非居民流向离岸中心,再流向非居民)、完全回流(居民→离岸中心→居民)、境外贷款(居民→离岸中心→非居民),以及境内借款(非居民→离岸中心→居民)。目前比较现实的模式是离岸人民币资金池的回流,从台湾地区的情况看,通过银行跨境贷款回流的人民币受到台湾金融主管部门的额度限制,应该另辟蹊径,如通过台湾保险机构购买大陆企业发行的"宝岛债",两岸区域性金融服务中心应该积极创造条件吸引省内外企业、特别是中小微企业来厦门发行"鹭岛债",并吸引境外特别是台湾金融机构购买。

(三) 自贸区金融驱动制造业发展方案

金融的本质是资源配置,应合理用于服务实体经济。因此,自贸区金融业的开放与创新除了作为国内金融业发展和探索的试点项目之外,还应该带动自贸区内外制造业的发展。

厦门的地理位置决定了其拥有空海港优势,因此如何通过金融业投融资业务的联动带动空海港制造业的发展是亟待解决的问题。厦门自贸区成立以来，区内注册的融资租赁公司如雨后春笋，但相比于其他自贸区，厦门自贸区的融资租赁业发展水平还有很大差距。落后的原因还是在于创新过程中过于谨慎，不敢轻易越过界限。到目前为止，全世界 2700 多个自贸区的设立不乏存在成功可借鉴的经验，创新应该大胆尝试，勇于探索。在合法合规的前提下，针对探讨新项目新措施可能带来的风险暴露、金融漏洞等问题，先一步建立对应的风险管控和监督制度，再之后进行试点，充分利用厦门作为"一带一路"重要站点的地缘优势和其改革开放以来经济特区建设的经验优势，对自贸区和当地制造的发展采取几步走过程。

第一阶段，以传统空海港制造业为基础，鼓励固定资产融资租赁，设立制造业基金，对接海内外空海港企业，鼓励企业与国际市场接轨，带动企业产业结构转型升级，引进国外先进技术和管理理念，营造公平的竞争环境，提高相关产业开放度。

第二阶段，在第一阶段的基础上，探索金融服务在制造业供应链上中下游的作用，包括新兴制造企业的培育、传统制造企业的创新、大型制造企业的资本扩张等。

第三阶段，探索企业金融创新的可行性，包括金融产品的推行、内部股权结构的调整、公司债券的发行、企业结构的重组等。

采用逐步走的方式使自贸区内外的制造业企业从小到大、从内到外，与国际接轨，与世界平行。

四、从金融开放的角度出发，探索实现自贸区金融改革与"一带一路"倡议的衔接方案

（一）探索金融改革助力贸易便利化方案

实现贸易便利化，推进贸易发展是自贸区建设的重中之重。贸易的进一步发展需要金融改革的支持。自贸区金融改革促进贸易发展的方案包括：解决自贸区跨国公司资金管制问题；设立资金池及全球资金管理中心；构建大宗商品交易平台及航运金融平台等。

上海自贸区在资金管制问题方面的做法可以为我们学习和借鉴，上海自贸区在资金管制方面的一大重要举措就是建立自由贸易账户。对于厦门自贸

区来说：第一，应通过自由贸易账户的建设，制定与自贸区相配套的分账核算业务准则和审慎管理准则，并通过境外发行大额同业存单补充分账核算单元的流动性；还应建立自由贸易账户，简化人民币涉外账户分类，促进贸易核算、结算的便利化发展。第二，应通过对自由贸易账户的动态监测，逐步实现自由贸易账户的风险可控，通过自由贸易账户分账核算体系和监管部门的政策引导，有效地解决自贸区境内外贸易企业在业务创新过程中风险扩散的问题。

跨国公司的跨境人民币业务与外汇资金集中运营管理业务共同构成了完整的自贸区资金运营体系。作为全球性资金管理方案的跨境人民币资金池，有利于企业在境内外以更丰富的渠道和更低的融资成本获得资金，便于企业更好地拓展业务。通过厦门自贸区内的自由贸易账户，跨国企业将境内流动资金与全球资金池连通，境外资金可支持境内业务，也可运用境内盈余资金支持境外业务。另外，通过开展跨国公司总部外汇资金集中运营管理试点——设立跨境外汇资金池，企业可以在自贸区开展集中结售汇、外商直接投资和外债资金项下意愿结汇以及经常项下轧差净额结算等业务。

厦门自贸区贸易的发展还离不了一套高效运转、体系健全的大宗商品电子交易平台与航运金融平台。就大宗商品电子交易平台而言，目前，厦门自贸区已经建立了厦门石油交易中心和东南红酒交易中心等几家大宗商品交易中心。但是这些交易中心多为独立运营，较为分散、缺乏合作，从而导致运营效率低下，成本高昂。因此，厦门自贸区应依托"一带一路"倡议，立足自身发展的现状，学习国内外大宗商品交易平台的先进经验，构建一套高效、健全的综合性大宗商品交易平台。

发达的航运金融市场是自贸区自由港的重要特征，没有一套体系完整、理念先进、高效运行的航运金融系统，自由港的建设便无从谈起。与伦敦、新加坡、东京等国际重要港口相比，我国的航运金融起步较晚，体系不够健全，整体运行效率低下，与它们的差距也较大。

厦门自贸区在发展与构建航运金融体系的过程中，应该立足于本地区的具体实际，充分学习国际发达港口建设航运金融体系的先进经验，推动厦门自贸区航运金融体系快速发展，逐步缩小与国际国内重要港口的差距。具体措施可以从以下三个方面展开。

第一，从航运金融需求端方面入手，加强物流基础设施建设，提升港航服务供给能力；完善航运产业空间布局，推动航运资源要素集聚；补充航运产业链短板，加快航运高端服务业发展；综合运用现代科技，打造智慧航运产业。

第二，从航运金融供给端入手，建立健全多元化航运融资体系，构建完善的航运保险体系，探索开发航运运价衍生品，借助金融科技缓解航运企业融资难问题。

第三，从航运金融服务端入手，政府相关部门应该加强航运业与航运金融业的财税补贴优惠政策扶持，提升政府公共服务效率，构建与国际惯例接轨的法律法规和政策体系，打造航运金融发展的智力支持体系。

（二）探索金融改革助力投资自由化方案

近几年来，厦门市在引进外资和对外直接投资方面发展较为迅速，取得了相当瞩目的成果。但是，相较于上海、深圳等其他发达的城市，厦门市的总体投资规模和投资质量还有相当大的发展空间。通过实行与负面清单相匹配的备案制、放宽投资准入与鼓励资本从自贸区向海外投资等，有利于自贸区不断深化投资自由化，推进投资自由化实现高质量的发展。

为了实现厦门自贸区向高质量、高层次方向迈进，应当逐步由工业、制造业领域的对外开放过渡到以服务业领域为主的对外开放，进一步放宽服务业准入限制，适当引入良性竞争，提升服务业水平，促进产业升级。相应的政策制度包括：允许设立外商独资经营的娱乐场所，在自由贸易试验区内提供服务；允许外商以独资形式从事石油天然气等能源产业的建设与经营；逐步取消外资企业从事小麦、稻谷、玉米等农产品收购、批发等的贸易限制；逐步取消外资企业投资城市轨道交通项目设备国产化比例须达70%以上的限制，放宽外资企业对自贸区基础设施建设投资的限制；逐步取消对外资银行营业性机构经营人民币业务的开业年限限制，放宽外资金融机构准入；允许外资企业投资互联网上网服务营业场所等。

自贸区建设不仅要做好"引进来"的工作，也要鼓励资本从自贸区向海外投资。目前，厦门乃至福建对外投资主要集中于中国香港和东南亚等地区。依托"一带一路"倡议，凭借自贸区的制度优势，厦门企业可以学习借鉴海外成功企业的投资经验，推动企业发展模式、产业战略、技术路径、商业模式的改革和创新,提升企业的对外投资水平,拓宽企业的对外投资渠道,增强对丝绸之路沿线国家和地区企业的投资,从而融入更广阔的全球投资大环境中去。

(三) 探索金融改革实现金融国际化方案

要实现自贸区向自由港的过渡,金融国际化是不可或缺的关键一步。厦门自贸区的金融改革应朝着金融国际化的方向发力,包括放宽资本项目管制、利率汇率市场化、降低外资及民营资本设立金融机构准入门槛等。

放宽资本项目管制方面,主要在于逐步实现人民币资本项目可兑换。人民币资本项目可兑换并不等同于资本项目完全开放,而是在风险可控的基础上,实行分类别有管理的资本项目可兑换,将传统的"一事一批"转向总量控制来实现在区内对资本项目可兑换的管理,并通过自由贸易账户体系,实现账户内资金在人民币和外币之间自由兑换,并获得相关的金融服务,从而构建一条自贸区内与海外货币资金双向流通的渠道。

推动自贸区金融国际化,还需要不断进行利率和人民币汇率市场化改革,放宽利率和人民币汇率的自由波动幅度。厦门自贸区应出台更详细、更可行的政策,逐步放松人民币汇率自由波动幅度以及贷款利率的下限和存款利率上限,并最终实现利率与人民币汇率的市场化。一方面,利率与人民币汇率之间有较强的相互作用,自贸区内的资本流动对人民币汇率带来的冲击一部分可以被利率的波动吸收,从而降低外汇市场化波动的风险。另一方面,在可控的范围内,自贸区外汇市场上利率和人民币汇率自由波动幅度越大,资本自由流动的区间就越大,自贸区的资本项目开放程度也就越高,也越有利于自贸区市场价格机制的形成和发现,从而进一步提升自贸区的市场化程度。

降低外资及民营资本设立金融机构准入门槛是实现金融国际化的另一方案。根据上海的实践经验,建立功能丰富的各类金融机构,是完善自贸区内金融机构体系建设的关键任务。厦门自贸区应该优化金融机构与金融业务准入制度,在"负面清单"的前提下,以备案制为基础,逐步降低外资及民营资本设立金融机构和从事金融业务的准入门槛。就金融机构准入来说,一方面,目前我国没有颁发独立的托管机构牌照,通过在自贸区内设立专门管理此类业务的托管服务机构,可以弥补这方面的不足;另一方面,可以提高民营资本和境外金融机构参股自贸区内金融企业的持股比例,鼓励银行、证券、基金、保险、融资租赁等多种形式的金融机构入驻自贸区,使各类机构在金融业务与客户服务领域优势补充,相互竞争。就金融业务准入来说,应扩大金融业务对民营和外资机构的开放幅度,在制度与有效监管的前提下,创新金融服务模式,探索多样化的金融服务渠道,扩大金融服务范围,搭建体系完整、高效运行的金融服务平台,鼓励自贸区内的金融机构与金融服务在更高的水平上参与国内外市场竞争。

(四)探索金融改革助力两岸金融合作先行先试方案

福建自贸区在金融领域的改革定位于"推动两岸金融合作先试先行",在扩大金融开放的同时,给予台湾地区更多的优惠。金融改革助力两岸金融合作先行先试方案包括:建设与完善海峡两岸区域性股权交易中心;新台币与人民币直接兑换;闽台人民币跨境融资等。

随着自贸区的不断发展,股权交易市场的建设开始兴起。目前,虽然福建自贸区已经建立了厦门两岸股权交易中心和海峡股权交易中心,但是由于这两家股权交易中心均由政府主办,缺乏统一、有效的管理,在运营上存在竞争关系,缺乏信息交流与资源共享,在一定程度上阻碍了福建自贸区区域性股权交易市场的发展。为了实现自贸区内资金的高效流通,更好地发挥福建省区域性股权交易中心服务海峡两岸实体经济的作用,应该借鉴广东与上海等自贸区的先进经验,有效解决厦门两岸股权交易中心和海峡股权交易中心之间的分歧与矛盾。一方面,应该为两家股权交易中心设立不同的发展目标,创建各自不同的经营与发展模式;另一方面,应该推动两家股权交易中心互相协作,优势互补,为解决福建自贸区内海峡两岸企业的资金融通问题共同出力。

在新台币与人民币直接兑换方面,可以在自贸区进行金融机构试点人民币与新台币直接清算。允许符合条件的银行机构为境外企业和个人开立新台币账户,允许金融机构与台湾地区银行之间开立新台币同业往来账户办理多种形式的结算业务,进行新台币区域性银行间市场交易试点,支持厦门片区完善两岸货币现钞调运机制。支持与台湾地区开展个人跨境人民币业务创新,允许金融机构按照真实交易的原则,凭收付指令为自贸试验区内个人办理经常项下跨境人民币结算业务。允许非金融机构与台湾地区开展跨境人民币业务,支持自贸区金融机构按规定在开展跨境担保、跨境融资、跨境资产转让等业务时使用人民币进行计价结算。

在闽台人民币跨境融资方面,应推动厦门自贸区与台湾地区金融市场与金融机构的有效对接。支持自贸区内台资企业的境外母公司或子公司按规定在境内银行间市场发行人民币债券,支持区域内金融机构和企业在台湾资本市场发行人民币股票和债券,募集资金可调回自贸区内使用,支持自贸区内企业的开发建设和生产经营。支持台湾地区机构投资者在自贸试验区内开展合格境内有限合伙人(QDLP)业务,募集区内人民币资金投资台湾资本市场。支持台湾地区机构投资者在自贸试验区内开展 QFLP 业务,参与境内私募股权投资基金和创业投资基金的投资。支持自贸区内海峡两岸合作设立人民币海外投贷基金,募集大陆、台湾及海外机构和个人的人民币资金,为自贸区企业对外开展投资、并购提供融资服务。支持在自贸区内设立国际金融资产交易平台,有序引入台湾地区长期资金逐步参与境内股票、债券、基金等金融市场。

参考文献

[1] 艾德洲. 中国自贸区行政管理体制改革探索 [J]. 中国行政管理, 2017 (10).

[2] 陈翠. 海西视角下的福建自贸区金融改革创新研究 [J]. 金融理论与教学, 2017 (4).

[3] 陈舒艳. 中国(福建)自贸区的战略价值、定位取向及策略研究 [J]. 长春金融高等专科学校学报, 2016 (1).

[4] 陈婷婷. 福建自贸区厦门片区金融创新实践与探索 [J]. 福建商学院学报, 2017 (3).

[5] 陈欣慰. 自贸区背景下打造两岸金融服务中心研究 [J]. 科技展望, 2016, 26 (16).

[6] 丁剑平, 赵晓菊. 自贸区金融开放与改革的理论构思——基于要素流动速度不对称视角 [J]. 学术月刊, 2014 (1).

[7] 洪永淼. 海峡西岸经济区发展报告 2016——基于"一带一路"和自贸区背景 [M]. 北京大学出版社, 2016.

[8] 洪永淼. 海峡西岸经济区发展报告 2017——基于"一带一路"和自贸区背景

[M]．北京：经济科学出版社，2017．

[9] 黄梅波，陈冰林．福建自贸试验区成立下两岸金融合作的探讨和展望［J］．东南学术，2015（5）：111－118．

[10] 黄志勇，李京文．中国保税港区发展战略研究［J］．国际贸易问题，2012（6）：32－39．

[11] 林晓伟，李非．福建自贸区建设现状及战略思考［J］．国际贸易，2015（1）．

[12] 马晔．上海自贸区试点资本账户开放背景下的金融监管模式选择［J］．财经市场，2015（3）：96－98．

[13] 裴长洪，郑文．中国开放型经济新体制的基本目标和主要特征［J］．经济学动态，2014（4）：8－17．

[14] 沈世顺．世界自由港和自由贸易区［J］．国际问题研究，1984（3）：50－61．

[15] 宋娴．中国（福建）自由贸易试验区外汇管理创新探索——基于上海自贸区外汇管理改革对厦门片区的启示［J］．福建金融，2015（4）：18－23．

[16] 王涛生．我国金融控股公司面临的问题及对策［J］．经济问题，2006（2）：26－28．

[17] 王勇．厦门自贸区与高雄自经区对接的前瞻［J］．亚太经济，2015（6）：147－151．

[18] 阳建勋．论自贸区金融创新与金融监管的互动及其法治保障——以福建自贸区为例［J］．经济体制改革，2017（1）：50－56．

[19] 叶文娅，廖永泉，陈月，李琰．自贸区建设下中国产业升级的机遇、风险与对策［J］．金融经济，2018：33－36．

[20] 曾志兰，卢庆垣．上海自贸区文化开放经验在福建的复制与创新［J］．福建论坛·人文社会科学版，2017（4）：185－189．

[21] 赵大平．人民币资本项目开放模型及其在上海自贸区的实践［J］．世界经济研究，2015（6）．

[22] 赵瑞．中国（上海）自贸区的发展战略和法律规制［J］．南方论刊，2014（5）：11－13．

[23] 智艳，罗长远．上海自贸区发展现状、目标模式与政策支撑［J］．复旦学报（社会科学版），2018，60（2）：148－157．

[24] WEF. Global Enabling Trade Report 2016［R］．2016－11－30．

专题四　福建省对外直接投资区位选择研究

　　福建省地处我国东南沿海，自古以来就是我国对外文化交流和商贸往来的重要阵地，区内遍布着诸如月港等在历史上非常重要的对外贸易港口，同时改革开放以来福建省一直是我国对外开放的窗口和前沿阵地。福建人"爱拼才会赢"的经商实干精神让福建人文文化中伴随着浓厚的经商崇商的基因，偏安一隅的地理位置以及由于大山阻隔所形成的与其他省区市相对封闭的经济空间，迫使许多福建企业在设立之初就立下越过海洋、走向世界的梦想。福建省企业一直是我国进行对外直接投资的生力军。1979 年，由福建省外贸中心集团与香港商人兴办的香港嘉明国际有限公司在香港成立，这是福建省自新中国成立以来第一例对外直接投资的成功案例。经过之后几十年的发展，福建省对外直接投资经历了迅速的增长，从这里走出了一批国际知名的企业。

　　在这样独特的自然条件、经济状况与文化氛围的背景下，加之遍布全球的福建侨胞，福建省企业对外直接投资的区位分布有何特点呢？福建省企业更愿意将资本投向哪些地区呢？与全国整体对外直接投资的区位分布相比，福建省企业对外直接投资的区位选择又有哪些不同呢？这是本专题所关注和研究的问题，同时，本专题还想探究有哪些原因在推动福建省企业做出对外直接投资的区位选择。

　　有鉴于此，本专题将逐渐展开这些问题的研究。第一部分从全国整体的角度出发，分析我国对外直接投资的区位选择及其特征；第二部分分析福建省企业对外直接投资的区位分布特征，并与全国情况做比较；第三部分探究福建省企业对外直接投资区位选择形成的原因；第四部分是本专题的结论与政策建议。

一、我国对外直接投资的区位选择及其特征

1. 我国对外直接投资增长迅速

2000年伊始,我国政府正式提出中国企业"走出去"战略,2001年我国加入世界贸易组织,此后我国对外直接投资经历了飞速的发展,投资流量和投资存量都增长迅猛。我国已经成为全球资本输出最大的发展中国家。从统计数据来看,2002年我国对外直接投资存量为299亿美元,居全球第25位,对外直接投资流量为27亿美元,居全球第26位;而到2016年,我国对外直接投资存量已达到13573.9亿美元,跃居全球第6位,对外直接投资流量达到1961.5亿美元,跃居全球第2位[①]。

不仅我国对外直接投资流量和存量的总额保持高速增长,这两项指标的同比增速亦维持在较高水平。如表1所示,自2010年开始,我国对外直接投资流动和存量的同比增速都较为稳定,尤其是对外直接投资存量的增速,每年的同比增速都维持在20%以上。

表1　　　　　　2002~2016年我国对外直接投资情况

年份	流量		存量	
	金额(亿美元)	同比(%)	金额(亿美元)	同比(%)
2002	27.0		299.0	
2003	28.5	5.6	332.0	11.0
2004	55.0	93.0	448.0	34.9
2005	122.6	122.9	572.0	27.7
2006	211.6	72.6	906.3	58.4
2007	265.1	25.3	1179.1	30.1
2008	559.1	110.9	1839.7	56.0
2009	565.3	1.1	2457.5	33.6
2010	688.1	21.7	3172.1	29.1
2011	746.5	8.5	4247.8	33.9

---

① 中华人民共和国商务部等.2016年度中国对外直接投资统计公报[M].北京:中国统计出版社,2017:5.

续表

年份	流量		存量	
	金额（亿美元）	同比（%）	金额（亿美元）	同比（%）
2012	878.0	17.6	5319.4	25.2
2013	1078.4	22.8	6604.8	24.2
2014	1231.2	14.2	8826.4	33.6
2015	1456.7	18.3	10978.6	24.4
2016	1961.5	34.7	13573.9	23.6

资料来源：各年份《中国对外直接投资统计公报》。

2. 我国对外直接投资存量的区位分布

从存量角度来看，中国内地对外直接投资的主要目的地是香港。2007年，内地对香港的直接投资存量为687.8亿美元，直接流量为137.3亿美元[①]；到2016年，内地对香港的直接投资存量为7807.45亿美元，直接流量为1142.33亿美元[②]。图1显示的是2007～2016年间，内地对香港的直接投资占中国总体对外直接投资的存量比重。可以看出，2007～2009年，内地对香港的直接投资存量比重处于上升阶段，从2010年开始呈现逐步下降的态势。但总的来说，香港一直是内地对外直接投资的首选地区，占据中国对外直接投资存量的60%左右。

图2展示的是2007～2016年间，中国对欧盟、东盟、美国、澳大利亚和俄罗斯的直接投资存量在中国对外直接投资存量中的比重变化。可以看出，我国对于美国和东盟的直接投资存量的比重在逐年上升。2007年中国对东盟的投资直接存量占全部投资存量的比重为3.4%，2016年上升为5.3%。2007年中国对美国的直接投资存量占全部投资存量的比重为1.6%，2016年上升为4.5%。2008～2012年中国对于欧盟的直接投资经历了高速增长，但从2012年开始其所占比重则稳定在6%左右，2016年还略有下滑。

我国对俄罗斯和澳大利亚的直接投资存量占全部投资存量的比重基本维持稳定，自2009年开始，中国对俄罗斯直接投资存量占全部投资存量的比

[①] 中华人民共和国商务部等.2016年度中国对外直接投资统计公报［M］.北京：中国统计出版社，2017：12.

[②] 中华人民共和国商务部等.2016年度中国对外直接投资统计公报［M］.北京：中国统计出版社，2017：29.

重维持在1%左右，对澳大利亚直接投资存量占全部投资存量的比重维持在2%左右。

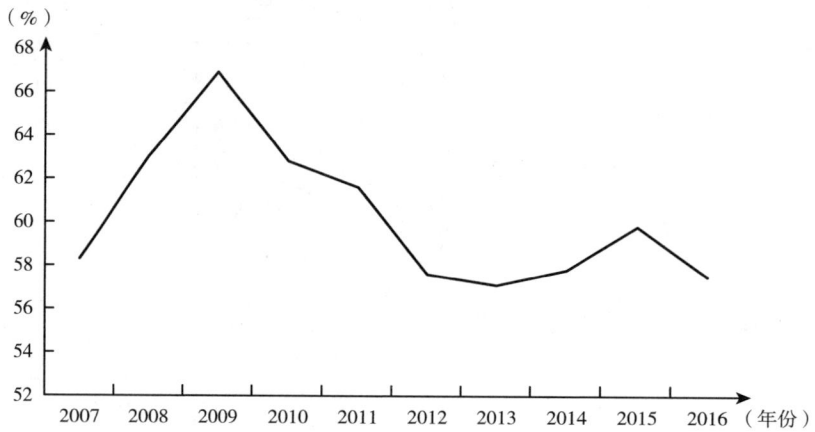

图1　2007~2016年内地对香港直接投资存量的比重变化

资料来源：各年份《中国对外直接投资统计公报》。

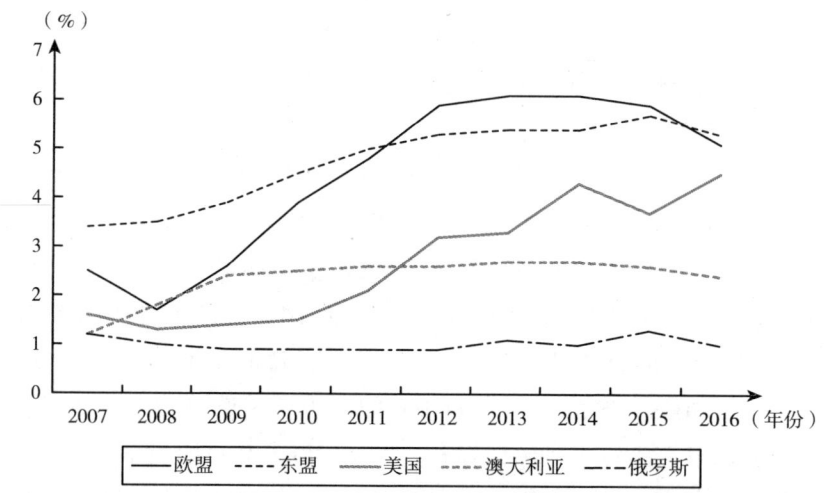

图2　2007~2016年我国对世界部分主要经济体直接投资的存量比重变化

资料来源：各年份《中国对外直接投资统计公报》。

此外，非洲地区也是我国对外直接投资的重点区域。2007~2016年，我国对非洲地区直接投资存量占全部投资存量的比重虽然呈现出微弱的下降态势，但依然维持在3%~4%（见图3）。这种比重的略微下滑，可能是由于我国对发达经济体的直接投资增速较快所造成的。但是，伴随着"一带一路"建设的深入，以及我国与非洲更加紧密的经济联系，未来我国对非洲国家的直接投资将会保持快速增长。

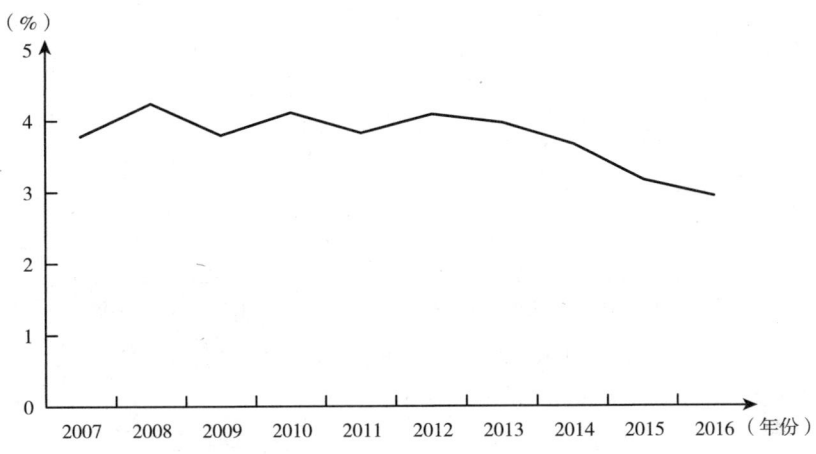

图3　2007～2016年我国对非洲地区直接投资存量的比重变化

资料来源：各年份《中国对外直接投资统计公报》。

3. 我国对外直接投资流量的区位分布

与对于投资存量的分析相类似，从我国每年对外直接投资的流量来看，香港依然是内地对外直接投资的主要目的地。2007～2016年，内地每年流向香港地区直接投资的比重超过我国对外直接投资流量的一半（见图4）。

在我国对世界上其他主要经济体的对外直接投资流量中，可以明显看到我国对美国的直接投资流量呈现不断上涨的状态（见图5）。2007年，我国对外投资流量有2%流向了美国，而到了2016年这个比重上升至8.7%。同时，我国对欧盟地区的直接投资流量占全部投资流量的比重呈现出明显的波动下降状态，2011年达到峰值10.1%，至2016年则下降为5.1%。从趋势上看，我国对东盟地区的直接投资流量占全部投资流量的比重呈现出上升趋势，但2016年略有下降，为5.2%。

我国对于俄罗斯和澳大利亚的直接投资，流量比重数据呈现出和存量比重数据相一致的特征。长期以来，我国对俄罗斯的直接投资流量占全部投资流量的比重一直维持在1%左右，而我国对澳大利亚的直接投资流量占全部投资流量的比重一直维持在3%左右的水平。

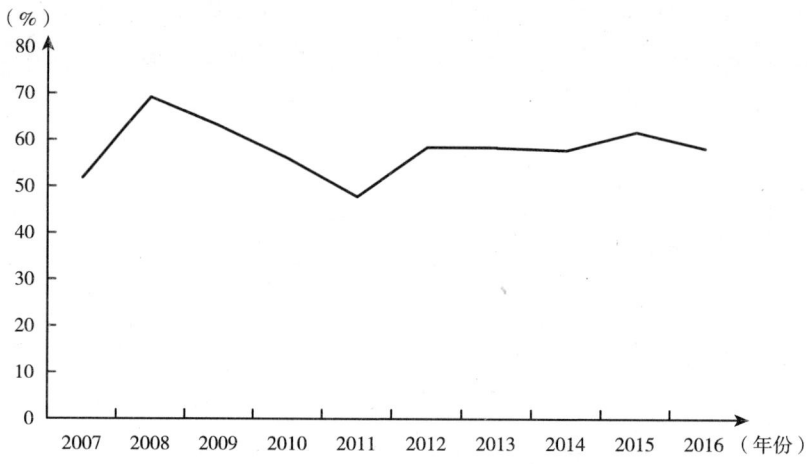

图4　2007～2016年内地对香港直接投资流量的比重变化

资料来源：各年份《中国对外直接投资统计公报》。

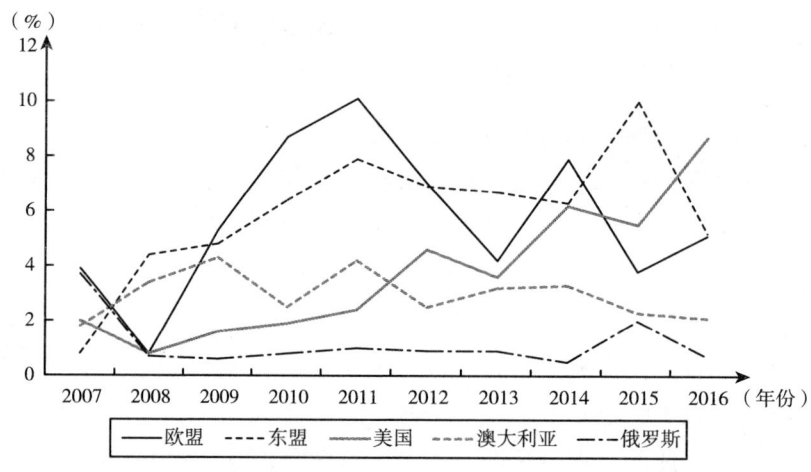

图5　2007～2016年我国对部分世界主要经济体直接投资流量的比重变化

资料来源：各年份《中国对外直接投资统计公报》。

2007～2016年间，我国对非洲地区直接投资流量的比重总的来说有所下降。2008年，我国对非洲地区的直接投资流量占全部投资流量的比重达到10%左右，此后，我国对非洲地区的直接投资流量在全部投资流量中的比重呈现出下降趋势，最近几年维持在2%左右（见图6）。

再从表2中我国对外直接投资流量的同比增速看，近些年我国对世界主要经济体的对外直接投资流量的增速有所回落,但依旧处于高速增长状态。2007年和2008年,我国对世界各主要经济体的直接投资流量增速呈现出爆发性增长的态势,增速超过100%,甚至对有些国家和地区的增速达到600%、700%。然而最近几年,我国对外直接投资流量的增速有所回落,但考虑到我国对外直接投资起步较晚,基础较小,早期增速自然较大,再加上对外直接投资流量的大幅增长,可以说当前我国对外直接投资依旧处于高速增长阶段。

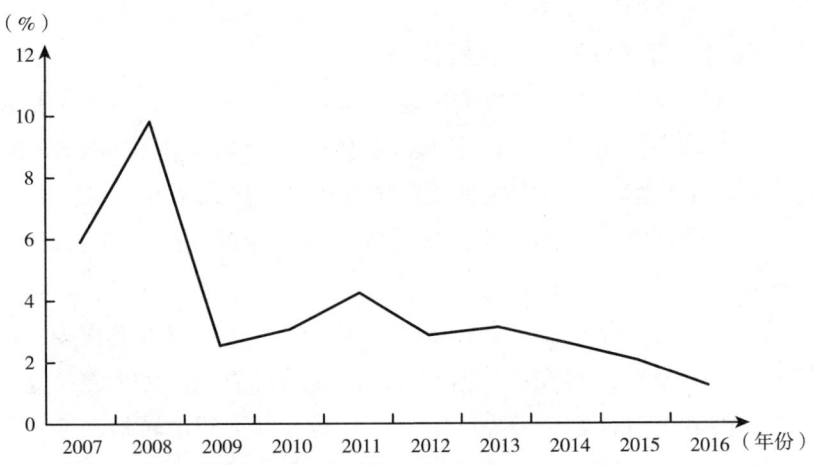

图6　2007~2016年中国对非洲地区的直接投资流量的比重变化

资料来源:各年份《中国对外直接投资统计公报》。

表2　　　　中国对世界主要经济体直接投资流量的同比增速变化　　　单位:%

年份	中国香港	欧盟	东盟	美国	澳大利亚	俄罗斯	非洲
2007	98.1	711.1	188.3	-1.3	506.8	5.6	202.6
2008	181.4	-55.3	156.1	135.7	257.0	17.7	251.0
2009	-7.9	553.5	8.6	96.7	28.8	-11.9	-73.8
2010	8.2	101.0	63.2	44.0	-30.2	63.0	46.5
2011	-7.4	26.8	34.1	38.5	86.0	26.1	50.2
2012	43.7	-19.1	3.3	123.5	-31.3	9.6	-20.6
2013	22.6	-26.1	19.1	-4.3	59.1	30.2	33.9
2014	12.8	116.3	7.5	96.1	17.1	-38.0	-5.0
2015	26.7	-44.0	87.0	5.7	-16.0	367.3	-6.9
2016	27.2	82.4	-29.6	111.5	23.1	-56.3	-19.5

资料来源:各年份《中国对外直接投资统计公报》。

分地区来看，虽然在2008年金融危机前后有所波动，但近些年中国内地对香港的直接投资流量开始出现平稳增长的状态。而我国对欧盟和俄罗斯的直接投资流量却呈现出大涨大跌的波动态势，较为不稳定，这可能是由这些国家和地区对于对外直接投资的政策变化且投资数量较小所导致的。同时，我国对美国的投资流量增速有明显上升的趋势。另外，值得注意的一个特点是2007~2016年，我国对澳大利亚和对非洲的直接投资流量的增速有所下滑，尤其是非洲。

4. 我国对外直接投资的区位特征

综上所述，我国对外直接投资出现了大幅增长的态势，对外直接投资的区位选择也由单一转向多元，由东亚占主体转向全球均衡布局。归纳而言，可以看出近些年我国对外直接投资的区域分布呈现出以下几个特征。

第一，香港是中国内地对外直接投资的重要地区，但比重已经在下降，我国对外直接投资的区位分布正在逐渐优化。无论是从存量看，还是从流量看，中国对外直接投资超过一半分布在香港地区，这表明香港作为中国参与全球经济的重要窗口，其在中国经济走向全球化的过程中扮演着重要的角色。当然，很多内地企业是将香港作为对外直接投资的中转地，通过香港再将投资资本往全球延伸。不过，近些年来中国内地对香港的直接投资在全部对外直接投资中所占比重有所下降，体现出我国对外直接投资的全球布局的不断完善，区域分布的不断均衡。再加上人民币国际化进程的加快与我国金融业的扩大开放，可以预见未来我国对外直接投资的区位分布将更加广泛和平衡。

第二，我国对美国的直接投资呈现出上升态势，但是也受到诸多不利因素的影响。不论是从存量的角度，还是流量的角度来看，我国对于美国的直接投资都处于不断上升状态。这与我国近些年高技术新兴产业的不断发展有关，对外直接投资的重点逐渐转向技术寻求，通过增加对美国的直接投资来获取技术与专利。但是，美国国内政治因素在一定程度上会阻碍中国企业在美国的投资，2012年开始美国对中国的安全审查持续增加，甚至一度达到美国对外资安全审查总量的22%（戴琳，2018）。特朗普政府上台以来，美国政府数次以"国家安全"为由，拒绝中国企业收购美国公司，对中国企业在美投资提出各种限制条件。加之目前正处于不确定时期的中美贸易争端的影响，美国国内不友好的政策倾向在一定程度上会影响中国企业在美国的直接投资，中国企业在美投资的良好上升势头能否持续下去还有待观察。

第三，我国对欧盟的直接投资波动最大，处于不稳定态势。从存量的比重来看，我国对欧盟的直接投资在我国全部直接投资中的比重处于上升状态，近几年维持在6%左右的水平。但是，与贸易总量和经济总量相比较，欧盟在我国对外直接投资中所占的份额明显低于其与我国的贸易总量在全部贸易总量中所占的份额，并且与欧盟的经济总量是不相称的。可以预见未来我国对欧盟的对外直接投资还有较大的上升空间。

第四，我国对东盟的直接投资呈现稳步上升的状态，这与"一带一路"政策有着密切关系。我国与东盟国家有着相近的文化习俗，双方经济文化交流频繁。而且我国与东南亚国家地理距离临近，东南亚地区分布着大量的华侨华人，相比而言东南亚地区人工成本等较低，这些都使得中国企业进入该区域相对容易。同时伴随着近些年"一带一路"建设的推行，未来我国对东盟的对外直接投资将会快速提升。

第五，我国对非洲地区的直接投资相对呈现出流量和存量的比重"双下降"状态。这主要与非洲国家经济增速较慢、投资机会较少有关系。可以预见，未来随着我国"一带一路"倡议的推进以及中非友好合作的不断升级，我国未来对非洲的投资将不断加大，越来越多的中国企业将在非洲投资设厂。

二、福建省对外直接投资的区位分析

1. 福建省对外直接投资的增长情况

截至2016年年底，福建省对外直接投资的存量为111.3亿美元，流量为41.19亿美元，存量和流量在全国各省区市中均位列第9。图7展示了2003~2016年间福建省非金融类对外直接投资的存量和流量的情况。

从图8中福建省非金融类对外直接投资流量的增速来看，福建省对外直接投资的增速波动较大且表现出较不规则变化，尤其是近些年，有些年份的增速并不高。但总体而言，福建省非金融类对外直接投资流量的增长趋势明显，总量持续增长。

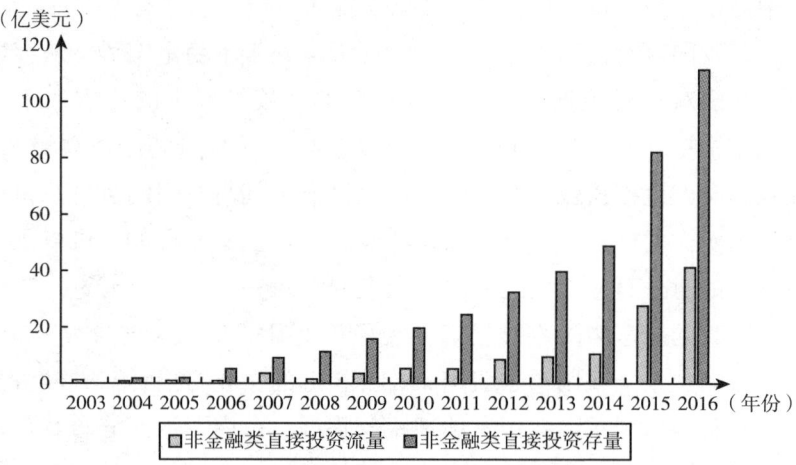

图7　2003~2016年福建省对外直接投资的存量和流量

资料来源：各年份《中国对外直接投资统计公报》及《福建统计年鉴》。

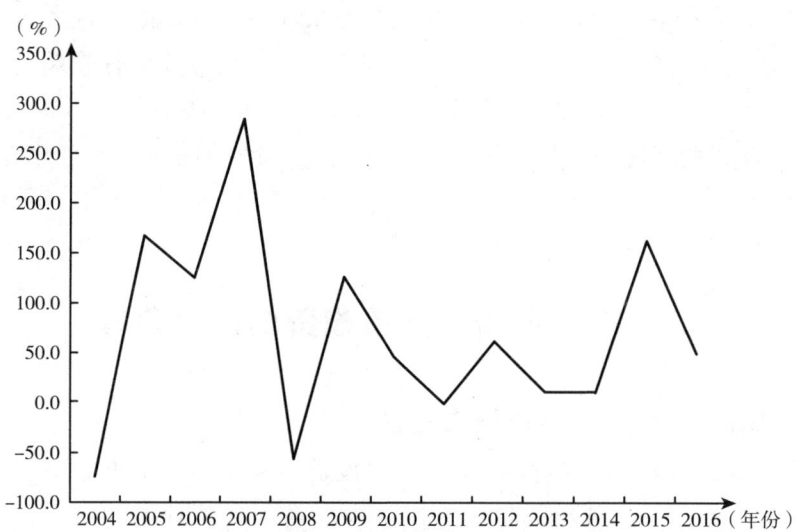

图8　2004~2016年福建省对外直接投资流量的增长速度

资料来源：各年份《中国对外直接投资统计公报》及《福建统计年鉴》。

由于《中国对外直接投资统计公报》和《福建统计年鉴》等相关统计资料中都没有详细的分省区市对外直接投资的统计数据，因而无法对福建省对外直接投资的区位选择进行数据分析。据项罗晶和韦素琼（2018）对商务部所提供的对外直接投资企业数据的统计，截至 2015 年年底，福建省境外投资企业（机构）累计达 1423 家，其中对亚洲国家和地区的对外直接投资占比高达 68.73%，其后依次为北美洲（12.72%）、欧洲（8.50%）、非洲（5.62%）、大洋洲（2.95%）和拉丁美洲（1.48%）。具体分布见图 9。

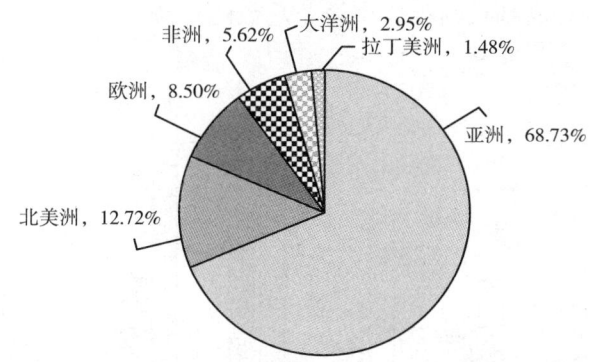

图 9　福建省境外投资企业区位分布（截至 2015 年年底）
资料来源：项罗晶，韦素琼（2018）。

与全国数据相比较，福建省对外直接投资的区位选择较为合理与均衡。福建省对外直接投资中，北美洲和欧洲所占的比重大于在全国数据中这两个地区所占的比重，同时中国香港在福建省的对外直接投资中所占的比重亦没有全球数据所显现的那么高。从省区市比较来看，虽然说福建省对外直接投资在过去取得了长足的发展，但相比排名在前的广东、山东、北京、上海等省市，福建省对外直接投资的总量依然有明显的差距。截至 2016 年年底，福建省对外直接投资的存量占广东省对外直接投资存量的 8.9%，占山东省对外直接投资存量的 27%[①]。这表明福建省对外投资的增长空间依旧很大。

2. 福建省对中国香港的直接投资

香港地区是福建省企业对外投资的主要目的地。自福建企业 1979 年对香港的第一例直接投资以来，至 2015 年年底，福建省经批准在香港设立的境外投资企业（机构）累计达 630 家，占福建省境外投资企业（机构）总

---

① 笔者根据《2016 年度中国对外直接投资统计公报》中的数据计算得到。

量的44.27%（项罗晶，韦素琼，2018）。

另外，从福建省每年在香港新设立的境外投资企业数据也能看出这一点，利用《福建省对外经贸统计年鉴》的数据，可以分析福建省每年对香港地区的直接投资，限于数据可得性的原因，笔者只选取2007～2012年间的数据。如图10所示的数据显示，福建省每年在香港新设立的对外投资企业数几乎占每年福建省新设对外投资企业总数的60%。

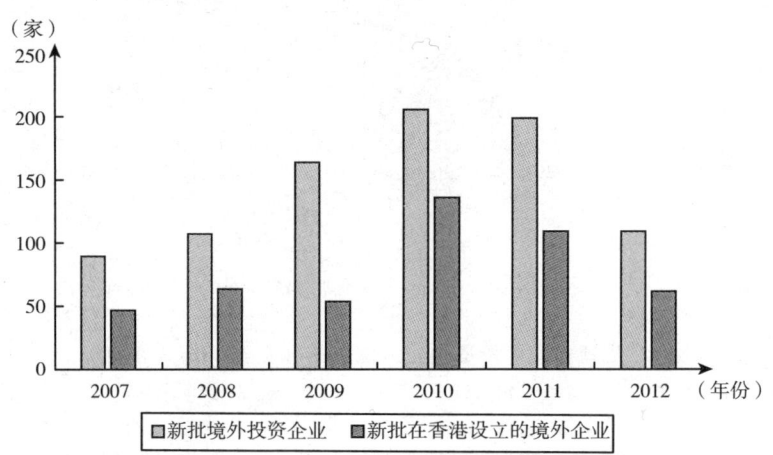

图10　2007～2012年福建省每年新设企业数量

资料来源：各年份《福建省对外经贸统计年鉴》。

香港地区资本市场发达，是世界著名的自由经济港。况且香港地区汇集着众多广东和福建的华侨，又是东南沿海改革开放的窗口。对于福建省企业来说，香港是其走向世界的第一块跳板。截至2017年5月份，福建省在港投资企业达1118家，投资额近100亿美元，并且有将近80家福建企业在香港证券交易所上市，融资额超过1000亿港元，福建省企业在香港上市的数量居内地首位[1]。其中，批发零售、商业服务、交通运输是福建企业在香港投资的重点行业。

福建省企业在"走出去"的过程中，需要多方面的专业服务，香港地区良好的营商环境、税务优势、完善的资本市场服务，都吸引着福建企业通过

---

[1] 福州新闻网，《闽企在港上市数量居内地首位 融资额超1000亿港元》，http：//news.fznews.com.cn/shehui/20170526/5927846183a9e.shtml。

香港走向世界。香港可以为福建企业在金融、物流、基建、设计、品牌管理和科技创新等方面提供相应的专业服务，以便福建企业能更好地适应全球经济的发展。在香港上市的福建企业，可以通过香港发达的资本市场进军国际投资市场，进行对外投资。例如，2007年，紫金矿业通过香港资本市场运作，成功收购英国蒙特瑞科矿业公司；福耀玻璃通过香港市场，先后在美国、韩国、日本和欧洲等国家设立海外子公司。这些都是利用香港资本市场进行海外投资的成功案例。

3. 福建省对东南亚的直接投资

与中国香港一样，东南亚地区是福建侨胞汇集的地区，也是福建省企业对外投资的重点区域。截至2015年年底，福建省在东南亚国家和地区的对外直接投资额累计达20.07亿美元，占福建省对外直接投资总额的24.47%；经核准在东南亚国家和地区设立境外投资企业（机构）累计达233家，占福建省境外投资企业（机构）总量的16.37%（项罗晶，韦素琼，2018）。

福建省是我国第二大侨乡，福建籍海外华侨华人约有1580万人，仅次于广东省，约占全球华侨华人总数的1/4。福建籍华侨华人分布在全球188个国家和地区，闽籍海外社团约有2000多个[①]。可以说，庞大的海外华侨华人网络是福建省企业重点选择在东南亚的原因之一。福建省在东南亚的华侨华人约占全部福建籍海外华侨华人的80%，达1250万人，主要分布在马来西亚、印度尼西亚、菲律宾、泰国等国（林仪等，2016）。有大量的文献通过定量研究表明双边文化距离（欧阳乐，2016）、共同语言（杨娇辉等，2016）、海外华商网络（衣长军等，2016）等因素对于企业的对外直接投资的区位选择具有重要的影响。鉴于福建省与东南亚国家之间在文化、商务环境和地理区位上的近似，东南亚国家和地区自然成为福建省企业对外直接投资的重点区域。

福建省企业在东南亚国家直接投资比较密集的另一个原因是福建省自身的产业优势和产业特点。远洋渔业是福建省的优势产业，福建省有多家企业在东南亚国家投资渔业。截至2017年5月，福建省企业已经在印度尼西亚、缅甸等国投资兴建了9个集渔船停泊、维修、制冰、加工等设施较为齐全的

---

① 基本侨情. 闽侨网，http://minqw.fjsen.com/2015 – 01/28/content_15612219.htm.

境外远洋渔业基地,数量和规模均居全国第一①。福建省企业在东南亚国家投资渔业的案例众多,诸如②:福州宏龙海洋水产有限公司投资 5.92 亿元,与印度尼西亚金马安渔业有限公司合作开展印度尼西亚远洋渔业综合基地更新改造项目;福州开发区安达水产有限公司与印度尼西亚纳土纳加雅巴哈里公司在印度尼西亚纳土纳海域开展 3000 亩海水网箱养殖;福州日兴水产品有限公司与马来西亚 QL 食品有限公司合作开展水产品贸易,投资 1.85 亿元等。这些案例都体现了福建省企业远洋渔业发展实力的真实写照,与东南亚国家和地区的产业特点相吻合,产业合作的机会大。

4. 福建省对台湾的直接投资

福建省对台湾的直接投资走在全国前列。自"陆资入台"政策兴起以来,福建省企业一直是大陆对台湾进行直接投资的主力军。2009 年 6 月,福建新大陆电脑股份有限公司经商务部批准,成为大陆首家赴台投资的企业。2011 年,商务部批准 8 家福建省企业赴台投资设点,1 家企业对台湾子公司增资;2013 年,商务部核准福建省在台湾设立 12 家企业和分支机构,对台投资额达 1.02 亿美元。虽然此后由于两岸关系的影响,大陆企业对台投资受到一些影响,但在对台投资中福建省企业一直走在全国前列。

福建省与台湾一衣带水,是连接海峡两岸的主要枢纽。福建省与台湾有着深厚的历史渊源,两地的经贸往来频繁。在福建省启动中国(福建)自由贸易区、台湾启动台湾自由经济示范区建设之后,两地的贸易往来将更加频繁。中央政府赋予福建自贸区的战略定位是"充分发挥对台优势,率先推进与台湾地区投资贸易便利化、自由化进程,把自贸试验区建设成为深化两岸经济合作的示范区"。以此为契机,未来将会有更多的福建企业赴台投资。

5. 福建省对其他地区的投资

近些年福建省对于其他地区的直接投资也在不断扩大。一方面,福建省政府利用自身资源,为福建企业"走出去"搭建合作交流平台、安排省级专项资金提供财政支持。福建省已经举办了多次境外投资推介会,如 2014 年在福州举办的巴基斯坦投资环境推介会、福州对外投资项目推介会、投资美

---

① 扬帆海丝闯深海 [N]. 福建日报,2017 – 5 – 19 (2).
② 以下案例均来自:福建新闻网,《福建签约 39 个海洋渔业项目 与东南亚合作突出》,http://www.fj.chinanews.com/news/2014/2014 – 10 – 24/292950.shtml.

国推介会等。虽然没有完整的统计数据显示福建省企业在全球投资的状况，尤其是在东欧、中亚和非洲国家直接投资的状况，但是从一些案例中可以窥见福建省企业对上述地区的直接投资。比如，紫金矿业是中国最早进行海外投资的矿企，截至2015年5月，紫金矿业在12个国家拥有资源项目，主要分布在塔吉克斯坦、吉尔吉斯斯坦、俄罗斯图瓦、南非、刚果（金）、澳大利亚、巴布亚新几内亚及秘鲁等国家和地区，海外投资累计134.5亿元人民币，涉及金、铂、铜、锌等重要矿产资源①。再比如，福建省宏东渔业股份有限公司是毛里塔尼亚最大的外资公司，从2011年开始，该公司在毛里塔尼亚努瓦迪布投资2亿美元，建立了占地9万平方米的现代渔业基地，"基地+船队+渔业资源"的投资合作模式不仅使得企业扩大发展，而且为当地创造了近2000个就业岗位，培训了数百名渔业人才，为当地的经济发展做出了贡献。这些都是福建企业利用自身优势，在资源丰富的国家投资设厂带动企业发展的成功案例。

同时，具有技术优势的福建企业将投资目的地选为欧美等发达国家，进行技术寻求型投资。其中尤以福昕软件开发股份有限公司、新大陆科技集团有限公司等为代表。福昕软件开发股份有限公司于2008年在法国成立分公司，2009年在韩国、日本成立分公司，2016年福昕公司收购澳洲PDF厂商Debenu、2017年收购欧洲行业领先的PDF软件供应商CVISION Technologies。新大陆科技集团有限公司于2001年向德国JQG公司投资参股，2008年在美国硅谷成立新大陆北美公司。

三、福建省对外直接投资区位特点

根据以上数据与现实分析，可以看出，福建省企业对外直接投资的区位选择主要受福建省的地理位置、资源禀赋、产业结构、人文环境和福建籍海外华人华侨等因素的影响。福建的地理位置三面环山，东边面海，这就决定了福建省企业对外直接投资最重要的路线就是沿着东海和南海向东南亚地区

---

① 开拓5年闽商"出海"变思路. 中国新闻网，http://www.fj.chinanews.com/news/2016/2016-02-23/335683_5.shtml.

延伸,并延展至南亚地区和非洲地区,这亦是海上丝绸之路的线路。福建的资源禀赋和产业结构决定了福建省对外直接投资主要集中在纺织服装、养殖渔业和服务业等传统产业。人文环境因素决定了福建省对外直接投资主要投向与福建省地理位置相近、人文风俗相似的中国台湾、中国香港和东南亚等区域,同时福建籍海外华人华侨在福建省对外直接投资中扮演着重要的角色。

通过对我国整体对外直接投资区位分布以及福建省对外直接投资区位分布的分析,可以看出,福建省对外直接投资的区位选择与全国整体情况既有相同之处,也有所不同。

首先,中国香港是福建省对外直接投资的第一目的地,这与全国整体情况是相吻合的,尤其是福建省企业在香港上市较多。

其次,福建省在东南亚国家投资数额较大,高于全国整体情况,这主要与福建省自身的产业结构、产业发展优势和东南亚地区广泛分布的福建籍华人华侨有关。

再其次,福建省对中国台湾地区投资走在全国各省市的前列,这与福建省的地理位置优势、福建省与台湾地区之间深厚的历史渊源、国家的政策支持是分不开的。

最后,福建省对全球其他地区的投资从比重来说数额不大,但福建省企业全球布局的趋势明显,越来越多的福建企业根据自身发展需求,或是在资源丰富的国家通过持股收购寻求资源,或是通过设立分公司在市场广阔的国家寻求市场,或是国家通过并购投资在发达国家寻求技术,福建省企业的身影已经开始在世界舞台登台亮相。

四、推动福建省对外直接投资的对策建议

根据以上对于福建省对外直接投资区位选择特点的分析,笔者认为可以采取如下几项措施来推动福建省企业更快更好地"走出去",推动福建省对外直接投资继续保持快速增长。

1. 引导福建省优势产业全球布局

福建省企业在"走出去"的过程中,可以以省内优势产业为切入点,通

过上下游产业链的延伸，带动更多的福建省企业走向世界。以福建省远洋渔业为例，福建省地处我国东南沿海，是我国重要的海洋大省，海岸线总长3224公里，位居全国第二（雷琪琪，2015）。再加上福建省湖泊水库众多、气候条件良好，这些都为福建省渔业的发展提供了得天独厚的自然条件。

目前，我国远洋渔业已经布局世界主要渔区，在国家大力倡导海上丝绸之路的背景下，发展远洋渔业符合国家的战略方向。同时，"海上丝绸之路合作框架"也为企业发展远洋渔业提供了良好的国际合作基础。为巩固福建省在这些领域的领先优势，福建省可通过政府相关部门的协调引导，进一步发挥自身产业优势，为福建省的渔业企业顺利"走出去"发展提供政策支持与保障，加快福建省远洋渔业在世界范围内的投资与布局，并以此带动更多相关行业的福建省企业做大做强，实现越过海洋走向世界的梦想。

2. 发挥并发展海外华人华侨网络优势

福建籍华人华侨遍布世界各地，是福建省企业实现顺利"走出去"的重要合作伙伴。福建省已经成立了专门负责华侨事务的办事机构、形成了多个合作平台与协会，如福建省海外交流协会、世界福建青年联会、福建侨商投资企业协会等，为海内外企业牵线搭桥，增强与海外华人华侨的合作互动。世界闽籍华人华侨社团联谊大会目前已于2015年、2018年在福州成功召开两届，吸引了来自世界各地的福建籍华侨团体参加。

长期以来，闽籍海外社团在团结侨胞、维护侨益，支持家乡经济文化建设，促进祖国和平统一，配合国家外交战略及重大活动等方面发挥着重要的作用。广大闽籍侨胞为福建省的发展贡献了重要力量。海外华人华侨通过多年在海外生活打拼，成为当地政治、经济、文化、社会生活中的重要力量，对当地文化习俗、政商民情都有比较深入的了解。福建省企业在"走出去"的过程中，可以结合自身实际，与海外华人华侨加大合作。王舜琳等（2018）通过研究发现，"走出去"的中国企业与华人华侨的协作沟通网络是"一带一路"背景下华人华侨与中国企业合作机制的中心。华人华侨的条件与禀赋结合中国企业的资源与优势，通过信息共享、专业服务、资本投资、文化交流等为主要协作方式，可以大大推动福建省企业对外直接投资。

除了合作者的身份之外，海外华人华侨也可以在"一带一路"倡议中扮演建设者的角色。华人华侨本身具有良好的经济实力，可以与福建省企业共同参与到海外投资的机遇中。在福建省企业"走出去"的过程中，华人华侨也可以利用自身的人才、人脉等优势与中国企业合作,抓住中国企业出海发展大潮带来的机遇,从而也实现自身的壮大发展。企业可以采取多种灵活的合作方式,通过与海外华侨的合作实现东道国、海外华侨、企业的三方共赢局面。

3. 警惕政策变化风险,做好应对措施

我国对外直接投资成果累累,在短短几十年的时间里实现了从无到有、从有到强的飞速发展。但东道国的政治、政策风险是我国企业"走出去"过程中需要引起重视的影响因素。

近几年,我国企业在对外直接投资的过程中,遇到不少在最后关头遭遇违约、被叫停的情况。比如2009年6月,中铝集团收购力拓的交易失败,遭遇力拓单方面毁约;2011年中缅合作的密松大坝工程被缅甸政府叫停;2018年马来西亚紧急叫停东海岸铁路等四个中国合作项目;等等。除此之外,各国政府对于来自外国的直接投资具有严格的审查审核制度,如2017年9月13日,欧盟委员会通过了一项条例草案,以安全与公共秩序为基础,建立对进入欧盟的外国直接投资(FDI)的审查框架。东道国政策变化的不确定性不仅使得正在进行的投资项目面临违约的风险,使投资企业遭受亏损,也会使得许多潜在的投资项目被搁浅。企业在投资时由于东道国政策不明朗、政策未来方向变化而持观望态度,最终可能使得企业不得不放弃在该国家或地区的投资。

针对这些问题,一方面需要政府在外交层面加强与东道国的合作往来,通过联合声明等稳定政策预期和企业投资预期,将政策变化风险降到最低;另一方面也需要企业自身在投资过程中做好风险评估与谈判工作,在投资之前做好调研调查,评估项目风险,做好应急预案。在项目开展过程中,加强对于当地投资环境的了解,聘用当地员工,在实现企业自身扩张发展的同时,融入当地经济发展,通过自身实力赢得机会、赢得尊重、赢得口碑。政府与企业、高校也要注重在专业人才培养领域的合作,特别是要培育熟知各国法律、文化的高层次人才,为福建省企业"走出去"打造一支专业素养高的人才队伍。

4. 借助国家战略,优化对外直接投资区位布局

进入21世纪,福建省被确定为新时代海上丝绸之路的核心区。在国家"一带一路"倡议、打造"中非命运共同体"的大背景下,我国与"一带一路"沿线国家、非洲国家建立了良好的合作关系。国家发展战略为企业自身发展带来了机遇。各国的创新产业园区已经成为中国民营企业集群式出海的新模式,比如俄罗斯的华闽工业小区、福建中柬投资投资公司在柬埔寨设立的中国(福建)工业园区、福建泛华集团在印度尼西亚设立的中印经贸合作区等,形成了福建企业集中出海发展的集群道路。

据福建省商务厅统计数据,2016 年,福建省对"一带一路"沿线国家的投资稳步增长,投资项目 31 个,投资总额达 23.0 亿美元,同比增长 2.7%;占福建省全省投资额 65.5%,比 2015 年同期提高 45.4 个百分点。其中,对海上丝绸之路沿线国家投资项目 30 个,投资额 22.9 亿美元;2018 年上半年,福建省新增对"一带一路"沿线国家投资项目 33 个,投资额 1.2 亿美元,其中对海上丝绸之路沿线国家投资项目 28 个,投资额 1.0 亿美元。

由此可见,对"一带一路"沿线国家的投资,特别是对海上丝绸之路沿线国家的投资是福建省近年来对外直接投资的重点,也是在国家战略的引领之下的企业经济行为。海上丝绸之路沿线国家主要集中在东南亚一带,东南亚国家有大量的福建籍华人华侨,与福建省文化上有很多共同点和相似之处,对于福建省企业而言,在这些地区布局将更为顺利。可以预见,在国家政策、战略的引领下,福建省将利用好自身在海上丝绸之路的华人华侨网络、相近的文化背景,继续加大对于海上丝绸之路的投资,优化对外直接投资区位布局。福建省企业应密切关注国家战略、政策,将企业自身发展融入国家战略,借助国家外交战略政策带来的合作基础,为企业自身发展争取更多的机遇与保障。

参考文献

[1] 戴琳. 基于美国州级数据综述中国对美直接投资 [J]. 信息系统工程, 2018 (6): 151 – 154.

[2] 雷琪琪. 论福建发挥优势产业,融入"海上丝绸之路"——以水产品为例[J]. 现代经济信息, 2015 (16): 464 – 465.

[3] 林春回, 王国平. 我国民营经济在"一带一路"中如何"走出去"——以福建民营企业为例 [J]. 华侨大学学报(哲学社会科学版), 2016 (4): 52 – 59.

[4] 林仪, 丁毓玲. 发挥华侨华人优势,进一步加强福建面向东盟的海上丝绸之路

文化软实力建设[J]. 福建省社会主义学院学报,2016(4):90-97.

[5] 欧阳乐. 东道国科研水平和人力资本对中国对外直接投资区位选择影响分析[J]. 中国市场,2016(7):176-178.

[6] 王舜淋,张向前."一带一路"背景下华侨华人与中国企业"走出去"合作机制研究[J]. 华侨华人历史研究,2018(2):51-60.

[7] 韦有周,赵锐,林香红. 建设"海上丝绸之路"背景下我国远洋渔业发展路径研究[J]. 现代经济探讨,2014(7):55-59.

[8] 项罗晶,韦素琼. 福建省对外直接投资区位选择及影响因素[J]. 福建农林大学学报(哲学社会科学版),2018(3):51-56.

[9] 杨娇辉,王伟,谭娜. 破解中国对外直接投资区位分布的"制度风险偏好"之谜[J]. 世界经济,2016(11):3-27.

[10] 衣长军,刘晓丹,陈初昇. 海外华商网络、多维距离对我国企业OFDI区位选择的影响研究[J]. 国际商务:对外经济贸易大学学报,2016(6):97-107.

海峡西岸经济区发展
报告2018
Chapter 2

板块二　公共服务

专题五　厦门市完善政府购买公共服务机制研究

一、厦门市政府购买公共服务实践进展与成效

(一) 厦门市政府购买公共服务实践进展

1. 项目总体情况及具体分布

政府购买公共服务是创新社会管理，提高公共服务供给效率的重要方式。长期以来，厦门市对政府购买服务工作高度重视，在社会管理各相关领域积极开展政府购买服务工作，将适合社会力量承担的公共服务事项都以购买服务为主的方式实施。厦门市于2014年展开市本级政府购买服务试点工作，2015~2017年厦门市实施和统计的政府向社会力量购买公共服务的范围和项目，主要集中在一般公共服务、公共安全、教育、文化体育与传媒、社会保障和就业、医疗卫生与计划生育、城乡社区等领域（见表1、图1~图3）。

表1　厦门市政府购买服务项目资金统计　　　单位：万元

领域	2015年	2016年	2017年
一般公共服务	11103	18581	19370
公共安全	1183	12871	18779
教育	5461	13271	14616
科学技术	17	126	481
文化体育与传媒	1779	2212	2106
社会保障和就业	5247	7681	6065
医疗卫生与计划生育	1505	3330	3811

续表

领域	2015年	2016年	2017年
节能环保	—	164	3659
城乡社区	16859	27120	28991
农林水	158	592	735
交通运输	14	71	567
资源勘探信息等	31	87	630
商业服务业等	—	—	109
国土海洋气象等	—	—	86
住房保障	—	—	155
其他	—	2	525
合计	43357	86108	100685

资料来源：厦门市财政局。

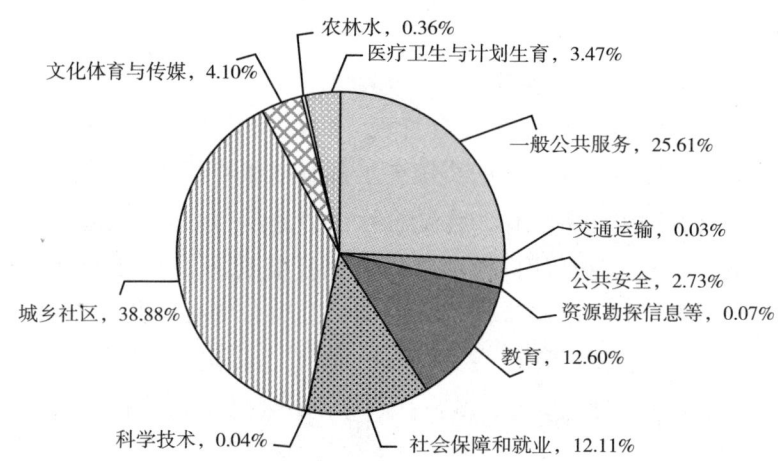

图1　2015年厦门市政府购买服务项目资金分布

资料来源：厦门市财政局。

可以看到，厦门市政府购买服务项目金额逐年增大，2015年为43357万元，2016年为86108万元，2017年为100685万元。近三年资金分布较大的三个领域为：城乡社区领域、一般公共服务领域和教育领域，其中城乡社区领域2015年投入16859万元，资金占比38.88%，2016年投入27120万元，资金占比31.50%，2017年投入28991万元，资金占比28.79%，近三年皆排在第一位。

专题五　厦门市完善政府购买公共服务机制研究

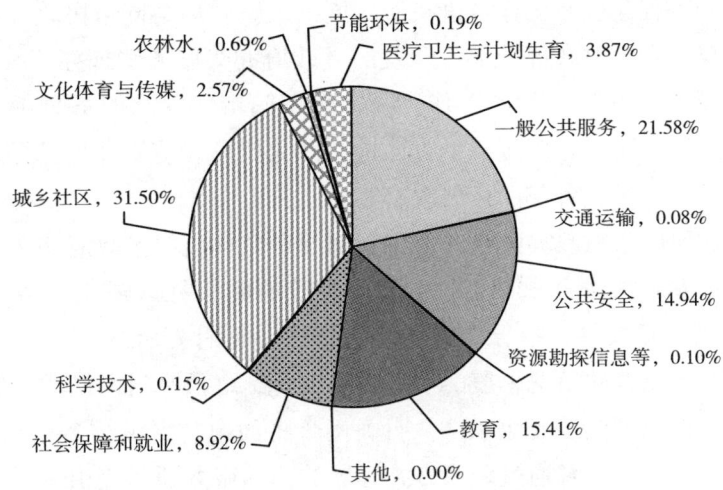

图2　2016年厦门市政府购买服务项目资金分布

资料来源：厦门市财政局。

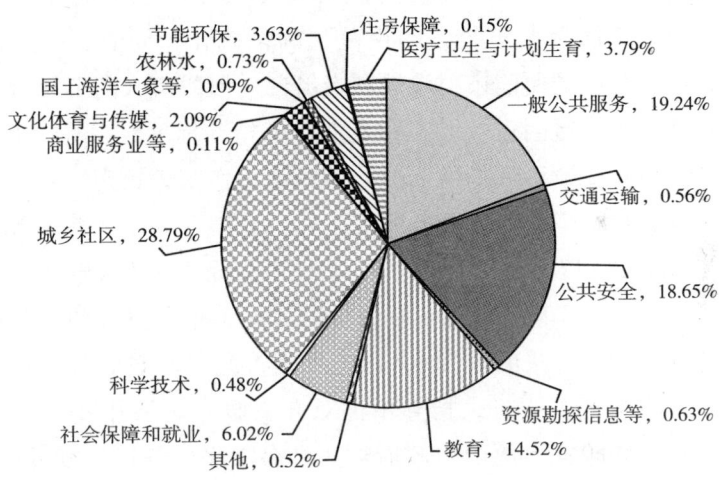

图3　2017年厦门市政府购买服务项目资金分布

资料来源：厦门市财政局。

2. 制度建设

为建立健全政府购买服务制度，2014年，厦门市政府办公厅转发了厦门市财政局印发的《关于推进政府购买服务工作实施意见的通知》，明确了厦门市政府购买服务的基本原则、购买主体和承接主体、购买内容、资金和绩效管理、相关程序以及工作推进机制。厦门市财政局会同市民政局、市市场监督管理局转发了财政部等部门印发的《政府购买服务管理办法（暂行）》，以规范厦门市政府购买服务工作，并结合厦门市实际从服务事项、服务项目、购买主体、购买程序等八个方面进行细化要求，使文件更具操作性，便于指导厦门市各级、各部门开展政府购买服务工作。

此外，厦门市财政局配合业务主管部门出台《厦门市政府购买和资助社会工作服务实施办法（试行）》《厦门市政府购买社区矫正服务实施方案（试行）》等专项文件，指导专项购买服务工作。针对社区工作繁杂、社区公共服务需求较大的情况，厦门市财政局配合制定了厦门市《关于转变政府职能创新社区服务的实施意见》，明确逐步将面向社区的事务性管理服务，以及延伸至社区、适宜通过购买方式开展的公共服务项目交由具备条件的社会力量承担，减轻社区工作负担，创新社区服务方式，提高社区服务质量。厦门市民政局会同厦门市财政局草拟并经厦门市政府批准出台《厦门市人民政府办公厅关于印发政府购买社会工作服务试点工作实施意见的通知》文件，推动政府购买社会工作服务的规范化和常态化；同时，按照该通知精神，厦门市民政局会同厦门市财政局制定出台《厦门市政府购买社会工作服务项目操作流程》《厦门市社会工作专业服务指导标准》《厦门市公益性社会组织社会工作者薪酬待遇指导标准》等社会工作服务指南，对社会工作服务的操作流程、社会工作专业服务标准、社会工作者的薪酬待遇等做出了规范。2017年2月，《厦门市民政局　厦门市财政局关于政府购买社会工作服务的实施意见》《厦门市民政局　厦门市财政局关于印发厦门市政府购买社会工作服务评估实施办法的通知》，进一步完善厦门市政府购买社工服务制度，规范单位购买社工服务，指导单位对社工服务效果开展评估。同年12月，厦门市民政局印发《厦门市政府购买社会工作服务操作规程》，对项目立项流程、项目实施要求、监督评估程序、项目延续与结项等方面做出规范。此外，2016年由厦门市文广新局牵头，会同厦门市财政局及其他部门草拟了《厦门市关于政府向社会力量购买公共文化服务实施办法》，征求意见后印发执行，对政府向社会力量购买公共文化服务的购买主体与承接主体、购买内容与实施程序、监督管理等方面做出规定。

3. 购买服务范围

按照"先易后难、积极稳妥"的原则，厦门市财政局出台了《市级政府购买服务指导目录（2018 年修订版）》（以下称《指导目录》），指导各部门、各单位开展政府购买服务工作和编制政府购买服务预算，《指导目录》向社会公开。《指导目录》共包括基本公共服务事项、社会管理服务事项、行业管理与协调事项、技术服务事项、政府履职所需辅助性事项及其他政府向社会购买公共服务事项 6 项一级目录、60 项二级目录、285 项三级目录；例如，基本公共服务事项中的人才服务类二级目录，就包括人才引进服务、人才招聘服务、人才创业服务管理的辅助性工作；高校毕业生档案托管服务的辅助性工作；专业技术职务任职资格认定管理的辅助性工作；其他人才服务四项。公共安全、科学技术、基本医疗卫生与计划生育、就业人才服务、社会救助、公益服务、住房保障、文化体育与传媒、公共交通运输设、资源环境等方面，以及社区事务类服务，《指导目录》均有涵盖。针对政府购买公共服务实践中出现的问题，《指导目录》明确指出严禁将货物设备采购、工程建设和融资行为作为政府购买服务项目，也不得将金融机构、融资租赁公司等非金融机构提供的融资行为纳入政府购买服务范围。

4. 预算管理情况

厦门市明确规定，市级购买主体应当在编制年度预算时，在部门预算管理系统中按要求填报《政府购买服务预算表》，与部门预算编报、批复、执行直接关联。政府购买服务项目所需资金在既有财政预算中统筹安排。同时，对预算已安排资金，但尚未明确通过购买方式提供的服务项目，也可转为通过政府购买服务方式实施。政府购买服务要坚持先有预算，后有购买服务，在能保障年度预算的前提下，可以签订不超过三年履行期限的政府购买服务合同。

5. 项目监督与绩效评估情况

（1）绩效评价。目前厦门市政府购买服务的绩效评价工作主要按照财政部等部门印发的《政府购买服务管理办法（暂行）》中相关要求开展，由购买主体牵头组织实施，按照过程评价与结果评价、短期效果评价与长期效果评价相结合的原则，对购买服务项目数量、质量和资金使用绩效进行考核评价。

（2）预算绩效管理。2015 年，厦门市财政局印发《关于全面推进预算绩效管理的通知》，并附《项目支出绩效目标申报表》《绩效目标申报参考指标》《项目评审报告范本》《绩效评价报告》等，深化预算管理改革，加强预算绩效管理,提高资金使用效益。2016年,厦门市财政局印发《厦门市委托第三方机构参与预算绩效管理暂行办法》,并附《预算绩效管理业务委托协议书》及《第三方机构参与厦门市预算绩效管理工作情况考评表》,规范预算绩效管理工作委托第三方机构实施的行为,确保第三方机构客观、公正开展预算绩效管理。各购买主体可根据文件要求,对服务项目开展预算绩效管理工作。

(3)社工服务绩效评估。2014年,厦门市民政局制定《厦门市政府购买社会工作服务项目评估实施办法(试行)》,对政府购买社会工作服务项目评估的范围、组织形式、指导标准、程序、效果评价等方面做出具体规定,要求设立评估小组或委托社会工作行业组织、第三方评估机构,分中期、期末两次从专业服务、服务成效、服务管理等三个方面对政府购买社会工作服务情况开展评估,还对评估程序、评价方式、奖惩措施作了规定,并结合实际,分别制作了中期、期末评估表。厦门市民政局、人社局联合财政局制定《厦门市政府购买社会工作服务项目操作流程》,提出政府购买社会工作服务经费原则上分3次拨付,项目起始、中期及末期各拨付60%、20%、20%;每年在项目中期和末期各开展1次评估,评估结果分为优秀、良好、合格、不合格四个等级,评估结果必须在良好以上,每年度的末期评估结果为"合格"的需进行重新招标采购,"不合格"的原承接主体不得参加投标。对购买服务项目数量、质量和资金使用绩效等进行考核评价,提高财政资金的使用效益。2017年2月,厦门市民政局会同财政局修订了《关于政府购买社会工作服务的实施意见》《关于印发厦门市政府购买社会工作服务评估实施办法的通知》,进一步完善厦门市政府购买社工服务制度,规范单位购买社工服务,指导单位对社工服务效果开展评估。

6. 承接主体培育情况

根据厦门市财政局等部门《转发财政部 民政部 工商总局关于印发政府购买服务管理办法(暂行)的通知》规定,明确购买主体为行政机关和具有行政管理执行的事业单位,并按有关规定选择承接主体。

(1)搭建平台积极培育发展。近年来,厦门市在社会组织的扶持培育力度上持续加大,除了建成厦门海峡两岸社会组织服务中心,思明区、湖里区和海沧区也分别成立了区级社会组织孵化园区。厦门海峡两岸社会组织服务中心建筑面积约650平方米，于2015年上半年建成并投入使用，目前已有12家符合条件的社会组织入驻中心。中心通过"进驻—培育—评估—出壳"的工作模式，向入驻的社会组织免费提供办公、活动场所、办公所需的基础服务设备以及政策咨询、资源中介、人员培训、能力建设、交流展示等系列配套服务，协助入驻社会组织进行项目申报、项目策划、活动举办、财务托管等。

（2）改革创新登记管理体制。厦门市民政局等部门承接市委办、市府办"培育发展社区建设和服务类社会组织制定实施意见"课题，梳理厦门市社区建设和服务类社会组织的经验、做法以及存在问题，制定厦门市《关于培育发展社区社会组织的实施意见》，围绕分类登记管理原则，建立健全直接登记与双重管理相结合的社会组织登记制度，完善社会组织直接登记的程序，进一步降低个别类型社会组织登记准入门槛，对社区社会组织适当放宽登记注册资金量和会员最低要求量。截至2017年年底，经申报、审核和公示，确定了四批具备承接政府职能转移和购买服务资质的市级社会组织共135家，作为选择承接政府职能转移和购买服务主体的重要依据。

（二）厦门市政府购买公共服务实践成效

1. 优化了公共服务提供

厦门市实施政府购买服务以来，在城乡社区、一般公共服务、教育、社会保障和就业、医疗卫生与计划生育等领域积极开展政府购买服务工作，先后出台多项政策对政府购买服务工作进行规范，取得了一定的成效。面对大众对公共服务越来越多元化的需求，厦门市通过政府购买服务，将部分适宜社会力量承担的服务事项交由社会力量提供，服务质量明显提高，服务资源进一步扩大，缓解了公共服务领域资源不足的矛盾，优化了公共服务的提供。例如，厦门市集美区民政局委托厦门市爱欣乐龄社工服务中心、厦门市和欣社工服务中心进行六个社区的居家养老服务。服务对象主要是社区内60岁以上的长者及家庭，目标人群分为：高龄、空巢或独居、残疾或失能老人；健康但有情感、健康、关系调整、社会资源网络等需求的老人；户口和人在本社区的老人。项目实施时间为2016年5月~2017年4月，投入经费

72万元。截至2017年5月底,项目所涉各项工作均按时完成。此类举措推动了厦门市养老服务业发展,一定程度上解决了社区居家养老服务站运营难、社会组织培育难的问题,优化社区公共服务的提供。

2. 推动了政府职能转变

厦门市政府各部门出台各类专项指导性政策文件,将公共服务生产交给社会,实现了具有相关优势的社会组织生产各自优势公共服务产品,把主要精力放在公共服务政策的制定和监督方面,从直接的生产领域转变为公共服务购买者和监督者的角色,加快了政府职能的转变。目前厦门市政府在公共服务购买方面正逐步向"掌舵者"转变。例如,2015年思明区政府购买社工服务项目管理培训班,由厦门市思明区民政局牵头举办,60多名来自街道、社区和职能部门的领导以及工作人员参加此次管理培训。培训人员引导专业社会组织以及社会工作服务机构深入街道、社区开展服务,推动厦港、鹭江、嘉莲、中华、莲前5个街道家庭综合服务中心的建设,以及演武、四里、镇海、官任、深田等社区购买服务特色项目的建设。这些特色项目中既包括青少年的心理辅导、老人的日间照料、关爱外来人口、关怀残疾人士等传统服务项目,又创新发展了关爱失独家庭、反家暴服务中心、外籍人士融入服务等延伸服务项目。

3. 促进了社会组织发展

政府购买公共服务是治理理论在实践中的具体体现,更强有力地推动了社会组织的规模化、专业化。十八届三中全会提出,"适合由社会组织提供的公共服务和解决的事项,交由社会组织承担,支持和发展志愿服务组织,限期实现行业协会商会与行政机关真正脱钩。"[1] 因此,明确社会组织在公共服务供给中的重要地位,吸纳社会组织共同参与政府的公共服务购买,有利于社会组织的培育与发展。厦门市民政局等部门制定厦门市《关于培育发展社区社会组织的实施意见》,围绕分类登记管理原则,建立健全直接登记与双重管理相结合的社会组织登记制度,完善社会组织直接登记的程序,进一步降低个别类型社会组织登记准入门槛,对社区社会组织适当放宽登记注册资金量和会员最低要求量。截至2017年年底,经申报、审核和公示,确定

---

[1] 国务院. 中共中央关于全面深化改革若干重大问题的决定 [EB/OL]. http://www.gov.cn/jrzg/2013 – 11/15/content_2528179. htm.

了四批具备承接政府职能转移和购买服务资质的市级社会组织共135家,作为选择承接政府职能转移和购买服务主体的重要依据。

4. 改善了民生和社会事业

厦门市积极推进政府购买服务工作,有效促进了民生和社会事业的发展。比如,在社工服务购买方面,厦门市民政局作为社工服务的业务主管部门,持续完善政府购买社工服务相关政策,积极推进厦门市政府购买社工服务工作的开展,取得一定成效。2015~2016年厦门市财政局连续两年安排资金700多万元支持厦门市民政局向社会组织购买八个社会工作服务项目,服务对象主要是寄养孤儿、流浪未成年人、离异家庭子女、空巢老人、失独长者等特殊群体。政府通过购买这些社工服务,给予寄养孤儿、流浪未成年人、离异家庭子女关爱和帮助,保障他们的健康成长;为空巢老人、失独老人提供服务,帮助他们安度晚年。此外,厦门市各区作为基层政府,更是积极购买社会工作服务,如湖里区购买社工服务的资金,每年超过1500万元,向8家民办社工机构购买了近70个社工服务项目,对象涵盖了单亲妈妈、残疾人、外来员工等群体,服务网络已覆盖了全区52个社区;思明区在辖内各街道成立家庭综合服务中心,根据街道实际情况设计不同服务项目,为社区居民提供健康、娱乐、日常照料、心理咨询等各项服务。政府购买公共服务的这些举措有效化解了特殊群体因心理和情感等原因引发的一系列家庭和社会问题,提高了居民生活质量,促进了家庭和睦、社区和谐、社会稳定,切实改善了民生和社会事业。

二、厦门市政府购买公共服务现存问题与原因

(一)厦门市政府购买公共服务现存问题

1. 项目执行范围相对狭隘

厦门市财政局出台的《指导目录》共包括6项一级目录、60项二级目录、285项三级目录,公共安全、科学技术、基本医疗卫生与计划生育、就业人才服务、社会救助、公益服务、住房保障、文化体育与传媒、公共交通运输设、资源环境等方面,以及社区事务类服务,《指导目录》均有涵盖。

但实际上，在目前厦门市政府购买公共服务项目的具体实施执行过程中，实际购买服务项目相对狭隘。根据 2015~2017 年间厦门市政府购买公共服务项目资金统计表，不难发现，政府购买公共服务的项目主要集中于城乡社区、一般公共服务、公共安全、教育等领域，其中社区工作服务是政府购买公共服务中项目最多、投入最大、制度最成熟的，其次则是一般公共服务、公共安全、教育等几类公共服务的购买，而在与民生关系更为密切的医疗、文化、社会保障等领域，政府购买的公共服务规模较小、投资不足。虽然厦门市在制定政府购买公共服务目录时已经意识到公共服务的购买必须涵盖多个领域，但是在具体实施执行过程中还是出现了执行范围较为狭隘的问题。

2. 服务定价机制不够规范

公共服务购买是指在一个市场环境中，通过价格机制能够实现公共服务的等价交换，但是由于不健全的市场机制，目前在厦门市政府购买公共服务领域内还无法形成标准的公共服务定价机制，因此公共服务项目的定价，是厦门市政府各个部门目前编制政府购买服务预算时的难题。目前厦门市政府各个部门在进行公共服务项目定价时，通常借鉴其他部门或外地类似购买服务项目价格，或根据主观判断粗略定价，这种定价方法缺乏规范性、科学性及对自身所购买项目的针对性。而不够规范的服务定价机制，不仅无法保证政府高效、及时地提供公共服务，以致降低财政资金的使用效率，而且会对政府在后期的资金监管、项目监督过程中造成困难阻碍，影响政府对公共服务项目的绩效评价，从而导致政府对于项目的监管流于形式。

3. 承接主体力量较为薄弱

政府购买公共服务关键在于作为承接主体的社会组织的发育程度。目前厦门市承接主体力量较为薄弱，很多服务事项难以找到合适的承接主体。一是目前厦门市专业的社会组织仍然较少。截至 2017 年年底，厦门市具备承接政府职能转移和购买服务资质的市级社会组织仅有 135 家，许多政府购买服务项目仍须通过引入外地社会组织作为承接主体，本地社会组织仍需要一定时间进行培育，政府推出的服务事项难以找到合适的承接主体。二是缺乏一个统一、完善的社会组织资质评定标准系统，在厦门市有关政府购买公共服务的政策文件中，尚未涵盖社会组织资质认定的制度安排，也并未涉及公共服务从业人员的能力审核，这不仅无法确保社会组织的品质，还将导致公共服务的质量无法保证。三是长期以来,政府对事业单位扶持,部分全额事业单位掌握大量的专业人员和资源,却不能成为承接主体。

4. 相关配套机制不够健全

政府购买公共服务是一个涉及多部门、多程序和多环节的大型工程,需要匹配相关改革配套措施,包括政府机构改革和职能转换、事业单位改革等。目前厦门市政府进行公共服务购买在政策协调方面,缺少相应的政策配套与政府部门之间的协调。一是政府部门机构及其工作人员对公共服务购买以及政府职能转变的认识不够到位,许多部门机构及其工作人员还未完全弄清"全能型政府向有限职能型政府的转变"理念,导致其并未明确自身所处的角色定位以及行为要求,"全能型政府"思维定式的存在使得许多公共服务仍通过政府直接生产提供。二是部分政府扶持的全额事业单位掌握着大量提供公共服务的专业人士和资源,但却无法成为公共服务的被购买方,导致政府需要花钱从其他机构再购买公共服务,出现一边通过财政经费设机构养人办事,一边花钱购买服务的"两头占"现象。三是部分政府单位购买服务实际为购买岗位,在推行政府购买服务过程中,部分单位借用政府购买服务名义,通过劳务派遣的方式购买工作岗位,而非购买服务事项,而是变相增加人员,既不符合购买服务的精神,也不是规范的购买公共服务的方式。

5. 购买服务规范化程度不够高

厦门市政府进行公共服务购买的规范化程度还有待提高。一是在政策规范方面,目前厦门市政府在购买公共服务上享有很高的自由裁量权,但是由于我国并未系统、规范地建立政府购买公共服务的法律法规和政策体系,也没有详尽规定政府购买公共服务的范围,完全由政府及其工作部门裁定是否购买公共服务,导致一些可以通过政府购买服务完成的事项仍然由政府掌控,如社会事务管理与服务、行业协调与管理以及市场监督等。二是在程序规范方面,厦门市公开、公平竞争招标的法律制度不完善、不健全,使得政府在购买公共服务的过程中缺乏公开性和竞争性,在选择公共服务的提供方时,并未拥有明确的标准和程序,不利于公共服务供给主体的多元化。三是在资金规范方面,厦门市政府购买公共服务在资金使用方面的透明度仍需提高,虽然政府部门建立了相关预算管理制度,但政府购买公共服务的金额信息并未公开向社会披露,阻碍外部监督机制的建立。

（二）厦门市政府购买公共服务现存问题的原因分析

1. 单位认识不到位

政府购买公共服务是市场经济环境下催生的新事物，厦门市于 2014 年开展市本级政府购买服务试点工作，近几年推进力度逐渐加大。尽管厦门市委市政府高度重视政府购买服务工作，《厦门市 2014 年深化重点领域改革方案》《〈美丽厦门战略规划〉三年行动计划方案》等文件将推进政府购买服务作为工作重点，并提出了明确的工作计划和要求。然而，在实际推进政府购买公共服务的过程中，部分单位存在认识不够、消极应对的行为，这些单位受制于自身经验的不足以及公共服务应由政府直接提供的传统思维的束缚，对政府购买公共服务的深刻内涵和积极意义仍缺乏充分的认识，购买服务意识相对薄弱，或者在相关项目实施的过程中基于自身利益的考虑，对社会力量的作用存有顾虑，相关工作的推进较为消极。一方面，许多单位仍习惯于政府直接提供服务，推行政府购买服务的积极性不高，主动性不强；另一方面，对于一些实际上是向社会力量购买的服务项目，特别是金额较小的项目，有些单位为减少相关预算编制、信息公开、绩效评价等工作，并未按照《政府购买服务管理办法（暂行）》要求开展。相关单位在具体实践中存在认识不够、动力不足的问题，给政府购买公共服务工作带来消极影响，一定程度上制约了厦门市政府购买公共服务工作的开展。

2. 监督和评估机制不够完善

科学完备的监督和评估机制是政府购买服务顺利开展的重要保障，政府购买公共服务是一项庞杂的工作，参与者涉及政府机关、社会组织和社会公众，实施过程包括购买计划制订、预算编制、承接主体选择等方面，另外在具体实践的过程中还存在竞争、效率、寻租、委托代理等问题，如果缺乏系统的监督和评价机制，势必会影响政府购买服务工作的顺利推行。目前，厦门市政府购买服务的绩效评价工作主要按照国家的《政府购买服务管理办法（暂行）》中相关要求开展，相关的监督和评估机制仍有待完善，项目监督存在盲点和漏洞，配套的绩效评估指标体系不完善、评估过程缺乏制度化保障以及评估结果分析总结存在不足。监督和评估机制的不完善，给厦门市政府购买公共服务工作的推进带来困难。厦门市政府部门在利用采购方式提供服务时，所受到的监督较少甚至存在监督盲点，这是此项工作的一个潜在风险。此外，项目评估机制除了社工服务民政局有一个比较系统的实施办法（《厦门市政府购买社会工作服务项目评估实施办法（试行）》）外，其他项目的绩效评估特别是第三方评估还亟待完善。

3. 承接主体培育相对不足

承接主体对政府购买公共服务顺利开展具有重要影响，作为承接主体的社会组织的发育程度和专业化程度是政府购买公共服务的关键。然而，厦门市对作为承接主体的社会组织的培育缺乏足够重视，相关的培育仍然不足，培育机制相对滞后。首先是政府对社会组织的资金扶持力度有限，尽管厦门近几年来逐渐加大对社会组织培育的资金投入，但是与深圳、广州、上海等发达城市差距仍较大。大多数社会组织的资金来源是政府财政支持，其他收入来源较少，对政府资金过度依赖。资金来源单一及金额的有限制约了社会组织的进一步发展，阻碍了社会组织专业化程度的提升，对公共服务的承接工作造成不利影响。其次是从政策供给的层面来看，厦门市乃至福建省仍未建立一套完整的政策支持体系，承接主体的培育工作总体上缺乏系统规划和制度机制，有关承接主体培育的工作机制的实施意见未能得到细化，造成作为承接主体的社会组织发展相对滞后，不利于发挥其应有作用。社会组织培育的不足，造成了承接主体力量薄弱、专业化程度较低，使得许多服务事项难以找到合适的承接主体，不利于政府购买公共服务工作的开展。

4. 部门联动机制不够健全

政府购买公共服务是涉及多部门运作的系统性工作，需要相关部门协调配合开展工作，如政府职能转移的相关事项需要经过财政部门和机构编制部门审核明确，社会组织的培育工作主要由民政部门负责，另外承接主体的市场行为监督和管理需要工商部门的配合，购买过程中涉及的资金使用还离不开审计、监察部门的监督。如果缺乏行之有效的部门联动机制，那么将不能更好地整合各方的人力、财力和物力，不利于节约行政成本，政府购买公共服务工作成效也会大打折扣。目前，厦门市政府购买公共服务的部门联动机制还有待完善，财政、民政、工商、审计、监察以及行业主管部门的信息资源共享机制还有待改进，工作合力还有待增强。部门联动机制的不健全，给厦门市政府购买公共服务工作的开展带来消极影响，提高了行政成本，降低了工作效率。

5. 法律制度不健全

完善的法律制度是政府购买公共服务工作顺利推行的有力保障。总体而言，我国在政府购买公共服务领域的法律法规建设不健全，还没有一部专门的成型的法律详细规范政府购买公共服务行为，所以各地方政府开展政府购买公共服务的实践过程中缺乏全国性的法律依据，更多只能依靠地方出台的规范性文件开展工作。目前，厦门市政府购买公共服务立法滞后，唯一正式法律依据是《中华人民共和国政府采购法》（2002年制定，2014年修订，以下简称《政府采购法》），但其只是原则性的法律规定，而在具体操作层面目前都是依据厦门市府办、财政局、民政局、市场监督管理局等部门出台的规章和文件，如《关于推进政府购买服务工作实施意见》《厦门市政府购买和资助社会工作服务实施办法（试行）》《厦门市政府购买社会工作服务操作规程》等。虽然这些规范性文件一定程度上促进了厦门市政府购买公共服务的发展，使相关工作的开展具有一定政策支持和制度约束，但是这些规范性文件缺乏系统性、统一性、权威性和规范性，并且其覆盖的范围有限，无法兼顾到政府购买公共服务中的各个环节，所以在项目实施的过程中，有些操作可能处于法律灰色地带。法律制度的不健全使得厦门市政府购买公共服务缺乏政策依据和制度保障，降低了购买服务的规范化和制度化。

三、完善厦门市政府购买公共服务机制的政策建议

（一）明确购买主体角色定位

1. 强化政府购买服务意识

厦门市在实际推进政府购买公共服务的过程中，部分单位的购买服务意识相对薄弱，存在认识不够、消极应对的行为。因此，完善厦门市政府购买公共服务机制，政府部门机构及其工作人员不但要加快转变执政理念和工作方式，而且要深刻认识政府购买公共服务的内涵，强化政府购买公共服务意识。第一，政府部门机构及其工作人员要明确自身在购买公共服务中的角色、主导地位以及应承担的职责。第二，政府部门机构及其工作人员必须清晰政府购买公共服务的定义、形式以及购买公共服务的范围，从理论上将这

些关键问题明确，争取在实践中将其执行到位。第三，政府必须要对政府购买公共服务的价格、购买的具体数额以及绩效评价和监管等方面强化认识，从而提升政府购买公共服务的效能。

2. 加大政策支持力度

随着经济社会的快速发展，人民生活水平日益提高，民众对公共服务的需求日益增多，但是目前厦门市整体来说，公共服务的市场体系不完善，社会组织发展缓慢、力量较为薄弱，公共服务的供给无法满足人民群众日益增多的多维度需求。因此，完善厦门市政府购买公共服务机制，不仅必须要加强对政府购买公共服务的政策支持，还必须要促进壮大公共服务承接主体——社会组织的力量。第一，加大政府对公共服务购买的资金投入力度，扩大政府购买公共服务的比例和范围，提升政府购买公共服务的质量，保证公共服务的供给与人民群众的需求不脱节。第二，均衡政府在公共服务购买方面的资金，政府财政资金有限，需要优先考虑一些与保障和改善民生紧密相关的公共服务，把财政资金用到广大人民群众最为关心和需要的公共服务中去。第三，面对社会组织面临发展缓慢、规模小、承接能力不足的局面，应将培育和孵化社会组织的任务放在突出位置，有针对性、有重点地培育和发展各类专业社会组织，主动向社会组织转移职能、购买服务，促进其成长壮大，增强其提供公共服务的能力。

3. 完善各项综合配套政策

目前我国从中央到地方均未系统规范地建立政府向社会组织购买服务的政策框架和法律法规体系，也没有对政府购买公共服务的范围做出详尽规定，《政府采购法》只是原则性的法律规定，厦门市政府应结合厦门市的实际，出台相应的实施细则或配套措施，来保障购买公共服务的有效实施。因此，完善厦门市政府购买公共服务机制，必须在向社会组织购买公共服务的过程中，进行相应的配套政策及措施建设。第一，厦门市政府应依据本市具体情况，制定《政府采购法》的综合配套政策，使得政府购买公共服务更加规范合法。第二，建立扶持公共服务购买的地方财政规定和税收优惠，可将政府购买公共服务的内容纳入财政预算的范围之内，运用税收优惠的方式扶持一些新兴的社会组织，并及时公开相关信息。第三，完善社会组织法律法规及综合监管体系，制定和完善相关配套法规，强化发起人责任，将社会组织参与购买服务工作情况纳入社会信用体系，建立完善的社会组织登记管理信息和信用档案，从而发挥行业监督作用。

4. 加强部门间协调配合

政府购买公共服务是一个涉及多方部门联动的系统性工程，但目前厦门市政府购买公共服务过程中，出现了多头管理、职能分散的问题，轻则提高行政成本、降低工作效率，重则出现监管真空现象，公共服务购买的部门联动机制还有待完善。因此，完善厦门市政府购买公共服务机制，必须理顺政府部门的职责分工，加强各部门间的联动配合工作。第一，明确财政局、审计局、民政局、妇联等各部门职责，以减少或克服部门之间的推诿扯皮的现象，从而发挥系统的规模效应。第二，通过联席会议等方式，强化厦门市财政局、审计局、市场监督管理局、民政局等部门间工作协同的常态化，加强市人大对政府购买服务的监督工作，确保资金规范管理。第三，通过将合作部门的绩效与本部门的行政考核相结合，从而促进部门之间的相互合作，共同实现政策目标。

（二）加强制度环境建设

1. 完善相关法律法规

目前厦门市政府购买公共服务的规章制度主要是由厦门市政府办公室、财政局、民政局、市场监督管理局等部门颁布的，缺乏系统性、统一性、权威性和规范性，公共服务购买的规范化、制度化程度还有待提高。因此，要完善厦门市政府购买公共服务机制。第一，应当在时机成熟时，由市人大根据经济特区地方立法权予以规范立法，将政府购买公共服务纳入人大的法律监督范围，立法中既要把已有成熟做法以规范形式制度化，也要前瞻性地为未来改革探索和制度创新预留空间；第二，修订完善厦门市为促进政府购买公共服务的一系列政策法规，明确购买公共服务过程中政府和社会力量的角色定位及权利义务，并对购买的范围、流程、资金保障等方面做出相关规定，用法律保障政府购买公共服务；第三，完善行业法规和操作规程，可在信息公开、监督管理、社会组织的资质考核等方面制定标准化的可操作规定，并加强地方立法，完善人大对财政预算的监督职能。

2. 营造政府购买服务市场环境

政府购买公共服务的初衷是通过市场机制的引入提高公共服务的效率，

而在这其中最为关键的就在于营造政府购买公共服务的市场环境。因此,完善厦门市政府公共服务购买机制,必须构建一个公平合理的市场环境。第一,明确公共服务的购买主体和承接主体。政府作为公共服务的购买主体,应将自身角色从公共服务的直接生产者和提供者转变为公共服务的提供者和购买者,而作为公共服务承接主体的社会组织也应意识到自身所需承担的责任,摆脱对政府的过度依赖。第二,合理科学地进行公共服务项目的定价。首先要从厦门市实际出发,具体问题具体分析,仔细参照居民的收入水平、生活水平以及物价水平等现实情况再进行定价;其次遵循等价原则,公共服务项目的价格要与其实际价值相匹配,对于所提供的公共服务供过于求时,可采用公开招标的定价方式,但当所提供的公共服务处于垄断时,可采取谈判的方式定价。第三,构建良好规范的政策环境。政府的扶持有利于社会组织形成与发展,拥有良好的法律保障、政策环境及财政支持可以使社会组织的力量更加壮大,从而有利于社会组织更加高效完成承接目标。第四,充分运用厦门自贸区的政策优势。政府购买公共服务总体上仍是一项刚刚开始且方兴未艾的新生事物,一些改革可以在厦门市范围内采取"先试后推"的办法,鉴于厦门市拥有"多区叠加"的政策优势,建议把一些拟推广的购买项目或购买机制放在自贸区内先行先试。

(三)完善规范购买流程

1. 合理确定购买目录

厦门市政府购买公共服务实践取得一定成效,但是与深圳、上海等发达城市相比,仍存在购买规模偏小和购买范围相对狭窄的问题。因此,厦门市在推进政府购买服务工作的过程中,应结合厦门市的实际,合理确定政府购买服务指导性目录,明确政府购买服务的种类、性质与内容,推进将适合社会力量承担的公共服务事项以购买服务为主的方式实施。不属于政府职能范围的,应该由政府直接提供;不适合社会力量承担的服务事项,则禁止购买。针对适合社会力量承担的服务事项,根据实际工作需要,修订购买服务的指导目录,进一步扩大购买范围。此外,在对厦门市政府购买公共服务已有改革效果进行评估的基础上,应以公众需求为导向,从与民生相关的公共服务领域着手,根据公共服务供需缺口的预测,前瞻性地有序实现购买服务范围的扩围,由目前的社工服务、市政市容、技术服务、劳动就业服务等渐进扩围到与民生关系更为密切、缺口更大的教育、医疗卫生、养老、文化等基本公共服务上,以满足社会公众日益增长的公共服务需求,更好地改善民生和社会事业。

2. 积极研究定价机制

如何确定购买服务项目的价格是当前政府购买公共服务实践中的难题,科学合理的定价机制是保证政府购买公共服务工作顺利进行的重要因素。针对目前厦门市政府购买服务定价方法缺乏科学性和规范性的问题,相关部门应积极研究政府购买服务的定价原则、定价方式、价格结构、定价参与机制等内容,提出兼具科学性、操作性的定价办法,完善政府购买服务定价机制。一是从项目成本测算、工作量统计着手,合理测算项目成本,明确核算标准,细化政府购买服务的项目价格结构。二是完善购买服务定价参与机制,加强与作为承接主体的社会组织的沟通,建立服务购买方和提供方的协商机制,增强服务定价的合理性、可行性和科学性。三是提升购买方式竞争性,可选择若干项目引入异地甚至境外(如台湾)承接主体,提高购买方式竞争性程度,在此基础上形成这些服务项目竞争性市场化的定价机制。

3. 完善监督和评估机制

针对厦门市政府购买公共服务中监督和评估机制不完善的问题,相关部门应积极探索,加快建立政府购买服务科学的、全面的、系统的监督与评估体系,完善项目的过程控制与监督,加强内部和外部监督,将监管和绩效管理贯穿于政府购买服务的整个过程。一是建立健全厦门市政府购买公共服务财政保障机制,要和绩效预算改革相衔接,设计科学的财政投入和支出绩效评价的指标体系,注重资金效率、行政效率以及政策效率,对项目资金使用、项目数量及质量进行绩效监督与评估。二是针对各区级政府部门为购买主体的公共服务,应与市级政府对区专项转移支付安排相配套,以同时发挥市对区资金使用的监督与评价,提高资金的绩效水平。三是建立第三方评估的资信管理,完善由购买主体、服务对象以及第三方构成的多元化监督评估体系,在尽量扩大第三方评估的基础上,积极发挥居民在评估中的作用,可以先从目前社区服务入手,建立居民直接参与公共服务评估的机制。除此之外,还可考虑引进相关领域的专家进行监督与评估,发挥专家们在相关领域的专业特长,及时发现问题,制订解决方案。

4. 积极培育承接主体

针对目前厦门市承接主体力量薄弱、专业化程度较低的问题，相关部门应加强对社会组织的扶持，优化承接主体培育的相关机制，以提高其承接能力。一是建立新型政社合作关系，多渠道多形式培育社会组织，加强对社会组织的资金支持和政策倾斜，对民间组织积极落实公益慈善类组织的捐赠税前扣除等相关税收优惠政策。二是加快事业单位改革，完善人事制度，由市编办根据购买主体的购买服务情况相应调整其人员编制。三是鼓励和引导社会组织通过项目合作方式跨区域承接政府购买服务项目，形成以政府为主导、多种社会主体共同参与的公共服务供给格局。四是加快社会组织专业人才队伍建设，通过专业培训班、经验交流会、座谈研讨会和专家讲座等方式，提高相关工作人员的业务能力与专业素养。五是建立健全社会组织综合监管体系，加强对社会组织综合监管，促进社会组织的有序运行，提高社会组织的规范化运作水平，为承接工作提供保障。

5. 借鉴国内外先进经验

我国政府购买公共服务起步相对较晚，仍然处于探索的阶段，另外厦门市2014年开展市本级政府购买服务试点工作，虽取得一定成效，但与上海、深圳等发达城市相比，仍有一定差距。厦门市政府购买公共服务在项目执行范围、购买服务定价、承接主体培育、相关配套机制建设、项目监督和评估等方面仍存在一定问题。因此，厦门市在推进政府购买公共服务的过程中，应注重借鉴国内外先进经验，不断优化公共服务供给。在国际经验方面，美国政府和英国政府购买公共服务实行比较早，机制相对成熟，所以应结合我国实际，注重学习借鉴英美等发达国家关于政府购买公共服务的制度设计、管理体制以及立法保障等方面的先进经验，不断完善购买流程。在国内经验方面，上海市社会管理体制比较完备，政府购买公共服务成效显著，厦门市在推进政府购买公共服务实践的过程中，应根据厦门市的实际情况，吸收借鉴上海等发达城市的先进经验和成功做法，以人民群众需求为导向，逐步完善政府购买公共服务机制建设，规范购买流程，为社会公众提供更优质高效的公共服务。

参考文献

[1] 奥斯特罗姆. 公共事物的治理之道 [M]. 上海译文出版社，2012.

[2] 何卫平,刘滨. 政府购买公共服务的风险因素识别及防范管控机制构建——以山东临沂市为例 [J]. 四川行政学院学报,2016 (3):5-10.

[3] 刘玉姿. 政府购买公共服务立法研究 [M]. 厦门大学出版社,2016.

[4] 萨瓦斯. 民营化与公私部门的伙伴关系 [M]. 北京:中国人民大学出版社,2002.

[5] 苏明等. 中国政府购买公共服务研究 [J]. 财政研究,2010 (1):9-17.

[6] 魏娜,刘昌乾. 政府购买公共服务的边界及实现机制研究 [J]. 中国行政管理,2015 (1):73-76.

[7] 项显生. 论我国政府购买公共服务主体制度 [J]. 法律制度,2014 (5):69-77.

[8] 徐家良,赵挺. 政府购买公共服务评估机制研究 [J]. 政治学研究,2013 (5):87-92.

[9] 许光建,吴岩. 政府购买公共服务的实践探索及发展导向——以北京市为例 [J]. 中国行政管理,201 (9):44-48.

[10] 周俊. 政府购买公共服务的风险及其防范 [J]. 中国行政管理,2010 (6):13-18.

[11] Warner, M. E. and Amir Hefetz. *Privatization and the Market Structuring Role of Local Government* [M]. Washington D. C. : Economic Policy Institute's Conference on Privatization,2000.

专题六　福建省可持续发展的影响因素研究

一、问题的提出

自 20 世纪以来，随着工业化的发展，早期工业化国家出现了诸多严重的环境公害事件。如 1930 年比利时工业区马斯河谷的有害气体污染，1948 年美国宾夕法尼亚州多诺拉镇二氧化硫与大气尘粒结合形成的大气污染，1943 年、1953 年、1956 年三年在洛杉矶都发生了由于汽车尾气而造成光化学烟雾事件，1952 年英国伦敦由于工业废气而造成的有毒烟雾事件，1961 年日本四日市由于石油冶炼和工业燃油产生的重金属微粒与二氧化硫形成的硫酸烟雾事件。这些频繁出现的污染事件以及农业生产中化肥和农药的广泛使用对自然生态造成的影响，使人们开始意识到经济发展过程中所付出的环境和生态代价。

人们对资源与环境问题的关注，经历了三个阶段。第一阶段为 20 世纪 40 年代末至 50 年代初，关注的是自然资源的有限性和粮食供给问题；第二阶段为 20 世纪 60 年代末至 70 年代初，关注环境对工业文明所产生的不合意产品的吸收净化能力，如大气和水体的污染、杀虫剂和化肥的使用、生活垃圾、放射性的废弃物、噪声的污染等；第三阶段为 20 世纪 80 年代末至 90 年代初期，开始关注全球性的环境问题，如酸雨、全球变暖、臭氧层破坏等；近期，动植物物种减少、生物多样性消失、环境污染可能导致的生物性病理变化等受到普遍关注。

随着 1987 年挪威首相布伦特兰在世界环境与发展委员会发表的《我们共同的未来》报告中对可持续发展的定义，可持续发展开始成为全球共识，上述议题也被纳入可持续发展的框架下，成为研究和实践的热点。除了对可持续发展的规范研究外，自 1990 年后，学者开始展开对可持续发展的实证研究，形成了三种量化可持续发展的主要指标，即以系统理论和方法为指导构建的指标体系、基于环境货币化的指标体系、基于生物物理量衡量的指标。在此基础上，学者们根据这些指标所量化的结果，进一步实证研究影响可持续发展水平的因素。

在先期的研究中，我们应用基于生物物理量衡量思想所创建的生态足迹模型，对福建省 1985～2014 年的生态足迹和生态承载力进行计算，对福建省的可持续发展状况进行了评估。研究结果表明，从 1985 年开始，福建省的生态足迹已经开始出现大于其生态承载力的情况，即出现生态赤字。1985年福建省人均生态赤字为 0.1166 公顷，2014 年人均生态赤字为 2.3039 公顷（洪永淼等，2017）随着时间的推移，生态赤字的缺口越来越大，人类活动对环境的影响早已超出了环境的自净能力，长期处于不可持续发展的状态，并且可持续发展能力越来越弱。以此为基础，本专题拟在梳理可持续发展思想和相关理论的基础上，厘清影响可持续发展的诸多因素，以此为自变量，以反映可持续发展水平的人均生态足迹为因变量，应用 STIRPAT 模型，通过偏最小二乘回归，实证研究对福建省可持续发展水平造成影响的因素。

二、可持续发展思想的演进

（一）古代的可持续发展思想

1. 中国古代的可持续发展思想

对于可持续发展思想的历史渊源，在现存的文献中，最早可追溯到尧帝时设虞官管理草木鸟兽。《尚书·虞夏书·尧典》记载"帝曰：畴若予上下草木鸟兽？佥曰：益哉。帝曰：俞，咨！益！汝作朕虞。"意思是：舜说："谁能替我管理山林川泽中的草木鸟兽？"大家都说："让益来担任这项职务吧！"舜说："好吧！益啊，你来担任我的虞官吧。"由此可知，从尧舜时代开始，人们便有了保护生物资源的概念。

在《禹禁》中："春三月，山林不登斧，以成草木之长；夏六月，川泽不入网罟,以成鱼鳖之长。"意指在阳春三月,不能拿斧头进山林砍伐,而应该让草木自然生长;夏天六月份的时候,不能用网进行捕捞,让河里的生物好好生长。而在周朝时期,周文王也曾提出:"山林非时不升斤斧,以成草木之长。川泽非时不入网罟,以成鱼鳖之长。不麛不卵,以成鸟兽之长。"山林在生长的时候不要去砍伐,让草木自由生长;在河流湖泊休渔的时候,不要去撒网,让鱼儿去长大;不捕小兽,不取鸟卵,让鸟兽自由成长。这表明中国古代很早就有保护环境、合理利用自然资源、保持生态平衡以可持续发展的思想。

战国的《吕氏春秋》有云:"竭泽而渔,岂不得鱼,而明年无鱼;焚薮而田,岂不获得,而明年无兽。"意思是指"如果抽干河水进行捕鱼,怎么会捕不到鱼,但是明年就没有鱼了;烧毁树林来打猎,怎么可能打不到?但是明年就没有野兽了。"孔子在《论语》中说:"钓而不纲,弋不射宿。"意指"只钓鱼而不用大网横断流水来取鱼,只射飞鸟而不射巢中之鸟。"齐国丞相管仲指出:"山泽各致其时,则民不苟。"他指责有的君主缺乏头脑,把山林砍光,造成水源干涸,百姓深受其害。

《荀子王制》中:"草木荣华滋硕之时,则斧斤不入山林,不夭其生,不绝其长也;鼋鼍、鱼、鳖、鳅鳝孕别之时,罔罟毒药不入泽,不夭其生,不绝其长也;春耕、夏耘、秋收、冬藏四者不失时,故五谷不绝而百姓有余食也;污池渊沼川泽谨其时禁,故鱼鳖优多而百姓有余用也;斩伐养长不失其时,故山林不童而百姓有余材也。"意指植物正在发育的时候,不能进山砍树。鼋鼍鱼鳖鳅鳝繁殖的时期,不能用网捕捞,不能用药捕捉。一年四季应当根据季节、根据植物的生长规律播种庄稼,这样庄稼才多,老百姓以后才有充足的粮食。在野外也应当根据自然界的规律在适当的时候给予保护,防止干扰,这样鱼鳖会又多又好,百姓明年才能捕捞到鱼鳖。对于树林,在恰当的时候伐木育林,这样百姓来年才有多余的树林。《礼记》在《王制》篇和《月令》篇记载了当时有关四季打猎的规定和十二个月中的禁令。荀子把保护生物资源的思想发扬光大,从此保护环境,保护资源成为治国安民之策。

2. 西方古代的可持续发展思想

在西方,可持续发展思想最早出现在古希腊。古希腊对于人和自然关系的认识,有部分反映在古希腊人的哲学思维中,如著名的古希腊哲学家普罗泰哥拉（Protagoras，前480—前411）和苏格拉底（Socrates，前469—前399），前者提出人是万物的尺度，而后者则认为应该把认识自然看作崇高的事情。除了哲学思维之外，古希腊人经常用神话故事的形式来折射出自身对人和自然关系的认识。一方面表明人和自然之间的关系已经发生了局部分化，人开始从自然本体中挣脱出来，开始从个体的角度审视并观察自身；而另一方面，人类和自然的分化仍处于初步阶段，在人类和自然的关系中，自然依然处于优势地位，人类以神话的形式对自然保持着崇拜之心。从这个角度而言，宗教信仰在人类对待自然关系的问题上发挥了积极作用。但是由于社会的动荡和战争的纷乱，人类丧失了对自身力量的信心，并幻想与神合一，认为人既然从神"流溢"出来，又可以复归于神。这种天人合一的思想在一定程度上反映出人和自然和谐相处的愿望。

到了中世纪的时候，上帝出现在人和自然之间，一神教取代了多神教，超自然的上帝取代了自然神，神力取代了自然力，把对自然的崇拜转变为对神的崇拜，将人和自然统一于神力，神的意志高于一切，这便使人类滋生了对自然不负责任的态度，为工业化时代的生态危机埋下了祸根。中世纪的一神教承认人类从自然中分化出来的事实，与原始人类执拗于"集体表象"相比仍是历史的进步，这也为在工业化时期人类认识自然并揭示自然的奥秘奠定了认识论的基础。

之后，人类开始进入农业文明时代，这是人类改造环境的初级阶段。由于生产力和生产方式的发展，人类改造自然的积极性和主动性空前提高，虽然对自然的过度干预出现了一些意想不到的后果，有时甚至破坏了人类最基本的生存条件，如巴比伦文明和玛雅文明的湮灭，但从总体的角度来看，农业社会以自然经济为主体，人类与自然在大体上维持着平衡状态。人类活动在一定程度上产生了一些环境问题，但因为所产生的环境问题并不重大以及人类的认知水平实在有限，这些问题和影响总体上并没有被察觉。

中国古代的"天人合一"和西方的"自然归宿"一样，就本质而言都是倡导人和自然能够和谐共处。可以看出，原始人类从最初屈从于自然的奴隶地位到开始改造自然，人类对自然的认识发生了天翻地覆的变化，在此基础上，人类开始大胆展望征服自然而处于主人的地位；同时，人类也曾幻想能与自然合二为一，消除彼此间的对立，这种"人和自然相统一"的思想和原始社会相比，表现出迂回的曲折。到了农业社会的中后期阶段，人们开始思考人和环境关系的问题，只不过此时可持续发展并没有作为概念和问题被明确提出。

从中世纪的欧洲文艺复兴到17~19世纪工业文明的兴起和发展，自然科学的研究不断深化，人类对自然以及人类和自然关系的认识也随之不断深化。从培根、笛卡尔、牛顿等到费尔巴哈，标志着人类的思考更加理性化，特别是黑格尔的"人化环境"和费尔巴哈的"人与自然的感性统一"的思想已经具备现代可持续发展思想的雏形。

（二）近代的可持续发展思想

1. 在古典经济学视角下的可持续发展

古典经济学研究的主要是资源稀缺程度与经济发展的关系，而当时所关注的"资源"主要是指人口、土地和资本。对于可持续发展问题的研究上，古典经济学有乐观论和悲观论两种截然对立的观点。以亚当·斯密为代表的乐观派对"能否可持续发展"的问题做出了肯定的回答，以马尔萨斯为代表的悲观派却恰好与之相反。

在《国富论》中，斯密讨论了当经济增长处于不同阶段时资源的影响以及此时相对应的收入分配问题。他首先讨论了"土地尚未私有加之资本尚未累积的原始社会"，此时劳动者持有劳动的全部生产物，并且由于资本还未积累，经济随着劳动者数量（人口数量）的增长而增长。由于土地尚未私有，土地可以自由利用，因此，人口开始不断增加，越来越多的土地被开垦利用，国民收入也随之开始增长，按照现在的说法便是经济和社会是处于可持续发展的状态的。这是一种经济增长的"黄金时代"。但是，这种可持续发展的"黄金时代"能否永远保持下去呢？随着人口的不断增加，所有的土地都被占用，土地私有制开始出现。土地一旦成为私有财产，地主就要求劳动者从土地生产出来或采集到的几乎所有物品中分给他一定份额。此时，地租便出现了。土地上的劳动生产物不再全部属于劳动者，因为还有一部分要以地租的形式归农业资本家占有。当土地成为稀缺资源时，人口增加到一定程度时，劳动的边际报酬将出现递减，此时，土地、人口或劳动力和产出、工资的平衡增长将不复存在。这时候还能维持可持续发展吗？斯密对这个问题的回答仍然是肯定的。斯密认为，分工和资本积累足以克服土地稀缺程度的提高对经济增长所带来的消极影响,从而维持经济和社会的可持续发展。因为资本积累的增加可以增加被雇佣的劳动者,分工的出现会不断提高劳动生产力。分工的发展又会推动技术进步和新机器的发明、使用,从而引起报酬递增,这就克服了由于土地稀缺所产生的报酬递减。上述分析表明,斯密乐观地认为,经济在自然选择的作用下是可以持续发展的。

与之相反,大卫·李嘉图属于悲观派。其代表作《政治经济学及赋税原理》一书提到,当人口处于不断增长的状态时,整个社会对于农产品的需求也不断增加,但是土地的面积是固定的,由此便可能出现两种趋势:一是人们继续开垦肥力和位置越来越差的土地;二是在原有土地的基础上不断追加投资,当投资到达一定程度时,土地报酬开始出现规模递减。土地稀缺程度的不断提高必将导致以下经济和社会后果:第一,质量越来越差的土地投入耕种,加上土地规模报酬递减,农产品供不应求,它的价格必将上升。第二,农产品价格上涨,除了地租不断上涨外,由于维持工人生存的生活必需品的价格上升,工人的名义工资也将不断提高。第三,工资不断上涨,劳动者新创造价值中归资本家占有的部分随之减少。第四,随着土地稀缺程度提高,工人与资本家、资本家与地主在收入分配上的矛盾会越来越突出。李嘉图认为,虽然在生产中存在由于分工和技术进步而出现的报酬递增,但是,当所有的土地资源被利用完后,农业中的报酬递减趋势将会压倒工业中的报酬递增趋势,于是经济增长速度被放慢,直至进入人口和资本增长停滞和社会静止的状态,即社会处于不可持续发展的状态。

2. 在新古典经济学视角下的可持续发展

新古典经济学的研究重心有别于古典经济学。古典经济学主要研究资源的稀缺程度和经济增长之间的关系,更加关心分工、组织和制度问题;而新古典经济学主要研究的是在资源数量一定的条件下,如何进行更好的资源配置使之达到帕累托最优状态,达到资源配置的最优化问题。

对于"经济能否可持续发展"的问题,新古典经济学从总体上看是持乐观态度的。新古典经济学家们认为,资源和可持续发展之间的矛盾问题可以由市场机制加以解决,从而避免马尔萨斯陷阱。其理由如下:

(1) 科学技术的发展可以提高资源的生产率,抵消报酬递减趋势;或者说,在资源数量一定的情况下,科学技术的发展可以推动生产可能性曲线向外移动,从而使社会总产出增加,这与亚当·斯密的"黄金时代"是一致的。

（2）价格会对资源的稀缺性做出灵敏反应，资源的稀缺性越高，其价格就越高，相应的成本也就越高。由于经济人追求自身利益最大化的目标，随着资源价格的不断上升，资源成本也会上升，此时便会出现两种结果。一是人们开始寻找和发明节约使用这种资源的新技术。例如，当石油价格上涨时，人们会在汽车上使用节油装置。二是人们开始使用该资源的替代品。例如，当石油的价格上升时，人们就开始开发太阳能、风能和原子能等再生性能源。

（3）随着经济发展越来越快，人们的生活水平也开始不断提高，人们倾向于选择缩小家庭规模的决策，这会引起人口增长率的下降，由此会缓解人口增长与资源消耗的矛盾。

基于以上几点原因，新古典经济学认为经济的发展是可持续的。

3. 马克思主义经济学视角下的可持续发展

马克思主义经济学也蕴含了可持续发展的思想。马克思的代表作《资本论》从资源具有价值和使用价值的角度阐述了自然物质的重要性。在《资本论》中，马克思将资源分成两类，一类是生活资料的自然富源，另一类是劳动资料的自然富源。在人类发展初期，生活资料的自然富源对人类的劳动生产率具有决定性的意义，例如当土壤肥力丰富时，农民则可以收获更多的粮食，从而提高劳动生产率。但是在人类发展的较高阶段，劳动资料的自然富源具有决定性的意义。因此自然资源对人类的生产与发展是至关重要的。

此外，马克思的可持续发展思想还体现在他对于人和自然关系的理解上。根据马克思的观点，人和自然之间发生物质交换的过程，是人通过自己的劳动有目的地去改造自然，并从自然中获取自身所需要的资源，此时，自然界便为人类的生存和发展提供了一定的物质基础。除此之外，人和自然之间的物质交换过程，也是物质使用价值实现的过程，人为了让自然物质对自身是有用的，将自身的脑力和体力作用于物质，使得物质资料变成能满足人们需要的物质。人在改造自然的过程中，除了获得使用价值的物质外，人自身也得到了发展。马克思认为，人类不能失去自然，人和自然之间是相互依存且相互发展的；如果人类失去自然，劳动将失去目的，人类也将失去控制。

马克思还揭露了资本主义条件下人和自然之间物质变换的社会制度障

碍。马克思认为，在资本主义的社会制度下，劳动并不再是单纯地为了从自然获取具有使用价值的物质，更多的是一味追求剩余价值；物质生产和经济活动的一切动力，都是为了获取利润，资本家只顾赚钱，不惜破坏甚至牺牲自然，忽略了对自然的保护，资本主义生产方式经营的工业和农业给人和自然都带来了灾难。从上述分析可以发现，马克思不仅揭露了资本主义生产方式对劳动者的剥削，还揭露了它对自然的掠夺和破坏，而且对人类未来资源的枯竭表现出了极大的担忧。

（三）现代西方经济学视角下的可持续发展

新古典经济学的核心是价格理论，重点关注资源配置问题。而凯恩斯学派的研究重点是如何将一个国家的经济从非充分就业水平短期上提高到充分就业水平，更偏向于短期经济的研究。因此，长期的经济问题并非他们的研究重点，这便决定了凯恩斯主义经济学并不十分关注可持续发展的问题。

20世纪60~70年代，失业问题有所缓解，但是又出现了滞胀问题，因此，货币主义、供给学派和理性预期学派并没有研究可持续发展的问题，他们主要研究的是一个国家宏观经济运行的问题。而且，根据索洛的新古典经济增长模型，技术进步对经济增长的贡献率已经大大超过了劳动、资本这些要素对经济增长的贡献率，技术进步是经济能否保持增长的主要决定因素，这意味着索洛认为资源不再是经济增长的约束条件。美国经济学家西蒙·库兹涅茨认为，经济增长"不可能受到自然资源绝对缺乏的阻碍"。尤其是二战之后，一些资源贫乏的国家（如瑞士、日本、新加坡和韩国）发展迅速，但是一些资源丰富的国家却发展较为缓慢，这似乎在阐述一个事实，那就是自然资源并不是一个国家经济发展的充分条件。

1970年，美国麻省理工学院教授D.梅多斯等人接受委托，对当时的增长情况和未来人类将面对的困难之间的关系进行研究。经过超过两年时间的研究，这个研究团队提交了一份研究报告，名为《增长的极限》。这个研究报告建立了一个包含五个基本变量的模型，这五个变量基本上能决定全球经济增长和人类的未来，分别是人口增长、粮食生产、工业发展、资源消耗和环境污染。这几个因素有共同的特点，分别是：（i）它们大致都呈指数增长或者几何级数增长的趋势。（ii）这几个因素都在自己的反馈环路中发生变动。反馈环路分别为正向和反向，正向的反馈包含推动这个变量增长的各种力量，反向的反馈作用恰恰与之相反。例如，在人口增长的反馈作用中，出生率是其正向作用，而死亡率是其反向作用，这两个反馈互相作用，当正向作用大于反向时，人口便出现正增长，反之，便出现负增长。(ⅲ)这五个因素之间互相依存，互相影响。人口增长离不开粮食的增长，粮食产量增加需要资本的增加，更多的资本意味着需要更多的资源，废弃的资源和工业的发展会造成污染，而污染又反过来妨碍人口和粮食的增长。研究团队根据1900~1970年全球的增长趋势，就人口增长和工业化对粮食生产、不可再生的资源和环境污染对人类未来生存所造成的影响进行了预测，其结论如下：如果世界人口、工业化、污染、粮食生产以及资源消耗按现在的增长趋势继续不变，这个星球上的经济增长就会在今后100年内某个时候达到极限。最可能的结果是人口和工业生产能力这两方面发生颇为突然的、无法控制的衰退或下降。这个结论等于宣告了世界末日即将来临。面对人类即将到来的灾难，研究团队提出，唯一可能的出路是在今后15年内各国要停止人口增长和产量增长，最好达到零增长率的全球均衡。

20世纪70年代两次石油价格上涨，一方面减少了对石油的需求量，另一方面许多节油装置被发明出来并投入使用，这使得80年代世界能源价格恢复到60年代的水平。1976年世界市场上的粮食价格回落到1972年的价格水平。一些资源不是供不应求，而是供过于求。从80年代开始，发展中国家的人口增长放慢。因此，罗马俱乐部开始修正《增长的极限》的悲观结论。1974年美国学者梅萨罗维克和当时的联邦德国学者佩斯特尔完成了第二份研究报告——《人类处于转折关头》，这个报告并未得出除非停止增长，否则人类生存环境崩溃将不可避免的结论，它对人类未来的看法远比第一份报告乐观。此后美国政府和其他一些非政府机构提供的研究报告得出的也是一些比较乐观的结论。

综上，从历史沿革角度看可持续发展思想的演变：在古代，可持续发展思想已有萌芽；在近代，各经济学流派对经济发展与稀缺资源之间的关系均有关注，新古典经济学认为市场机制的自发运行可以解决资源与可持续发展的矛盾，人类的发展是可持续的；当代西方经济学则重点偏向于经济的短期变动，认为可持续发展则是社会的长期发展问题；但随着经济的发展，环境保护论者最先提出可持续发展思想，认为经济发展必然要依赖于自然资源。

三、环境影响因素的理论基础

由于本专题关注的是对环境的影响因素分析,因此需要对相关的、具体的理论加以梳理。

(一) 马尔萨斯人口理论

马尔萨斯是近代较早研究人口问题的经济学家,呼吁人们关注人口规模过大和生存资料稀缺之间形成的巨大矛盾。根据马尔萨斯的人口理论,人口规模的增长很快,但资源的增长速度却不尽如人意,而且资源也并不能得到充分的利用,这便激发人口多而资源少的矛盾。

一是人口数量与生活资料达到动态均衡。马尔萨斯认为人类的发展离不开生活资料,但是人口规模的过快增长会引起与生活资料达不到均衡发展的问题,当人口增长过快,为了生存下去,人类必然会不断开垦荒地、林地等,利用农业生产技术,生产更多生活资料以满足人口增长,此时便会产生一系列的环境问题,比如土地荒漠化;而且当土地重复种植时,土壤的肥力便出现报酬递减,种植物的产量也会降低,最终无法提供足够的生活资料,即整个社会处于不可持续的状态。因此,只有当人口数量与生活资料达到动态平衡时,社会与经济才能保持可持续发展的态势。因此要想实现人口与生活资料均衡发展,就必须有效抑制人口增长的速度。

二是人口数量对有限资源的竞争。马尔萨斯认为人口、资源、环境这三者是相互影响、相辅相成的。人类的发展离不开物质基础,人能够生存最重要的保障就是对资源的消耗,因此应当对资源的利用进行控制,并提高资源的利用率。人口是发展的主要驱动力之一,但是人口的基数越大,对资源的消耗也越多,此时便形成了不可协调的矛盾。

(二) 马克思的新陈代谢断裂理论

马克思用新陈代谢断裂理论来说明这样一种状况:人与自然之间、人与社会之间正常的物质循环被人为打破,从而影响甚至破坏生态环境,进而影响人类正常的生产、生活(李素萍等,2009)。

农业社会是一个自给自足的社会。农民在自家田地里种植粮食等作物,在家里饲养家禽,粮食等作物从土壤里汲取营养,并通过光合作用进行生长,这些作物到了丰收的季节便可以作为食物提供给人类和家禽,而人类和家禽的排泄物经过发酵后可以当作肥料,提高土壤的肥力,满足作物的生长需要,而且这种天然肥料对环境是无污染的,此时的农业经济便是生态学上经常提到的循环经济,这是一种绿色经济。此时,物质得到了循环利用。虽然人类对环境会产生少量的排放物,但是这些污染均在环境的自净范围内,社会处于可持续发展的状态。因此在农业文明时代,人类基本上能与自然和谐共处,这也是在工商业出现之前的农耕时代能维持这么久的原因之一。

进入工业社会后,由于工业生产需要大量的劳动力,产生了对劳动力的大量需求,劳动力开始从农村转移到城市,城市化水平不断提高。由于人口往城市移动,农村的人口越来越少,而这些城市人口需要大量的生存资料,这些粮食都要在农村消耗大量的养分和资源才能生产出来。一方面,随着工业化程度的提高,从农村转移到城市的人口越来越多,这些劳动人口在城市中消费农产品,而农产品需要从农村运输到城市,农产品经过人类的消化后,转化成排泄物的形式,但由于城市和农村距离遥远,这些排泄物无法回到农村的土壤用于增强其肥力,只能留在城市变成毫无用处的废弃物,此时人们又需要花费大量的人力、物力对其进行处理,致使得不偿失。另一方面,对于远在城市千里之外的农村而言,因需要提供给城市大量的农产品,需要大规模种植作物,吸收土壤里的肥力,但排泄物又不能转化为肥料回到土壤,导致土地越来越贫瘠,土地的生产力也越来越低,这时种植者便会采用化学肥料代替以增强土地肥力,但是化学肥料具有副作用,会污染土壤和水源,对环境造成破坏,这又是得不偿失的另一方面。这便是新陈代谢出现了断裂。

(三)环境库兹涅茨曲线理论

库兹涅茨曲线是经济学家库兹涅茨(Krueger)用来分析人均收入水平与分配公平程度之间关系的一个理论,即收入不均现象随着经济增长先升后降，呈现倒 U 形曲线关系。当经济发展水平较低的时候，随着人均收入的增加，环境污染由低趋高，环境恶化程度随经济的增长而加剧；当经济发展达到一定水平后，随着人均收入的进一步提高，环境污染又由高趋低，其环境污染的程度逐渐减缓，这种现象被称为环境库兹涅茨曲线。

格罗斯曼（Grossman）和库兹涅茨提出经济增长通过规模效应、技术效应与结构效应三种途径影响环境质量。

（1）规模效应。经济增长从两个方面对环境产生负面影响：一是经济要想增长，就必须增加原材料的投入，这就增加了对资源的耗费，同时也增加对环境的排放，加大环境的压力。

（2）技术效应。经济增长分为"粗放型"和"集约型"两种增长方式。当社会经济处于低水平时，经济越发展，对环境的排放就越大，对环境的影响也就越大。但是随着经济的发展，人们越来越注重更好的生产技术、环保技术以及资源的高利用率。这会产生两个方面的影响：一是当其他因素保持不变时，技术进步会提高生产，提高资源的利用率，降低单位产出所排放的污染物；而另一方面，技术进步也推动了环保技术的发展，有效提高了资源的循环利用率，降低了对环境的排放。

（3）结构效应。发展的早期阶段，经济结构从农业向重工业方向发展，污染排放增加，但是随后经济结构便从重工业向第三产业发展，此时产出结构发生变化，投入结构也发生变化，单位产出的污染物排放水平大幅度下降，环境得到改善。

上述理论表明，可持续发展的影响因素主要包括社会、经济、人口及资源等方面的因素。研究者也试图通过实证研究对上述理论加以检验。例如，陈操操等（2014）选取总人口指标为自变量，通过实证分析研究，发现总人口对环境影响正相关；赖力等（2006）、杨勇等（2007）、陈操操等（2014）对人均 GDP、城市化率、单位 GDP 能耗、第二产业比重、第三产业比重这几个指标对环境的影响状况进行了实证分析研究，结果发现人均 GDP、城市化率对环境影响有正向作用，而单位 GDP 能耗、第二产业比重、第三产业比重与环境影响负相关；赖力等（2006）、杨勇等（2007）对恩格尔系数和人均耕地面积均进行了研究，发现这两者与环境影响呈现负相关的关系。

上述研究证实，一些特定的社会、经济、人口及资源因素对环境有正向或者负向的影响，但是这几类因素中何者为主要因素，何者为次要因素，各学者看法不一。在环境影响的衡量指标方面，也各有差异，很多研究采用的三废排放等单向影响指标，而没有考虑环境的吸纳和承受能力，从而无法对环境影响加以全面评估。而近年来出现的生态足迹方法，一方面考虑了人类生产、生活对环境的影响，另一方面也考虑了环境自身的承载能力，可以更加综合、客观地评估研究对象的可持续发展能力。因此，笔者前期采用生态足迹方法对福建省可持续发展水平进行了定量评估。借用前期的评估结果，本专题拟进一步研究影响福建省可持续发展的各种因素，实证检验这些因素对环境的实际影响。

四、福建省可持续发展影响因素的实证分析

（一）模型的引入

欧利希和霍尔德伦斯（Ehrlich & Holdrens，1971）提出的 IPAT 恒等式——IPAT[Environmental impact(I) = Population(P) × Affluence(A) × Technology(T)]——是公认的研究环境影响因素理论的基准模型。但 IPAT 模型在实证研究方面有其局限性，即假设了各影响因素同比例影响环境压力，如此便不能很好地体现一些非单调和不成比例的变化。因此，约克等（York et al.，2003）对该模型进行了改进，提出了 STIRPAT 模型，即 stochastic impacts by regression on population, affluence, and technology。STIRPAT 模型的公式如下所示：

$$I_i = \varphi_0 P_i^\beta A_i^\gamma T_i^\delta \varepsilon_i$$

在上述公式中，I 用于量化人类活动对环境的影响，P 指人口规模，A 代表人均财产，T 指技术水平，φ_0 是模型系数，β、γ、δ 分别是对应指标的指数，ε 为模型误差，下标 i 表示不同观测单位各异的模型参数。当 $\beta = \gamma = \delta = \varepsilon = 1$ 时，该模型便是 IPAT 等式，该模型保留了 IPAT 模型中各驱动力之间的关系。STIRPAT 模型是一个多变量非线性随机的模型。

对上式两边同时取对数得到：

$$\ln(I_i) = \ln(\varphi_0) + \beta\ln(P_i) + \gamma\ln(A_i) + \delta\ln(T_i) + \varepsilon_i$$

式中，以 $\ln I$ 为因变量，以 $\ln P$、$\ln A$、$\ln T$ 为自变量，ε_i 为误差项。根据弹性系数的定义，当其他驱动因素无变动时，人口规模、人均财产以及技术等因素（P、A 和 T）变动1%，将分别引起环境影响（I）变化 $\beta\%$、$\gamma\%$ 和 $\delta\%$。由此可以看出，STIRPAT 模型可以对模型进行一定的拓展，通过变动因素的数量，提高模型的准确性，因而该模型被广泛应用于实际环境问题的分析上。因此本专题采用该模型，基于福建省的数据，对可持续发展的各影响因素进行实证分析。

（二）模型的构建

1. 变量的选择及模型构建

根据前人的研究成果及上文的理论分析，本专题将经济、社会、人口以及资源等影响可持续发展的各因素纳入 STIRPAT 模型中，对模型进行了扩展。

其中，环境影响 I 用笔者前期研究中计算出的人均生态赤字绝对值进行衡量（如图1所示）。

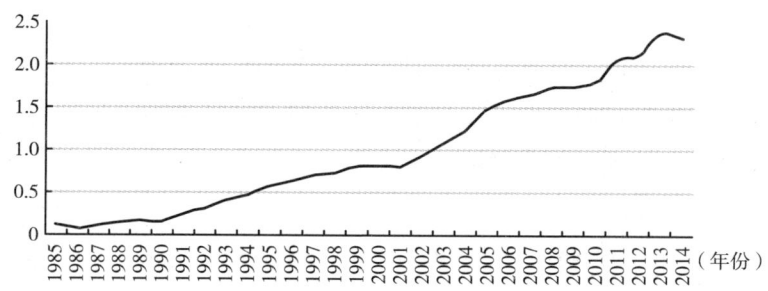

图1　福建省1985~2014年的人均生态赤字

资料来源：由笔者计算而得。

在经济因素方面，包括人均 GDP、人均 GDP 平方项以及第一、二产业占总 GDP 比重。选择这些指标的原因是：人均 GDP 是衡量地区人们富裕程度的一个关键指标；此外，根据环境库兹涅茨曲线理论，人均 GDP 与环境影响之间呈倒 U 形的关系，因此将人均 GDP 的平方项也加入模型中。而不同产业对环境的影响自然有很大差异，尤其是在样本期间内，福建省的产业结构出现了较大调整，因此，对产业结构变化的环境效应加以探讨是有理论和实践意义的。

社会因素选用城市化率进行衡量，因为根据马克思的新陈代谢断裂理论，大量的农村人口往城市迁徙会对环境造成影响，因此城市化率也是环境变化的影响因素之一。

人口因素则以人口的全年平均数量进行衡量。因为根据马尔萨斯人口理论分析，人口的变动对环境会造成一定的压力，人口以指数级增长，而粮食呈现算术级增长，两者之间的不同步增长会影响社会的发展。因此人口规模对环境变化是影响因素之一。

资源因素所选取的指标包括研发费用占总 GDP 比重及单位 GDP 能耗。单位 GDP 能耗是反映能源消费水平和节能降耗状况的主要指标；研发费用占比用来衡量当前技术进步的情况，一般而言，研发投入越多，所对应的技术水平也越高，资源的利用率也越高。

根据上文介绍的 STIRPAT 模型，建立了下面的非线性模型（具体的模型变量见表 1）：

$$\ln I = \varphi_0 + \alpha \ln P + \beta \ln Ur + \gamma \ln A + \delta (\ln A)^2 \\ + \varepsilon \ln(lnd1) + \epsilon \ln(lnd2) + \theta \ln E + \vartheta \ln RD$$

表1　　　　　　　　　　　　　模型变量

变量符号	变量名称	变量说明	单位
I	人均生态赤字①	人均生态足迹 – 人均生态承载力	公顷/人
P	人口数量	福建省人口数量	万人
Ur	城市化率	非农业人口/总人口	%
A	人均 GDP	人均 GDP	元/人
$lnd1$	第一产业②占比	第一产业 GDP/总 GDP	%
$lnd2$	第二产业③占比	第二产业 GDP/总 GDP	%
E	单位 GDP 能耗	单位 GDP 标煤能耗量	%
RD	研发费用④占比	研发费用/总 GDP	%

注：①由上文分析，福建省从 1985 年开始便已处于生态赤字的状态，因此本专题所涉及的年份均为生态赤字。
②本专题所采用的第一产业主要包括农、林、牧、渔四个产业。数据来源于福建省统计年鉴。
③本专题所采用的第二产业主要包括工业和建筑业。数据来源于福建省统计年鉴。
④本专题所采用的研发费用是指科技活动经费内部支出情况，数据来源于福建省统计年鉴。

2. 样本数据的选择及说明

在收集计算生态足迹及生态承载力所需要的数据时，由于数据众多，包括各种作物的产量及能源的消费量等，1985年之前的数据因年代过于久远而无法收集完全，为避免测算结果出现较大误差，经剔除，本专题采用1985～2014年共30年的数据。

此外，由福建省的地区生产总值发展情况来看，福建省的经济在20世纪80年代中后期开始大力发展，而福建省的可持续发展问题是从伴随着经济迅猛发展而产生的，因此本专题采用福建省1985～2014年的数据，在福建省可持续发展的研究上是具有现实意义的。

（三）实证研究

1. 最小二乘回归（OLS）模型的预评估

首先使用Stata软件对上述模型进行最小二乘法预评估，得到的回归结果如表2所示：模型的回归拟合优度 R^2 = 0.9339，调整后拟合优度 = 0.9129，拟合优度好，表明自变量和因变量间的线性模型存在，但是 $\ln(lnd1)$、$\ln(lnd2)$ 的回归系数无法通过0.05显著性水平的P检验。关于共线性，目前在计量上对多重相关性比较常见验证方式是方差膨胀因子（VIF）。方差膨胀因子（VIF）以数值10为界限，当自变量的VIF大于这个临界值时，则说明存在多重相关性，但当自变量的VIF小于这个临界值时，则不存在，可进行回归结果的分析。计算结果显示7个自变量的VIF值均大于10，且有3个远大于10，因此用OLS回归会产生较大偏差。此外，自变量间的相关系数矩阵如表3所示，自变量间的相关系数绝对值均处于0.8～1.0之间，这属于高度相关的情况。若采用OLS回归，结果将存在较大误差，因此本专题采用偏最小二乘法（PLS）进行回归分析，并以此来解决样本量偏少、自变量之间存在严重共线性的问题。

表2　　　　　　　　最小二乘法（OLS）的拟合结果

自变量	相关系数	VIF
$\ln P$	29.16***	226.41
$\ln Ur$	-0.28***	16.88
$\ln A$	0.49***	338.17
$\ln(lnd1)$	3.47**	114.42

续表

自变量	相关系数	VIF
ln(lnd2)	0.65 **	43.51
lnE	0.62 ***	125.16
lnRD	-0.269 ***	17.61

注：因 lnA 与 (lnA)² 的相关性很强，因此将其剔除。** sig. <0.01；*** sig. <0.001。

表3　　　　　　　　　　自变量间的相关系数矩阵

自变量	lnP	lnUr	lnA	ln(lnd1)	ln(lnd2)	lnE	lnRD
lnP	1.000	0.920 ***	0.994 ***	-0.978 ***	0.949 ***	-0.984 ***	0.833 ***
lnUr		1.000	0.908 ***	-0.954 ***	0.947 ***	-0.871 ***	0.912 ***
lnA			1.000	-0.974 ***	0.957 ***	0.992 ***	0.800 ***
ln(lnd1)				1.000	-0.480 **	0.050	-0.397 **
ln(lnd2)					1.000	-0.934 ***	0.466 **
lnE						1.000	-0.748 ***
lnRD							1.000

注：** sig. <0.01；*** sig. <0.001。

2. 偏最小二乘 PLS（partial least square）回归分析

偏最小二乘法在1983年被正式提出。偏最小二乘回归最先并没有应用到经济学领域，而是化学领域采用了此种方法。在化学领域，会经常面临化学样本比较少但是解释变量比较多的情况，而在这么多的解释变量中，往往会面临这些变量存在多重共线性的情况，此时如果还使用比较传统的最小二乘法时，结果容易出现误差（王惠文等，2006）。因此，偏最小二乘回归应运而生，并成为近年来应用较广的一种多元回归分析法。这种回归方法与传统的回归方法的区别在于，此种方法常用于在样本数较少而解释变量较多的情况，而且此类方法还能解决自变量的多重共线性的问题，它的建模方法较好，解释性强，所得到结果的准确性较高。偏最小二乘法里包含了主成分分析法、典型相关性分析以及线性回归分析等方法（王惠文等，2006）。

在偏最小二乘（PLS）回归模型中，分别提取自变量 X 和因变量 Y 的成分因子 t_i 和 u_i，所提取的自变量成分 t_i，有两个方面要求：一是提取的自变量成分应当尽可能多地表达自变量中的各种信息，二是所提取的自变量成分与因变量之间也要有尽可能强的相关性。先解释因变量的信息，再建立提取的成分因子与自变量 X 的回归方程。首先要将模型所涉及变量的原始数据标准化,接着开始第一次提取成分,记第一个成分为 t_1 和 u_1,建立 X 对 t_1 和 Y 对 u_1 的回归;若方程达到满意的精度,则算法终止,否则利用剩下的残差信息进行第二轮成分的提取,反复直到达到较高的模型精确度(王惠文等,2006)。本专题采用 Simca-P 分析软件进行回归关系和相关性的分析。

此外,为了定义拟合方程的预测能力,本专题定义了各种评价指标的交叉有效性,并根据交叉有效性原则提取成分。在本专题中,对于自变量 X,成分 t_i 的交叉有效性记为 Q_i^2,累积交叉有效性记为 Q_i^2(cum),若 t_i 的交叉有效性为负,则它对累计交叉有效性的贡献为 0。本专题模型的交叉有效性见表 4。由表 4 可知,在提取第 1 个成分 t_1 时, $Q_1^2 = 0.795 >$ 临界值 0.05,因此,继续提取主成分 t_2;提取主成分 t_2 后, $Q_2^2 = 0.342 > 0.05$,因此,继续提取主成分 3;提取主成分 t_3 后, $Q_3^2 = 0.156 > 0.05$,因此继续提取主成分 t_4;提取主成分 t_4 后, $Q_4^2 = -0.028 < 0$,对累积交叉有效性的贡献为 0,算法终止。因此提取 3 个成分时达到模型的满意度,此时方程对生态赤字的解释能力为 0.991,偏最小二乘模型拟合达到了较高的精度。

表 4   偏最小二乘模型交叉有效性

成分数	交叉有效性 Q_i^2	累积交叉有效性 Q_i^2(cum)	方程拟合优度 R^2
1	0.795	0.795	0.938
2	0.342	0.865	0.984
3	0.156	0.886	0.991

我们也可以通过 t_1/u_1 散点图(见图 2)和 t_1/t_2 散点图(见图 3)两种方式判断 PLS 模型拟合的好坏。由图 2 可知,自变量提取成分 t_1 与因变量提取成分 u_1 之间存在显著线性关系,线性拟合度 R^2 为 0.939,证明两者可较好代表自变量 X 和因变量 Y,因此,采用 PLS 方法所建立的线性模型是合理的。t_1/t_2 散点图可用于在平面上观察样本点的分布情况和相似性结构,在该散点图中画一个 T^2 椭圆,当所有的样本点都在此椭圆内时,则说明不存在特异点。由图 3 可知,本专题所选取的所有样本点分布在椭圆内,无特异点的出现,表明取值合理。

经过拟合,得到一个合理的、具有高度解释能力的 PLS 模型,通过调用 Simca-p 中的 list 功能,可得到 PLS 模型中自变量的标准化及非标准化回归系数，见表 5。

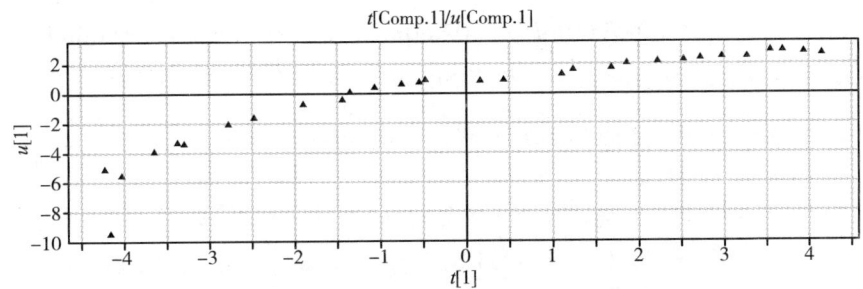

图 2　t_1/u_1 散点图

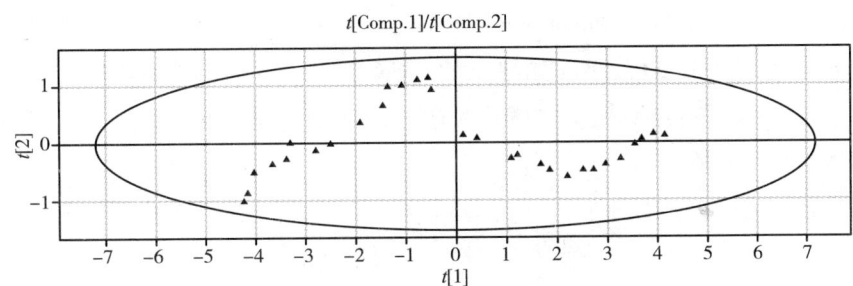

图 3　t_1/t_2 散点图

表 5　偏最小二乘回归系数拟合结果

自变量	标准化相关系数	未标准化相关系数
$\ln P$	0.7000	10.5249
$\ln Ur$	0.0263	0.1269
$\ln A$	0.4077	0.4198
$(\ln A)^2$	0.0490	0.0028
$\ln(Ind1)$	-0.1271	-0.4333
$\ln(Ind2)$	0.4837	2.8934
$\ln E$	-0.4076	-0.5802
$\ln RD$	-0.0153	-0.0338
常数项	-0.5364	-89.7028

注：为方便讨论，下文结果讨论时采用未标准化的相关系数。

人均生态赤字的标准化数据 PLS 模型如下：

$$\widehat{\ln I} = -0.5364 + 0.7000\ln P + 0.0263\ln Ur + 0.4077\ln A + 0.0490(\ln A)^2 \\ - 0.1271\ln(lnd1) + 0.4837\ln(lnd2) - 0.4076\ln E - 0.0153\ln RD$$

将标准化的变量还原为原始变量后，可得到原始数据的 PLS 模型：

$$\widehat{\ln I} = -89.7028 + 10.5249\ln P + 0.1269\ln Ur + 0.4198\ln A + 0.0028(\ln A)^2 \\ - 0.4333\ln(lnd1) + 2.8934\ln(lnd2) - 0.5802\ln E - 0.0338\ln RD$$

3. VIP 指标的检验

为了更好测量自变量对 PLS 模型因变量的作用，本专题采用变量投影重要性指标 VIP（variable importance in the projection），VIP 反映自变量在解释因变量时解释力度的大小。如果某自变量具有相对较小的 VIP（临界值为 0.8），则认为该变量对模型的解释度较小，该变量是无关变量，可考虑删除（王惠文等，2006）。

VIP 指数的公式如下：

$$VIP_j = \sqrt{\frac{p}{Rd(Y;t_1,\cdots,t_m)} \sum_{h=1}^{m} Rd(Y;t_h) W_{hj}^2}$$

式中：VIP_j 为 x_j 变量的重要性指数；$Rd(Y;t_1,\cdots,t_m)$ 为偏小二乘模型的累积解释能力，$t_1,\cdots,t_m$ 为自变量提取出的成分；W_{hj} 为轴的第 j 个分量，被用于测量 x_j 对构造成分的边际贡献。

在 PLS 回归分析中，VIP 指标能够直观地反映每个自变量在解释因变量时所表现出的重要水平。VIP 指标见表 6，其计算结果均大于临界值 0.8，与回归系数拟合拥有较好的一致性，表明所有变量均有较高的解释力度。

表6　　　　　　　各模型变量的投影重要性指标 VIP

自变量	VIP
$\ln P$	1.07
$\ln Ur$	0.91
$\ln A$	1.04
$(\ln A)^2$	1.00
$\ln(lnd1)$	0.96

续表

自变量	VIP
$\ln(lnd2)$	0.98
$\ln E$	1.07
$\ln RD$	0.95

4. 实证结果讨论

表6显示，自变量VIP值均在0.8之上，因此自变量均有较高的解释力。PLS模型回归系数的结果见表5，大多数回归系数符号符合上文所提出的理论基础，具有实际的经济学意义。根据表5的实证结果，本专题得出以下几点结论：

（1）从相关系数的大小来看，人口规模是影响福建省可持续发展最为主要和关键的因素。福建省的人口数量每增加1%，人均生态赤字增加10.525%。按照马尔萨斯的人口理论，当人口不断增多时，为人类生存需要消耗的资源总量上升，人们开始开垦土地种植粮食，对环境的索取比以往提高，对环境所造成的压力也上升。因此，人口数量的增加对福建省人均生态赤字具有正向显著作用，这一结论是符合理论基础的，具有现实意义。由此可认为，人口数量是福建省可持续发展的影响因素之一，即人口数量越多，生态赤字越大，可持续发展能力越弱。

（2）城市化率对福建省可持续发展的影响也是不可小觑。由实证结果可知，城市化率每增加1%，人均生态赤字增加0.1269%。根据马克思的新陈代谢断裂理论，资本主义的不断发展，促使人口从农村往城市迁徙，城市化率上升，造成新陈代谢断裂的程度提高，物质更加无法得到循环，生态足迹便越高，与此同时，生态承载力保持不变甚至可能下降，因此导致生态赤字越大。可见，城市化率是福建省可持续发展程度的影响因素之一，城市化程度越高，人均生态赤字越大，福建省的可持续发展能力越弱。

（3）人均GDP对福建省可持续发展的影响具有正向显著作用。经济增长对生态赤字的弹性系数约为0.420。人均GDP是衡量人们生活水平的一个比较直观的指标。根据环境库兹涅茨曲线理论，当一个地区处于经济发展的低水平时，经济发展主要是采用"粗放型增长"模式，在这种发展模式下，人均收入越高，对环境的索取越大，最后增大人均生态赤字。人均GDP越高，生态赤字越大，福建省的可持续发展能力便越弱。

（4）不同产业对环境的影响存在较大差异。第一产业占比每增加1%，福建省的人均生态赤字便降低0.433%；第二产业占比每增加1%，人均生态赤字就增加2.893%。由此说明，工业化的程度越高，对自然资源的消耗增大，同时排放到环境的废弃物多。此外，由于新陈代谢断裂，废弃物很难被处理，环境承受的压力变大，导致人均生态赤字提高。因此，产业结构也是福建省可持续发展程度的影响因素之一，如何合理规划产业结构是应当重点考虑的问题。

（5）单位GDP能耗是反映能源消费水平和节能降耗的主要指标，指标越低说明能源的利用率越高。在经济发展过程中，能源的利用率变高，在能源耗费的过程中所产生的排放物减少，对环境造成的压力会下降。在模型中，单位GDP能耗每增加1%，人均生态赤字就降低0.580%。这一点与理论分析和现实不能吻合。

（6）研发费用占比反映的是社会对科研技术的投入比例，一般而言，研发费用占比越高，说明人们对技术进步越重视，技术进步得越快。在本模型中，研发费用占比每增加1%，福建省的人均生态赤字便下降0.034%。

（7）人均GDP和人均GDP二次项与人均生态赤字的相关系数为正，人均GDP每增加1%，人均生态赤字就增加约0.42%；而人均GDP平方项与人均生态赤字的相关系数约为0.0028%，而没有出现负值，即经济增长并未带来人均生态赤字下降的拐点，经济发展并为带来生态环境的改善。

五、结　　论

基于笔者前期应用生态足迹模型对福建省可持续发展程度进行定量测算所得到的人均生态赤字指标，本专题进一步分析各种因素对福建省可持续发展的影响。首先通过对相关理论的分析，梳理出各种影响可持续发展的因素；然后，采用STIRPAT模型，应用偏最小二乘法对福建省可持续发展的影响因素及其影响程度进行实证分析，得出如下结论：

首先，影响福建省可持续发展的因素包括人口数量、城市化率、人均GDP、第一产业占比、第二产业占比、单位GDP能耗及研发费用占比。

其次，人口数量、城市化率以及第二产业占比与生态赤字之间的关系为正相关。这些指标的提高均会加大环境压力，加剧生态赤字。其中影响最大的是人口数量，其余依次为第二产业占比、人均 GDP、城市化率。

再其次，第一产业占比、单位 GDP 能耗以及研发费用占比则与人均生态赤字呈反向关系。第一产业占比和研发费用占比越高，生态赤字越小，这个结论符合理论分析和现实情况；然而，实证结果表明单位 GDP 能耗与生态赤字之间为负相关，这点无法得到理论支持，其可能是由于福建省经济发展所需的能源大多来自其他省份或地区，本身不是能源产地；同时，还可能是由于福建省环保管制是相对严格的，对能耗产生的排放有较严格的控制。

最后，生态赤字和人均 GDP 的关系来看，人均 GDP 和人均 GDP 二次项与人均生态赤字的相关系数均为正，人均生态赤字下降的拐点并未随着经济增长而出现，无法支持环境库兹涅茨曲线的假说，说明福建省经济发展与环境保护并未达到协同发展。

参考文献

[1] 陈操操，刘春兰，汪浩等. 北京市能源消费碳足迹影响因素分析——基于 STIRPAT 模型和偏小二乘模型 [J]. 中国环境科学，2014（6）：1622 – 1632.

[2] 洪永淼. 海峡西岸经济区发展报告 2017 [M]. 北京：经济科学出版社，2017.

[3] 赖力，黄贤金，刘伟良. 区域人均生态足迹的社会经济驱动模型——以 1995 年~2003 年江苏人均足迹为例 [J]. 资源科学，2006（1）：14 – 18.

[4] 李素萍，李杨. 关于马克思新陈代谢断裂理论的几点思考 [J]. 学习论坛，2009（8）：56 – 58.

[5] 萨瓦斯. 民营化与公私部门的伙伴关系 [M]. 北京：中国人民大学出版社，2002.

[6] 王惠文，吴载斌，孟洁. 偏最小二乘回归的线性与非线性方法 [M]. 北京：国防工业出版社，2006.

[7] 杨勇，任志远. 铜川市 1994~2003 年人均生态足迹变化及社会经济动因分析 [J]. 干旱地区农业研究，2007（3）：213 – 218.

[8] Ehrlich, P. R., Holdrens, J. P.. The impact of population growth [J]. *Science*, 1971（171）：1212 – 1217.

[9] Fricker, A.. The ecological footprint of New Zealand as a step towards sustainability [J]. *Futures*, 1998, 30（6）：559 – 567.

[10] Warner, M. E. and Amir Hefetz. *Privatization and the Market Structuring Role of Local Government* [M]. Washington D. C. : Economic Policy Institute's Conference on Privatization, 2000.

[11] York. R., Rosa, E. A., Dietz, T.. STIRPAT, IPAT and ImPACT: analytic tools for unpacking the driving forces of environmental impacts [J]. *Ecological Economics*, 2003, 46 (3): 351-365.

专题七　厦门市分级诊疗"三师共管"模式的绩效评估

一、引　　言

2009年，国务院发布了《关于深化医疗卫生制度改革的意见》，标志着新一轮医疗改革拉开序幕。我国医疗资源分配的不合理是产生"医疗改革"这一制度变迁的催化剂，现阶段医疗资源分配的矛盾主要体现在城乡间医疗资源配置不均衡、地区间医疗资源配置不公平以及区域内不同层级医疗机构医疗资源供求不均衡上。以每千人拥有卫生技术人员数衡量，城乡的医疗资源差距逐年拉大（见图1）。而余于新和杨大楷（2008）的研究表明，东西部医疗资源配置不公平问题并未得到缓解，近几年卫生资源仍向东部地区集中。

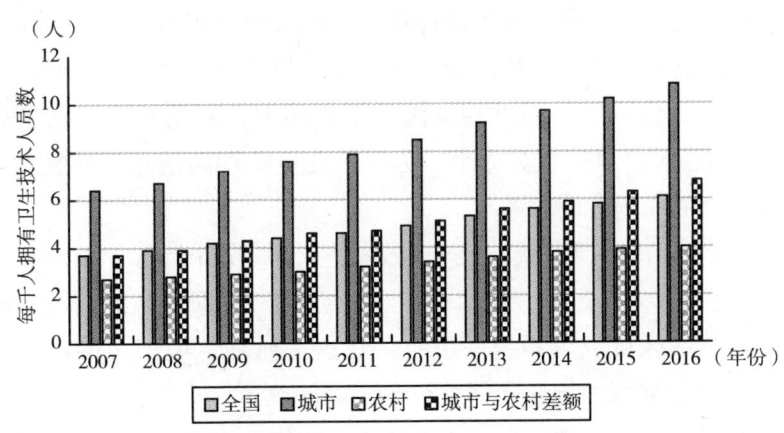

图1　全国及城乡医疗资源情况

资料来源：《中国卫生和计划生育统计年鉴2017》。

除了城乡、地区间医疗资源分布不均外，城市内部医疗资源配置不均问题也引起关注。由于城市大型综合医院占据了城市绝大多数的优质医疗资源，社区患者不得不选择到综合医院进行诊疗，于是慢病、小病向综合医院聚集，出现"大医院人满为患，社区医院门可罗雀"的冰火两重天现象。当综合医院被慢病、小病包围且处于超负荷运转状态，其重要功能就难以有效发挥。现行医疗体制下无序就诊状态造成医疗资源的极大浪费，迫切需要建立一种更加经济、分级有序、高效便捷的医疗服务体系。

推动分级诊疗，成为本轮医改的重中之重。2013年十八届三中全会提出了完善合理分级诊疗模式的要求。李克强总理在2014年政府工作报告中提出在不久的未来要"健全分级诊疗体系"。2015年国务院办公厅又印发《关于推进分级诊疗制度建设的指导意见》，部署加快推进分级诊疗的制度建设，形成科学有序的就医格局，提高人民健康水平。2016年4月国家卫计委召开的医改专题新闻发布会，公布我国将加快推进分级诊疗制度建设，当年计划在70%左右的地市开展分级诊疗试点，同时至少在200个城市开展签约服务试点（朱珊和房新征，2016）。尽管国家层面对于推动分级诊疗有着极大的热情，但是对于怎样改革却没有一个标准和规范。分级诊疗在世界范围内也没有一个规范的表述，但多数西方发达国家都将提高服务效率、改善居民就医的连续性等作为目标，对卫生服务体系进行整合、提升和强化，这与我国分级诊疗政策目标取向基本一致。当然，这种卫生服务体系的整合和构建不能一蹴而就，而是一个循序渐进的过程，总的来说可以概括成两个不同的阶段：第一阶段是构建功能定位清晰、协作良好的"金字塔型"三级医疗卫生服务体系；第二阶段是构建以基本医疗卫生服务体系为核心、激励相容的"网络型"三级医疗卫生服务体系，为居民提供从预防治疗到康复的连续性的、覆盖生命周期的健康服务。

早在2008年，厦门市就立足于地方实际，率先开始了分级诊疗方向的改革尝试。从2009年开始，厦门市卫生管理部门根据国家医药卫生改革的部署积极进行本区域卫生系统的改革。在这一阶段，厦门市的改革主要是"跟随跑"，即根据国家指导文件进行本区域的改革，出台了"医疗集团化"的医改方案。2012年以来，厦门市医疗改革的探索走在全国先列。经过不断的调整和完善，厦门市逐渐形成了"慢病先行，急慢分治，上下一体，三师共管"的分级诊疗模式，即"厦门模式"。厦门市医疗改革侧重于解决"医院放不下、基层接不住、患者不乐意"的问题，提升患者就医服务质量、增加患者在基层就医黏性，该模式以"医院—社区"一体化的"1+1+X"为基础，逐步演化成患者和医生团队一对一的"三师共管"模式，从而较好地解决了"大医院门庭若市、小医院门可罗雀"的现象，改善了医疗资源的配置。"三师共管"的核心在于"三师"相辅相成，缺一不可：专科医师明确诊断，制订个体化治疗方案，带教全科医师、健康管理师；全科医师落实专科治疗方案，及时掌握、处理病情，与专科医师互通，预约专家门诊，指导健管师；健康管理师协助"两师"联系病友，并进行日常随访、筛查、个体化健康教育以及饮食、运动、生活方式干预等，最终实现团队式的"医疗、预防、康复为一体"的全程精细化管理。

本专题对已有研究文献作了系统回顾和梳理，然后构建博弈模型，分析了厦门市分级诊疗的改革思路。在此基础上，本专题基于 Logit 方法和 OLS 方法，对厦门市分级诊疗"三师共管"模式的绩效进行评估。

二、文献回顾

近 20 年来，计量经济学出现了一个新的领域，被称为政策（项目/方案）评估计量经济学（econometrics of program evaluation），社会经济政策评估与分析的计量模型理论与方法成为微观计量经济学与管理学等领域最为活跃的研究方向之一。正如诺贝尔经济学奖得主赫克曼（Heckman，2001）指出的，微观计量经济学的研究既是数据驱动的，又是政策驱动的。

（一）公共医疗政策中的经济评估研究

随着医疗机构逐渐发展成为包括医院、门诊和外科手术中心、疗养院和家庭医疗服务的综合医疗系统，管理现代医疗保健变得越来越复杂（Curtright et al.，2000）。然而，资源是稀缺的，必须设置优先次序来指导医疗资源的分配。准确的诊断和治疗已经远远不够，利益相关者要求在现代医疗保健的各个方面都有很高的绩效，经济社会发展越来越需要更可靠的绩效评估工具，以指导日益复杂的决策过程（Aiken，2012；Swaminathan et al.，

2008)。经济评估可视为一种"决策辅助工具",通过分析可替代医疗保健干预措施的成本和收益,可以帮助稀缺的医疗资源得到最佳配置,从而实现全社会健康的最大化(McIntosh & Luengo-Fernandez,2006)。在过去的30年里,卫生经济学学科发展异常迅速,尤其是在医疗干预措施的经济评估领域。这种趋势是现实需求推动的结果,正如一些西方学者所形容的那样,"一种评估文化"已经主宰了所有公共服务部门法定机构工作人员的工作生涯(Kurian,2008),卫生经济评估已成为许多国家支持决策过程的重要工具。以德国为例,2003年1月1日后,官方认可的疾病管理项目(DMPs)就成为德国法定健康保险中风险结构补偿方案的一部分,根据德国的社会法,DMPs项目必须进行评估,以确定先前规定的与循证指南和质量保障措施等相关的目标是否达到,纳入的标准是否得以遵守,以及患者是否得到高质量的护理。评估的标准包括三个维度:医疗问题、经济问题以及患者的主观生活质量(Greiner,2005)。可以说,公共医疗政策的经济评估已成为社会科学领域特别是跨学科以及学科交叉的研究热点。

(二)分级诊疗体系研究及相关的政策评估

西方发达国家如英国、德国、美国、加拿大、日本等已基本建立分级诊疗制度,国外研究文献大多从体系特色、方案设计、流程管理、转诊程序、绩效评估、激励机制等方面展开多维度的研究。由于分级诊疗制度是大医疗服务体系中的一个重要组成部分,因此国外学者一般放在医改问题背景下加以探讨,其中双向转诊问题是研究者关注的重点。对分级诊疗相关政策(方案或项目)的评估,是这一领域的重要研究成果。如英国卫生部(Department of Health,2011)利用大数据分析了2007~2010年实行电子化后国民医疗服务体系(NHS)受理转诊需要等待的时间变化,发现从2007年3月~2008年12月,95%分位数的患者转诊治疗等待的时间显著下降,但2009年1月后转诊等待的时间处于相对稳定状态。考克斯等(Cox et al.,2013)利用时间序列数据,对NHS属下的3个转诊管理中心和转诊管理中的2种内部同行评审方法对医院门诊患者就诊率的影响作了评估,发现转诊管理方案并未减少患者的门诊就诊率,从而得出转诊管理效率不佳的结论。萨纳索利斯等(Thanassoulis et al.,2012)采用数据包络方法(DEA)估算在转诊和药物成本上节省的潜力，探讨英国初级护理信托基金（PCT）一般执行机构节约成本的可能性。而凯特·何和阿里尔·佩克斯（Ho & Pakes，2014）基于洛杉矶等五地的医院数据，在分析医院对不同患者群体存在严重的固定效应偏好的基础上，利用转诊选择评估模型进行反事实分析，结果表明，在患者保护和平价医疗法案中引入可信赖医疗组织（ACOs）可能带来成本节约和随之而来的便利减少，但不会降低护理质量。

中国新一轮医改启动以来，国家把建立完善分级诊疗模式作为深化医改的重要内容，国内学界也掀起了研究热潮。从已有文献看，除一部分为介绍国外诊疗制度和模式的文献外，主要集中于以下三个方面：一是探讨我国分级诊疗的模式类型及策略路径选择等，如高和荣（2017）、姜洁和李幼平（2017）、姚泽麟（2016a）；二是探讨分级诊疗的相关制度、机制及机构建设，如李银才（2015）、申曙光和张勃（2016）、唐绍洪等（2017）；三是探讨医改中如何强化政府责任以及分级诊疗中的政府职能问题，如梁鸿和赵德余（2007）、姚泽麟（2016b）。不过，总体上看，国内文献基本上偏向于理论分析，较少进行定量分析，对分级诊疗展开政策评估的文献更是阙如。

（三）家庭医生制度研究及相关的政策评估

分级诊疗的关键是基层首诊，西方发达国家通行的做法是由家庭医生充当健康"守门人"（gatekeeper）。一些国家如英国由全科医生负责首诊，而德国的家庭医生不仅有全科医生，还包括部分专科医生。学者们围绕家庭医生制度，对家庭医生的工作价值与满意度、临床预防与健康指导、工作压力与激励机制等展开广泛的研究（Devlin & Sarma，2008；Bouwkamp-Memmer et al.，2013；Herbert，1995；Siegrist et al.，2010）。一些学者对家庭医生制度及相关问题展开政策评估，利用 Logistic 回归方法，考察了家庭保健患者的家庭医生评估和管理访问是否与随后的出院情况有关，并比较了与住院患者的出院情况有何不同（Wolff et al.，2009）；他们还对美国儿科医生和家庭医生在基层首诊中对肥胖儿童的饮食、身体活动和体重等管理状况进行了评估（Huang et al.，2011）。勒布朗等（LeBlanc et al.，2016）也采用 Logistic 回归方法，考察绩效工资方案对加拿大新不伦瑞克省家庭医生医疗行为和服务质量的影响，发现绩效激励方案刺激医生为糖尿病患者提供更好的随访治疗,比如每年至少做2次糖化血红蛋白测试,但在血糖的控制上并没有体现出显著的相关性。格雷等(Gray et al., 2015)利用 DID 方法考察绩效工资方案实施后对加拿大安大略省家庭医生(即初级护理医师, PCPs,下同)收入的影响,发现其他条件不变的情况下,该方案实施后家庭医生的收入提高25%左右。有学者采用多级泊松回归模型,测度加拿大安大略省患者、家庭医生和社区层次变量对转诊率的影响,研究发现,患者年龄1岁、77~78岁以及育龄期的妇女转诊率相对较高,社区类型(如贫富状况、所在城市是否拥有医学院)对转诊率有影响,女性家庭医生的转诊率平均比男性高出8%,而地方专科医生供给与转诊率无关(Chan & Austin, 2003)。

国内这方面的研究才刚刚起步,少数文献也开始采用定量方法进行评估。如鲁於和吴忠(2015)利用上海市8区21个街道社区卫生服务中心的抽样调查数据,从服务供给和服务感知两个维度,采用主成分分析法对家庭医生制度的实施效应进行综合评估,结果表明,家庭医生制度的实施与推进取得了一定成效,主要体现在居民的满意度较高、基层首诊率提高、就医便利性和可及性提高、医患关系有所改善等。梁欢澜等(2014)以佛山市南海区的糖尿病患者为研究对象,采用 Logistic 回归方法,通过管理组与对照组的比较,对社区家庭医生式服务开展2型糖尿病的管理效果及质量进行评估,发现家庭医生式服务引入后,患者不良的生活方式得以改变,提高自我管理能力,进而提高2型糖尿病管理效果及质量。

不论是理论、建模还是实证分析,西方学者在政策评估领域的研究都比较深入和成熟。与国外相比,国内在这方面的研究及应用还有相当的差距,特别是受限于数据的可获得性,定量分析还比较匮乏。

三、厦门市分级诊疗的改革思路:基于博弈论的分析

近年来国内一些地方实施分级诊疗时,为了引导患者分流,采用强制性基层首诊,对越级诊疗进行刚性约束。而厦门市分级诊疗主要以柔性改革为导向,以机制设计为关键,采取引导、鼓励而不是"一刀切"行政命令的办法推进改革。其鲜明特色是从引导优质医疗资源下沉、提高基层医疗机构的

服务水平入手,有效地增强了患者对基层医疗机构的信任度,使患者自愿选择到基层就诊,从而实现分级诊疗的目的。"三师共管"模式就是在这一背景下诞生的。为了更好地考察厦门市医改方案内蕴的运作机理,本专题借鉴吉本斯(Gibbons,1992)的分析思路,通过构建一个动态博弈模型来分析参与者的决策,博弈过程如图2的博弈树所示。

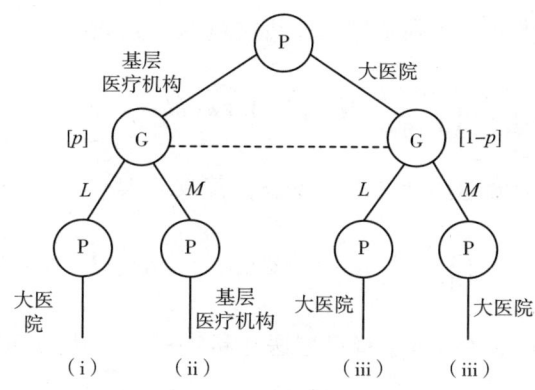

图2 博弈过程的博弈树

为了使分析简化,本专题假设博弈的参与者只有患者(P)和政策制定者(G)。在博弈的第一阶段,患者对是到基层医疗机构就诊(概率为 p,是一个由病情病种决定的不可变量)还是到大医院就诊(概率为 $1-p$)进行决策,同时,政策制定者通过资源配置,决定基层医疗机构提供较高质量(M)的服务或是低质量(L)的服务。在博弈的第二阶段,患者基于第一阶段所感受的基层医疗机构的服务水平进行后续的就医决策,如果基层医疗机构的服务水平为 L,则患者后续全部选择到大医院就诊;如果基层医疗机构的服务水平为 M,则患者后续的诊疗选择到基层医疗机构就诊。在收益方面,本专题假设患者到大医院就诊可以获得 H 的医疗服务,且 $L<M<H$。此外,本专题假设患者在基层医疗机构就诊需要付出的时间成本和医疗费用分别为 t 和 c,在大医院就诊需要付出的时间成本和医疗费用分别为 T 和 C,并假设 $T>t$、$C>c$。

在无限重复博弈过程中的折现值 δ 可以理解为病情的危重缓急程度,δ 越大,则意味着后一期的治疗对当期的意义越大,说明病情越危重急迫,并假设 $0<\delta<1$。

在上述博弈结构下，考虑无限期情况，那么：

（1）若患者先选择基层医疗机构就医，但由于基层医疗机构提供了 L 的服务，患者以后就会转到大医院就医，其收益为：

$$p\left(\frac{\delta}{1-\delta}\right)(H-T-C)+p(L-t-c) \tag{1}$$

（2）若患者持续选择到基层医疗机构就医，其收益为：

$$p\left(\frac{\delta}{1-\delta}\right)(M-t-c)+p(M-t-c) \tag{2}$$

（3）若患者持续选择到大医院就医，其收益为：

$$(1-p)\left(\frac{\delta}{1-\delta}\right)(H-T-C)+(1-p)(H-T-C) \tag{3}$$

因此，要保证患者持续选择基层医疗机构就医，则应当同时满足以下两个不等式：

$$p\left(\frac{\delta}{1-\delta}\right)(M-t-c)+p(M-t-c)>(1-p)\left(\frac{\delta}{1-\delta}\right)(H-T-C)$$
$$+(1-p)(H-T-C) \tag{4}$$

$$p\left(\frac{\delta}{1-\delta}\right)(M-t-c)+p(M-t-c)>p\left(\frac{\delta}{1-\delta}\right)(H-T-C)+p(L-t-c) \tag{5}$$

对于式（4），有：

$$p\left(\frac{1}{1-\delta}\right)(M-t-c)>(1-p)\left(\frac{1}{1-\delta}\right)(H-T-C) \tag{6}$$

由于 $1/(1-\delta)>0$ 始终成立，且 $0<p<1$，$M>0$，$H>0$，从而当 $(M-t-c)/(H-T-C)>1/p-1$ 时，患者会持续选择到基层医疗机构就医。当 p，t，T，c 和 C 一定的时候，只有 M 足够大，才能使得式（6）成立。也就是说，在其他成本、收益固定的情况下，政策制定者只有提高基层医疗机构的服务水平才能使患者愿意到基层医疗机构就医。式（6）的结果同时也能够很好地解释基层医疗机构诊较低的时间成本和诊疗费用能够吸引患者下沉到基层医疗机构就诊。

对于式（5），有：

$$\left(\frac{1}{1-\delta}\right)(M-H) + \left(\frac{\delta}{1-\delta}\right)(T+C-t-c) > L-H \qquad (7)$$

$$(H-L) + \left(\frac{\delta}{1-\delta}\right)(T+C-t-c) > \left(\frac{1}{1-\delta}\right)(H-M) \qquad (8)$$

由于 $(H-M) > 0$，且为了表述方便，令 $D = \left(\frac{\delta}{1-\delta}\right)(T+C-t-c)$，有：

$$\frac{H-L+D}{H-M} > \frac{1}{1-\delta} \qquad (9)$$

式（9）表明，在病情缓急程度、其他成本、收益固定的情况下，$(M-L)$ 越大，即基层医疗机构服务水平提升越多，患者越有可能选择到基层医疗机构就诊，这意味着基层医疗机构提供服务的水平越高，越容易吸引患者就诊。不过，当患者面对危急病情（δ 取值接近1）时，基层医疗机构服务水平的提高则很难满足要求，这种情况下患者会自动选择到大医院进行就诊。这表明，如果采取强制性的"基层首诊、向上转诊"模式，则有可能剥夺患者的自由裁量权。此外，式（9）中的大医院和基层医疗机构在时间成本和医疗费用上的差异能够对基层医疗机构的服务水平进行补偿。如果 D 值越大，即大医院诊疗时间成本和费用同基层医疗机构相比差距越大，那么患者选择到基层医疗机构就诊的可能性就越大。

因此，在患者掌握就医决策主动权的情况下，政策制定者通过提高基层医疗机构的服务水平才能有效地吸引患者下沉到基层就诊。这也为分级诊疗改革的"厦门模式"——"三师共管"取得良好效果提供了一种理论解释。

四、厦门市"三师共管"模式的绩效评估：基于 Logit 方法和 OLS 方法

（一）数据获得

在这一部分的分析中，我们随机抽取了厦门市"高友网"和"糖友网"的 22383 名患者的数据，其中男性 11583 名（占 51.75%），女性 10800 名

（占48.25%），被抽查患者年龄结构如图3所示。

由图3可以看出，在网患者以50～80岁的人群居多，这与厦门市卫计委在医改过程中以慢性病多发的中老年群体作为突破口的状况吻合。

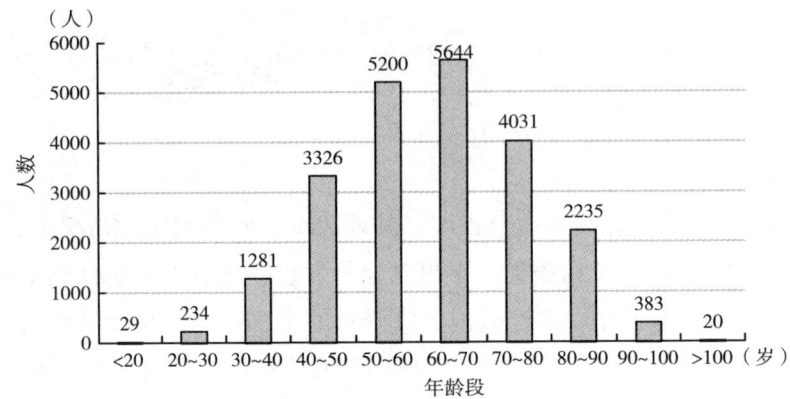

图3 被抽查患者的年龄结构

我们以入网患者每季度第一次登记的血压、血糖指标作为观测值进行分析。另外，样本中剔除了从2012年第一季度开始到2016年第三季度止的血压、血糖指标观测值少于5个的数据。经过筛选，血压收缩压、舒张压的合格指标中有14789名患者数据，其中男性7550名（占51.05%），女性7239名（占48.75%），年龄结构如图4所示。

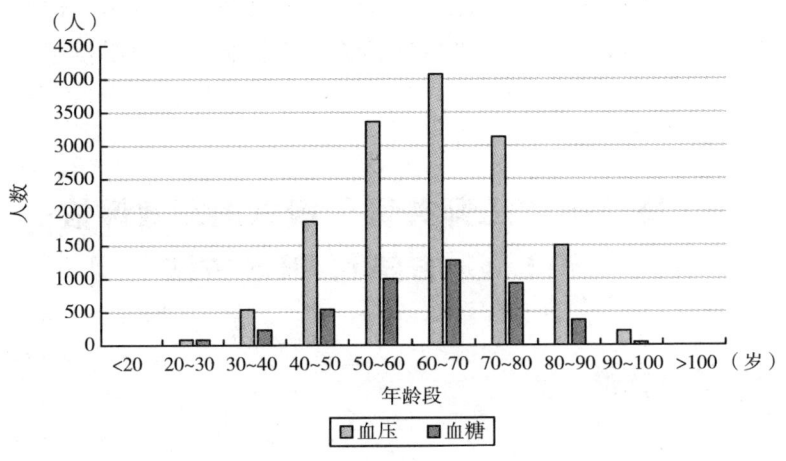

图4 有效数据年龄结构

经过筛选后的有效数据性别、年龄结构特征与图 3 基本一致。

对于血压的观测指标,我们定义一个"0 – 1"变量对健康程度进行刻画,即收缩压低于 140mmHg、舒张压低于 90mmHg 的定义为 1,否则定义为 0。对于血糖健康水平的观测指标,我们采用患者每次登记值同自身平均值的差值进行衡量。

(二)模型设定

本专题利用计量经济学 Logit 方法对厦门市实行"1 + 1 + X"和"三师共管"后对高血压病人的慢病管理进行分析。Logit 模型是在面板数据中当因变量为逻辑变量(即 0 – 1 变量)时的一种常用计量回归方法。其自变量系数能够很好地衡量自变量的变化对因变量从 0 变为 1 的可能性提升。为了衡量政策执行之后对于入网病人慢病管理的效果,我们将执行"1 + 1 + X"和"三师共管"后的政策虚拟变量记为 1,回归方程如下:

$$Y_{it} = \alpha + \beta T_{it} + \gamma Z_{it} + \epsilon_t \qquad (10)$$

其中 Y_{it} 衡量了第 i 个人 t 时刻的健康状况,T_{it} 为政策虚拟变量,Z_{it} 为年龄、性别等控制变量,女性为 1,男性为 0,ϵ_t 为误差项。

对于糖尿病患者的慢病管理效果,由于使用了连续性的变量来衡量波动性,因此本专题采用 OLS 模型进行分析。OLS 模型能够很好地刻画自变量对于因变量的影响程度。由于高血糖患者的健康指标差距较小,因此本专题采用 $Y = \ln(10X)$ 方程对指标差距进行放大,从而得出更有效的结果。对于回归方程的设定,与方程(10)相同。

(三)描述性统计

本专题数据从 2013 年第一季度开始,到 2016 年第三季度止(一共 15 个季度值),选择每个季度的第一次测量值作为季度健康指标的计算基础。描述性统计如表 1、表 2、表 3 所示。

表1　　　　　　　收缩压有效样本各主要变量描述性统计

项目		均值（Mean）	标准差（Std. Dev.）	最小值（Min）	最大值（Max）	变量数（observations）
健康状况	综合	0.834469	0.371661	0	1	$N = 160030$
	组间		0.218613	0	1	$n = 14789$
	组内		0.306118	-0.09886	1.767802	$T-bar = 10.8209$
年龄	综合	62.85104	13.4446	1	103	$N = 221835$
	组间		13.44502	1	103	$n = 14789$
	组内		0	62.85104	62.85104	$T = 15$
性别	综合	0.489485	0.499891	0	1	$N = 221835$
	组间		0.499906	0	1	$n = 14789$
	组内		0	0.489485	0.489485	$T = 15$

注：变量数 N 表示总的有效观测值，n 表示组数，$T/T-bar$ 表示观测时间量均值。

表2　　　　　　　舒张压有效样本各主要变量描述性统计

项目		均值（Mean）	标准差（Std. Dev.）	最小值（Min）	最大值（Max）	变量数（observations）
健康状况	综合	0.940677	0.236229	0	1	$N = 221820$
	组间		0.112272	0	1	$n = 14788$
	组内		0.207846	0.007344	1.87401	$T = 15$
年龄	综合	62.85164	13.44486	1	103	$N = 221820$
	组间		13.44528	1	103	$n = 14788$
	组内		0	62.85164	62.85164	$T = 15$
性别	综合	0.489451	0.49989	0	1	$N = 221820$
	组间		0.499906	0	1	$n = 14788$
	组内		0	0.489451	0.489451	$T = 15$

注：变量数 N 表示总的有效观测值，n 表示组数，$T/T-bar$ 表示观测时间量均值。

表3　　　　　　　空腹血糖有效样本各主要变量描述性统计

项目		均值（Mean）	标准差（Std. Dev.）	最小值（Min）	最大值（Max）	变量数（observations）
健康状况	综合	1.260451	1.212332	-5.009993	4.584968	$N = 39775$
	组间		0.7753718	-3.634813	4.564811	$n = 4403$
	组内		0.9455681	-4.847906	4.618944	$T-bar = 9.03361$
年龄	综合	61.34334	13.43329	8	96	$N = 40077$
	组间		13.42714	8	96	$n = 4412$
	组内		0	61.34334	61.34334	$T-bar = 9.08364$

续表

项目		均值（Mean）	标准差（Std. Dev.）	最小值（Min）	最大值（Max）	变量数（observations）
性别	综合	0.499239	0.5000057	0	1	$N = 40077$
	组间		0.5000493	0	1	$n = 4412$
	组内		0	0.497058	0.497058	$T - bar = 9.08364$

注：变量数 N 表示总的有效观测值，n 表示组数，$T/T - bar$ 表示观测时间量均值。

由表1~表3可知，收缩压、舒张压、餐后血糖的健康状况均值分别为 0.83、0.94、0.39，表示83%、94%、39%的样本健康状况为健康。从年龄上看，均在62岁左右，性别比例女性占49%左右，性别比例分布较为均衡。

（四）回归结果及分析

面板数据模型分为混合数据模型、固定效应模型、随机效应模型三大类型。其中，固定效应模型是最常用的面板数据模型。基于本部分的数据来源于抽样数据，是非平衡面板数据，并且每个个体因变量在任何时间都是0或者1，不随时间变化，因此应当选择随机效应模型进行分析。

在回归之前，我们采用单位根检验来检验面板数据的平稳性，利用协整检验来检验变量之间是否存在稳定关系。采用 Fisher-ADF 方法进行单根检验，检验结果表明，解释变量皆是平稳的。

本专题利用方程（10）的结构对高血压病人的健康状况、糖尿病人健康状况逐一添加控制变量进行分析，因变量为血压收缩压、血压舒张压和空腹血糖的回归结果报告分别列在表4、表5和表6中。

表4　　　　　　　　　　血压收缩压回归结果

解释变量	被解释变量：血压收缩压健康状况		
	(1)	(2)	(3)
政策实施	0.760 ***	0.747 ***	0.747 ***
	(0.0188)	(0.0187)	(0.0187)
年龄		-0.0333 ***	-0.0334 ***
		(0.00129)	(0.00130)

续表

	被解释变量：血压收缩压健康状况		
解释变量	(1)	(2)	(3)
性别			0.0110 (0.0337)
截距项	1.732*** (0.0228)	3.848*** (0.0870)	3.845*** (0.0874)
样本数量	160030	160030	160030
组数	14789	14789	14789

注：括号中为系数估计的标准误，***、**、* 分别表示 $p<0.01$、$p<0.05$、$p<0.1$。

表5　　　　　　　　　　　血压舒张压回归结果

	被解释变量：血压舒张压健康状况		
解释变量	(1)	(2)	(3)
政策实施	0.231*** (0.0206)	0.231*** (0.0206)	0.231*** (0.0206)
年龄		−0.00807*** (0.00148)	−0.00881*** (0.00149)
性别			0.195*** (0.0394)
截距项	3.696*** (0.0290)	4.204*** (0.0989)	4.155*** (0.0992)
样本数量	221820	221820	221820
组数	14788	14788	14788

注：括号中为系数估计的标准误，***、**、* 分别表示 $p<0.01$、$p<0.05$、$p<0.1$。

从表4和表5的回归结果看，实施"1+1+X"和"三师共管"后，有76%的可能性提高了收缩压指标的健康水平，有23%的可能性提高了舒张压指标的健康水平。由此可以得出结论，实施"1+1+X"和"三师共管"后高血压的慢病管理效果显著。同时，我们发现性别对于高血压的发生没有影响，而随着年龄每增大1岁，患高血压的风险会增加大约3%。

表6　空腹血糖回归结果

解释变量	（1）	（2）	（3）
被解释变量：空腹血糖健康状况			
政策实施	-0.114***	-0.114***	-0.114***
	(0.0146)	(0.0146)	(0.0146)
年龄		0.00173**	0.00170*
		(0.000868)	(0.000869)
性别			0.0137
			(0.0233)
截距项	1.345***	1.239***	1.233***
	(0.0170)	(0.0562)	(0.0569)
样本数量	39775	39775	39775
组数	4403	4403	4403

注：括号中为系数估计的标准误，***、**、*分别表示 $p<0.01$、$p<0.05$、$p<0.1$。

从表6可以看出，随着"1+1+X"和"三师共管"的进行，高血糖患者的血糖波动水平明显下降了11.4%，而且还可以发现年龄上升会增加血糖的波动水平。

五、结　　论

厦门市以慢性病特别是高血压和糖尿病为突破口，以"三师共管"为有力抓手，积极推进分级诊疗试点工作。全科医生、专科医生和健康管理师与患者结成良性互动的紧密医患关系，对慢性病的管理取得了显著的成效。

一是提升了基层医疗机构的服务能力。厦门市通过建立绩效激励机制、补充医务人员、将医保定额结算改为据实结算、专科医生"传帮带"与轮训、与社区家庭签约、鼓励社会力量参与等手段，使得基层对于患者不仅"接得住"而且"愿意接"。数据显示，2015年以来共计200余万诊疗人次"下沉"到社区首诊，2016年以来签约居民在基层医疗机构的就诊率已超过60%。

二是充分调动了基层医务人员的积极性。为了夯实基层，为分级诊疗奠定坚实基础，厦门市在基层的财政补助、考核和绩效激励机制中，重点考核延时服务、"三师共管"分级诊疗和家庭医生签约等指标,实行增量奖励。2016年基层工作人员平均收入水平17万元,与2010年相比增幅达144.7%,一线人员平均收入突破22万元,积极性增加①。

三是分级诊疗成效显现。公立医院不再追求规模,专治疑难症。2013~2014年,厦门市高血压在大医院的就诊比例分别为34.6%、30.5%,同期基层医疗机构就诊的比例为48.0%和51.8%,后者比2012年的22.3%提高了近30%;糖尿病患者在大医院就诊的比例分别为53.1%、52.0%,在基层医疗机构就诊比例为24.5%和26.0%(刘文生,2015)。2015年,厦门市大医院"两高"慢病的就诊比例下降了15.5%,基层医疗机构就诊比例提高了36.3%(曾巧宁,2016)②。

四是患者就医习惯趋于合理。居民签约在基层医疗机构首诊的意愿达85%。第三方满意度调查显示,签约居民总体满意度高达92%③。

参考文献

[1] 高和荣. 健康治理与中国分级诊疗制度 [J]. 公共管理学报, 2017 (2).

[2] 姜洁,李幼平. 我国分级诊疗模式的演进及改革路径探讨 [J]. 四川大学学报(哲学社会科学版), 2017 (4).

[3] 李银才. 制度结构视角下的分级诊疗形成机制改革 [J]. 现代经济探讨, 2015 (7).

[4] 梁鸿,赵德余. 中国基本医疗保险制度改革解析 [J]. 复旦学报(社会科学版), 2007 (1).

[5] 梁欢澜,王运林,罗卓章等. 引入家庭医生式服务开展2型糖尿病管理效果初探 [J]. 华中科技大学学报(医学版), 2014 (4).

[6] 刘文生. 分级诊疗厦门模式 [J]. 中国医院院长. 2015 (18).

[7] 鲁於,吴忠 (2015). 家庭医生制度实施效应评估——基于上海市8区21街道的实地调研 [J]. 科学决策, 2015 (11).

[8] 申曙光,张勃. 分级诊疗、基层首诊与基层医疗卫生机构建设 [J]. 学海, 2016 (2).

---

① 李方芳. 分级诊疗 精准就医 [N]. 海峡导报, 2017-8-31.
② 资料来自厦门市人民政府办公室发布的《厦门市2017年深化医药卫生体制改革主要工作安排》。
③ 李方芳. 分级诊疗 精准就医 [N]. 海峡导报, 2017-8-31.

[9] 唐绍洪, 崔垚, 刘屹. 分级诊疗制度关涉主体的利益冲突与协调 [J]. 中州学刊, 2017 (2).

[10] 薛新东, 潘常刚. 医疗资源整合的路径选择 [J]. 湖北社会科学, 2009 (7).

[11] 姚泽麟. 行政、市场与职业: 城市分级诊疗的三种治理模式及其实践 [J]. 社会科学, 2016a (6).

[12] 姚泽麟. 政府职能与分级诊疗——"制度嵌入性"视角的历史总结 [J]. 公共管理学报, 2016b (3).

[13] 余宇新, 杨大楷. 我国医疗资源配置公平性的理论与实证研究 [J]. 经济体制改革, 2018 (6).

[14] 曾巧宁. 厦门市分级诊疗改革的实践探索与思考 [J]. 卫生经济研究, 2016 (7).

[15] 朱珊, 房新征. 论深化医改过程中分级诊疗体系的完善 [J]. 管理观察, 2016 (36).

[16] Aiken L. H., Sermeus W., Heede K. V. D., et al.. Patient Safety, Satisfaction, and Quality of Hospital Care: Cross Sectional Surveys of Nurses and Patients in 12 Countries in Europe and the United States [J]. *British Medical Journal*, 2012, 344: e1717 – 1741.

[17] Bouwkamp-Memmer J. C., Whiston S. C., Hartung P. J.. Work values and job satisfaction of family physicians [J]. *Journal of Vocational Behavior*, 2013, 82 (3): 248 – 255.

[18] Chan B. T., Austin P. C.. Patient, Physician, and Community Factors Affecting Referrals to Specialists in Ontario, Canada: A Population-Based, Multi-Level Modelling Approach [J]. *Medical Care*, 2003, 41 (4): 500 – 511.

[19] Cox J. M., Steel N. and Clark A. B., et al.. Do Referral-Management Schemes Reduce Hospital Outpatient Attendances? Time-Series Evaluation of Primary Care Referral Management [J]. *British Journal of General Practice the Journal of the Royal College of General Practitioners*, 2013, 63 (611): 386 – 392.

[20] Curtright J. W., Stolp-Smith S. C., Edell E. S.. Strategic Performance Management: Development of a Performance Measurement System at the Mayo Clinic [J]. *Journal of Healthcare Management*, 2000, 45 (1): 58 – 68.

[21] Devlin R. A., Sarma S.. Do Physician Remuneration Schemes Matter? The Case of Canadian Family Physicians [J]. *Journal of Health Economics*, 2008, 27 (5): 1168 – 1181.

[22] Gibbons R.. *A Primer in Game Theory* [M]. New York: Harvester Wheatsheaf, 1992.

[23] Gray D., Hogg W. and Green M. E., et al.. Did Family Physicians Who Opted into a New Payment Model Receive an Offer They Should Not Refuse? Experimental Evidence from

Ontario [J]. *Canadian Public Policy*, 2015, 41 (2): 151 – 165.

[24] Greiner W.. Health economic Evaluation of Disease Management Programs [J]. *European Journal of Health Economics in Prevention & Care*, 2005, 6 (3): 191 – 196.

[25] Heckman J.. Micro Data, Heterogeneity, and the Evaluation of Public Policy: Nobel Lecture [J]. *Journal of Political Economy*, 2001, 109 (4): 673 – 748.

[26] Herbert C. P.. Clinical Health Promotion and Family Physicians: A Canadian Perspective [J]. *Patient Education & Counseling*, 1995, 25 (3): 277 – 282.

[27] Ho K., and Pakes A.. Physician Payment Reform and Hospital Referrals [J]. *American Economic Review*, 2014, 104 (5): 200 – 205.

[28] Huang T. T., Borowski L. A., Liu B, et al.. Pediatricians' and Family Physicians' Weight – Related Care of Children in the U. S. [J]. *American Journal of Preventive Medicine*, 2011, 41 (1): 24 – 32.

[29] Kurian, O. C.. Rationalising Rationing: The Curious Case of Economic Evaluations in Health [J]. *Social Scientist*, 2008, 36 (7/8): 37 – 63.

[30] Leblanc E., Bélanger M., Thibault V., et al.. Influence of a Pay-for-Performance Program on Glycemic Control in Patients Living with Diabetes by Family Physicians in a Canadian Province [J]. *Canadian Journal of Diabetes*, 2017, 41 (2): 190 – 196.

[31] Mcintosh E., Luengofernandez R.. Economic Evaluation. Part 1: Introduction to the Concepts of Economic Evaluation in Health Care [J]. *The Journal of Family Planning and Reproductive Health Care/Faculty of Family Planning & Reproductive Health Care, Royal College of Obstetricians & Gynaecologists*, 2006, 32 (2): 107 – 112.

[32] Meyer B. D.. Natural and Quasi-Experiments in Economics [J]. *Journal of Business & Economic Statistics*, 1995, 13 (2): 151 – 161.

[33] Siegrist J., Shackelton R., Link C., et al.. Work Stress of Primary Care Physicians in the US, UK and German Health Care Systems [J]. *Social Science & Medicine*, 2010, 71 (2): 298 – 304.

[34] Swaminathan S., Chernew M., Scanlon D. P.. Persistence of HMO Performance Measures [J]. *Health Services Research*, 2008, 43 (6): 2033 – 2049.

[35] Thanassoulis E., Portela M. and Graveney M.. Estimating the Scope for Savings in Referrals and Drug Prescription Costs in the General Practice Units of a UK Primary Care Trust [J]. *European Journal of Operational Research*, 2012, 221 (2): 432 – 444.

[36] Wolff J. L., Meadow A., Boyd C. M., et al.. Physician Evaluation and Management of Medicare Home Health Patients [J]. *Medical Care*, 2009, 47 (11): 1147 – 1155.

专题八 抓住地铁时代机遇加快厦门跨岛发展步伐的研究

一、地铁建设的意义

1863年1月10日,世界上第一条地铁在英国伦敦正式建成并投入运营,随后,许多国家和城市鉴于城市发展现实问题都先后建设地铁。随着我国城市化脚步的加快,交通压力日益增大,地铁也逐渐成为城市公共交通的重要组成部分,地铁不仅使各地的交通状况得到了改善,更在节能环保、经济发展、文化传播等方面对城市建设具有重大的意义。

(一) 有利于环境保护

地铁是一种绿色交通工具,不仅准点便捷、安全舒适,而且符合低碳交通的要求,其使用能源为电力,无须燃料,没有固体悬浮微粒、一氧化碳等有害气体,而且地铁噪声低且不易扩散,对环境的噪声污染几乎为零。不仅如此,地铁客运量巨大,利用了城市发展开发过程中的新型空间模式,能在很大程度上缓解公共交通的拥挤局面,减少地面车流量,从而减少汽车尾气等带来的环境问题。除此以外,地铁还提倡了一种节能环保的理念,居民搭乘地铁能够得到环保意识的深层感悟。

(二) 形成地铁经济

所谓地铁经济,即是指以地铁建设为基础,涵盖地铁规划、运营、管理、维护、物业租赁、周边地段开发与增值等诸多领域所构成的整体市场概念。地铁经济在城市建设中的重要作用主要表现在以下几个方面。

1. 地铁经济催生新型商圈

地铁是现代大中型城市重要的公共交通工具，能够缓和居住工作区和城市商业区分离的矛盾，促进商业的健康发展，在加速推动城市化进程方面起到不可替代的作用。从城市空间的角度上分析，地铁在通行过程中因为涉及区域的广泛性和运营时间的饱满性，为沿线的商业经济发展创造了一定的条件，给城市的商业提供了更多的发展空间和发展机会，催生出地铁商业。所谓地铁商业，是指地铁发挥自身的交通枢纽功能，加速沿线流量的聚集，并联合周边商业，将巨大的人流量转化为商业客流，由点及面，形成商业辐射区，打破传统的马路商业模式，形成独特的从地上到地下的地铁经济商圈，全面促进沿线商业共同发展。

2. 地铁经济提升地铁沿线房价

这主要是由于地铁的修建改变了其周边物业的可通达性。新时代的居民更倾向于在交通便捷的场所购房，地铁的发展能够提升沿途区域的地价和住房价值，增加物业升值空间，带动房地产行业发展。在为人们出行带来便利的同时，地铁还吸引了各种生活、娱乐、商业等设施向地铁沿线靠拢，从而增强了地铁沿线房地产的开发强度。如德布雷赞等（Debrezion et al., 2007）的研究结果显示：距离地铁站 1/4 英里范围内的商铺地产平均价格比住宅地产平均价格要高 12.2%；地铁商业圈内的商铺地产比圈外的价格高出 16.4%，住宅地产则高 4.2%；房产与地铁站的距离每减少 250 米，平均价格上涨 2.3%[1]。越是私人交通不便利的城市，地铁对于房地产的增值效应越大，增值速度越快，地产抗跌能力越强。

3. 地铁经济促进广告业的发展

随着地铁经济的不断发展，地铁沿线广告相关业务受其影响较为明显。其为广告行业带来了一个新的发展阶段，为传统的广告注入新的活力。地铁是一个具有强大传播能力的媒体场，覆盖人群数量多、接触深度大，地铁广告成为

---

[1] Ghebreegziabiher Debrezion, Eric Pels & Piet Rietveld. The Impact of Railway Stations on Residential and Commercial Property Value: A Meta-analysis [J]. *Journal of Real Estate Finance & Economics*, 2007, 35 (2), pp. 161–180.

一种新兴广告媒介。地铁广告主要有轨行区灯箱广告、通道灯箱广告等多种形式。除广告租金外，还有制作费与上刊费等经济效益。相对于电视广告来说，地铁广告容易获得更多的曝光频次，能够实现高频次重复到达目标受众，在庞大的客流量中能够受到更广泛的关注，也因此更容易达到商家预期传播的效果，这使得地铁广告备受商家的青睐，带来不小的经济效益。

4. 地铁经济促进旅游业的发展

将旅游景点纳入地铁路线的规划范围能够完善城市旅游交通，缩短游客与旅游景点的距离。无论是本地市民还是外地游客，都可以通过乘坐地铁更加便利地到达旅游景点，减少了因地面交通过于复杂和拥挤而带来的恐惧感，也提高了旅游的意愿和效率，因此地铁的建成和运营在为游客提供便利的同时将进一步促进旅游业的发展。

（三）形成地铁文化

随着我国城市地铁的发展，人们在地铁中逗留的时间越来越多，地铁文化的价值逐步被发现。地铁文化以城市文化为基础，是城市文化的缩影与重要构成，是城市文明建设的延展和提升。地铁本身作为一种交通，也是传播文化的直接途径，丰富的地铁文化有助于提升地铁乘坐体验，更能提高公众对政府公共服务部门的满意程度。同时，作为城市形象的一部分，地铁对城市形象塑造上可起到重要的作用。地铁和地铁文化都在传递着所在城市居民的素质、城市管理者的理念水平，传递着当地城市文化的气息。因此，打造良好的地铁文化，有利于提升城市对外传播形象。利用地铁文化推动城市文化建设，促进城市发展，已经成为很多城市重要的创新手段。纵览全球，世界著名的地铁系统都有强烈的文化内涵，地铁文化厚重而有品位，折射出城市的历史变迁、风土人情、文学艺术、城市精神等诸多特质，是城市活力和魅力的完美展现。重视地铁文化，加强并提升城市地铁文化建设已经成为地铁未来发展的必然趋势。

（四）完善城市交通体系

在城市化的历程中，处于不同发展阶段的城市的交通需求需要相匹配的交通技术水平及运输工具来加以满足。地铁具有运量大、正点准时、安全、舒适等特点，相比于地面道路交通工具，地铁具有更加强大的输送能力，将有效地疏解和引导城市交通，承担未来公共交通的骨干地位，成为市民出行的重要交通方式。通过换乘节点与常规公交、快速公交实现高效率换乘，构建立体式城市道路网络，能够较好地解决大、中城市交通日益增长的供需矛盾问题，满足城市化的交通需求。

（五）提升城市公共服务

地铁建设是一项综合性工程，需要统筹考虑水、电等基础设施，轨道交通与路面交通的衔接安排等。地铁的运营将带动配套的市政基础设施和社会事业设施建设，提升周边区域承载能力及公共服务水平。此外，城市公共设施与轨道交通站点常常在地理位置上表现出一致性，地铁站点的选择通常会考虑公共设施较为聚集的地理位置，例如周边建有学校、医院、公园等的站点，而地铁站点的确定又会带动更多公共设施的建设，两者相互依托、相互促进。并且，由于地铁的便利性，居民能够更加便捷地出行，这方便了居民在医院、学校等公共设施之间的来往，提高了城市公共设施的服务性。对于地区的地理位置有所割裂的城市而言，地铁更是成为连接不同地区居民的桥梁，方便居民来往沟通的有效通道，这对促进城市资源均匀分布、人才教育互通起到了不可或缺的作用，有利于实现城市的全面均衡可持续发展。

二、厦门地铁发展规划及现状

（一）发展规划

2016年10月，国家发展和改革委员会批复了《厦门市城市轨道交通第二期建设规划（2016—2022年）》①。该规划中的线网规划为：依据厦门市城

---

① 参见《国家发展改革委关于厦门市城市轨道交通第二期建设规划（2016—2022年）的批复》。

市总体规划和综合交通规划，厦门市城市轨道交通 2020 年线网由 6 线组成，总长度约 267 公里，共设车站 139 座，含换乘站 18 座；远景年线网由 11 条线路组成，总长度 404 公里，共设车站 188 座，含换乘站 42 座。预测 2020 年，厦门市公共交通占全方式出行量比例为 45%，轨道交通占公共交通出行量比例为 30%。建设规划为：建设 2 号线二期、3 号线二期、4 号线和 6 号线一期共 4 个项目，总长度 152.2 公里。到 2022 年，形成 5 条线路、总长约 224 公里的轨道交通网络。2 号线二期工程自天竺山至芦坑站，线路长 15.5 公里，设站 9 座，投资 122.18 亿元，规划建设期为 2016～2020 年。3 号线二期工程自五缘湾至翔安机场站，线路长 22.6 公里，设站 13 座，投资 151.54 亿元，规划建设期为 2016～2020 年。4 号线工程自嵩屿码头至翔安机场站，线路长 69.6 公里，设站 218 座，投资 362.56 亿元，规划建设期为 2017～2022 年。6 号线一期工程自林埭至影视城站，线路长 44.5 公里，设站 27 座，投资 364.64 亿元，规划建设期为 2017～2022 年。

地铁建设将共有十条线路，功能定位分别是：

1 号线（厦门岛—厦门北站）：为厦门岛到集美的放射骨架线，构建厦门岛与集美快速跨海连接通道，并服务于岛内外火车站。

2 号线（厦门岛—海沧马銮湾）：为厦门岛到海沧的放射骨架线，构建厦门岛与海沧片快速跨海连接通道。

3 号线（厦门岛—翔安—厦门新机场）：为厦门岛到翔安的放射骨架线，构建厦门岛与翔安快速跨海连接通道，并服务于厦门新机场。

4 号线（厦门新机场—嵩屿码头）：构建厦门新机场与翔安、同安各个组团及厦门北站枢纽、嵩屿码头快速连接通道。

5 号线（厦门岛—同安）：为厦门岛到翔安、同安的放射骨架线，构建厦门岛与翔安、同安快速跨海连接通道，并服务于厦门岛东部会展中心和同安旧城。

6 号线：海沧马銮湾为起点站，终点为翔安舫阳附近。

7 号线：从厦门大学出发，沿岛内西侧、北侧由集美大桥附近跨海到翔安，最终到达翔安马巷。

8 号线：从海沧新阳片区出发，经岛内到翔安，与 4 号线汇合到达翔安机场。

9 号线：起于翔安浦边村附近，中间与 4 号线汇合绕翔安南部新城，最终到达同安五显附近。

10 号线：北起于同安洪塘附近，一路经翔安火炬园、东部市级中心、厦门大学翔安校区等，终点为大嶝岛西南部。

（二）发展现状

当前开通运营的只有厦门地铁 1 号线，起终点分别为镇海路与岩内，线路长度 30.3km，车站 24 座，于高崎站和集美学村站间跨岛。其余线路仍然在建。

2017 年 12 月 31 日，厦门地铁 1 号线开通试运营，厦门成为中国第 34 个、中国大陆地区第 31 个开通运营地铁的城市。开通后第一个工作日早高峰进站 1.3 万人次[1]。截至厦门地铁 1 号线试运营满 1 个月，总开行 8707 列次，列车准点率 99.97%，累积进站总客流量 315.8 万人次，日均客流量约 10 万人次[2]。从国内各大城市地铁客流情况分析来看，上海、深圳、成都、南京等地铁成熟城市的首条地铁线路开通第一年的日均客流量在 13 万~18 万人次之间，福州、佛山、苏州、沈阳、宁波、无锡等城市首条地铁线路开通第一年的日均客流量在 7 万~11 万人次之间。由此可见，厦门地铁 1 号线开通首月进站客流量在合理预期范围内[3]。地铁运营 100 日时，厦门地铁共计开行列车 28479 列次，运营里程 82.7 万公里，列车运行图兑现率 100%，列车准点率达到了 99.98%，共计运送乘客 1036 万人次[4]。计划 1 号线出入口共计 124 个，各站点设置的出入口都在 4 个或 4 个以上。目前已开通使用 64 个，剩余 60 个出入口持续建设中，其中 31 个出入口计划于今年年底完成并开通；7 个出入口由于涉及 2、3 号线换乘站建设，计划于 2019 年 9 月份完成施工，与 2、3 号线主线一并开通；剩余的 22 个出入口，将根据资源开发建设进度计划于 2019 年后逐步开通[5]。

车票价格：厦门地铁实行限时里程分段计价票制，起步价 4 公里（含）2 元，之后分段计价。乘客一次从进闸到出闸的有效时限为 120 分钟；车票

---

① 根据厦门网网站数据整理，http://www.xmnn.cn/.
②③ 张诗. 地铁一号线日均客流量 10 万人次 [N]. 厦门晚报，2018-2-1（A03）.
④ 雷妤. 地铁运营百日 千万人次受益 [N]. 海西晨报，2018-4-11（A06）.
⑤ 根据厦门网网站数据整理. http://www.xmnn.cn/.

种类:厦门地铁实行一人一票制,车票种类主要包括单程票、纪念票、计次票、旅游票、易通卡等。厦门地铁 1 号线全天运营时间为 6:30 – 22:30,单程运行时间 52 分钟,起步 2 元,全程 7 元,运行速度 35km/h,最高时速 80km/h①。

三、上海与东京地铁建设的经验与启示

(一) 上海经验与启示

在上海,轨道交通已经渗透到人们的生活。从 1 号线通车以来,轨道交通已在上海历经了二十余载。从单线到"十"字,从"十字加环"到 15 条线交织成网,上海地铁这张网越织越大、越织越密。

参照朱霞(2010)的研究将上海地铁发展分为以下几个阶段。

单线阶段:1995~1999 年,上海仅有轨道交通 1 号线一条线路,线路运营区间为莘庄—上海火车站,是上海南北向的主要客运通道。1995 年 4 月 10 日 1 号线开通试运营,实现了上海轨道交通建设零的突破。在此之后 2 年,1 号线延伸至莘庄,并于 1997 年 7 月 1 日通车,车站总数增至 16 座。

轨道交通骨架阶段:2000~2005 年,上海逐步形成十字加圆环形的轨道骨架,由轨道交通 1~5 号线共 5 条线路组成。轨道交通 2 号线于 2000 年开通。3 号线 2000 年 12 月 26 日建成通车运营且是我国第一条以高架为主的城市轨道交通线路。轨道交通 5 号线于 2003 年 11 月开通运营,在莘庄站与 1 号线换乘,是国内首条城市轨道交通高架轻轨线路。轨道交通 4 号线 2005 年 12 月 31 日"C"形运营,其中宝山路站—虹桥路站之间的 9 站 8 区间与轨道交通 3 号线共线运营。

初步网络化阶段:2006~2009 年,在轨道交通骨架的基础上,陆续开通了轨道交通 6、8、9 号线以及几条线路的延伸线。这些线路与原有线路共同形成了"环线 + 放射线"形态的轨道交通初步网络,覆盖上海主要客运通道。

---

① 雷好. 地铁 1 号线开通在即 这份乘车攻略请您收好 [N]. 海西晨报,2017 – 12 – 27 (A12).

轨道网络阶段：2010~2018年，上海轨道交通网络陆续建设多条轨道交通线路。到2018年，形成16条线路组成的轨道交通基本网络。2018年，上海地铁的运营里程为673公里，居世界第一[①]。截至形成"覆盖中心城区、连接市郊新城、贯通重要枢纽"的上海轨道交通基本运营网络，上海地铁用了20多年时间，超越了发达国家地铁100多年的发展（见表1）。

表1　　　　　　　　　　　上海地铁交通的基本情况

指标	2011年	2012年	2013年	2014年	2015年	2016年
运营车辆（节）	2899	3130	3490	3677	3797	4025
轨道交通线路数（条）	12	13	15	15	15	15
运营线路长度（公里）	454	468	567	577	617	617
运营里程（万列·公里）	5406	5570	5872	7007	7574	8430
客运总量（万人次）	210105	227573	250628	282727	306798	340106

注：由于上海统计年鉴只截止到2017年度（统计数据为2016年份），因此2017~2018年的信息存在缺失。

资料来源：根据上海历年统计年鉴整理。

1. 房地产价格的影响变化及启示

随着上海地铁线路日渐增多，密度进一步加大，地铁越来越方便。除了为出行提供了更大的便利，对住房市场的影响也显而易见。上海地铁一号线的开通，使当时地处城郊的莘庄迅速发展成为交通便捷、商业繁荣的"热土"，周边的房价更是在10年中大幅上涨，造就了"莘庄奇迹"。此后，二号线也迅速带动了世纪公园、龙阳路、张江等房产板块；三号线又让江湾镇等地受益匪浅。基于这些案例，人们往往看好地铁沿线的房价走势。"三线二段"规划建设之初，这些线路周边的房地产开发就已经启动，有些外环以外的楼盘房价已经飙升至了每平方米几万元以上，轨道交通对周边房价的拉动可见一斑。

在市中心地区，虽然轨道交通也能使出行更加便利，但公交线路四通八达，相对而言出行成本又比轨道交通低廉，地铁沿线的住房并没有很大的优势，且市中心的住房市场本来就供不应求，房价已经居于高位，一般来说不

[①] 张帆. 运营里程世界最长 上海地铁迎来第5000辆列车. 大公网, http://www.takungpao.com/finance/236132/2018/0719/190685.html.

会因为地铁的开通而再度飙升；对于郊区来说情况就不同，地铁沿线存量房和二手房市场会受到直接而重大的影响。另外，很多租房的人喜欢住在地铁沿线，房屋租金也相应提高，强大的需求和可观的收益会促进本地居民出租闲置的房间，这也在一定程度上增加了地铁周边现房的供应。

地铁的建设对住房供应市场的影响主要在于地铁能够引导住房开发行为。地点选择是房地产开发时面临的一个很重要的问题。一方面，市中心的住房市场需求旺盛，但开发成本太高，高昂的地价和动迁费用让很多开发公司望而却步。另一方面，郊区的土地相对廉价，开发成本低，但又面临能否顺利销售的问题，且住房市场的需求弹性要大于供应弹性，房地产投资周期长、数额巨大，一旦不能按时回收，将给房地产公司带来重大的损失。在这种形势下，地铁沿线的郊区就成了首选之地，轨道交通增加了预期需求，也就扩大了开发建设的范围。

综上所述，可以得出如下启示。

随着交通技术的发展，越来越多的人开始接受另一种对距离的定义，就是"时间距离"，人们开始更关心"多久能到"。比如在厦门岛内工作的人，如今买房子时考虑的是从家里到公司不能超过一个小时或者一个半小时，这样购房决策时就增加了交通这个重要因素，在市中心住房和交通都超饱和的情况下，道路通畅交通便利的岛外往往比市区更加快捷，空间距离的远近标准渐渐被时间距离的长短标准所替代。

根据此经验，那些与地铁线路有一定距离，既方便出行，又不受干扰的房地产，才真正具有投资价值。房地产本身的价值越高，对噪声、振动的影响的敏感程度也越高，甚至会超过对可达性的需求。因而，真正高档住宅区应与地铁保持一定的距离。不同区位的土地，其房地产的价格是不同的。即使在同一条线路上，位于不同区位的车站，其周边房地产价格的空间特征也不同。已经发展成熟的城市中心区，由于原有区位条件已相当优越，在用地强度或性质未改变时，修建地铁对房地产价格的影响不是很明显；而接近城市的边缘地区，由于区位条件的改善幅度很大，土地集聚利用比较显著，故房地产价值的增长受地铁的影响非常明显。

2. "地铁时代"下商业格局的变化及启示

从上海地铁商业发展形式看，主要有三大类型。一是地铁站厅内部零星的商业网点，面积小，以即时性消费商品和专业服务为主；面积较大的站厅内部商业设施，以便利性食品和服务以及流行性商品为主。二是地铁的地下商场或商业街，一般经营流行性服饰、皮具和其他中低档商品，目标消费人群通常为大中学生以及追求时尚的年轻一族，比如迪美广场"香港名店街"等。三是拓展地铁连线优势打造大型商业项目。这类商业大多通过一层楼面直接与地铁通道相连接，使出入地铁站的客流可以直接通过专用通道进入购物中心。

从上海地铁站台的区位特征来看，主要有四个特征：一是地铁站台分布面积广，有向郊区进一步延伸的趋势，呈现出"市区网络＋郊区放射线"的构造模式。地铁网的延伸大大方便了市民的出行，使郊区和中心城区的联系更加紧密。二是地铁站台在中心城区高度密集，郊区密度低。最早开发的黄浦区特征最为显著，其人口密度和地铁站台密度都位列全市第一。三是地铁站台中转站全部位于中心城区。中转站是人员流动最多的地方，是人流、物流、信息流和资金流的汇聚地。中心城区的人口密度高，这是转乘站分布在经济领先城区的重要原因。四是地铁站台密度高的中心城区商业发展迅速。在地铁站台周围形成了人民广场商圈、静安寺站商圈、徐家汇站商圈等地铁商圈。特别是在地铁站密度高的黄浦区、徐汇区附近。

综上所述，可以得出如下启示。

（1）地铁经济的发展使商业资源向地铁枢纽站集聚，促进了商圈的形成。优越的交通位置是商业中心形成的最主要条件。这是因为交通运输是集散商品的必要手段，商贸中心组织商品流通必须凭借交通运输线路和工具。地铁的开通带动了大量周边客流的进出，市中心的商业网点不再以本区域居民为主。二、三级商圈也将因地铁中转站点或大型出入口的设立而形成新的商业中心。

（2）地铁建造前的零售商业布局以单中心集聚为主，地铁建造后的零售商业布局呈现多中心分散的发展趋势。从国际大城市发展趋势看，城市商业未来发展所面临的第一个挑战就是城市中心商业区的商业容纳能力。如果一个城市只有一个核心商业中心，那么这个核心商业中心肯定会不堪重负。地铁的建设，促使交通枢纽站台增多，地铁线路长度增加，这就使商业资源开始向多中心的方向发展。

（3）从纵向上看，地铁经济的发展使零售商业布局由地面转为地下。在建设地铁的同时进行地下空间的综合规划、设计和开发利用是人类社会发展到一定阶段的必然趋势，也是城市政治、经济和社会发展的客观要求。地铁站厅商铺以能最大限度为市民提供优质便利服务为原则。地铁站厅商铺空间资源有限，以连锁经营形式为主。

（4）从横向上看，地铁经济的发展使零售商业布局由"带状"向"圈状"进而向"片状"发展。以商品零售为主的带状商街，正在向集零售、餐饮、娱乐、文化、休闲、办公、酒店住宿等多功能为一体的综合消费圈的方向发展，体现了组团式的发展结构。地铁经济的发展会扩大城市的商业繁华区，零售商业的布局向片状的模式发展。

（二）东京经验与启示

东京地铁，是服务于日本东京都区部及其周边地区的城市轨道交通系统，目前包括由东京地下铁与东京都交通局两家公司共同营运的总共 18 条线路[①]。1927 年 12 月开通银座至浅草寺路段，东京由此成为亚洲最早拥有地铁的城市。目前，东京首都圈轨道交通里程全长 2500 千米，位居世界第一位，其中东京地铁系统拥有 435 个车站，线路总长 326 公里，日平均客流量为 1600 万人次[②]，是世界上客流量最大的地铁系统。东京地铁线网由东南海滨的城市中心向北、向西扇形发展，呈放射式布局，并与市郊铁路衔接联运。

根据舒慧琴等（2008）的研究可将大东京都市地区轨道网络建设与城市空间结构分为 4 个阶段。第一阶段（1897 年前）：这一阶段东京的城市化地区集中在山手线以内的区域。整个城市的范围还比较小、轨道交通路网密度很低，居民活动区域半径受到很大的限制。但轨道交通相对于原始的交通方式还是吸引了大量的人口聚集在周边地区。第二阶段（1900~1920 年）：东京城市空间开始向外拓展。第一次世界大战后，日本经济在重工业和化工产业上获得了巨大增长。东京、大阪和其他大城市出现了明显的财富和人口聚集，这导致了城市范围的迅速扩张，同时对交通的压力也随之增加。于是开

---

① 资料来源：日本东京 Metro 地铁官方网站，http：//www1.tokyometro.jp/cn/subwaymap/index.html。

② 资料来源：日本东京都交通局官方网站，https：//www.kotsu.metro.tokyo.jp/about/。

始修建私铁，将城市中心与郊区紧密联系，整个城市圈不断向外扩展。第三阶段（1921~1950年）：城市空间结构基本雏形形成。山手线以外区域开始显现城市化布局，这一时期轨道干线网络基本完成，连接郊区和市区的支线网络也得到了很大发展。第四阶段（1955年至今）：城市空间一直在拓展，城市用地一直在蔓延，人口与工业发展越来越集中在轨道交通沿线。

在东京城市空间结构发展的不同阶段：多样化的轨道交通系统促成了东京大都市圈的形成；轨道交通的外部性通过促进城市经济发展影响城市空间结构；轨道交通系统与城市空间结构之间存在促进互动关系。

在地铁的票价设置上东京有许多称道之处。东京地铁的票价比较灵活。总体来说，基本票价按区段确定。儿童票价只有成人票价一半。此外，有多种优惠票价，有一种"自由车票"，限1名持票人当天使用，可以不限车次乘坐东京地铁任何线路车，这种票还分有多月种类。有一种"本票"，以10张普通车票价格买11张车票。还有非高峰时间本票、周末/节假日本票、通勤/通学月票。最后则是可反复充值的IC卡。

东京地铁的财务经营状况良好，长期以来一直盈利，这与世界各国通常地铁企业都亏损的现象恰恰相反，其中原因有很多：与其他私营铁路公司以及JR公司线路直通运行；日本政府通过多种公共政策扶持，保证私营铁路的公益性和企业性，有计划地加强私铁的现代化改造，适应具有大量性、方向性、波动性强的城市客运交通需求；通过鼓励多元化经营，开拓新事业领域，增加经济收益和经营活力；促进铁路沿线的综合开发。日本政府对轨道交通的扶持政策主要包括：政府注资或持有股份；政府对东京地铁线路建设与交通运营补助，给予轨道沿线土地开发权，安排优惠贷款。

综上所述，可以得出如下启示。

（1）日本东京都市圈的经验表明，现代都市圈的形成和发展对交通系统提出了很高的要求，优先发展轨道交通是现代都市圈公共交通的必然选择。轨道交通具有运量大、快速准时、安全节能环保等优点，而且轨道交通是资金、技术高度密集的产业，产业链条长，对国民经济的带动性很强。在我国特大城市里，如厦门，发展轨道交通，有利于促进生产力布局合理化，形成现代都市圈；有利于缩短人们出行在途时间，提高人民生活质量；有利于减少能源消耗，改善城市环境；有利于培育新的经济增长点，带动经济持续增长。

（2）日本东京都市圈轨道交通由地铁、国铁 JR 和私铁三大系统构成，规模庞大，线路众多，且由不同投资主体分别经营。但是，各方面注意衔接、互补和兼容，注意线路互联互通，实现了轨道网络效益最大化。在这里政府起了很大作用，一方面协调运作，另一方面协调利益分配。在厦门，通过适当调整和改建，地铁完全可以参与厦门市公共交通客运。厦门轨道交通也可以向社会投资者开放，拿出现有规划线路让社会参与合资或独资建设营运；还可以让社会投资者新辟线路，特别是郊区大型商住区，鼓励开发商建设专用轨道线；要做好地铁其他轨道营运主体的线路互联互通，搞好换乘站的有效衔接。建议发改委、铁道部和厦门地方政府加强协商、加强指导，协调运作和利益分配，寻求轨道交通体制的突破。

（3）东京地铁主要集中在东京市区，开始修建时确定的目的就是要取代路面行驶的公共电车，因而布局集中、站点密集。整个地铁路网分布在以东京火车站为中心 5 公里半径范围，平均每平方公里面积分布线路超过 3 公里，重要换乘枢纽往往有几条线路交汇。这种布局使地铁的优势得以充分发挥。厦门市应注意避免城市中心区地铁密度偏低，繁华地区换乘站线路单一的问题。地铁建设是百年大计，其系统网络需要总体规划，分期建设，合理安排项目建设时序。即便是已经审定的规划，也可以根据实际变化适时调整优化，追求建设与运营的最佳结合，以产生最大的社会效益。

（4）东京被人们称为"世界地铁之都"，东京地铁在赢得交口赞誉取得良好社会效益的同时，也扭转了地铁是亏损行业的通常结论，长期保持了盈利。形成这种局面，既靠地铁当局的出色经营，也与各方面特别是政府的支持分不开。在厦门，地铁是一项新兴事业，尤其需要得到地方政府及各部门的扶持。建议厦门地方政府在资本金投入、长期无息或低息贷款、财政补贴等各方面给以优惠政策，帮助运营公司形成良性运行机制。同时寻求更为灵活多变的票价设计可以吸引不同需求的消费群体。

（5）关联事业发展是日本轨道交通的特色，也是其经营收入的一大来源。广告、食品、餐饮、娱乐、服务、房地产、物业管理等关联产业都可以依托主业优势而发展，这对地铁经营者也是一大启示。地方政府应该大力支持，既可以增加很多就业岗位，也可以增加轨道交通收入、减少亏损。特别是地铁上物业和轨道交通沿线郊区土地开发，增值潜力很大，应当是关联产业重点发展方向。

四、厦门地铁的机遇与挑战、优势与劣势

SWOT 分析法,即态势分析,主要是从行业或企业外部环境中分析判断行业或企业面临的机会和威胁,从内部环境中分析判断行业或企业自身具有的优势和劣势。通过研究分析采取正确的策略,最大限度地利用"机会"和发挥"优势",将"威胁"和"劣势"影响降至最低限度,是行业或企业竞争分析较常用的工具之一。

从厦门城市轨道交通发展战略研究的角度看,SWOT 分析可用来判断厦门市发展城市轨道交通面临的外部机会和威胁,如国家政策、厦门经济环境、交通环境、行业发展状况等,和轨道交通自身的内部优势、劣势等。利用 SWOT 框架分析结果,匹配得出厦门轨道交通发展战略。

(一)外部机遇与挑战分析

从外部环境分析厦门轨道交通发展的机会和威胁,外部环境包含政策环境、经济环境、技术环境、社会环境。

1. 政策环境分析

2009 年 5 月,国务院下发了《关于支持福建省加快建设海峡西岸经济区的若干意见》(以下简称《意见》),支持福建省加快建设海峡西岸经济区并批准厦门经济特区扩大到全市。厦门经济特区扩区为轨道交通的建设提供了良好的发展空间。国家层面的海峡西岸规划,明确了厦门市立足闽南、对接台湾、辐射东南亚的城市地位。城市地位的提升,对厦门既是机遇也是挑战。

2011 年,福建省为贯彻落实国务院《意见》,牵头编制了《海峡西岸经济区发展规划》,规划将海峡西岸经济区划分成为三大功能区,确定了"一带、五轴、九区"的网状空间开发格局。厦门定位为重要的经济中心城市。

此外根据城市总体规划,厦门市城市性质为我国经济特区、东南沿海重要中心城市、港口及风景旅游城市。并从五个层面确立了未来厦门的发展目标,其中区域层面构建交通服务中心。

2. 经济环境分析

经济总量方面，近年来厦门市地区生产总值一直稳步增长，整体经济一直保持良好的发展态势。2017年全年地区生产总值为4351.18亿元，按可比价格计算，比上年增长7.6%。其中，第一产业增加值23.23亿元，增长2.1%；第二产业增加值1815.92亿元，增长7.2%；第三产业增加值2512.03亿元，增长7.9%。三次产业结构为0.5∶41.7∶57.8。按常住人口计算的人均地区生产总值为109740元，增长5.5%，折合16253美元。2018年1~5月累计地区生产总值为1692.53亿元，比去年同期增长8.2%。

财政收支方面，2017年全市实现公共财政预算总收入1187.29亿元，比上年增长9.6%，其中地方级财政收入696.78亿元，增长11.0%。全年财政支出811.89亿元，增长7.0%。2018年1~5月全市财政总收入658.64亿元，同期增长14.2%。其中地方级财政收入390.96亿元，增长11.6%。财政支出329.48亿元，增长8.4%。厦门市近些年财政收支处于稳步增长的状态，总收入大于支出，为厦门的轨道交通建设奠定了良好的经济基础[①]。

3. 社会环境分析

建设用地规模方面，厦门本岛全面开发，人口集聚、用地饱和，同时随着跨海通道的修建，城市向岛外拓展的趋势日益明显，岛内外联系密切。而《厦门市建设用地总量控制和减量化管理方案》的制定使得2016~2017年实际使用新增建设用地指标619公顷，远低于国土资源部下达的1766公顷控制目标[②]。厦门本岛仍然是城市重点建成区，但受厦门岛总面积128平方公里所限，用地规模几近饱和，已无进一步扩展的可能，未来城市的主要发展必须着眼于岛外四区。

从交通情况来看，厦门市一直以来致力于拓展城市中心至岛外，跨海环湾发展。经济活动的增长引发机动车尤其是小汽车保有量的迅猛增长，跨区域通行需求大幅增长，而跨海通道数量有限，城市交通问题非常严峻，甚至有加剧之忧。2017年厦门旅客运输量1.01亿人次，增长5.3%；旅客周转量468.55亿人公里，增长18.7%；货物运输量3.03亿吨，增长8.8%；货物周转量1830.79亿吨公里，增长11.9%；接待国内外游客7830.52万人

---

① 经济环境分析资料来源于厦门市统计局官方网站的2017年、2018年数据。
② 资料来源于厦门市发展研究中心的资料。

次,比上年增长15.7%[①]。城市交通需求持续快速增长,而城市静态道路容量有限。按照目前发展态势,道路交通压力巨大。此外本岛中心独大,开发建设失控:现状人口和主要城市功能主要集中在岛内,全市大型文体、商业、酒店、医疗设施高度集中于本岛。

中心区交通拥堵时空范围蔓延。尽管厦门市近年大力开发岛外用地,但本岛作为全市行政、商业、文化中心,且吸引积聚功能增强。交通流量集中区域仍然主要分布在厦门岛,主要交叉口的总流量还在进一步攀升,高峰时期拥挤路段逐渐向全岛蔓延;跨海交通压力持续增加。目前,厦门市共有7处进出岛通道,包括厦门大桥、海沧大桥、集美大桥、杏林大桥、翔安隧道、第二东通道(在建)与第二西通道(在建)。但是厦门市跨海交通持续高速增长,地铁的修建使得跨岛更加方便快捷;静态交通矛盾进一步凸显:"停车难"是处于机动车快速增长期的中国城市必然面对的问题。厦门市虽然继续加大对公共停车场的建设力度,新增停车泊位,但相较新增机动车而言,可谓杯水车薪。持续加剧的停车供需矛盾,考验着城市交通管理的智慧,也迫使管理者选择更为高效、环保的公共交通作为未来城市主要交通出行方式;综合运输体系协调矛盾出现:随着厦门市区域中心地位的强化提升,城市综合运输枢纽建设不断推进。近年来建成和规划有厦门火车站、厦门北站、翔安第二机场等一系列公路、铁路、航空对外枢纽。城市交通面临过境交通与城市交通的协调困难问题,矛盾凸显。

4. 技术环境分析

建设施工技术方面。现阶段,随着我国轨道交通建设的不断发展,各种施工技术已经成熟,达到国际先进水平。但城市轨道交通机械化施工程度与国际先进水平存在一定差距。厦门有大型工程翔安隧道(国内第一条海底隧道)和海沧大桥(国内第一座三跨漂浮式悬索桥)等的建设经验,但厦门首次建设轨道交通,缺乏经验。

城市轨道交通技术装备方面,我国通过近几年的引进和开发,达到了世界先进水平,高铁已经成为我国对外技术输出的重要战略,并取得了巨大成功,高铁的发展带动了城市轨道交通的发展。经过国家扶持和企业的努力,目前我国轨道交通技术装备已经到达国际先进水平,技术装备从引入转向对

---

① 资料来源于厦门市统计局官方网站2017年的数据。

外输出。城市轨道交通技术装备的发展和国产化率大大提高城市轨道交通建设规模和速度，降低城市轨道交通的建设和运营成本。

5. 小结

从厦门相关政策分析可以看出：厦门作为海峡西岸重要的中心城市，对台发挥着重要作用，国家层面和省政府均对厦门给予了优厚的政策，这为厦门的发展奠定了基础，为厦门轨道交通发展提供了良好的政策保障。

从厦门的经济环境分析可以看出，厦门经济环境总体情况良好，GDP和财政收入稳步增长，为轨道交通建设提供了很好的经济保障。

从技术环境分析可以看出，目前我国城市轨道交通建设施工技术和轨道交通技术装备已经处于领先水平，这为厦门发展城市轨道交通奠定了良好的基础。但人才相对短缺，将对厦门轨道建设运营有一定影响。

从厦门社会环境分析可以看出，城市开发正逐渐从海岛型城市向海湾型城市发展，用地规模有限；交通拥堵，特别是进出岛交通；城市建设集中在岛内，造成了一些环境恶化问题，迫切需要向岛外发展（见表2）。

表2　　　　　　　　　厦门城市轨道交通机会—威胁分析

环境因素	机会	威胁
政策环境	O1. 国家及厦门相关政策支持轨道交通建设	T1. 建设管理程序严格
经济环境	O2. 厦门经济较好，具备发展轨道交通的经济基础	T2. 经济总量小，资金压力大
社会环境	O3. 人口规模较大，城市规模扩张，交通拥挤，岛内环境恶化，存在轨道交通的需求	T3. 轨道交通如何与城市协调发展 T4. 轨道交通如何与其他交通协调发展
技术环境	O4. 技术成熟，处于领先水平	T5. 厦门首次建设，缺乏经验，同时人才资源比较紧缺

（二）内部发展优势与劣势分析

1. 优势分析

（1）轨道交通自身的优势。轨道交通虽然建设和运营费用高，但与其他交通方式相比，具有运能大、快速、准点、节能、环保、安全、正外部效应强、能引导城市总体布局向合理化方向发展等特征，对于解决城市交通拥堵,促进城市发展起到了积极作用。

从表 3 可以看出,地铁在输送能力方面明显优于公共汽车和轻轨,高峰时一般可以达到每小时 2.5 万~7 万人次(具体运能与车辆选型和编组有关),大致为轻轨的 2 倍、公共汽车的 2.5~7 倍。因此,城市轨道交通对于人口密集的大城市来说是一种非常有效的交通工具。此外地铁运行速度方面也优于其他公共交通工具。这是由于城市轨道交通系统具有专用路权,不受外部条件的影响,对于道路拥堵的城市,其旅行速度明显高于一般道路,并能准时准点。

表3 主要城市公交工具的技术经济参数比较

交通工具	单向高峰每小时最大客运量(万人次)	载客量(人/车)	每公里造价(亿元)	运行速度(km/h)
地铁	2.5~7	(4~11 节)1200~3000	6~8	35~50
轻轨	1.0~3	(1~4 节)110~1000	1~3	18~40
公共汽车	1	标准 80	公交专用道(0.5~1.3)	16~18

资料来源:刘红岩. 城市公共交通治理中的社会参与研究——以北京市为例[D]. 北京大学政府管理学院,2012:14.

轨道交通的节能环保主要体现在每人公里能耗低、占用土地资源少且污染小。陈飞等人(2009)研究上海低碳交通时发现轨道交通耗能最小,只有公共汽车的 31.25%,小汽车的 8.45%。同样,轨道交通的大气污染物排放量也比公共汽车、小汽车低得多。因此,城市轨道交通是一种省能源、少污染的绿色交通工具。在轻轨、地铁、普通公交与快速公交四种交通工具中,地铁的静态占地面积最小,仅为 0.26 平方米/座位,低于快速公交 0.37 平方米/座位的静态占地面积,而轻轨与普通公交的静态占地面积分别为 0.4 平方米/座位和 0.5 平方米/座位①,因此地铁是一种可以极大节省空间资源的交通方式。

(2)正外部效应强。城市轨道交通不仅能给使用者带来安全、舒适、便捷的交通方式,同时能给社会其他成员带来效益,具有正的外部效应。轨道交通的正外部性,一方面表现在发展城市低碳经济和环境保护,更重要的另一方面是轨道交通带动沿线土地物业升值,促进轨道交通沿线商业物业、房

---

① 王天送. 城市公共交通差异化服务模式研究[D]. 郑州大学水利与环境学院,2016:32.

地产、教育、旅游、办公、医疗等行业的快速发展，在轨道交通站点及其沿线产生"走廊经济效应"，提高社会相关产业如房地产开发商、商业企业以及相关配套公益事业对沿线土地的需求量，从而使沿线区域的土地和物业价值增值。

2. 劣势分析

轨道自身存在的劣势包括：

（1）工程造价和运营成本高。城市轨道交通属于投入巨大、投资风险和运营成本都非常高的项目，根据北京、上海、广州等地已建成的地铁项目，以及厦门已批复的项目，轨道交通平均每公里造价约8亿人民币。由于地铁运营成本较高，从现已经投入运营的世界各地城市轨道交通来看，大多数都处于亏损状态，成功案例很少。能够真正实现盈利或是收支平衡的线路屈指可数，大部分都要依赖政府的各种补贴或政策支持，如现金补贴、物业支持、减免税收等，才能维持正常的运转；大运量要求有足够的客流需求，沿线土地要有足够的容量才能满足其需求；与道路相比较，在道路通畅的道路上，速度优势并不明显，普通公交和小汽车更具有优势；网络密度要远小于道路网，交通可达性较差，不能自由支配。

（2）在厦门发展轨道交通的劣势在于工程地质和周边环境复杂，施工难度大。厦门地质呈现"上软下硬"、孤石多的特点，区间施工法的选择和现场实施难度非常大，特别是对于跨海段线路。同时，在已建成城区建设轨道交通存在周边建筑和管线复杂、交通疏解难度大的困境。由此，将造成施工风险大、投资高等问题，对发展轨道交通存在着一定的不利影响。

从以上分析，可以看出厦门轨道交通优势和劣势情况，具体如表4所示。

表4　　　　　　　　　　厦门轨道交通优势和劣势

优势	S1. 具有运能大、安全、环保、节能、准点等优点，能有效缓解交通，促进城市发展，正外部效应强 S2. 厦门市"海岛+海湾"型组团式的城市结构，有利于发挥轨道交通大运量的优势
劣势	W1. 工程造价和运营成本高，线网密度较小，可达性较差，线路不能自由支配，内部收益差 W2. 厦门市地质和周边环境复杂，技术难度高

(三)厦门城市轨道交通发展战略模式

上文中详尽分析了厦门市城市轨道交通发展的内部与外部优劣势、机遇与威胁,在将其整合后形成了下面的SWOT分析框架(见图1)。

	优势(S) S1. 具有运能大、安全、环保、节能、准点等优点,能有效缓解交通,促进城市发展,正外部效应强 S2 厦门市"海岛+海湾"型组团式的城市结构,有利于发挥轨道交通大运量的优势	劣势(W) W1. 工程造价和运营成本高,线网密度较小,可达性较差,线路不能自由支配,内部收益差 W2. 厦门市地质和周边环境复杂,技术难度高
机会(O) O1. 国家及厦门相关政策支持轨道交通建设 O2. 厦门经济较好,具备发展轨道交通的经济基础 O3. 人口规模较大,城市规模扩张,交通拥挤,岛内环境恶化。存在轨道交通的需求 O4. 我国建设施工和装备技术成熟,处于领先水平	SO战略 优先发展轨道交通战略 实施轨道交通与城市规划一体化TOD发展战略	WO战略 以政府为主导的多元化投融资发展战略 模仿创新战略
威胁(T) T1. 建设管理程序严格 T2. 经济总量相对较小,大规模发展轨道资金压力较大 T3. 轨道交通与城市协调发展 T4. 轨道交通与其他交通协调发展 T5. 厦门首次建设,缺乏经验,同时人才资源比较紧缺	ST战略 稳健的"人才兴业"战略 高视角的统筹发展战略 投融资发展战略 模仿创新战略	WT战略 保守类型的战略

图1 厦门市城市轨道交通发展SWOT分析框架

从图1可知,厦门轨道交通发展主要战略有:

1. SO战略

(1)优先发展战略。在"国家支持,一定的经济底蕴,岛内需求大,技术条件好"的机遇下,同时厦门发展轨道交通也具备充足的优势的情况下,优先发展轨道交通十分必要。

(2) 轨道交通与城市发展一体化的 TOD 战略。充分发挥轨道交通运量大、方便快捷、节能环保，有效缓解交通压力、引导促进城市发展，以及厦门城市结构有利发展轨道交通的优势，利用国家政策支持和厦门城市发展迫切需要等外部机会，缓解岛内交通压力，促进岛外发展。同时将轨道交通线路的布局纳入未来城市发展规划的考量中，未雨绸缪，打造多重交通体系，促进城市的扩张发展以达到事半功倍的效果。

2. ST 战略

(1) 稳健的"人才兴业"发展战略。充分发挥厦门的环境优势，吸引国内轨道交通相关人才，包含高端人才、一般技术性人才，解决人才资源不足的问题。

(2) 高视角的统筹发展战略。虽然厦门发展轨道交通有自身优势，但是轨道交通与其他交通方式及城市整体规划协调发展存在一定的矛盾。因此在厦门发展轨道交通时需要以较高的视角统筹各部门工作，统筹协调好轨道交通与其他交通工具的关系，统筹协调好地铁线路规划布局与城市未来发展的关系。

(3) 投融资发展战略。基础建设项目的投资数额巨大，厦门虽然财政存在盈余，但是不能够完全投入地铁的建设中，而且也不一定能够满足轨道交通的资金需求。因此需要以多元化的融资渠道分散风险，以投融资的方式建设地铁。

(4) 模仿创新战略。厦门之前没有轨道交通建设的经验，这点是一个客观的事实，必须清醒地认识。然而厦门地铁的发展起步较晚，有许多城市建设地铁的经验可以用来借鉴。因此厦门可以考虑借鉴模仿地形地质相似的城市建设地铁的经验，以自身的实际情况作出调整创新。

3. WO 战略

(1) 以政府为主导的多元化投融资发展战略。发挥政府对公益事业的主导作用，完善相关体制机制，解决轨道交通建设和运营成本高的问题。同时向银行及其他金融机构提供项目可行性商业计划书，通过贷款或者股权融资的形式解决资金周转困难的问题，分散投资风险。

(2) 模仿创新战略。针对"厦门市地质和周边环境复杂，技术难度高"的劣势，可以以地形地质存在相似特征的城市的地铁建设经验作为借鉴。例如国内的重庆以及国外的东京。重庆是世界上最大的山城，大面积依托山地修筑建设，城市中的很多建筑设施在崎岖地形上安置，地形特征比起厦门更为复杂。而日本的东京处于巨大的断裂带上，地震多发，并且市中心坡多，凹凸地形。这两个城市都有着很多年的地铁建设经验，前者于 2011 年开通运行地铁一号线，同时根据《重庆市城市轨道交通近期建设规划（2012 – 2020 年）》，8 年内将新建 8 条轨道交通线；而后者最早于 1927 年就拥有了地铁，底蕴更为深厚。

4. WT 战略

采取保守类型的战略。之前的三个战略准确来说属于开拓进取型，因为存在至少一个外部机遇或者内部优势，因此有发展轨道交通的底蕴或者是支撑点。然而在 WT 战略中由于是从自身劣势及外部威胁角度考虑，战略类型应当偏向保守。

在保守的战略中，更多的是完善自身不足之处。首先是需要做好发展轨道交通的规划，从战略高度的视角重视地铁的发展，事先统筹好各部门的工作以及做好各项调查研究。例如采取交通一体化战略，做好轨道交通与其他交通方式的良好换乘衔接，发挥各自优势，规避轨道交通线网密度较小、灵活性不足的劣势，同时转变其他交通方式与轨道交通的竞争关系，实现与轨道交通配合并有序发展，最终实施以轨道交通为主干，各种交通方式积极参与的交通发展模式。其次需要针对厦门地铁施工建设中可能出现的问题召开专家研讨会，会聚来自上海、重庆等有过地铁建设经验的城市施工团队负责人及轨道交通项目主任，咨询汇集各方意见，做好地铁建设的前期工作。最后则需要引入经验丰富的建设方、项目管理经理人，令建设顺利如期进行。

参考文献

[1] 蔡泳, 马园园. 浅谈城市地铁建设对经济的影响 [J]. 宿州教育学院学报, 2013, 16 (2): 29 – 31.

[2] 陈飞, 诸大建, 许琨. 城市低碳交通发展模型、现状问题及目标策略——以上海市实证分析为例 [J]. 城市规划学刊, 2009 (6): 39 – 46.

[3] 程家隆. 城市中心区发展地铁经济探寻——以厦门市思明区为例 [J]. 厦门特区党校学报, 2018 (1): 38 – 42.

[4] 华婷. 地铁经济发展模式及其意义探析 [J]. 时代金融, 2016 (33): 324 – 325.

[5] 姜巍. 地铁文化在城市文化建设中的作用与发展策略——以大连为例 [J]. 新闻传播, 2018 (1): 36-38.

[6] 黎同景. 试析地铁经济对于城市经济发展的影响 [J]. 现代经济信息, 2016 (6): 352-353.

[7] 刘红岩. 城市公共交通治理中的社会参与研究——以北京市为例 [D]. 北京大学, 2012.

[8] 马述林. 东京城市快速轨道交通发展模式及启示 [J]. 综合运输, 2009 (3): 78-84.

[9] 毛琳. 武汉地铁经济发展研究 [J]. 武汉冶金管理干部学院学报, 2017, 27 (1): 11-13.

[10] 舒慧琴, 石小法. 东京都市圈轨道交通系统对城市空间结构发展的影响 [J]. 国际城市规划, 2008 (3): 105-109.

[11] 王天送. 城市公共交通差异化服务模式研究 [D]. 郑州大学, 2016.

[12] 张红利. 地铁交通的社会经济效应及其对城市商业格局的影响 [J]. 贵州社会科学, 2012 (10): 78-81.

[13] 朱霞, 毕艳祥. 上海轨道交通网络化对客流的影响研究 [J]. 城市轨道交通研究, 2010 (3): 8-16.

[14] Debrezion G, Pels E, Rietveld P.. The Impact of Railway Stations on Residential and Commercial Property Value: A Meta-analysis [J]. *Journal of Real Estate Finance & Economics*, 2007, 35 (2): 161-180.

海峡西岸经济区发展
报告2018
Chapter 3

板块三 金 融

专题九　厦门自由贸易港建设的金融支持

一、自由贸易区与自由贸易港

自由贸易港（以下简称"自贸港"）通常被视为开放程度最高的自由贸易试验区（以下简称"自贸区"），在港内海关一线真正放开，货物自由流动，取消或最大程度简化入港货物的贸易管制措施，简化申报手续方便国际贸易船只出入港、装卸、储存与过境中转。从自贸区跃迁到自贸港，希望的不仅是自贸港能获得更多的国际离岸贸易和服务，更期待的是被国际业务激活的广大内地相关产业集群。自贸港所承载的功能之一就是作为带动内地经济发展的制度创新试验田，为此，自贸港的建设更需要探索符合中国特定需求的发展道路。

（一）自贸区与自贸港的内涵

自由贸易区（free trade zone）又称为对外贸易区、自由区、工商业自由贸易区等，是指两个或两个以上的国家通过达成某种协定或条约取消相互之间的关税和与关税具有同等效力的其他措施的国际经济一体化组织。自由贸易区从自由港发展而来。狭义的自贸区仅指提供区内加工出口所需原料等货物的进口豁免关税的地区，类似于出口加工区。广义的自贸区还包括自由港和转口贸易区。它除了具有自由港的大部分特点外，还可以吸引外资设厂，发展出口加工企业，允许和鼓励外资设立大的商业企业、金融机构等促进区内经济综合、全面地发展。自由贸易区的局限在于，它会导致商品流向的扭曲和避税。如果没有其他措施作为补充，第三方很可能将货物先运进一体化组织中实行较低关税或贸易壁垒的成员方，然后再将货物转运到实行高贸易壁垒的成员方。

自由贸易港是指设在国家与地区境内、海关管理关卡之外的，允许境外货物、资金自由进出的港口区。自贸港内对进出港区的全部或大部分货物免征关税，并且准许在自由港内，开展货物自由储存、展览、拆散、改装、重新包装、整理、加工和制造等业务活动。它是目前全球开放水平最高的特殊经济功能区。

（二）自贸区与自贸港的区别

1. 两者试验目的不同

自由贸易区是在全球多边贸易体制遇到严重障碍且难以破解的情况下，探索我国对标一国或多国开放标准进行的试验，其经验将推广复制到与开放相关的各个领域，实际上是为全国建立高标准贸易投资规则进行承受力、风险和防范机制测试，是为实施更大规模、更高层次开放积累经验。而自由贸易港的试验，则是为了探索在特定区域中建设货物、资金、人员更加自由进出的制度，其经验主要推广复制到特定的某些区域中，不可能在全国各个区域铺开。

2. 两者试验标准不同

自由贸易区虽然也要探索更加开放的贸易投资规则，但其经验要适合我国国情，有推广意义，在一些方面不可能完全对标最高的国际规则。而自由贸易港的试验，比肩的是国际自贸港区，它按全球最高的开放制度设计，建立类似中国香港、新加坡这样充分开放的港区。国务院副总理汪洋在人民日报《推动形成全面开放新格局》一文中就指出，"自由港是设在一国（地区）境内关外、货物资金人员进出自由、绝大多数商品免征关税的特定区域，是目前全球开放水平最高的特殊经济功能区"。

3. 两者试验任务不同

自由贸易区侧重探索开放型经济体制机制，强调制度创新，形成可复制可推广的经验，一些得到实践检验的方式方法，可以在全国因地制宜地推广实施。主要体现在：探索从事前审批制变为事中事后监管为主的政府职能转变;以负面清单为核心的投资管理制度和外商准入前国民待遇;以单一窗口管理的贸易便利化模式;以扩大金融开放重点的服务业开放管理等,实质上是建立一个现代化、开放型的市场营商环境。而自由贸易港则依托自贸试验区形成的体制机制,重点建设资金、货物进出更加便利化的特殊功能区,在海关监管、税制安排等方面更为特殊。

4. 两者的物理形式不同

自贸区采取无物理围栏隔离的形态,尽管试验区内的综保区和保税物流园区有围栏隔离,但这两类海关特殊监管区采用"境内关外"原则,并不符合自由贸易港的定义。自由贸易港虽然没有绝对统一的形式,而且在同一区域中的不同时期,名称也有差异,但国际上比较广泛使用的有"自由贸易港区"(free trade port-zone)、"自由贸易区"(free trade zone)、"对外贸易区"(foreign trade zone)、"工业自由区"(industrial free zone)、"自由区"(free zone)和"自由港"(free port)等,其共同特征是货物进出无须通过所在国家海关区域,是与关境内其他区域相隔离的、完全封闭的、受海关治外法权保护的区域或单独的地块,在这些地方,采用"境内关外、高度自由"原则,货物可以储存、加工、制造或销售,无任何限制。

自贸区和自由港共同秉承着"自由"宗旨,均作为我国对外开放的高地。两者最本质的区别便在于自由的程度不同,相较于自由贸易区,自由贸易港有着更加自由的税收投资制度、行业准入制度、货物监管制度以及更加开放的企业准入制度和金融改革制度。

二、厦门片区的金融创新实践

厦门自贸区功能定位为:发展高新技术研发、信息消费、临空产业、国际贸易服务、金融服务、专业服务、邮轮经济等新兴产业和高端服务业,构建两岸经贸合作最紧密区域,为立足大陆,面向亚太地区的区域性国际贸易中心。重点建设两岸新兴产业和现代服务业合作示范区、东南国际航运中心、两岸区域性金融服务中心和两岸贸易中心。自2015年4月21日挂牌成立以来,厦门自贸区通过制度创新、简政放权,行政效率明显提高,开放水平持续提升,新型贸易业态加快培育,改革试验任务相继实施,已经显示出改革创新发展活力,取得了显著的改革成效。

(一) 优化自贸区金融机构准入

在已发布的 38 项金融创新案例中,厦门银保监局复制上海自贸区管理经验,出台优化自贸区金融机构准入的制度,鼓励多种形式的金融机构入驻片区。以银行业为例,允许在辖内设立分行级以上机构的商业银行可依报告制在区内新设机构或申请搬迁入区,而无须在自贸试验区内设立分行级以上机构作为管理行。片区内机构搬迁不受行政区划限制,岛内机构搬迁入自贸试验区也适用报告制。在区内银行分行级以下机构及其高管准入也由事前审批改为事后报告。改审批制为报告制,释放银行类金融机构入区经营的弹性,增强了该类机构在区内设置层级较高的分支机构(分行级以上)的积极性。目前,区内正在运营的 27 家银行业金融机构中,法人机构 1 家,分行级机构 8 家。另有已获批筹建(尚未开业)的分行级机构 4 家,还有两家机构正提出设立分行的意向。高级别分支机构在经营过程中,能够更便利地整合区内外资源,进行业务与管理上的创新尝试,为区内落户企业提供更完善的金融服务。

特色机构建设是自贸区金融机构改革中的另一亮点。厦门本土的城市商业银行——厦门银行将自贸区内的三家支行级网点定位为着力自贸区专业服务的特色支行,并专门成立与片区航运、物流产业挂钩的金融事业部,加强对片区特色产业的金融服务能力;民生银行依托互联网金融建设,设立新型支付清算中心,专注于为第三方支付机构、特定交易平台、跨境电商提供支付结算、衍生金融综合服务;包括国有商业银行、全国中小股份制银行、区域性银行及农村金融机构在内的各类商业银行,除积极入区设立分支机构外,也积极参与"两岸人民币清算中心"和"离岸银行业务分中心"等金融服务集散中心建设。截至 2016 年 10 月末,有 23 家台湾银行业机构在厦门开立 44 个人民币代理清算账户,累计清算金额超过 700 亿元,两岸同业合作 19 家境内企业融入台湾地区离岸人民币资金 4.62 亿元[①]。

多家台资金融机构也在自贸区金融政策支持下陆续落户。2014 年,厦门

---

① 资料来自厦门市银保监局网站。

国际信托与台湾永丰证券共同设立两岸首家合资基金公司；2015年4月，台湾第一商业银行厦门分行开业；2016年中国信托商业银行厦门分行开业，业务开展可享受"准国民待遇"。保险、证券、融资租赁、基金管理公司等也通过与大陆企业进行股权合作的方式入驻厦门。由商业银行控股的工银租赁等大型金融金融租赁公司已在厦门设立金融租赁SPV，并尝试依托自贸区闽台区位优势与台湾金融机构合作，开展跨境融资租赁业务。自贸区厦门片区的金融产业聚集效应逐步显现，对闽台两岸经贸合作的金融支撑力持续增强。

自贸区厦门片区金融机构准入制度在上海自贸区负面清单制度的基础上加以调整，优化了对于台资金融机构、中外合资金融机构的准入、经营条件。经过两年的实践，为厦门片区打造了集商业银行、证券、保险、融资租赁、资产管理、基金管理、国际金融资产交易平台为一体的综合化区内金融产业集群。

（二）创新金融产品和服务

在自贸区厦门片区发布的38项金融创新案例中，关于片区金融机构业务创新的有18项。区内银行机构共同打造了全国领先的跨海峡人民币代理清算群，以搭建结算、清算、融资、担保等综合服务通道为目的，经央行授权开展对台跨境人民币业务，为中资企业境外融资打开通道。而具备跨经营能力的中资商业银行灵活利用境内外分支机构和合作银行间的信贷联动机制，推广"全球授信模式"，在减轻企业担保、融资成本的同时，减少境外贷款机构在贷后管理方面的负担，达到融资企业与贷款银行的双赢。银行类金融机构进一步优化跨境双向人民币资金池业务，协助区内企业自主统筹、配置境内外人民币资金，根据自身需要，在境内外成员企业间开展资金余缺调剂和归集业务，提高集团资金使用效率，降低资金跨境结算成本。围绕海上丝绸之路核心区战略定位，自贸区金融机构主动参与对外投资业务，为"一带一路"沿线项目提供境外人民币贷款与外币授信服务，协同保险类金融机构，为中国企业走出去提供保障。此外，厦门银行作为我国银行间债券市场结算代理人，为台湾日盛国际银行开立厦门市首个境外参加行人民币特殊账户，代理其进行我国债券市场交易，并顺利完成交割。

在提升区内金融服务方面,自贸区厦门片区整合区内多元化的金融机构资源,在分业经营监管原则下,将服务进行交叉组合,提供一站式体验。如根据出口贸易模式创建的银保四方融资业务,串联出口企业、出口信保机构及境内外银行机构,实现企业营收账款融资的四方管理。航运货代部分则由银行、保险公司、船公司合作,运用"船东+银行+保险+公用信息平台"模式打造航运金融模块,互保增信,解决货代企业融资困难。又如厦门信保与厦门电子口岸信息平台联合推出的小微企业出口信用保险平台,可帮助区内企业快速便捷地完成线上投保续保服务,降低企业投保成本的同时,有利于信保机构随时进行风险信息查询,提高业务安全。在"银行+海关+电子口岸"合作方面,厦门片区首创保税展示交易内销货物电子化"分段担保"模式,将保税展示担保金支出的"月供"转化为"日供",企业担保金利息支出缩减至以往的50%。而区内企业"集中汇总征税通关"和"海关事务保证保险"保函业务,分别依托银行和保险公司向海关开立保函,在大幅缩短进口货物从申报到实物放行时间的同时,减少进出口企业资金占用,降低通关成本。

(三)推动对台金融合作取得有效进展

近年来,福建省人民政府相继出台《关于支持厦门建设两岸区域性金融服务中心若干意见的通知》和《厦门经济特区促进两岸区域性金融服务中心建设条例》等,积极争取人民银行总行政策扶持。在厦门市委、市政府的有力推动下,厦门人民银行中心支行把握机遇,主动作为,努力推动两岸金融合作改革创新,大力建设厦金两岸区域性服务中心,不断拓展两岸金融合作新渠道,创新成果日益凸显。两岸区域性服务的中心影响力和辐射力显著增强,共同缔造美丽厦门,努力创建厦门两岸金融合作先行区。

2015年7月,跨境人民币贷款"两岸第一单"正式落地,厦门金圆集团成功获得台湾"中国信托银行"等多家台湾金融机构逾5亿元人民币贷款意向额度,首批提取4000万元跨境人民币贷款。对台跨境人民币贷款试点正在稳步推进,19家企业完成意向协议签约,签约金额20.1亿元,备案金额3.11亿元,10家企业提款金额3亿元,占厦门、昆山、泉州3地试点业务总量的90%,有效拓宽了融资渠道,降低了融资成本。建立了跨海峡人民币代理清算群，开设代理清算账户67个，累计清算金额490.3亿元①。并且，厦门率先试点开展海运快件进出境业务，创新两岸移动互联网、冷链物流市场合作机制。以"源头管理、结果采信、抽查验放"为核心的《台湾地区输大陆食品快速验放促进计划》，实施了"源头管理、口岸验放"的两岸进口商品检验模式，促进了台湾产品进口量的大幅增加。至今，全市已经拥有互联网金融60多家、"新三板"挂牌公30多家、私募机构150多家，两岸股权交易中心挂牌企业1300多家②。

另外，人民币跨境结算对台业务优势突出。2010年试点以来，人民币跨境结算业务总量7639.97亿元，其中，境外交易对手方所在区域为台湾地区的结算总量1353.89亿元，占比17.7%，台湾地区稳居境外第二大结算区域③。推动两岸证券投融资，开立外汇QFII托管账户。推动两岸股权投融资，筹建厦门片区股权投资基金。推动两岸双向直接投资和跨境融资，有效拓宽融资渠道和降低融资成本。推出台资集团人民币双向资金池、跨境电商人民币结算等两岸特色金融产品。实施厦门和台湾人民币现钞调运办法，启动厦金"两门"金融创新合作，为金融创新发展提供良好环境。海峡两岸特色金融机构集聚厦门，在厦设立"两岸人民币清算中心"和"离岸银行业务分中心"。构建两岸金融同业定期会晤平台，积极主办海峡金融论坛，论坛已成为两岸金融政策发布平台、同业交流平台和业务合作平台。

（四）规范互动式监管机制

2015年厦门银监局出台《中国（福建）自由贸易试验区厦门片区银行业务创新监管互动机制实施办法》，成立自贸区金融创新试点评估小组，对辖内银行业金融机构提交申请的创新需求事项，包括监管空白事项、缺乏可操作性规定事项、有政策但尚无操作细则等领域的业务，进行专项评估。对经评估确定切实可行的银行金融机构的创新业务，率先在自贸区内先试先

---

①② 资料来自中国（福建）自由贸易试验区厦门片区管理委员会网站。
③ 厦门市统计局，国家统计局厦门调查队. 厦门市经济特区年鉴2017 [M]. 北京：中国统计出版社，2017.

行。监管部门尝试在日常监管中创建互动型监管机制，给予金融机构业务创新足够的弹性发展空间。

三、厦门市建设自由贸易港可借鉴的国际经验

目前世界上发展运行较好的自由贸易港有中国香港、新加坡、迪拜、东京等。近年来中国内地的自由贸易区港口在吞吐量、基础设施方面并不比这些地区的港口差，但在管理能力、管理体制、效率和国际化服务上还是有所差距的。在金融方面，这些国际化大港口的特点在于大力发展离岸金融业务，是掌管全球资金流动的核心地带。厦门市对于建成一个国际化的自由贸易港的金融支持，可以借鉴这些港口的经验，以发展离岸金融，建成国际离岸金融中心为主要方向。

（一）中国香港自由贸易港经验借鉴

中国香港实行内外一体型的离岸金融市场发展模式，是亚太地区唯一没有分割离岸与在岸业务的国际金融中心。在离岸金融方面，中国香港一直坚持开放性原则，允许境外金融机构在港内从事与本地金融机构相同的金融业务，对境内与境外金融机构在市场准入、日常监管等方面同等对待。另外，近年来中国香港人民币离岸业务发展迅速，离岸人民币存款数额已由2003年该项业务开始启动发展到2016年的近万亿元。中国香港人民币离岸业务量的快速增长同样主要取决于当地政府所推行实施的一系列开放性金融政策，例如，最大限度放宽金融市场准入，中国香港人民币债券市场对于境外发行人无任何限制，对于内地企业而言也只需参照内地机构发行债券的相关办法办理即可，在中国香港发行人民币债券也不设有强制性信用评级。并且，中国香港积极变革和完善人民币回流机制，在2008年取消了企业人民币兑换数额的限制，允许人民币存款在不同银行间进行往来转账，在2010年根据《关于人民币业务的清算协议》又取消了本地银行提供与人民币相关金融服务的其他限制性规定，在政策主导下中国香港人民币离岸业务得到蓬勃发展，并加快了人民币国际化的历史进程。

在离岸金融市场监管方面，中国香港以《证券及期货条例》《保险公司条例》《银行业条例》三大条例为核心，建立起较为完善的金融监管法律体系，这些条例也成为中国香港离岸金融行业的主要监管执法依据。尤其近年来，香港特区政府越来越重视对离岸金融业务的立法工作，根据离岸金融业发展需要，会对《证券及期货条例》等法律法规定期进行修改，中国香港离岸金融领域的法治保障工作业已趋于完善。对比严格的监管法律制度，特区政府对于离岸金融市场的日常运营则采取"小政府、大市场"的监管模式。中国香港离岸金融市场现主要是由金管局、证监会等官方机构进行监管，但是这些机构对于离岸金融业务不会进行过多干预，只有在危难情况下，才会依照职能给予相应的指导和帮助，并协助处理一些复杂的商业纠纷。该监管模式是香港特区政府对港内经济发展所长期奉行的"积极不干预"原则的集中体现，是在尊重市场规律、充分发挥市场自发性调节作用的前提下，根据形势需要谨慎考虑干预行动，在经过认真评估后方会采取相关必要性措施。中国香港依靠本地良好的法治营商环境，一方面重视完善离岸金融市场监管制度以做到有效防范风险，另一方面又给予本地离岸金融市场较为充分的自治权，减少不必要的行政干预，以市场为中心循序渐进地强化政府"管理者"的服务引导作用。

（二）新加坡自由贸易港经验借鉴

新加坡现采取的是以内外分离型为基础的渗透型离岸金融模式，允许离岸与在岸账户之间有条件进行双向渗透。一方面，许可特定商业性金融机构兼营 ACU（亚洲货币经营单位），但规定需要开设单独账户进行专业化管理，新元与外币账户完全分离，如此便将离岸与在岸业务分割开来，有效地防止了本国金融市场中各类资本的频繁出入，并减少和抑制了离岸金融业务对本国金融货币政策稳定性的影响和冲击。这在一定程度上保证了国内金融市场秩序的安定以及金融货币政策的正常实施。另一方面，为了吸引离岸资金和适应离岸金融业务的发展要求，新加坡相继出台了一系列富有国际市场竞争力的创新政策和优惠措施，例如：在离岸金融市场税收政策方面，取消了亚洲货币单位 20% 的存款准备金，废除了与汇票、信用证和存款证相关的印花税，免除了非居民外汇存款利息扣除税，将商业银行从事离岸金融业务的盈利税设定为盈利额的 10%，免征非本地居民从 ACU 管理基金所获取的离岸收入税以及所有 ACU 的离岸贷款合同印花税等。在外汇管制方面，1968 年新加坡政府允许美洲银行新加坡分行在其内部设立 ACU，以与欧洲货币市场同样的方式接受非居民的外国货币存款，并为其提供外汇交易与资金借贷等项目服务。该举措放宽了亚洲美元市场的外汇管制，随后在 1978 年新加坡更将本国外汇管制完全取消，从此离岸金融业务与外汇业务得到迅速发展，新加坡现已成为亚太地区乃至全球重要的国际外汇市场。在汇率管理方面，新加坡实行有管理的浮动汇率制度，汇率主要由市场供求决定，必要时由政府部门对外汇市场进行合理干预，以使得汇率朝着对自身有利的方向浮动。该汇率政策有效降低了投资风险，减轻了汇率波动及货币走势对投资的影响，提高了投资资金的安全性。

对于本地离岸金融市场的监管，在法律规范方面，新加坡离岸金融业务主要受到本国《公司法》《证券业法》《股票交易所挂牌条例》的调整和约束。可以说，新加坡现已具备了较为完善的离岸金融监管法律制度。在金融机构监管方面，为了服务国际投资、国际贸易及离岸经济的发展，新加坡特设国际企业局与金融管理局，其中新加坡国际企业局主要是以帮助国内企业与跨国公司开拓国际市场、推进国际贸易、提升业务能力和找寻新的海外合作伙伴为主要任务，现已在国外设立了 30 多个分支机构或办事处，形成了全球性的国际贸易服务网络。而新加坡金融管理局则采用"大金融"监管模式，统筹负责新加坡金融行政事务与金融监管事项，国内各项金融业务均由其统一规范化管理，将金融市场自由开放与有效监管并重，具有管理高效、权威、稳定等优势特点。

（三）迪拜自由贸易港经验借鉴

迪拜国际金融中心（DIFC）作为陆地金融中心，在地缘划分上不同于港口类型的离岸金融中心，但本质上与纽约、伦敦、香港并无差异，并且拥有比其他国际金融中心更好的政策条件与营商环境。迪拜国际金融中心对公司企业和金融机构的最大吸引力在于无外汇管制和实行零税率。国际上许多离岸金融中心均采取零税率措施，如瑞士、开曼群岛等，因此离岸金融中心普遍被认为是"避税天堂"。虽然迪拜国际金融中心也采取了一些税收优惠措施,但与传统意义上的"避税天堂"相比却存在着本质差别。这是因为,国际离岸金融中心一般允许一家公司在本地注册但可在其他国家或地区进行实际运营,而迪拜国际金融中心则要求公司企业、金融机构在本地注册后要有实体部门进行日常运作,从而在优化营商环境的同时保证对入驻单位和本地金融市场的有效监管。除税收优惠政策外,无外汇管制则是迪拜国际金融中心的核心竞争力所在。外汇管制的开放减少了入驻机构所面临的政治风险,大量的专业金融资本由此流入迪拜市场,资本的流动性也有所增强,在经济规模上形成了积极的"滚雪球效应",这使得迪拜成为真正的自由贸易港。

在迪拜金融市场对外开放、发展离岸金融、引入外资的同时,迪拜国际金融中心也十分重视对金融秩序的有效监管,现已具备较为完善的金融监管体制,其中特设迪拜金融服务管理局(DFSA)对本地金融市场和各项金融活动进行统一化、规范化、专业化的管理。金融服务管理局作为综合性管理机构集监管证券发行、期货交易、金融犯罪等多种职能于一身,具有独立监管、集中高效的优势特性,为迪拜离岸经济的发展塑造了良好的金融市场环境。同时,在市场规则制定方面,迪拜积极对接国际最高标准,利用欧美先进的金融监管方式和准则,建立起高度法治化、国际化、市场化的金融监管制度体系,例如,针对离岸金融市场中较为多见的洗钱犯罪,2016年迪拜金融服务管理局通过《贸易财务报告》督促入驻迪拜国际金融中心的所有公司降低通过业务活动洗钱的风险,并结合国际惯例提出48点建议以敦促各公司接受和遵循反洗钱行动的国际规范指引。高标准与高透明度的市场规则为进驻迪拜国际金融中心的公司企业及金融机构提供了明确的行为指引,保证了市场主体依法合规运营,良好的法治营商环境正是迪拜国际金融中心实现高速发展的关键所在。

(四)日本东京 JOM 的经验借鉴

日本在20世纪80年代设立了内外分离型离岸金融市场 JOM(japanese offshore market),通过宽松的政府政策和有利的营商条件吸引了大量海外资产,包括中国香港在内的其他国际离岸金融中心的交易大量转移至东京 JOM。这些优惠政策主要包括:在利率方面,放开存款利率管制,主要由市场根据资金供求关系决定利率水平;在离岸账户存款保险方面,仿效美国银行制度要求商业银行参加存款保险,而离岸账户不必参加存款保险;在存款准备金制度方面,从离岸市场中废除法定存款准备金,从事离岸金融业务的商业银行无须向日本银行缴纳存款准备金,只是在离岸账户向非离岸账户转账时需要按照比例缴纳一定的存款准备金;在税收方面,日本政府对商业银行开展的离岸金融业务免征利息税并减免法人税。

然而,离岸金融本身就是一种制度创新,在带来机遇的同时也存在一定的市场风险,为此日本政府有意采取了金融"防火墙"制度,加强对出入境资金的有效监管,以防范金融风险与金融危机的发生。目前,东京 JOM 所采取的离岸金融管制措施主要包括:交易对象仅限于非居民与其他的离岸账户且参与银行需要得到批准;离岸账户与国内普通账户间的资金流动受到严格管制,在流动资金数额、存贷款限制等方面均做出规定;禁止使用离岸账户内资金进行外汇、票据和证券买卖,也不得从事掉期交易。

(五)国际先进自由贸易港金融支持的共性分析

从开放性政策和市场监管两个维度进行总结,国际先进自由贸易港的政府金融支持政策主要集中在税务、货币、外汇三个方面。从政策创新方向来看,大多采取了自由开放和宽松便利的措施,比如:多数免除了外币存款准备金;总体实行无利率和外汇管制政策;均放宽或取消了与离岸金融活动相关的税收,其中包括离岸金融业务所得税、预扣税、利息税、印花税、盈利税等。在离岸金融业务监管方面,中国香港、新加坡、迪拜、东京均建立起了较为完善的离岸市场监管体制,注重市场开放与有效监管之间的利益均衡,在推行离岸业务制度创新的同时,不断完善与之相应的事中事后监管制度,具体包括限制离岸交易对象、控制离岸账户资金流动、禁止任意使用离岸账户内资金、分离管控本国货币账户与外币账户等相关措施,有效保证了本地离岸市场秩序的稳定,使离岸贸易自由化与离岸金融市场有效监管在对立统一的基础之上基本实现动态平衡。

四、对厦门市建设自由贸易港的政策建议

(一) 制定开放性政策，进行离岸业务制度创新

从上述国际建设自由贸易港的经验来看，国际先进自由贸易港在金融支持方面多是采取较为宽松的政策，主要集中于税收、资本、外汇、保险等几个方面，给厦门市发展自由贸易港离岸业务提供了有益启示。

1. 实行税收优惠政策

国际先进自由贸易港对于离岸金融业务多是采取较为宽松便利的税收政策，大多取消或减免了利息预扣税、企业所得税和个人所得税，这使得投资者购买债券的所得利息不必再缴纳税款，从而刺激了港内资本投资，吸引了大量外来投资者。厦门自由贸易试验区设立至今仍未在税收政策方面给予区内企业以较多优惠，这在国际自由贸易港普遍降低和减免税收的大环境下，无疑会影响到未来自由贸易港的国际市场竞争力和吸引力。所以，在建设自由贸易港过程中，应当综合考虑建立国际离岸金融中心的任务和目标，采取更加宽松便利的离岸税制，通过合理的税收优惠政策推动厦门自由贸易港的发展。

2. 放宽港内资本项目管制

为了加快自由贸易港离岸金融业务发展，应把离岸市场与资本项目开放有机结合起来，适时开放港内资本账户。国际先进自由贸易港受益于资本账户的开放，近年来港内企业的海外发债规模不断扩大。与之比较，目前在厦门自由贸易区内资本项目管制仍较为严格，这已明显影响到自贸区离岸金融业的进一步发展。如果能够在发展离岸金融业务的同时适度开放资本项目管制，自由贸易区内便会形成一个外汇流入与人民币流出的便利通道，由此将会产生一个以市场调控为主的人民币对外币的汇率形成机制，进而可有效推进人民币汇率的市场化。

3. 初期宜采取内外分离型的离岸金融市场运行模式

鉴于离岸金融市场高度自由开放的内在属性，在发展离岸金融为自由贸

易港带来更多市场机遇的同时也会相应产生一定的金融风险，尤其当前厦门市还未建立起较为完善的离岸金融监管制度。如果在没有健全制度保障的前提下完全放开离岸金融业务，可能会影响到港内金融市场秩序的稳定。所以，结合离岸金融业务发展、金融市场风险防范以及"一线放开、二线管住"的内外隔离政策等因素，在厦门自由贸易港建设初期应当借鉴国际经验，选择采用内外分离型或内外渗透型的离岸金融模式。但从长期发展来看，随着港内资本项目开放度的提升，利率和汇率市场化程度的提高以及离岸金融业务监管体制的完善，自由贸易港离岸金融市场可逐步由内外分离型向内外一体型方向发展。

（二）防范离岸市场风险，构建离岸市场监管体制

目前，我国外汇管理局对外来资金的监控仍停留在对在岸公司账户大额资金流动的监管上，而对离岸账户的开立和账户内资金流动的管制仍较为有限。这一方面更加凸显了离岸账户优势，另一方面也为金融秩序和经济稳定埋下了风险隐患，主要包括短期资本流动风险、利率与汇率风险、金融机构商业信用风险、离岸金融违法犯罪风险。出于对自由贸易港离岸市场风险防范的考量，厦门市未来应当注重对港内离岸业务的监管，尽快建立和完善离岸市场监管体制。对此建议如下：

1. 建立独立的自由贸易港监管机构

建议利用中国自由贸易港"一线放开、二线管住"的政策优势，在港内"先行先试"大金融监管模式，将自由贸易港的监管职能统一于"自由贸易港金融监督管理委员会"，通过该委员会对自由贸易港内的各项金融业务进行综合性管理，提升金融市场监管效率，为包括离岸金融在内的各项金融创新提供优质高效的保障服务。

2. 完善银行存款保险制度

作为现代商业银行的市场风险转移工具，国际先进自由贸易港之所以普遍取消银行存款保险制度，是由于在自由贸易港建立之初就已经制定并成功实施了该项制度，保证了港内金融市场的有序发展，在取得一定成效后，方才取消该项制度以降低银行运营成本，推进有效融资。国务院于2015年颁布实施《中华人民共和国存款保险条例》，标志着我国正式推行此项金融制

度,伴随利率市场化改革的不断深入,推进和完善该项制度将更具现实意义。尤其在自由贸易试验区转型升级为自由贸易港后,凭借宽松便利的营商环境,定会吸引更多外资银行和民营银行进驻港内,在此时推行实施银行存款保证金制度将有助于加强对商业银行体系的市场约束、保护存款人商业利益和稳定港内金融市场秩序。

3. 构筑层级金融防火墙机制

日本 JOM 通过建立离岸市场"防火墙"制度,加强对外来资金的有效监管,从而在发展离岸业务的同时维护了本地金融市场的安全和稳定。厦门自由贸易港在发展离岸业务过程中,除了一般性监管措施外,可考虑借鉴国际经验,构筑分层级的离岸金融"防火墙"机制,在关键性资金流动环节、市场交易环节形成有效的保护措施,具体可包括制订离岸金融规则、设立离岸金融市场准入机制、构建离岸金融业务运作框架、加强对离岸金融业务的监测和预警、完善金融机构市场退出机制等举措。构筑金融"防火墙"的最终目标是建立起离岸金融安全屏障,从根本上防范和化解系统性离岸金融风险。

4. 加强对离岸金融犯罪的监测和预警

离岸金融中心经常会与"洗钱""腐败""资本外逃"等词汇相关联,一些国际离岸金融中心早已成为"避税天堂""洗钱天堂"。所以,厦门市在发展离岸金融业务中,应当对由离岸金融所可能引发的违法犯罪给予重视并采取相关措施进行防范。首先,要建立起全面、高效、反应迅速的"反洗钱、反逃税、反恐怖融资"监测预警机制,对离岸金融资金来源和资金去向进行实时动态监控;其次,要密切关注可能会对在岸市场造成风险的国际投机资本,必要时需由政府机构采取措施进行干预;最后,考虑到近年来国内货币调控难度的增加,应加强和完善安全预警防控措施,对离岸市场与在岸市场间的短期资本流动风险要尤为关注。

(三) 发挥对台优势,建设对台离岸金融市场

厦门市在建设离岸金融市场中可以充分发挥对台优势,推动两岸金融合作,逐步形成两岸互利共赢、相互合作的离岸金融体系,便利两岸的投资和贸易。

1. 加强地方政府对建设离岸金融市场的推动作用

早期的离岸金融市场大多是自然形成的，但现代离岸金融市场多为所在地政府顺应经济金融发展推动形成。厦门市可以参照一些东南亚国家的经验，同时借鉴上海、深圳等地的做法，由政府带动和推进台湾金融业和外资金融业在厦门的发展。市政府可以在岛内商业中心规划一些地段，作为台资金融企业和外资金融企业的建设用地，对这些企业实行税收减免优惠，来吸引台湾金融企业入驻，从而促进离岸金融业务的发展。厦门市相关部门可以组成对台离岸金融市场专项小组，负责拓宽对台离岸金融发展的路径，制定建设离岸金融市场的规划。同时，政府部门应当向金融监管部门争取相关政策支持，尤其是向银保监会争取厦门市银行开办离岸金融业务。

2. 大幅降低台资金融机构的准入门槛，做大做强厦门金融业

长期以来，海峡两岸金融合作的发展远远落后于经贸合作。2016年7月，厦门自贸试验区首家台资银行中国信托银行厦门分行揭牌，作为首家入驻的台资银行，中国信托银行为厦门台资企业提供了优质的金融服务，有力推进了闽台金融一体化。然而，随着大陆台资企业的增多，需要有更多的台资银行来为其服务，厦门有条件也有能力成为两岸金融合作的重点区域。因此，厦门市应当大力引进台资金融机构，大幅降低台资金融机构的准入门槛。一旦厦门对台离岸金融市场成型并得到发展，将可能是中国大陆最大的对台离岸金融中心。

3. 立足区域特点，推动闽台跨境融资

2015年，国务院出台的《中国（福建）自由贸易试验区总体方案》提出，"允许自贸试验区银行业金融机构与台湾同业开展跨境人民币借款等业务，支持台湾地区银行向自贸试验区内企业或项目发放跨境人民币贷款"。闽台合作跨境借款业务能够有效拓宽福建自贸试验区内企业的融资渠道，进一步降低融资成本，促进两岸资金跨境双向融通。因此，要依托福建对台区位优势和自贸试验区政策优势，在自贸试验区内开展闽台人民币跨境借款业务。结合自身产业特点来看，福建本土中小企业数量较大，区内商业银行特别是地方性商业银行，应加大力度开发中小企业跨境人民币融资业务，特别是闽台跨境贷款，在与大型商业银行竞争中明确差异化市场定位，形成具有福建特色的跨境融资业务创新。

参考文献

[1] 陈婷婷. 福建自贸区厦门片区金融创新实践与探索 [J]. 福建商学院学报, 2017 (3).

[2] 顾益民. 自由贸易区离岸金融市场模式选择、制度障碍与实现路径 [J]. 上海海关学院学报, 2013 (5).

[3] 黄庆平, 袁始烨. 自贸港的未来: 基于负面清单管理的国际经验 [J]. 经济体制改革, 2018 (3).

[4] 李凯杰. 中国自由贸易试验区向自由贸易港转变研究 [J]. 国际经济合作, 2017 (12).

[5] 李振福. 我国自由贸易港的建设路径 [J]. 中国船检, 2017 (12).

[6] 缪琦. 全球自贸港对比 [J]. 今日海南, 2018 (5).

[7] 彭海阳, 詹圣泽, 陈忠. 厦门自贸区特色及其差异化发展路径选择 [J]. 企业经济, 2016 (1).

[8] 屈军, 刘军岭. 我国自贸港区建设路径研究: 国际经验与启示 [J]. 海南金融, 2018 (4).

[9] 施珝娅. 金融服务"对接"自贸港建设 [J]. 中国外汇, 2017 (3).

[10] 张平, 王宏淼. 厦门自贸区升级战略与城市经济转型 [J]. 厦门特区党校学报, 2016 (2).

[11] 张释文, 程健. 我国自由贸易港建设的思考 [J]. 中国流通经济, 2018 (2).

[12] 张哲玮. 扎实推进金融改革创新 建设厦门两岸金融中心 [J]. 商场现代化, 2016 (7).

[13] 周南洋. 厦门自由贸易区建设研究 [D]. 集美大学, 2017.

[14] 朱孟楠, 陈冲, 朱慧君. 从自贸区迈向自由贸易港: 国际比较与中国的选择——兼析厦门自由贸易港建设 [J]. 金融论坛, 2018 (5).

专题十 福建省科技金融发展问题研究

在知识经济时代,科技对于经济发展的作用日益显著,已成为当下国际竞争中国家核心竞争力的重要指标之一,而金融作为现代市场经济发展的核心要素,已成为推动科技创新的重要动力。因此如何促进科技资源与金融资本的高效衔接,进而推动科技金融有序、高效的运行,不断增强科技创新对于经济发展的贡献率,是我国创新型国家体系建设的内在需要,也是全面建成小康社会的内在需求。

一、科技金融内涵

科技金融伴随着我国经济发展过程中科技资源与金融资本的融合过程而产生,也是为了解决科技型中小企业发展过程中产生的融资难问题而出现的。科技金融是促进科技开发、成果转化和高新技术产业发展的一系列金融工具、金融制度、金融政策与金融服务的统称,是由向科学与技术创新活动提供融资活动的政府、企业、市场、社会中介机构等各种主体及其在科技创新融资过程中的行为活动共同组成的体系,是国家科技创新体系和金融体系的重要组成部分。

在现代科技创新体系中,科技金融与科技创新创业行动,相互依存、共同成长。随着国内学者对于科技金融理论的不断探索和研究,科技金融的内涵不断扩充,渗透于"以企业为主体、市场为导向、政产学研用相结合"的现代科技创新体系的诸方面。随着企业与产业服务需求的扩大和增长,科技金融内涵更加丰富,同时也推动科技体制、制度、机制与管理改革创新,引导激励金融与监管更新理念,丰富并创新产品、工具、手段与服务模式,拓展服务领域，促进市场环境条件日臻成熟完善。

二、福建省科技和金融的结合效率分析

福建省的总体科技水平不断提升，科技创新能力日益增强。2016年科技部最新数据监测表明，福建省综合技术进步指数为56.42%，位居全国第13位，相对于2015年提高2.56个百分点；科技促进经济社会发展指数为71.01%，居第5位；高新技术产业化指数为53.43%，居第6位；科技活动投入指数为60.33%，居第9位；科技进步环境指数为57.73%，居第9位，相对于2015年上升4位[①]。

在科技金融创新产品方面，截至2016年12月，福建全省有3000多项科技项目列入国家科技计划，平均每万人发明专利14.6件，是全国平均水平的2.6倍；高新技术企业1000家，国家、省、市创新型企业及试点企业331家，各类研发机构475家[②]。

虽然从数据上看，福建省的相关数据应该说是比较亮丽的。但现实的问题是，福建省科技成果的数量虽多，但真正能够实现科技市场化的不多，特别是实现真正资本化运用的科技成果在数量上不多。为此，我们将利用DEA（数据包络分析方法）方法，对福建省的科技产出与金融投入的结合效率进行简单的实证分析，并对比江苏、浙江、广东等沿海省份的科技与金融结合的效率，来探究福建科技金融存在的问题和不足。

（一）基于31个省区市DEA的实证分析

本专题选取包括福建省在内的31个省区市作为决策单元，重点分析福建省的科技与金融相结合的总体效率水平。我们对投入和产出指标进行了筛选和整合，分别选择了4个金融投入指标和4个科技产出指标。

---

① 资料来自《中国统计年鉴2017》和《福建省统计年鉴2017》。
② 资料来自福建省金融办、人行福州中心支行、福建银监局、福建证监局、福建保监局联合主办的福建金融服务高质量发展交流对接会（2018）的相关报道。

在金融投入方面，主要选取与研发（研发）经费投入、政府科技拨款以及企业创新费用有关的指标为主，分别为研发经费投入强度、地方政府资金占研发经费内部支出比重、规模以上工业企业创新费用支出占全国比重以及各地区研发经费外部支出占全国比重。在科技产出方面，以科技成果的研发、技术的转移和高科技产业的发展为主，分别为高技术产业生产出口额占全国比重、研发机构有效发明专利数、技术市场成交合同金额以及出版科技著作数。具体指标的设置如表1所示。

表1　　　　　　　　金融投入和科技产出指标

项目	指标
金融投入指标	研发经费投入强度（%）
	地方政府资金占研发经费内部支出比重（%）
	规模以上工业企业创新费用支出占全国比重（%）
	各地区研发经费外部支出占全国比重（%）
科技产出指标	高技术产业生产出口额占全国比重（%）
	研发机构有效发明专利数（项）
	技术市场成交合同金额（亿万）
	出版科技著作数（篇）

以我国31个省区市2016年的金融投入和2016年科技产出的面板数据为样本，即决策单元为31，输入指标个数为4，输出指标个数为4。数据来自《中国科技统计年鉴2017》。本专题利用DEAP2.1软件，根据上述的指标设置进行实证操作，从而得出2016年各省区市的综合效率值、纯技术效率值和规模效率值，具体的数值如表2所示。

表2　　　　　　　　基于31个省区市的DEA结果

地区	DEA			
	综合效率	纯技术效率	规模效率	规模报酬
江苏	1	1	1	—
广东	1	1	1	—
北京	1	1	1	—
浙江	1	1	1	

续表

地区	DEA			
	综合效率	纯技术效率	规模效率	规模报酬
上海	1	1	1	—
四川	0.820	0.938	0.874	irs
湖北	0.781	1	0.781	irs
天津	0.774	1	0.774	irs
山东	0.738	1	0.738	irs
山西	0.700	1	0.700	irs
福建	0.695	0.881	0.793	irs
甘肃	0.678	1	0.678	irs
陕西	0.657	0.875	0.788	irs
新疆	0.645	1	0.645	irs
吉林	0.634	1	0.634	irs
河南	0.625	0.915	0.701	irs
重庆	0.611	1	0.611	irs
辽宁	0.490	0.781	0.627	irs
广西	0.459	1	0.501	irs
云南	0.425	1	0.459	irs
海南	0.411	1	0.411	irs
安徽	0.408	0.757	0.539	irs
贵州	0.334	0.971	0.395	irs
河北	0.313	0.958	0.327	irs
黑龙江	0.276	1	0.276	irs
江西	0.240	0.921	0.297	irs
湖南	0.224	0.858	0.262	irs
宁夏	0.215	0.905	0.226	irs
内蒙古	0.211	1	0.211	irs
西藏	0.095	0.854	0.105	irs
青海	0.088	0.878	0.088	irs

注：在表格中，综合效率是指不考虑规模收益时的技术效率；纯技术效率是指考虑规模收益时的技术效率；综合效率≈纯技术效率×规模效率；"irs"和"—"分别表示规模报酬递增、不变。表中数据由笔者计算得到。

从表2可以看出，经济高速发展的省区市如江苏、广东、北京的综合效率值都为1,即1单位的投入能够得到1单位的产出,说明这些省区市在科技金融效率都表现为 DEA 有效。然而福建省,其综合效率值、纯技术效率值、规模效率值分别为 0.695、0.881、0.793,虽然在全国属于偏上的水平,但是其数值均低于1,表现为 DEA 无效,在东部沿海各省市中排名垫底,这说明了福建省的金融投入未能有效地转化为理想的研发项目以及金融投入规模不合理未实现资源的最优配置。因此,福建省的科技金融结合效率仍存在着较大的发展空间。

(二) 福建省科技金融结合效率不高的表现

1. 福建省的金融投入不高,科技成果转化率低

2016 年全国各地区科技进步统计监测结果(见表3)显示,福建省研发经费投入强度与江苏、浙江、上海、广东等其他沿海省份还存在较大的差距,这说明了福建省用于科技研究的资金投入还相对不足。

表3 2016 年全国各地区研发经费投入强度 单位:%

地区	研发经费投入强度	地区	研发经费投入强度
全国	2.11	河南	1.23
北京	5.96	湖北	1.86
天津	3.00	湖南	1.50
河北	1.20	广东	2.56
山西	1.03	广西	0.65
内蒙古	0.79	海南	0.54
辽宁	1.69	重庆	1.72
吉林	0.94	四川	1.72
黑龙江	0.99	贵州	0.63
上海	3.82	云南	0.89
江苏	2.66	西藏	0.19
浙江	2.43	陕西	2.19
安徽	1.97	甘肃	1.22
福建	1.59	青海	0.54
江西	1.13	宁夏	0.95
山东	2.34	新疆	0.59

资料来源:《中国科学技术年鉴2017》。

2016年福建省研发经费占GDP比重在全国排名第14位(1.59%),与全国平均水平(2.11%)有较大差距;福建省研发总经费在全国排名第13位(454.3亿元),与其他发达沿海省份相比也存在较大差距。此外,福建省虽然在申请专利综合实力排名中位居全国前十(见表4),但是技术市场合同成交额排名很低(见表5),说明福建省虽然科技成果数量很多,但是真正实现科技市场化、资本化运用的科技成果并不多。

表4　　　　　　　　2016年各地区申请专利授权数

地区	申请专利授权数	地区	申请专利授权数
全国	1628881	河南	49145
北京	100578	湖北	41822
天津	39734	湖南	34050
河北	31826	广东	259032
山西	10062	广西	14858
内蒙古	5846	海南	1939
辽宁	25104	重庆	42738
吉林	9995	四川	62445
黑龙江	18046	贵州	10425
上海	64230	云南	12032
江苏	231033	西藏	245
浙江	221456	陕西	48455
安徽	60983	甘肃	7975
福建	67142	青海	1357
江西	31472	宁夏	2677
山东	98093	新疆	7116

资料来源:《中国科学技术年鉴2017》。

表5　　　　　　　2016年各地区技术市场成交合同额　　　　　　　　单位:万元

地区	技术市场合同成交额	地区	技术市场合同成交额
全国	114069816	山西	425622
北京	39409752	内蒙古	120492
天津	5526361	辽宁	3232180
河北	589959	吉林	1164198

续表

地区	技术市场合同成交额	地区	技术市场合同成交额
黑龙江	1258091	广西	339922
上海	7809858	海南	34431
江苏	6356425	重庆	1471870
浙江	1983716	四川	2993006
安徽	2173748	贵州	204437
福建	432204	云南	582559
江西	790077	陕西	8027887
山东	3959453	甘肃	1506615
河南	587075	青海	569190
湖北	9038371	宁夏	40526
湖南	1056287	新疆	42755
广东	7581650		

注：年鉴中缺少西藏技术市场成交合同额的数据。
资料来源：《中国科学技术年鉴2017》。

2. 存在投入冗余和产出不足，两者未实现有效配置

根据DEAP2.1软件得到福建省产出和投入指标的松弛变量取值，分别为投入冗余值和产出不足值。也就是说，福建省在现有的科技水平下，金融投入过多；在现有的科技投入下，存在着科技产出不足。具体的投入冗余值，产出不足值以及达到DEA有效的目标值如表6所示。

表6　　福建省科技金融投入产出松弛变量

项目	变量	原始值	投入冗余值	产出不足值	达到DEA有效的目标值
科技产出指标	高技术产业生产出口额占全国比重	0.038	0	0.012	0.050
	研发机构有效发明专利数	1239	0	1252.418	2491.418
	技术市场成交合同金额	432204	0	507842.452	940046.452
	出版科技著作数	64	0	83.559	147.559
金融投入指标	研发经费投入强度	1.590	-0.189	-0.055	1.346
	地方政府资金占研发经费内部支出比重	0.110	-0.013	0	0.097
	规模以上工业企业创新费用支出占全国比重	0.363	-0.043	-0.279	0.041
	各地区研发经费外部支出占全国比重	0.022	-0.003	0	0.020

从产出的角度来看，福建省四个科技产出指标都未达到 DEA 有效的目标值，都存在着产出不足：高技术产业生产出口额占全国比重达到 DEA 有效的目标值 0.050，其中存在着 0.012 的产出不足；研发机构有效发明专利数达到 DEA 有效的目标值为 2491.418，存在着 1252.41 的产出不足；技术市场成交合同金额的目标值为 940046.452，存在 507842.452 的产出不足；出版科技著作数达到 DEA 有效的目标值为 147.559，存在 83.559 的不足。从金融投入的角度来看，福建省的四个指标也未达到 DEA 有效的目标值，存在着投入冗余。四个指标都需要减少相应的投入冗余量，来达到各自的目标值，实现最优化配置。综上所述，从这两个方面可以明显看出福建省的金融投入没有得到合理有效的配置，金融投入的冗余和科技产出的不足使得福建省整体的科技金融效率处于低水平无效的状态。

（三）福建省科技金融结合效率不高的原因

一个完善的科技金融服务体系，应该是一个多元化、网络化、专业化的体系，其不仅包括良好的科技金融生态环境、科技金融机构、科技金融产品和科技金融要素市场，还包括科技金融政策机制与体制的建设和创新。而福建科技金融无论在服务产品的种类、市场的成熟度上，还是在政策服务机制上都存在较多的问题。

1. 科技金融服务产品单一

福建省商业银行针对科创企业的资本供给类贷款品种长期缺乏，贷款期限也较短，与企业需求期限不匹配。现有科技银行的支持模式仍然是以发放科技贷款为主；金融产品和服务品种单一，缺乏知识产权质押、供应链融资、投贷保一体化、科技投入与银行债权融资相结合等各类专门针对科创企业的创新型金融产品、服务和商业模式。科技保险方面，企业参保意识薄弱，参与度不高，投保面较小。参加科技保险的企业数量只占全省科技创新型企业数量的很小一部分，且都集中在福州、泉州、厦门 3 个城市。虽然福建省自 2011 年以来已陆续推出 8 种险种，如：A 类的高新技术企业产品研发责任保险、高新技术企业关键研发设备保险、高新技术企业产品质量保证保险、高新技术企业小额贷款保证保险，B 类的高新技术企业财产保险、高新技术企业雇主责任保险、高新技术企业高管人员和关键研发人员团体意外伤害保险,以及短期出口信用保险等;但现有险种结构和种类仍不能满足科技创新企业多样化的投保需求,企业的风险控制还得不到全面保障。

2. 科技金融市场发育不完善,科技型中小企业融资难

当前福建科技金融结合工作还处在主要由政府主导的阶段,科技金融市场发育不完善。

首先,福建科技融资的市场化水平较低。由于规模小、风险高、不确定性大,大银行从防范风险角度对企业贷款持谨慎态度,特别是对科技型中小企业贷款提出较高要求,对其一般不发放信用贷款,只发放抵押担保贷款,要求贷款企业提供合格的抵押品和担保人。然而,科技型中小企业由于存在整体素质不高,管理不规范,缺乏优胜劣汰机制等致命缺陷,难以塑造吸引投融资的良好形象。就银行而言,因民营企业业务比较分散,不易调查评估,从而导致银企之间信息严重不对称,信用关系扭曲。作为把资金安全性放在第一位的银行,是不愿对其大量贷款的。处于成长期的科技型中小企业经营管理不规范,创业者对商业化运作缺乏经验,抗风险能力相对较弱,其破产率远远高于大型企业,中小企业贷款"小、急、频"的特点也使商业银行的审查监督成本与潜在收益不对称,降低了对中小企业贷款方面的积极性。

其次,科技型中小企业的融资渠道都较为单一。福建省科技研发资金近九成依靠企业自筹,国外资金和来源于直接资本市场的资金占比极低(见表7)。企业作为福建省科技投入的主体,融资压力巨大。此外,福建省作为侨乡,优质的民间及海外资本的庞大资金池并未得到充分开发利用。

表7　　　　　　　　福建省2016年研发经费来源情况

来源	金额(亿元)	比重(%)
政府资金	498243.8	10.97
企业资金	3908541.3	86.04
国外资金	14849.8	0.327
其他资金	121284.9	2.668
合计	4542919.8	100

资料来源:《中国科学技术年鉴2017》。

此外,风险资本没有发挥应有的作用。科技型中小企业发展的高风险、高收益性质，迫切需要风险资本的参与。但由于各地方政府多设有政府引导基金，故深度介入风险资本市场，具有政府背景的风险投资公司其行政导向性强，不按市场规律运作经营，实际运营效率低下。纯市场性的风险投资公司从自身的安全角度出发，越来越商业化，他们一般把资本投资于那些已经或即将具备上市条件的科技企业，以尽早摆脱风险。而对那些处于成长期急需风险资本介入的科技企业却避而远之。

3. 科技金融政策服务机制有待进一步完善

近年来，福建省为适应新经济形势的发展，扶持科技型中小企业，各级各部门相继出台多个促进科技创新发展的文件，采取了包括设立科技型中小企业创新基金、建立科技型中小企业融资担保体系等社会化的支撑措施，都有涉及科技金融工作，内容涵盖促进科技金融创新、开展科技金融业务风险补偿、科技保险等方面，初步建立了科技金融政策引导体系和工作推进机制。

2011年12月以来，福建省出台了《关于促进科技成果转化和产业化的若干意见》等一系列文件，设立了科技创新与成果转化专项资金，组织开展科技政策宣讲辅导，完善政策执行部门会商和信息沟通制度，推动企业研发费用税前加计扣除及高新技术企业所得税减免等政策的有效落实，从政策层面加强引导企业科技创新和金融之间的相互融合。2013年以来，福建省共支持福建海峡银行等5家商业银行在福州等6个区市设立了科技支行（或科技金融服务中心），为科创企业提供利率优惠或抵押优惠等优惠贷款服务。2013年2月成立至今，海峡银行福州科技支行已为50多家科技型中小企业提供贷款约15亿元。可以看出，近年来，福建省对科创企业的金融支持体系建设非常重视，对科技金融的政策支持力度持续加强。

但是与其他发达沿海省区市相比，福建省科技金融政策机制还存在以下不足。一是政策服务平台不完善。包括科技部、财政部等在内的多个中央政府机构，针对科技金融的发展都采取了相应的政策引导，但相关政策的引导与支持作用因政府的职能部门分工与服务平台构建不完善，导致政府的引导政策未能充分调动企业的创新积极性。二是政府机制与市场机制尚未有效配合。政府的引导、支撑、监管与服务功能未能充分弥补市场机制失灵对于科技金融发展的阻碍，导致政府行为与市场发展存在一定的错位，一定程度上影响政府机制与市场机制政策效力的发挥。福建省目前已经相继建立了多个为科技型中小企业融资服务的区域服务平台，但这些服务平台因企业与政府意见的信息不对称，法律保障及激励机制不明晰，后期反馈与支撑机制不连续，导致针对科技型中小企业发展的科技金融服务平台未能充分发挥其作用。

综上，福建省目前科技创新企业的金融支持系统主要采取政府财政资金引导、商业银行间接融资主导的模式，社会资本进入科技创新企业的数量明显偏少，投资渠道狭窄，金融创新不足。此外，福建省金融对科技创新企业的支持体系还存在促进科技与金融结合的综合配套服务体系不健全、政策的协同性不够、高层次科技金融专业人才短缺等问题。

三、国内外科技金融模式借鉴

（一）国外模式

1. 美国模式：资本股权的重要作用

美国作为国际上的第一大经济体，在世界创新竞争力中排名第一，其科技金融的发展经验对改进中国科技金融的发展确实起着至关重要的作用。美国科技金融体系属于资本市场主导型，即重点发挥资本股权、风险投资与风险贷款市场在科技创新中的重要作用。

（1）科技金融中介机构比较丰富。在美国，金融机构主要有银行类和非银行类两大类别，其中商业银行金融体系主要以中小商业银行金融体系为主。美国拥有商业银行7000家左右，在这之中总资产超过500亿美元的商业银行就达到了几十家，总资产少于5亿的中小型商业银行在数量上就已超过6000家。除此之外，非银行类金融机构也为中小企业的科技创新提供了强大的支撑，逐渐形成了以银行类与非银行类金融机构共同竞争、共同发挥中介作用的一种多元化的金融机构模式。

（2）资本市场非常发达。综观整个美国经济，其高度发达的资本市场为美国经济的一大亮点，美国拥有世界上第一个专门针对电子股票的交易市场——纳斯达克证券交易市场，为一些高科技中小型公司的融资创造了较为方便的途径。除此之外，美国还拥有交易灵活的债券市场，其灵活性和方便性逐渐使债券成为科技型中小企业融资的首选。另外,美国投资基金市场的发达程度居全球之冠,风险投资、养老保险基金、天使投资、创业投资等相互补充构成一个完整的科技金融服务链。如此发达的资本市场为美国的科技创新提供了完善的融资环境,即便是一些小微公司,也可以在此系统中轻松探寻那些针对自身条件的融资渠道,最终能够获得大量的发展资金。

2. 日本模式:银行融资主导型

日本作为大型发达经济体,其世界创新竞争力仅次于美国,其对科技金融的摸索也为中国的发展提供了一定的借鉴作用。日本科技金融体系以成熟的银行融资渠道为特色,依托商业银行等金融中介,但同时也不排斥资本市场对科技创新的支持。

(1)金融中介主要以银行业为主。在科技金融机构方面,日本和美国最大的不同在于,日本的银行类金融体系始终占据着主导地位。从各方面的统计资料表明,日本的城市商业数目占全国所有商业银行总数的60%以上。此外,随着融资需求的逐渐发展,日本逐步形成当前较为发达的民间融资市场,为整个科技金融的发展提供了重要的支撑。早在2011年,日本就有60多家地方银行、40多家第二地方银行为小微公司提供了十分有效的金融支持服务。

(2)资本市场中风险投资市场较为发达。在资本市场方面,日本的股票市场不如美国发达,各层次的股票市场发展还不够平衡,仍需要继续完善。但是,日本拥有较为成熟的风险投资体系,1972年日本成立了第一家风险投资基金"京都企业开发基金",推动了日本风险投资市场的快速发展,为科技创新创造了良好的融资环境。

(3)官方机构支持和干预较多。在财政科技投入方面,日本政府设立了服务于中小企业的中小企业厅,中小企业厅为政府机构,主要对中小企业形成正确的干预和指导,在中小企业厅之下设有中小企业局,中小企业局主要负责管理和指导中小企业的活动。此外,针对公益性或准公益性科技研发机构、盈利能力相对较弱的中小科技型企业,则通过建立各类政策性金融机构,由政府拨付资本金和低成本借款支持科技创新。

（二）国内模式

1. 北京模式：依托中关村，多方配合引领科技金融发展

众所周知，北京在我国科技创新发展中有着举足轻重的地位，而中关村作为整个北京乃至全国的知识核心集中区，其科技金融发展对于全国来说都有明显的示范效果。换句话说，北京模式就是中关村模式，就是以中关村这种人才密集处为中心，多方政策和体系相互配合来引领科技金融的发展。中关村模式具体主要体现在以下两个方面。

（1）明确科技创新中心定位，实现资源集聚集群，中关村依托丰富的知识储备和优越的地理位置，逐渐吸收了大量创新型企业和金融机构的聚集，发挥了巨大的资源聚集效应。

（2）针对科技企业多元化的融资需求，中关村积极摸索并完善了"一个基础、六项机制、十条渠道"的科技金融体系。"一个基础"是指以企业信用体系建设为基础，以信用促融资，以融资促发展。"六项机制"是指信用激励机制、风险补偿机制、以股权投资为核心的投保贷联动的机制、银政企多方合作机制、分阶段连续支持机制、市场选择聚焦重点机制。"十条渠道"包括天使投资、创业投资、境内外上市、代办股份转让、担保融资、企业债券和信托计划、并购重组、信用贷款、信用保险和贸易融资、小额贷款。

2. 上海模式：不断推进科技金融创新

作为我国的金融国际大都市，上海在金融创新方面具有较为强大的活力，在科技金融发展方面也是走在了前列。上海科技金融的服务体系初步形成了"3+1"的格局："3"是科技金融的政策支撑体系、机构服务体系、产品创新体系，"1"是科技园区的融资服务平台。

（1）建立科技金融的政策支撑体系。当前，上海正按照国家的战略部署，在全面建设国际经济、金融、航运、贸易"四个中心"的同时，加快向具有全球影响力的科技创新中心进军。2017年上海银监局与上海市科委联合编制了《上海科技金融政策汇编指引》，将有关科技金融发展的政策进行了梳理，形成了一个完整的体系。这一体系具体包括了促进中小企业健康发展、科技型企业投融资的相关规定，完善信贷风险补偿政策和信贷奖励政策，以及吸收优秀的科技创新人才等方面。

（2）完善科技金融机构服务体系。结合丰富多样的金融机构的优势，在政府的主导下，金融机构和各市场机构共同参与建立了具有上海特色的综合性服务平台，具体包括信息服务平台、投融资平台、中介服务平台、专家服务平台。其中信息服务平台是科技与金融资源对接的良好载体，主要解决中小企业与各金融机构之间存在的严重的信息不对称问题；投融资平台结合申请企业的信用情况来审批是否通过贷款申请，并且平台为通过的企业选择合作银行，协商相关的贷款和后续服务；中介服务平台由保险公司、信用评价公司、信托公司、会计师事务所等中介机构组成；专家服务平台由科技金融专员、信贷专员和各种科技创新专家组成，为各类企业提供全面的服务。

3. 杭州模式：针对中小科技企业融资难的问题

以民营为主体的科技型中小企业是杭州市最具活力、最具潜力、最具成长性的创新群体，也是创新型经济的生力军。杭州市按照"政府引导、市场化运作"的思路，优化科技资金使用方式，探索科技银行新模式，完善科技型中小企业的担保模式。

首先，杭州市积聚了大量的民间资本，在政府资金的引导下，大量的民间资本不断流入科技企业，有效缓解了科技企业的资金压力。其次，杭州专门成立了杭州科技银行，在政府扶持资金和科技风险担保机构的支持下，杭州科技银行逐渐形成了"政府支持＋科技担保＋额外风险收益补偿"的发展模式。最后，科技型担保公司在科技银行的发展中起着至关重要的作用，杭州市专门成立了高科技担保有限公司，为科技型企业提供贷款担保，有效地降低了企业的融资成本，同时杭州对于其他担保公司承保的科技企业贷款也相应给予担保费2%的补贴，极大提高了担保公司对于科技企业贷款担保业务参与的积极性。

四、加快福建省科技金融发展的政策建议

应该说，福建在推进科技金融的发展方面有着独特的优势。首先，福建处于海峡西岸经济区的中心地带，经济的发展程度也处于全国中上水平，其优越的地理位置和良好的经济基础都能够有效地推动科技金融的发展。第

二,福建与港澳台的联系密切,拥有着众多的华侨,是港澳台与大陆进行交流的重要枢纽,同时也为加强闽台、闽澳、闽港的合作提供了良好的基础,也吸引了大量资金来支持科技金融的发展。第三,福建省不仅拥有985高校厦门大学和211高校福州大学,还拥有华侨大学、集美大学等一批优秀院校,为科技金融的发展输送了源源不断的人才。

在福建省自贸区金融改革的大背景下,为了更好地实现科技与金融的良好结合,福建省可以充分利用自身的优势,充分借鉴国内外经验,打造多元化科技金融支持体系,加快福建省科技金融的发展。

(一)强化政府对科技金融结合的扶持

无论是美国这类大型的国际经济体,还是像北京、上海等中国超一线城市,其政府对科技金融的发展是功不可没的。

1. 建立并完善科技金融领导协调机制

首先,建立科技部门与金融管理部门、国资监管机构、财税部门的科技金融政策协调机制。通过各机构部门的沟通协作,进一步完善福建科技金融发展的具体政策措施,并且监督其落实情况。在自贸区的背景下,加强对政府内部各职能部门的职能梳理、协调配合,加强政策协同性,提升管理效能,营造推进科技金融结合工作的良好局面。

其次,针对政府机制与市场机制尚未有效配合的问题。应尽快建立福建省大科委,将各市的科委统一划归进来进行集中管理,以利于市场资源的合理分配。建立大科委不仅能够有效解决政府机制与市场机制尚未有效配合的问题,还能够促进金融科技政策法律体系的建设,为科技金融的发展营造出良好的政策环境。

2. 加大政策性金融的科技投入力度

科技型企业在开发过程中需要大量资金的投入,而从资本市场上进行融资对中小型科技企业来说,是相当困难的。因此,政府需要及时发挥其作用,需要对科技金融的发展提供更加全方位的财政投入。可以借鉴日本模式中的政府干预方式。针对公益性或准公益性科技研发机构、盈利能力相对较弱的中小科技型企业,则通过建立各类政策性金融机构,由政府拨付资本金和低成本借款支持科技创新。

此外，可以尝试加大政府的政策性投资，建立科技专项基金，通过政府的资金带动和信誉保障，使得资源和资金不断向高新技术产业聚集。优化升级省级财政经费资助结构，综合利用无偿补助、贷款贴息等方式，大力引导以银行为主的金融机构参与实施福建省重大科技创新项目，为中小型科技企业创造健康的投融资环境。

3. 积极引进科技金融人才

科技金融人才对于科技金融的发展有着重大的作用。上海和北京都具有强大的吸引人才的能力，其本身的地理位置就可以给他们带来丰富的科技金融人才。而福建则需要加大金融人才引进与培养力度，优化金融人才发展环境，打造一支规模大、素质高、结构优的科技金融人才队伍。

首先政府应该加大人才培养力度。充分发挥厦门大学、福州大学以及各类研究所的资源，开展科技金融人才专业化培训，提升科技金融人才服务创新驱动发展的专业水平。其次是政府应发挥其号召力，加大引进科技金融人才。特别要将复合型科技金融人才引进纳入高层次人才引进计划，可以推行"户口关系在外地、平时工作在福建"的模式，鼓励各类金融机构引进海外高层次科技金融人才。

4. 加快培育和发展知识产权评估市场

加快推进知识产权领域事业单位体制改革，支持各地有条件的知识产权公共服务机构进行企业化改制试点，并按规定享受有关税收优惠政策，培育合格知识产权市场服务主体。有序开放知识产权基础信息资源，使各类知识产权服务主体可获得低成本的基础信息资源，以多种方式参与知识产权服务，增强市场服务供给能力。同时加强知识产权服务人才培养，建立知识产权服务人才职业资格制度，发展知识产权管理、咨询、运营、评估、保险、信息分析人才队伍，培养知识产权服务高端实务人才，为市场规范发展提供更有效的人力资源保障。

（二）完善科技型企业融资体系

1. 完善科技企业的信贷支持

可参考国内的杭州模式，按照"政府引导、市场化运作"的思路，探索科技银行新模式，完善科技型中小企业的担保模式。此外，传统商业银行可比照"硅谷银行"模式,创新信贷产品,优化绩效考核体系和技术系统流程,简化贷款程序。可以探索设立专为科技创新融资服务的科技小额贷款公司或微小银行,探索"债权+股权"的投贷联盟实践。

2. 完善科技资本交易服务功能

目前,福建支持科技创新企业发展的多层次资本市场体系已经初步具备,但是市场功能不完善、各层次市场间的联动还有很多障碍。因此需要进一步完善升降板制度,规范投资行为以及进入、退出机制,进一步强化海峡股权交易中心、厦门两岸股权交易中心等的融资服务功能,拓宽科技企业融资渠道,为科技型企业提供多元化的股权融资渠道。

(三)加大科技保险参与力度

科技保险可以有效地将科技风险转移,为科技金融的发展起到分散风险的作用。目前,福建省参加科技保险的企业数量只占全省科技创新型企业数量的很小一部分,且都集中在福州、泉州、厦门三市,科技保险的参与力度还远远不够,科技金融发展潜在的风险难以得到有效的分散和消除。

首先,政策上鼓励科技企业积极购买科技保险。可以在年度科技经费上预留一定的保险补贴金额,高度重视科技、财务、税务等部门之间的沟通,确保科技金融的保险费用得到有效的落实,切实使科技企业投保的成本得到降低。

其次,福建省现有的八大险种远远不能够满足科技创新企业多样化的投保需求,企业的风险控制还得不到全面保障。政府需要通过税收政策、财政专项补贴等政策支持方式鼓励保险公司适时推出新的科技保险险种。在具体措施方面,福建省可以尝试深化科技保险试点,组织开展高新技术产业风险管理研究和新险种开发。

参考文献

[1] 毕玲娜. 自贸区框架下福建科创企业金融支持体系研究 [J]. 福建商业高等专科学校学报,2016,12(6).

[2] 陈福生. 科技金融的国际经验与福建模式研究 [J]. 福建金融,2016(11).

[3] 陈新艺. 新常态下福建省科技金融结合现状及策略研究 [J]. 湖北科技学院学报,

2016，7（7），Vol. 36.

［4］崔毅，赵韵琪. 基于 DEA 方法的广东科技与金融结合效率评价［J］. 特区经济，2011（2）.

［5］福建省政府. 中国（福建）自由贸易试验区管理办法［J］. 福建日报，2015-5-7（6）.

［6］福建统计年鉴编委会. 福建统计年鉴 2017［M］. 北京：中国统计出版社，2017.

［7］华玉燕，赵纳. 基于 DEA 方法的科技金融结合效率研究——以安徽省为例［J］. 金融教育研究，2013，6（3）.

［8］姜丽丽. 构筑福建科技创新金融平台的探索与研究［J］. 海峡科学，2010（11）.

［9］李健，马亚. 科技金融：理论进展与滨海金谷的构建［M］. 北京：中国金融出版社，2014.

［10］李心丹，束兰根. 科技金融——理论与实践［M］. 南京大学出版社，2013.

［11］马占新，马生昀，包斯琴高娃. 数据包络分析及其应用案例［M］. 北京：科学出版社，2013.

［12］赵昌文，陈春发，唐英凯. 科技金融 SCI-TECH FINANCE［M］. 北京：科学出版社，2009.

［13］中国科技统计年鉴编委会. 中国科技统计年鉴 2016［M］. 北京：中国统计出版社，2016.

［14］中国科技统计年鉴编委会. 中国科技统计年鉴 2017［M］. 北京：中国统计出版社，2017.

［15］King R，Levine R.. Finance，Enterpreneurship and Growth：Theory and Evidence［J］. *Journal of Monetary Economics*，1993，3.

专题十一　福建省绿色金融发展的对策分析

一、绿色金融概述

　　绿色金融是以促进经济、资源、环境协调发展为目的而进行的信贷、保险、证券、产业基金等金融活动，要求关注环境保护，在投资以及融资决策中要考虑潜在的环境影响，把与环境条件相关的潜在的回报、风险和成本等因素融合进银行的业务中，在金融经营活动中注重对生态环境的保护以及环境污染的治理，通过对社会经济资源的引导，促进社会的可持续发展，最突出的特点就是它更强调人类社会的生存环境利益，它将对环境保护和对资源的有效利用程度作为计量其活动成效的标准之一，通过自身活动引导各经济主体注重自然生态平衡。绿色金融是可持续发展的必然要求。

　　2016年以来，国际上绝大多数国家签署了《巴黎协定》，这标志着世界经济绿色转型进入一个崭新的阶段。作为世界第二大经济体，中国政府高度重视以绿色经济为主体的生态文明建设，绿色金融是绿色发展的最重要的推动力之一。在正式加入《巴黎协定》之后，中国政府加速了绿色金融的发展进程。2016年8月，中共中央办公厅、国务院办公厅印发了《关于设立统一规范的国家生态文明试验区的意见》。该意见综合考虑各地现有生态文明改革实践基础、区域差异性和发展阶段等因素，首批选择生态基础较好、资源环境承载能力较强的福建、贵州和江西三省为第一批国家生态文明试验区。2016年8月31日，中国人民银行等7部门共同印发《关于构建绿色金融体系的指导意见》，它阐述了构建绿色金融体系的重要意义，提出了要大力发展绿色信贷，推动证券市场支持绿色投资，设立绿色发展基金，通过政府和社会资本合作（PPP）模式动员社会资本，发展绿色保险完善环境权益交易市场，丰富融资工具，支持地方发展绿色金融；推动开展绿色金融国际合作，防范金融风险等意见。2016 年 9 月在杭州的 G20 峰会上，中国政府主导的 G20 绿色金融研究小组提交了《G20 绿色金融综合报告》，就发展绿色金融达成共识提出 7 项建议措施。2017 年 6 月 14 日，国务院总理李克强主持召开国务院常务会议，决定在浙江、江西、广东、贵州、新疆 5 省（区）选择部分地方，建设各有侧重、各具特色的绿色金融改革创新试验区，在体制机制上探索可复制可推广的经验，推动经济绿色转型升级。会议认为，贯彻新发展理念，加快绿色金融体制机制创新，加大金融对改善生态环境、资源节约高效利用等的支持，对调结构、转方式，促进生态文明建设，具有重要意义，这也是扎实履行中国政府对《巴黎协定》的承诺。2017 年 10 月，习总书记在党的十九大提出"发展绿色金融""推进绿色发展"。这意味着中国绿色金融进入一个新的发展阶段，以绿色金融促绿色发展，构建经济转型的金融动能已开启。

二、国内 31 个省区市绿色金融发展状况

（一）国内 31 个省区市的绿色金融政策

我国绿色金融政策日趋完备，绿色金融政策已进入快速发展阶段，2007 年以来，政府先后出台了一系列完善绿色信贷的政策文件。2011 年 9 月 27 日，"三部门"联合启动"绿色信贷"评估研究项目，并计划建立"中国绿色信贷数据中心"，为商业银行践行绿色信贷、管理和评估风险提供权威的信息支持。2013 年 12 月 18 日，环境保护部、国家发改委、中国人民银行和银监会联合发布《企业环境信用评价办法（试行）》，指导全国各地开展企业环境信用评价，督促企业履行环保法定义务和社会责任，推动了环保信用体系进一步完善。

通过比较分析国内 31 个省区市（不含港澳台地区）的绿色金融政策（见表 1），可以发现各省区市政策都是主要从以下方面提出内容和要求的：首先，构建具有各个省区市特色的现代金融组织体系和绿色金融机构体系。其次，通过建立完善绿色金融组织体系、产品体系和配套措施体系，引导金

融资源向经济绿色发展领域和绿色产业配置，重点支持各个省区市当地绿色产业、资源节约型和环境友好型产业。最后，利用信息技术和平台，加快各个省区市的绿色产品和服务创新、实现绿色产业转型、拓宽绿色产业发展和融资渠道、构建绿色金融风险防范化解机制等。

表1　　　　　　国内31个省区市的绿色金融政策

省份	文件	相关政策内容
北京	《关于构建首都绿色金融体系的实施办法》	强调构建绿色金融体系是首都金融发展的战略方向，从银行、证券、保险、基金、碳交易等各个金融领域提出举措
上海	《上海市城市总体规划（2017—2035年）》	全面推动绿色低碳发展；优化能源结构，降低产业和建筑能耗，引导绿色交通出行，全面降低碳排放
天津	《国务院关于天津滨海新区综合配套改革试验总体方案的批复》	要求设立全国首家综合性环境能源交易机构，致力于通过市场化手段和金融创新方式促进节能减排
重庆	《在重庆市开展金融标准创新建设试点实施方案》《重庆市绿色金融发展规划（2017—2020年）》	构建金融标准创新工作机制，开展金融标准研究和制定、修订实践，提升试点地区金融标准研制能力；加大金融标准的宣贯力度，提高金融消费者的认知程度
河北	《推进雄安新区生态环境保护工作战略合作协议》	贯彻落实党的十九大的决策部署，深入实施京津冀协同发展战略，共同推动雄安新区生态环境保护
山西	《山西省金融改革发展总体规划（2015—2020年）》	打造山西地方金融投资控股集团，做大做强城市商业银行，规范发展准金融机构；稳步发展新型金融业态
内蒙古	《内蒙古自治区人民政府关于构建绿色金融体系的实施意见》《内蒙古自治区人民政府办公厅关于印发环保基金设立方案的通知》	大力发展绿色信贷，推动发行绿色债券；设立发展绿色产业基金，推动开展绿色金融国际合作，开展绿色金融服务创新试点
黑龙江	《关于加强黑龙江省节能环保领域金融工作的信贷指导意见》《关于金融支持黑龙江省低碳循环经济发展的指导意见》《关于推进黑龙江省绿色金融发展的实施意见》	通过再贷款、再贴现、差额存款准备金等信贷政策，引导银行业金融机构将更多的信贷资金投向绿色产业、项目和企业

续表

省份	文件	相关政策内容
江苏	《江苏省网络借贷信息中介机构打造绿色金融管理指引（征求意见稿）》《关于根据环保信用评价等级试行差别电价有关问题的通知》	鼓励支持江苏省网络借贷信息中介机构积极参与绿色金融，发展绿色经济，根据环境信用评价等级实行差别电价、污水处理收费
浙江	《在浙江省开展金融标准创新建设试点实施方案》《推进湖州市、衢州市绿色金融改革创新试验区建设行动计划》《浙江省绿色经济培育行动实施方案》	通过金融标准创新建设试点，提升浙江省金融标准化程度和金融服务质量；充分发挥绿色金融在调结构、转方式、促进生态文明建设、推动经济可持续发展等方面的积极作用，探索建立区域性绿色金融服务体系，推动经济绿色转型升级
福建	《福建省绿色金融体系建设实施方案》	以建立绿色金融多元化支持体系为主线，创新发展绿色金融组织体系、产品体系和配套设施体系，引导社会资金投向绿色产业发展，有效推动福建省生态文明建设和经济社会协调可持续发展
江西	《江西省生态环境损害赔偿制度改革实施方案》《关于加快绿色金融发展的实施意见》《江西省"十三五"建设绿色金融体系规划》	在绿色金融体系建设中充分发挥银行业、证券期货业、保险业三大传统金融机构的主力军作用，构建具有江西特色的现代金融组织体系和绿色金融机构体系
山东	《关于印发山东省环境空气质量生态补偿暂行办法的通知》《山东省企业环境信用评价办法》	将生态环境质量逐年改善作为区域发展的约束性要求，以经济手段推动全省环境空气质量持续改善，进一步调度各市深入治理大气污染的积极性
广东	《广东省广州市绿色金融改革创新试验区绿色企业认定办法》《广东省广州市绿色金融改革创新试验区绿色项目认定方法》	探索绿色金融发展有效路径，构建区域性绿色金融体系运行模式，充分发挥绿色金融在调结构、转方式、促进生态文明建设、推动经济可持续发展等方面的积极作用
四川	《四川省绿色金融发展规划》	构建绿色金融"一核一带多点"的空间格局，逐步建立多元化、广覆盖的四川省绿色金融创新体系和绿色金融市场体系
贵州	《贵州省关于开展环境污染强制责任保险试点工作方案》《关于加快绿色金融发展的意见》《贵安新区建设绿色金融改革创新试验区总体方案》	重点围绕多层次绿色金融组织机构体系、加快绿色金融产品和服务方式创新、拓宽绿色产业融资渠道、加快发展绿色保险、夯实绿色金融基础设施、构建绿色金融风险防范化解机制等

续表

省份	文件	相关政策内容
甘肃	《关于构建绿色金融体系的指导意见》	通过金融、财政、环保等政策和相关规章制度的配套支持，逐步形成多层次绿色金融组织体系、多元化绿色金融产品服务体系和多层级政策支持服务体系
宁夏	《关于加强环保信息共享协作推动区域绿色金融发展合作备忘录》	将搭建信息共享平台，以企业绿色信用体系建设为载体，建立健全绿色金融体系，通过发展绿色信贷、绿色证券、绿色基金等，大力支持通过升级改造有望实现绿色转型的产业和节能环保的产业等
新疆	《自治州构建绿色金融体系的实施方案》《自治区构建绿色金融体系的实施意见》《新疆维吾尔自治区哈密市、昌吉州和克拉玛依市建设绿色金融改革创新试验区总体方案》	通过建立完善绿色金融组织体系、产品体系和配套措施体系，引导金融资源向经济绿色发展领域和绿色产业配置，重点支持基础设施、农业改革、农村改造、农民脱贫、工业转型升级、资源节约和清洁能源推广、自然生态保护和环境治理等领域

（二）国内 31 个省区市的绿色金融实践

表 2 比较分析了我国 31 个省区市的绿色金融实践（不含港澳台地区）。

表 2　　　　　　　　国内 31 个省区市的绿色金融实践

省份	具体实践内容
北京	建立"绿行者—绿色出行奖励平台"，实现"停驶数据自动记录""减排量自愿交易""现金奖励在线发放"
	亚洲基础设施投资银行批准一笔 2.5 亿美元的贷款*，用于建设天然气输送管网等工程，预计每年为北京减少大量空气污染物的排放量，助力"北京蓝"
	首都机场积极推行绿色转型，着力提高机场用水效率。通过采用电动车、可再生能源和更完善的交通枢纽在环境管理方面发挥引领作用
	北京环交所与中美绿色基金组建百亿低碳基金，寻找既适合新区建设发展又符合基金投资方向的项目，协助其引进绿色低碳技术并实现商业化

续表

省份	具体实践内容
上海	举办绿色金融成果巡展,彰显我国大力推动绿色发展,建设资源节约型、环境友好型社会的决心和举措
	举办2017陆家嘴绿色金融论坛,论坛现场发布了由申能集团牵头、上海市金融办等机构完成的《上海绿色金融的发展路径研究》报告
天津	平安银行因调查不到位向环保不达标企业提供融资被天津银监局罚款50万元**
	天津排放权交易所挂牌,面向社会公开征集战略投资人,最终蚂蚁金服旗下全资公司上海云鑫创业投资有限公司成为战略投资者
	天津市首单绿色债券成功注册,这是国内首单绿色短期融资债券、首单全国火电行业循环经济的绿色债券
	中新天津生态城由中国政府与新加坡政府合作共建探索人与自然和谐共处的城市发展新模式,这里也是中国首个绿色发展综合示范区所在地
重庆	创新外汇管理服务,为境内企业建设煤气化节能改造项目提供优质的境外融资资源,降低企业综合融资成本
	将企业环境信用记录作为金融机构对企业授信的重要参考条件
	建设重庆市万州区绿色金融试点,帮助解决绿色金融发展中的困难和问题,为万州区绿色产业的持续健康发展作出新的贡献
河北	划定生态保护红线,形成护佑京津、雄安新区和华北平原,优化京津冀区域生态空间安全的格局
	河北银行发行25亿元绿色金融债券,专项用于支持绿色产业发展,成为河北省首家发行绿色金融债券的法人银行机构
山西	亚行批准1亿美元助山西改善水资源管理和环境可持续性,还通过恢复植被、安装雨水排水管、修建和恢复生态堤防等措施,增强该区域的气候适应力
	山西省国际能源集团有限公司发行首单绿色债券,募集资金将用于国际能源"垃圾发电、污水处理、低热值煤发电"项目投资
内蒙古	举办"2017年内蒙古自治区企业境外发债及绿色债券专题研讨会",为政府、银行、企业三方搭建了近距离的交流平台
黑龙江	与省环保厅建立环境违法企业通报制度,对环境违法企业实施信贷"黑名单"管理办法,要求金融机构严格信贷管理,防止信贷资金流向环境违法领域
	将环保信贷数据纳入"黑龙江省金融机构信贷政策执行情况统计监测制度"中,对金融机构投放绿色领域贷款进行月度统计、监测和分析,有效促进绿色金融政策的落地实施

续表

省份	具体实践内容
江苏	江苏省内首家绿色主题银行正式挂牌，这是一个全功能型的银行旗舰网点，同时也是绿色金融、绿色生活和绿色办公的体验中心
	根据环境信用评价等级实行差别电价、污水处理收费
浙江	全国首单"绿色双创金融可转债"项目落地浙江衢州，借力私募绿色双创金融可转债
	兴业银行与安吉农商行签署《绿色金融合作协议》，覆盖范围实现了从城商行到农商行的进一步拓展
	浙江湖州每年安排10亿元专项资金鼓励进行绿色金融改革创新
	浙江全面编制资源负债表推动生态文明绩效考核，全面反映经济社会发展的资源消耗、环境代价和生态效益等情况
福建	持续创新林业金融，在全国率先创新林权抵押贷款，并创新组建林权收储机构，发展林权按揭贷款，林业金融规模和模式全国领先。解决了林业贷款短贷长用问题。与当地农商银行合作推出"福林贷"，进一步盘活一家一户零星分散林业资源
	建立排污权和碳排放权交易市场，排污权交易实施对象由造纸、水泥、皮革等8个试点行业扩大至全省范围内所有工业排污单位
	开发排污权、碳排放权等环境权益抵押新型融资产品，企业可以通过购买可抵押的排污权指标获得贷款
	出台30项价费政策促绿色发展，促进绿色产业结构优化升级，改善流域生态环境，全面推行环保电价和超低排放电价政策，发挥价格的激励和约束作用，降低二氧化硫、氮氧化物、烟粉尘排放
江西	江西省银监局出台文件加强对银行业机构绿色信贷工作考评，视情况采取措施约束考评不合格机构的业务发展，对绿色信贷工作实施差别监管
山东	山东省首单绿色债务融资工具获准发行
广东	中国建设银行广东省分行为明阳智慧能源集团股份公司发行债务融资工具，用于风电场项目建设。广东华兴银行成功发行20亿绿色金融债券
	建设绿色金融改革创新试验区，定位成为绿色金融改革创新的试验田、绿色金融与绿色产业协调发展的示范区、粤港澳大湾区合作发展的新平台、"一带一路"建设的助推器
	开展环境污染强制责任保险试点，被列入土壤污染重点监管行业名录或者从事土壤污染修复的、生产或者使用Ⅱ类及以上高风险放射源的、近五年发生过较大以上突发环境事件的等6类企业将被纳入试点工作范围

续表

省份	具体实践内容
贵州	建设贵安新区绿色金融创新试验区，明确了在绿色金融机构、产品、服务、政策、风险防范等六个方面改革创新的重点任务，在体制机制上探索可复制可推广的经验
贵州	贵州邮储银行发放"排污贷"，有效盘活了企业无形资产，为中小微企业融资开辟了一条新渠道，解决企业融资难问题的同时，也积极助推了贵州省绿色生态建设的发展
贵州	发行绿色金融债券，在助推贵州省经济结构转型升级和绿色经济发展方面进行了有益实践
甘肃	甘肃银行成立绿色金融部，专门从事绿色金融工作，承担着绿色金融相关领域的职责，并遴选了专业人才充实到该部门，专业专注从事绿色金融工作
甘肃	宁夏环保厅向金融机构提供环境行政处罚信息，推动建立环保守信激励与失信惩戒机制，促进宁夏绿色转型和高质量发展
甘肃	办理绿色票据再贴现业务，实现货币政策工具支持绿色金融改革创新试验区新的突破
新疆	亚行1.5亿美元贷款帮助新疆昌吉改善基础设施，完善奇台县的供水管理和固体废弃物管理工作，并为阜康市的植树造林工作提供资金，从而帮助保护土壤、减少洪涝灾害以及形成生态防护林带
新疆	为进一步降低环境安全风险，提高环境污染事件的防范处置能力，新疆全面展开重点行业企业环境污染责任保险试点工作，加快推进环境污染责任保险制度建设

注：＊资料来源于央视新闻客户端，记者丁雅妮和王楠；＊＊资料来源于：津银监罚决字〔2018〕35号文件。

通过表2可以看到各省区市分别根据自身的经济发展水平，资源分布，采用不同的措施，来因地制宜地促进各省区市绿色金融的发展。下面，我们将各地在发展绿色金融方面的特点总结如下：

（1）绿色金融的实践主体，主要是政府、银行及相关的金融机构、环保局以及其他相关组织。

（2）实践实施方式的多样化。这反映了中国绿色宏观调控的一些特征。政府主要通过其行政影响力来促进绿色金融的实施，主要方式有制定相关政策促进绿色发展，对不合规企业进行行政处罚，建立绿色生态城、绿色金融试点助力绿色金融发展，发放专项资金鼓励绿色金融，编制资源负债表进行考核生态效益，实施监管，开展环境污染强制责任保险试点等。

（3）绿色信贷在总体信贷中所占比例较高。银行等金融机构通过金融工具来推进绿色金融的实施，比如贷款、绿色债券、抵押权、排放权等。银行等金融机构依据相关绿色指标,通过给绿色工程贷款,提供融资资源,发行绿色债券,支持绿色产业的发展,进而通过绿色产业来提高能源利用效率,减少污染物的排放,提高环境的可持续性。

(4)绿色信用机制创新。实践中,根据企业环境信用等级实行差别收费。通过将环境信用记录提供给金融机构,为金融机构对环保企业的授信提供参考。通过与基金组建低碳基金,引进低碳技术并实现商业化。

(5)引导绿色消费能力。其他相关组织参与发展绿色金融的形式主要在于鼓励和宣传绿色金融的发展,如通过建立平台来鼓励绿色行为,推进绿色转型。通过举办绿色金融成果巡展、绿色金融论坛、研讨会来为各方提供交流平台。

(三)福建省与其他省区市的对比

就绿色金融政策来说,在表1所列的31个省区市中,专门制定绿色金融相关实施办法或规划的省区市有14个,分别是福建、北京、重庆、内蒙古、黑龙江、江苏、浙江、江西、广东、四川、贵州、甘肃、宁夏和新疆。由此可以看出,福建省对于绿色金融工作的开展还是比较重视的。

但同时也应该注意到,在专门制定了绿色金融规划的14个省区市中,浙江、江西、广东、贵州和新疆制订了多达3份的绿色金融实施方案,成为指定绿色金融政策最多的5个省份。重庆、黑龙江发布了2份金色金融政策方案,而福建和北京、内蒙古、江苏、四川、甘肃、宁夏仅发布了1份绿色金融实施方案。

与国内其他省区市相比,福建省在绿色金融方面取得的经验有:第一,以林业改革促进了林业金融创新。三明在全国率先创新林权抵押贷款,并创新组建林权收储机构,发展林权按揭贷款,林业金融规模和模式在全国领先,解决了林业贷款短贷长用问题。同时,福建省政府与当地农商银行合作推出"福林贷",进一步盘活一家一户零星分散林业资源。第二,福建省建立排污权和碳排放权交易市场,开发排污权、碳排放权等环境权益抵押新型融资产品,企业可以通过购买可抵押的排污权指标获得贷款。第三,促进绿色产业结构优化升级,改善了流域生态环境。第四,发挥价格机制的作用,全面推行环保电价和超低排放电价政策,发挥了价格的激励和约束作用。

以上分析说明了：

（1）浙江、江西、广东、贵州等地侧重于从次区域的角度来构建金融体系，工作细致，更具体，更有针对性，建立起防范非绿色发展的"防火墙"。

（2）典型区域应先行试点。如浙江的湖州、广东有广州、贵州有贵安新区，这些试点的好处有：以点到面，从典型到一般，从而更好地进行绿色金融试验。

三、福建省绿色金融发展存在的问题

加快发展福建绿色金融发展，不仅是深入贯彻党的十九大精神，促进福建经济高质量发展的关键，也是建设福建"国家级生态文明示范区"的重要举措。2018年6月，习近平总书记在深入推动长江经济带发展座谈会上的讲话，对于进一步发展福建绿色金融具有更重要的指导意义。事实上，福建绿色金融的发展能够为生态文明建设提供新动能、促进经济转型动力转换，推动经济持续、绿色、快速高质量发展。本专题在分析当前福建发展绿色金融方面存在的问题的基础上，提出相应的政策建议。

（一）发展绿色金融的营商环境较弱

一是对绿色金融的社会认知比较淡漠，社会环保意识差制约了绿色金融的发展。福建绿色金融虽然取得了阶段性进展，但在实践中大规模的产品创新、应用与推广还未开展。二是在财政、税收、工商登记等管理方面，管理者将绿色金融项目与绿色发展企业混同于一般性项目与一般性企业的管理，缺乏针对性的措施，以致企业获得绿色金融的成本较高。三是缺乏对绿色金融的广泛宣传与推广，上海、深圳、哈尔滨等地近年来经常举办绿色金融成果展示，推进了当地绿色金融的发展，但福建省却较为缺乏类似的绿色金融成果宣传普及活动。

（二）发展绿色金融的动力机制不足

从企业方面来说，为了利用绿色信贷，需要达到绿色借贷的条件，必须增加相关设施设备，增加相关成本，故企业致力于绿色金融存在动力不足的问题。从金融机构来说，由于绿色金融是一项新鲜事物，相比于传统金融业务、风险高、回报期长、短期收益较低。具有商业性质的金融机构，追逐利益最大化，对绿色产业的投资意愿低，将绝大部分的资金投向"非绿色"的投资项目，金融机构发展绿色金融缺少内在动力。此外，政府部门缺乏针对绿色金融发展的激励政策、具体布局以及战略导向，企业、金融机构、私人投资者等对投资"绿色金融"项目的意愿不够强烈，这也影响了企业、金融机构等的积极性、主动性。

（三）绿色金融项目及产品的认定标准未统一

绿色金融项目的开发、筛选、实施、评估等决策流程中，存在五个方面的问题。一是绿色技术标准体系难于统一，不同的环境项目，绿色的技术参数、环境影响特点基本上不同，绿色项目筛选标准难以统一。二是不同部门之间对绿色金融的标准不统一，如中国人民银行、中国银监会、国家发改委等部门关于绿色标准的界定就不一样，在支持项目范围及分类方法上存在差异。三是区域之间不统一，目前浙江、广东等5省份作为全国绿色金融改革创新试验区，都在积极谋划和推动绿色金融标准建设，这种情况下，容易形成多套标准。四是当前标准体系不完整，除绿色信贷、债券具有标准之外，其他诸如绿色股票、保险、基金、碳金融等绿色金融产品的标准仍处于空白阶段。五是绿色金融标准体系缺乏权威的官方体系，在绿色认证和评级方面，认证评级机构存在较大的随意性，绿色认证及评级的公信力不足。

（四）绿色金融开发程度不够深入

福建绿色金融开发程度存在三个问题。一是绿色金融开发范围不够宽。当前开发较多的是短期绿色借贷以及少量绿色债券，中长期的绿色股权和绿色基金较少，尚不能满足产业的绿色升级和技术创新的需求。二是对福建地区特色的绿色资源金融开发不够。福建省海洋资源丰富，渔场、岛屿、岸线、能源等海洋资源丰富，有待开发的有渔业金融、海上旅游金融、航运金融、潮汐能金融、风能金融。三是对多区叠加优势下的绿色金融开发不够。福建各地具有经济特区、国家级生态文明试验区、国家级新区、国家自由贸易试验区、"一带一路"建设核心区等多区政策优势，具有这些政策特色的金融产品不多。

（五）发展绿色金融的政策有待进一步落实

目前，福建省发展绿色金融的政策较为丰富，如中央发布的《国家生态文明试验区（福建）实施方案》，省委、省政府出台的《福建省"十三五"规划纲要》《福建省绿色金融体系建设实施方案》《福建银行业支持国家生态文明试验区（福建）建设行动计划（2017—2020年）》等政策文件。存在的问题是：政策较为丰富，绿色金融操作层面法律保障机制的不完善，具体实施难落地；绿色金融市场体系参差不齐，绿色金融交易市场不够活跃；绿色信贷发展快，其他绿色金融发展慢；绿色信贷的政策较为丰富，其他类型的绿色金融制度较为缺乏。

四、福建省绿色金融体系建设政策与战略建议

习近平总书记在"深入推动长江经济带发展座谈会"上指出：探索协同推进生态优先和绿色发展新路子，探索生态优先、绿色发展的新路子，关键是要处理好绿水青山和金山银山的关系。福建具有建设生态省的基础，今后一段时间，应进一步贯彻习近平总书记在深入推动长江经济带发展座谈会上的讲话，走出一条绿色创新发展的新路子。

（一）进一步优化绿色金融的营商环境

营造绿色金融良好发展空间，需要再进一步优化相应的信贷、财政、税

务等政策环境。一是提出绿色金融支持的负面清单,加强绿色金融对低碳循环经济体系的支持,特别是对节能环保产业、清洁生产产业、清洁能源产业这三大产业的支持。二是加强绿色金融信贷问题上的"放管服"改革,进一步降低或者减少绿色金融收费及信贷审核行为,进一步细化、明确绿色金融的信贷标准,建立完善环境信用评价体系及在金融机构中的运用,加强金融从业人员关于绿色金融信贷标准的培训,改变绿色信贷因知识缺乏而"不敢贷""不愿贷"的问题。三是建立起政府部门主管领导、行业专家、金融分析师、律师组成的金融产品咨询小组,对绿色金融产品设计、应用、示范、推广中的疑难问题提出解决方案,促进绿色金融深化程度。

(二)建立健全促进绿色金融的激励机制

一是提高金融机构致力于发展绿色金融业务的积极性,通过降低绿色金融项目的税率、适当延长免税期、增加进项抵扣等方面,提高金融机构参与绿色金融的积极性。二是促进企业开展绿色信贷的积极性,健全财政政策对绿色信贷、绿色债券、绿色资产支持证券的贴息机制,简化审批流程,加大贴息力度(江苏已经达到30%),延长贴息持续时间,试点财政部门委托政策性银行、绿色银行或商业银行的生态金融事业部管理绿色贷款贴息。三是促进消费者进行绿色消费的积极性,可借鉴北京的做法,建立"绿色出行奖励平台""减排量自愿交易"等类似政策,促进消费者进行节能减排。四是利用福建省自贸区先行先试政策,将跨境绿色资本自由流动列为逐步实现资本项目可兑换的目标,鼓励外国投资者投资福建省低碳环保项目。

(三)进一步促进绿色金融产品创新

在福建面临多区叠加优势及生态省战略的大背景下,促进绿色金融产品创新。一是进一步深化林业金融改革,进一步试点林木抚育阶段、成熟林、砍伐期、采购加工阶段和林权抵押贷款等不同的信贷模式,实现金融信贷产品覆盖林产业过程全链条,积极推动"智慧林业"的金融服务平台建设。二是从金融机构的角度来说,应探索开展生态林收益权质押、森林碳汇收益权抵押,推出"林权抵押+收储担保"等新模式,调动金融机构办理林权抵押贷款的积极性。三是着力推进环境金融创新，结合福建省生态湿地保护、水土流失治理、环境修复、新能源开发，将生态收费权、美丽乡村收益权、风力发电收益权、光伏发电收益权等进行资产证券化。四是完善市场化的环境权益定价机制，进一步发展碳排放权、风电水电等新能源金融定价权、用水权、排污权等交易市场，提升服务水平，打造全国综合性环境权益交易市场。五是利用福建多区叠加政策，大力发展渔业金融、自贸区绿色金融、"一带一路"绿色金融等。

（四）推行绿色金融项目认证

为了提高绿色金融项目的质量，筛选掉那些将非绿色包装为绿色的"漂绿"项目，培养企业的绿色发展责任，福建可以实施"绿色金融认证"，率先设立一套第三方绿色金融认证体系及认证标准。为发行绿色金融债务工具提供第三方认证服务。"绿色金融认证"提供的认证可以分为两种，一种是绿色金融发行前认证，另一种是绿色金融发行后认证，两种认证都可用来评估绿色金融工具和投资项目的资格。凡是持有债务工具、融资收益用作支持绿色项目的发行者都可以申请认证计划。推行该认证有利于进一步促进福建绿色金融市场发展，推进环境友好投资。

（五）搭建绿色金融的合作平台

一是搭建福建省内企业与政策性银行、商业银行、保险公司、证券公司、各类基金等的绿色金融合作平台，创建绿色金融联盟，开创产融结合新模式，促进企业之间、银企之间的绿色金融供需对接，发展一批中介机构参与绿色金融活动，提高对绿色投资的评估能力，拓宽绿色融资渠道，推动各方进行更加深入的探索，寻找企业、金融和平台等三方的切合点。二是加强国内外绿色金融的协作发展。对接香港绿色金融机构。香港具有发展绿色金融的条件、资源与优势，利用福建省资源条件，与香港绿色金融机构合作，发行绿色债券，增强绿色融资能力。三是建立完善绿色金融信用信息数据库。加大银税互动，银商合作力度，推进绿色金融科技创新。四是建立绿色金融政策发布信息平台，统筹省内各部门绿色金融产业项目、扶持政策，在各级政府网站以双语方式为境内外投资者提供包括本地区绿色经济、绿色金融规划等专业服务,为企业更好地"走出去""引进来"提供支持。

(六)设立绿色金融改革创新试验区

我国已经在浙江、广东等 5 省区进行试点绿色金融改革创新试验区工作,取得了阶段性成果,正在探索试点扩容。福建应紧抓这一扩容机会,顺应推进两岸经济合作的需要,设立省级绿色金融改革创新试验区。一是推行分区试点定位,结合福建省情设立四个分区域,即福州试点绿色金融与先进制造业相结合,厦门试点绿色金融与科技创新相结合,三明试点绿色金融与生态经济相结合,泉州试点绿色金融与民营经济发展相结合。二是探索绿色金融的投资、融资职能的新体制、新机制、新做法,加快完善福建省绿色金融供给体系,提升绿色产业融资可得性,引导金融资源精准投向绿色项目,促进一批绿色企业落地。三是试点绿色金融工具创新方面,积极探索绿色信贷、绿色基金、绿色债券及绿色保险等绿色金融工具如何与科技创新、民营经济、实体经济相结合,如何促进传统产业转型升级,总结形成经济高质量发展的绿色金融标准体系。绿色金融试验区内可允许台湾资本直接参与试验区内绿色金融活动。

(七)加强发展绿色金融的行政督查

发展福建绿色金融的工作,要与贯彻习近平生态文明思想及发展绿色金融相关论述的政治任务以及与习近平同志在福建工作期间抓生态省建设的理论与实践结合起来,抓紧抓好。一是明确绿色金融的发展责任,提出:发展绿色金融的范围、质量、业绩的办法;绿色金融的法律执行;绿色金融工作机制;绿色金融标准化体系;绿色金融平台建设;绿色金融科技创新;绿色金融宣传普及;绿色金融国内外交流。二是督查绿色金融的"放管服"工作是否落地,进一步促进绿色金融政策的实施与落地,加强各地绩效考核,可从政策实施程度、典型案例多寡、绿色金融总量、绿色金融工具的多样化等若干方面来加以考核,将绿色金融的实施作为生态文明绩效考核的重要内容。三是督查金融部门与环境保护部门之间的信息共享问题,推进企业环境违法违规信息、环境信用评价信息纳入福建省征信业务综合平台的执行情况，针对是否建立绿色信用体系、是否建立起激励机制、是否建立健全环境与社会责任的信息披露机制等情况，各地开展绿色信贷的执行情况督查等。

参考文献

［1］福建省人民政府关于印发福建省"十三五"节能减排综合工作方案的通知（闽政〔2017〕29号）．福建省人民政府，2017．

［2］福建省人民政府关于印发福建省绿色金融体系建设实施方案的通知（闽政〔2017〕20号）．福建省人民政府，2017

［3］关于构建绿色金融体系的指导意见（银发〔2016〕228号）．中国人民银行等七部委，2016．

［4］广东省人民政府关于转发《中国人民银行等七部委关于印发〈广东省广州市建设绿色金融改革创新试验区总体方案〉的通知》的通知（粤府函〔2017〕194号）．广东省人民政府，2017．

［5］江西省人民政府办公厅关于印发江西省"十三五"建设绿色金融体系规划的通知（赣府厅发〔2017〕79号）．江西省人民政府，2017．

［6］省人民政府办公厅关于加快绿色金融发展的实施意见（黔府办发〔2016〕44号）．贵州省人民政府，2016．

［7］西南财经大学发展研究院、环保部环境与经济政策研究中心课题组，李晓西，夏光，蔡宁．绿色金融与可持续发展［J］．金融论坛，2015，20（10）：30-40．

［8］章颖薇，吴小红，周子文．福建自贸区绿色金融发展路径与实现模式思考［J］．区域金融研究，2017（3）：48-51．

专题十二 海峡两岸暨香港金融市场联动研究

——基于六元非对称 VAR-BEKK-MVGARCH 模型

一、引 言

  海峡两岸暨香港金融互动是相互往来的重要内容,金融交流和合作领域扩大、层次加深、水平提高,逐渐形成了以下成果:货币兑换与清算获得制度化安排,两岸金融机构互设分支机构并开展业务,两岸金融监管合作机制建立并强化,两岸金融市场不同程度对外开放。在信息广泛共享和传播的影响下,台湾地区资本市场的发展将不可避免地受到大陆、香港甚至全球跨境资本流动的冲击。各个外汇市场本身存在关联影响,考虑到海峡两岸暨香港汇率制度安排的异质性,汇率因素还会在金融市场相互作用关系中充当重要角色。

  与此同时,国际经济金融局势波谲云诡:经济方面,发达经济体逐渐走出了金融危机的"泥潭",但新兴国家和地区经济增长普遍降速,重要经济体的货币政策出现分化以及特朗普执政的后续效应仍在发酵[①];金融方面,金融危机的深层次影响仍在延续,国际跨境资本流动的波动性日趋增强,资金从发展中国家和地区回流美国的趋势开始显现。此时,如果孤立地研究单一国家和地区的金融市场,缺乏对全球金融市场风险传染的关注,可能会导致对一些重要风险管理的遗漏,造成不可估量的经济损失。在此背景下,深入理解和探究大陆、香港和台湾外汇市场和资本市场的非对称联动机制,对

---

① 近些年,国际货币基金组织(IMF)年终报告中连续多次以"Uncertainty"为主题。

于我国的汇率制度改革、金融体制改革和经济当局的风险监管具有非常重要的启示意义。

本专题从汇率和股票市场的视角,深入研究海峡两岸暨香港之间的金融关联性,并基于资本账户开放以及汇率因素,进一步探讨金融关联性的动态诱因。可能的创新点在于:第一,现有研究普遍通过构建 VAR 模型,从而获得均值溢出效应结果,本专题则使用 VAR-BEKK-MVGARCH 模型,不仅能观测两类溢出效应(均值溢出和波动溢出)结果,还能得到变量之间的非对称效应,并引入溢出网络分析图,具体、清晰地展示关联互动结果;第二,本专题通过提取 BEKK 模型的动态相关系数,进一步研究金融市场关联的决定因素,这是以往研究未进行深入挖掘的地方,通过引入代理变量,构建面板校正标准误模型,实证分析得出海峡两岸暨香港外汇市场和资本市场联动关系的动态诱因。基于此的实证演绎能够为海峡两岸暨香港金融市场联动研究提供与时俱进的理论解释,为相关理论作出边际贡献。

二、理论文献回顾

考虑一国内部环境,可以获知:随着金融市场体制改革的稳步推进,金融环境的持续改善,金融监管质量的不断提高,国内各个金融子市场的联动效应将愈发明显(陈创练等,2017)。胡聪慧和刘学良(2017)认为国内金融市场状况对相关性的影响源自流动性的差异,金融市场整体流动性状况的变化是影响大宗商品与股票市场联动性的重要因素。王雯等(2018)研究发现,中国金融市场间联动性有逐渐增强的趋势,且系统性金融风险的跨市场传导效应显现出极强的时变性,极端风险的发生往往伴随着跨境、跨市场联动性的大幅增强。

在开放经济环境中,国际资本流动使得各国和地区金融市场出现了较强的联动现象。国内外学者对国际金融市场联动性进行了大量的研究工作,在早期研究中,学者们普遍采用简单相关系数来衡量和描绘金融市场之间的相关性(Longin & Solnik,1995);有研究发现,特殊时期(如发生金融危机时)国际市场间的联动性会明显增强(Bertero & Mayer,1989;King & Wadhwani,1990);同时,许多文献均认为发达国家和地区相互之间的金融联动效应更强（Eun & Shim，1989；Morana & Beltratti，2004），兰维德（Rangvid，2011）通过建立多元协整的实证模型，发现欧洲股市之间的联动性也在逐渐增强；而对于发达经济体与发展中经济体之间的股市联动效应，研究普遍证明关联关系不是很明显，联动性较低（Hatemi & Roca，2006；Sverre & Kjell，2007）。关于国际金融市场联动影响路径和机制方面，有研究总结得出：经济基础效应、市场传染效应、政策冲击效应是造成国际股市间的联动现象的主要原因（李岸等，2016）；此外，汇率因素也是动态关联性的重要作用机制之一，杨光（2016）发现中国股票市场与外汇市场联动效应存在显著非对称性。随着中国资本项目自由化的快速推进以及汇率波动弹性的逐步增强，中国与其他经济体的金融市场相互影响日益紧密。龚金国和史代敏（2015）研究发现，随着贸易强度的不断增加，中美股市从过去的"彼此独立"阶段逐渐过渡到近几年的"相互依存"阶段。王皓和李晓（2016）研究表明，中国股票市场对于日、韩股市的影响越来越显著，东北亚股票市场正朝着一体化的方向发展，金融危机的爆发显著改变了国际股票市场之间的联动性。

反观中国海峡两岸暨香港的经济金融联系，我们发现了一定特殊性的存在：三地虽同归属中国，但因经济金融制度设计具有差异性，所以并不能完全按照内部金融关联进行研究和探讨，可能介于内部和开放之间的状态。近些年，国内出现了许多聚焦海峡两岸暨香港金融市场管理方面的研究。谷耀和陆丽娜（2006）研究了沪、深、港三地之间的股票市场动态相关性，发现香港对沪、深两市均存在着溢出效应。丁超和陈宝熙（2016）发现台湾股指收益率与大陆股指收益率之间不存在明显的联动效应，而香港股指收益率对台湾股指收益率表现出单向传导效应，且这一效应在金融危机期间尤为明显。周先平等（2017）研究发现，随着资本账户开放和人民币国际化的推进，内地和香港股票市场之间市场的关联性在缓慢上升，内地利率相对上升、离岸人民币升值预期上升会引起关联性下降，利差、汇差、AH 溢价指数的波动扩大会加剧关联性的波动。唐礼智和刘堂勇（2018）研究得出，大陆与台湾股市存在一定的联动性，1993～2008 年呈弱相关性，2008～2014 年开始相关性不断上升，但 2014 年后，两岸股市联动性有所下降。通过结合贸易、投资等数据进行分析，发现两岸股市联动性的变化特征与两岸投资、贸易等的变化趋势基本一致。这种特殊性也为本专题提供了可供研究的新切入点。

三、海峡两岸暨香港金融市场动态相关性研究

(一) 变量选取与数据来源

本专题选取海峡两岸暨香港的汇率数据以及股票市场数据,包括美元兑人民币直接汇率、美元兑港元直接汇率、美元兑新台币直接汇率、上证综合指数、恒生指数、台湾综合指数,计算各组数据的对数收益率并将其设为代理变量,时间跨度为 1993 年 1 月至 2018 年 6 月。数据来源方面,股票指数的相关数据来源于 Wind 资讯,汇率数据源自哥伦比亚大学网站(https://www.columbia.edu/)。变量以及数据结构特征详见描述性统计结果,具体如表 1 所示。

表 1　　　　　　　　　　描述性统计一

变量说明	均值	标准差	偏度	峰度	JB 统计量	ADF 统计量
人民币汇率收益率(MLE)	0.04	2.37	16.27	277.64	972025.80	-14.14
港元汇率收益率(HKE)	0.00	0.10	-0.58	9.41	538.60	-12.72
新台币汇率收益率(TWE)	0.05	1.28	0.50	6.38	157.52	-16.89
上证综合指数收益率(MLS)	0.35	8.26	0.86	8.73	454.33	-14.73
恒生指数收益率(HKS)	0.54	5.97	-0.50	4.78	52.91	-11.65
台湾综合指数收益率(TWS)	0.40	5.87	0.07	4.52	29.56	-12.06

资料来源:Wind 资讯,哥伦比亚大学网站(https://www.columbia.edu/)。

(二) 模型介绍

为了深入研究海峡两岸暨香港外汇市场和资本市场的均值溢出、波动溢出和非对称效应,本专题采用六元非对称 VAR-BEEK-MVGARCH 模型进行建模。其中,均值方程①模型:

---

① 均值溢出衡量了价格均值变化的影响,是通过 VAR 系统获取的信息。一些学者将"均值溢出"表述为"价格溢出",均反映的是同一概念。

$$R_{k,t} = \mu_{k,t} + \sum_{i=1}^{6} \alpha_i \sum_{j=1}^{p} R_{i,t-j} + \varepsilon_{k,t}$$

其中，$R_{k,t}$ 表示 t 时刻人民币汇率、港元汇率、新台币汇率、上证综指、恒生指数、台湾综指的对数收益率，$R_{i,t-j}$ 表示各收益率的滞后项，α_i 为回归系数，$\mu_{k,t}$ 为常数项，$\varepsilon_{k,t}$ 为扰动信息。

为了体现各收益率的波动溢出效应，我们进一步引入非对称 BEKK-MV-GARCH 模型，即方差方程模型：

$$H_t = CC^T + \sum_{i=1}^{q} A_i (\varepsilon_{t-i} \varepsilon_{t-i}^T) A_i^T + \sum_{j=1}^{p} B_j H_{t-j} B_j^T + \sum_{k=1}^{r} D_k E_{t-k} D_k^T$$

其中，ε_t 即均值方程中的残差项，H_t 为 ε_t 的条件方差—协方差矩阵，C、A 和 B 分别表示常数项、AECH 项和 GARCH 项的系数矩阵，D 表示非对称效应，E_{t-k} 是由元素 e_{t-1} 构成的向量，$e_{t-1} = \max\{\varepsilon_{t-1}, 0\}$。

进一步地，我们以 BEKK(1,1) – MVGARCH 模型（即在方差方程中令 $p=1$，$q=1$）为例，对方差方程进行具体说明。此时有 $\varepsilon_t \Big| \Psi_{t-1} = \begin{bmatrix} \varepsilon_{k_1,t} \\ \varepsilon_{k_2,t} \end{bmatrix} \Big|$ $\Psi_{t-1} \sim BN(0, H_t)$，其中 Ψ_{t-1} 为过去 $t-1$ 期信息的集合，$BN(0, H_t)$ 表示二元正态密度函数，H_t 为一时变 2×2 的正定条件方差矩阵。由此，我们得到：

$$H_t = \begin{bmatrix} h_{k_1,t} & h_{k_1,k_2,t} \\ h_{k_2,k_1-t} & h_{k_2,t} \end{bmatrix}$$

$$= \begin{bmatrix} c_{k_1} & 0 \\ c_{k_2,k_1} & c_{k_2} \end{bmatrix} \begin{bmatrix} c_{k_1} & 0 \\ c_{k_2,k_1} & c_{k_2} \end{bmatrix}^T$$

$$+ \begin{bmatrix} a_{k_1} & a_{k_1,k_2} \\ a_{k_2,k_1} & a_{k_2} \end{bmatrix}^T \begin{bmatrix} \varepsilon_{k_1,t-1}^2 & \varepsilon_{k_1,t-1}\varepsilon_{k_2,t-1} \\ \varepsilon_{k_2,t-1}\varepsilon_{k_1,t-1} & \varepsilon_{k,t-1}^2 \end{bmatrix} \begin{bmatrix} a_{k_1} & a_{k_1,k_2} \\ a_{k_2 \cdot k_1} & a_{k_2} \end{bmatrix}$$

$$+ \begin{bmatrix} b_{k_1} & b_{k_1,k_2} \\ b_{k_2,k_1} & b_{k_2} \end{bmatrix}^T \begin{bmatrix} h_{k_1,t-1} & h_{k_1,k_2,t-1} \\ h_{k_2,k_1,t-1} & h_{k_2,t-1} \end{bmatrix} \begin{bmatrix} b_{k_1} & b_{k_1,k_2} \\ b_{k_3,k_1} & b_{k_2} \end{bmatrix}$$

$$+ \begin{bmatrix} d_{k_1} & d_{k_1,k_2} \\ d_{k_2,k_1} & d_{k_2} \end{bmatrix}^T \begin{bmatrix} e_{k_1,t-1} \\ e_{k_2,t-1} \end{bmatrix} \begin{bmatrix} e_{k_1,t-1} \\ e_{k_2,t-1} \end{bmatrix}^T \begin{bmatrix} d_{k_1} & d_{k_1,k_2} \\ d_{k_2,k_1} & d_{k_2} \end{bmatrix}$$

其中，$h_{k_1,k_2,t}$、$h_{k_2,k_1,t}$ 为条件协方差，$h_{k_1,t}$、$h_{k_2,t}$ 为条件方差，b_{ij} 和 c_{ij}（i，$j=k_1,k_2,i\neq j$）分别表示一对收益率之间的 ARCH 型波动溢出效应和 GARCH 型波动溢出效应[①]，$d_{ij}(i,j=k_1,k_2,i\neq j)$ 反映正负冲击引起的非对称影响。

式中，参数 $\mu_{k,t}$、α_i、c_{ij}、a_{ij}、b_{ij}、$d_{ij}(i,j=k_1,k_2,i\neq j)$ 可由最大化对数似然函数

$$L(\theta) = -T\log(2\pi) - \frac{1}{2}\sum_{i=1}^{T}\log|H_t(\theta)| - \frac{1}{2}\sum_{i=1}^{T}\varepsilon_t(\theta)^T H_t^{-1}(\theta)\varepsilon_t(\theta)$$

估计得出，T 为观测值个数。

（三）实证结果

由于金融市场间存在的内在关联性使得收益率波动存在内生性，同时考虑多个市场的溢出效应，能够降低内生性的影响。基于此，本专题同时考虑六个市场的关联，而非进行两两之间的分析。首先，根据 LR、FPE、AIC、SC 和 HQ 规则，均值方程最终选择 VAR（1）模型；其次，布鲁克斯（Brooks，2014）指出 GARCH(1,1) 模型足以刻画大多数金融时间序列的波动集聚性，因此方差方程选择 BEKK(1,1) 模型；最后，由于变量大多呈现尖峰厚尾特征，在最大对数似然值（LR）的原则下我们最终选择误差服从 t 分布的六元非对称 VAR(1) – BEEK(1,1) – MVGARCH 模型。从估计效果表 2 来看，残差项的 Ljung-Box 检验在 5% 的显著性水平下拒绝存在 ARCH 效应的原假设，说明模型估计是有效的。

表 2　六元非对称 VAR(1) – BEEK(1,1) – MGARCH 模型估计结果

变量项		MLE	HKE	TWE	MLS	HKS	TWS
均值溢出	MLE（-1）	0.33 *** (0.00)	0.00 (0.91)	0.12 *** (0.00)	-0.31 ** (0.03)	-0.70 *** (0.00)	-0.30 *** (0.00)
	HKE（-1）	0.01 (0.26)	0.28 *** (0.00)	1.34 *** (0.00)	3.51 (0.16)	-5.21 *** (0.00)	-2.92 (0.11)

---

①　波动溢出描绘了价格波动变化的影响，其中，ARCH 型波动溢出指的是连续型波动溢出，GARCH 型波动溢出指的是集聚型波动溢出。

续表

	变量项	MLE	HKE	TWE	MLS	HKS	TWS
均值溢出	TWE（-1）	0.00 (0.16)	-0.00 (0.36)	0.32*** (0.00)	0.39 (0.12)	0.14 (0.30)	0.51*** (0.00)
	MLS（-1）	-0.00 (0.21)	-0.00 (0.82)	-0.01 (0.24)	0.24*** (0.00)	0.00 (0.95)	-0.00 (0.99)
	HKS（-1）	0.00** (0.01)	0.00 (0.13)	-0.00 (0.66)	-0.01 (0.80)	0.20*** (0.00)	0.12*** (0.00)
	TWS（-1）	0.00 (0.92)	0.00 (0.78)	-0.00 (0.80)	0.15** (0.01)	0.04 (0.22)	0.24*** (0.00)
波动溢出 A	MLE	-1.22*** (0.00)	0.01** (0.01)	-0.44*** (0.00)	0.14 (0.82)	2.23*** (0.00)	0.57* (0.06)
	HKE	0.034 (0.43)	1.95*** (0.00)	1.35 (0.28)	-14.24 (0.15)	-11.92** (0.02)	-2.23 (0.63)
	TWE	-0.00* (0.07)	0.01 (0.13)	0.25** (0.04)	-2.28*** (0.00)	-0.35 (0.36)	0.16 (0.68)
	MLS	-0.00 (0.46)	0.00 (0.77)	0.01 (0.19)	-0.71*** (0.00)	-0.16** (0.01)	0.00 (0.93)
	HKS	-0.00** (0.03)	-0.00** (0.02)	-0.02 (0.39)	0.21 (0.29)	1.08*** (0.00)	0.71*** (0.00)
	TWS	0.00** (0.04)	0.00 (0.21)	0.00 (0.83)	-0.69*** (0.00)	-0.52*** (0.00)	-0.28*** (0.00)
波动溢出 B	MLE	-0.79*** (0.00)	-0.01 (0.13)	-0.67*** (0.00)	3.21*** (0.00)	2.91*** (0.00)	-0.51* (0.08)
	HKE	0.00 (0.87)	0.60*** (0.00)	0.52* (0.05)	4.47** (0.04)	4.31*** (0.00)	-1.11 (0.38)
	TWE	-0.00 (0.60)	0.00 (0.52)	0.91*** (0.00)	-0.27* (0.05)	-0.38*** (0.00)	0.25*** (0.00)
	MLS	-0.00 (0.35)	0.00 (0.30)	0.00 (0.15)	0.90*** (0.00)	0.02* (0.07)	0.00 (0.63)
	HKS	-0.00 (0.55)	-0.00 (0.49)	0.01* (0.08)	0.02 (0.63)	0.87*** (0.00)	0.05** (0.02)
	TWS	-0.00** (0.02)	0.00 (0.15)	-0.02*** (0.00)	-0.04* (0.08)	-0.07*** (0.00)	0.94*** (0.00)

续表

	变量项	MLE	HKE	TWE	MLS	HKS	TWS
波动溢出 D	MLE	1.61*** (0.00)	0.01 (0.19)	−0.49** (0.02)	4.98*** (0.00)	3.07*** (0.00)	−0.38 (0.63)
	HKE	0.10 (0.13)	−0.66** (0.01)	−2.21 (0.12)	45.69*** (0.00)	31.28*** (0.00)	17.43** (0.01)
	TWE	0.01 (0.14)	−0.01 (0.30)	−0.02 (0.90)	−2.01* (0.09)	1.52* (0.07)	−0.52 (0.43)
	MLS	0.00* (0.05)	0.00** (0.03)	0.03 (0.18)	0.78*** (0.00)	−0.43*** (0.00)	0.31** (0.01)
	HKS	0.00 (0.45)	0.01** (0.03)	−0.26*** (0.00)	−0.90*** (0.00)	−0.57** (0.02)	−0.24 (0.17)
	TWS	−0.00 (0.49)	−0.00 (0.96)	0.08* (0.07)	−0.22 (0.48)	1.69*** (0.00)	0.37 (0.11)
Ljung-Box 检验		1.000	0.999	0.794	0.799	0.898	0.939

注：***、**、*分别表示在1%、5%、10%水平下显著；（）里为t检验对应的p值。

1. 均值溢出与网络溢出

首先，从VAR（1）模型来看，各收益率的滞后1阶系数在5%的显著性水平上都是显著的，意味着对于海峡两岸暨香港来说，无论是外汇市场还是资本市场均存在明显的"惯性"特征。其次，在人民币和港元的方程中，除自身收益率以外，其余各收益率的影响均不显著，表明人民币和港元的收益率波动很少受到外部因素的影响。当然，这种结果取决于两地的汇率制度，大陆地区采用的是有管理的浮动汇率制度，虽然历经了1994年"汇率并轨"、2005年"7.21"汇改、2015年"8.11"汇改，但总体来看货币当局对人民币汇率的管控程度仍相对较高；而香港地区从1983年开始为了降低港元波动，逐渐建立了联系汇率制度，以美元储备作为货币发行的法律依据，实则采用钉住美元的固定汇率制度。相对来说，台湾地区早在1989年就实现了外汇市场自由化，新台币对外自由浮动。因此在新台币收益率的方程中，人民币和港元的系数在1%的水平下均保持显著，同时系数为正，说明新台币的涨跌显著受到人民币和港元波动的影响，当人民币和港元贬值时，新台币也会大概率伴随下跌。资本市场方面，地区内股票市场收益率波动不可避免地受到本币汇率波动的影响。当本币升值时，跨境资本大幅流入进行套利活动，此时股票市场流动性增加，收益率上升；当本币贬值时，套利资本又会逐步流出，股票市场易引发流动性危机，导致价格指数急速下挫。因此从实证结果来看，上证综合指数、恒生指数和台湾综合指数对应的人民币、港元和新台币滞后一阶系数在1%的显著性水平下均显著为负，这说明本币汇率的升值有助于资本市场的发展。同时，香港和台湾的股票市场还显著受到人民币汇率波动的影响，这主要是因为大陆地区仍然存在较高的资本账户管制，当人民币升值时，套利资本需要借助香港和台湾作为跳板以实现跨境流动，在此过程中也推升了恒生指数和台湾综合指数。另外，海峡两岸暨香港的资本市场本身也存在联动现象，例如A股市场和台湾市场、台湾市场和香港市场均存在显著的"同涨同跌"现象。

图1为海峡两岸暨香港外汇市场和资本市场的均值溢出网络，其中箭头表示溢出方向，椭圆中的括号外数字表示该收益率的吸收效应（from spillover），即其余各收益率对其的影响程度，由指向该收益率的箭头数除以5得到；括号内数字表示外溢效应（to spillover），即其对其余各收益率的影响程度，由该收益率发出的箭头数除以5得到。整体来看，各市场均处于网络内部，网络密度达1/3，表明海峡两岸暨香港的外汇市场和资本市场密切关联，是一个统一的整体。首先，人民币作为网络中的关键变量（其总效应为1），对除港元外的其余各收益率均会产生显著的外溢效应，同时从模型估计来看人民币汇率受到恒生指数的影响，但程度甚微。其次，各地区本币汇率波动都会对其股票市场产生明显冲击，但反之则无外溢效应。另外，港元汇率和上证综指的关联性较低，这主要是因为港元采用货币局汇率制度，因此其主要表现为外溢效应，会显著影响恒生指数和新台币汇率的波动；同时迄今为止，A股市场在国际市场上的接受程度仍然相对较低，更多的是受外界市场波动的影响。

2. 波动溢出

随后在非对称BEKK(1,1)－MVGARCH模型中探索波动溢出效应，结果显示，各收益率的ARCH和GARCH项系数在1%的水平上都显著异于零，说明对于海峡两岸暨香港，无论是汇率还是股指收益率都存在ARCH型和GARCH型波动效应，即兼具集聚性和持久性特征。

外汇市场方面，在人民币和港元的方差方程中，实证结果显示恒指、台湾综合指数以及人民币汇率的系数显著，但它们的影响程度较小。而在新台币的方差方程中，人民币汇率的 ARCH 和 GARCH 型波动溢出系数、港元的 GARCH 型波动溢出系数、香港和台湾股票指数的 GARCH 型波动系数均保持显著，也就是说新台币的汇率波动容易受到外部市场因素的影响，人民币和港元汇率以及香港和台湾的股指对台湾股票市场均存在波动溢出效应。以上也进一步佐证了均值方程的观点。

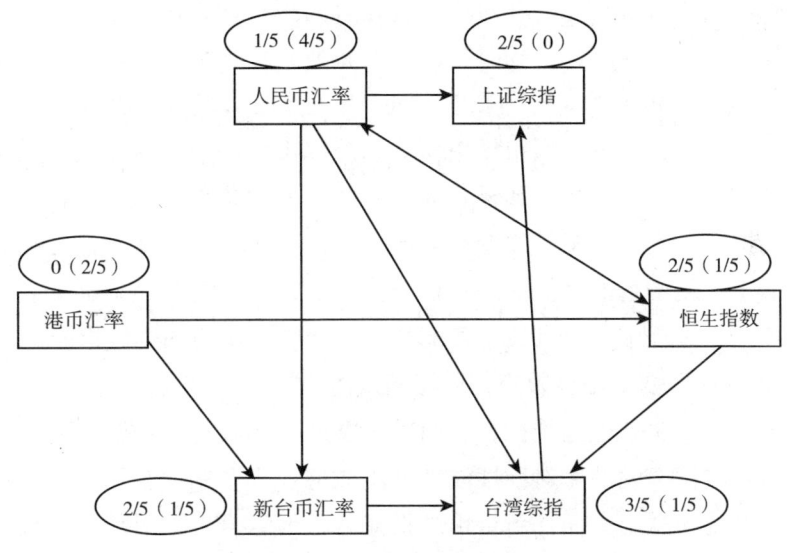

图 1　均值溢出效应网络

资本市场方面，在上证综合指数的方差方程中，台湾汇率和股指的 ARCH 和 GARCH 项系数以及人民币和港元汇率的 GARCH 项系数均显著。台湾综合指数主要受人民币汇率和香港恒指的波动溢出影响，但与 A 股市场互动性不强。相对来说，由于香港股票市场自由化程度更高，因此除了新台币汇率以外，其余各变量的波动溢出系数均显著。

3. 非对称性效应

非对称效应主要是指当变量遭受不同的正负冲击时，可能会对相关变量的波动性产生非对称的影响。从实证结果来看，在人民币汇率方程中，其自身的非对称效应系数显著为正，即当人民币汇率面临正向冲击（人民币贬值），其汇率波动性会显著提升。与此相反，在港元的回归中，其自身系数显著为负，即港元在贬值时期其波动性反而有所下降。此外，港元波动性还受到

A 股和港股市场的非对称影响,即当上证综指和恒指上升时,套利资本的流入会显著增强港元的汇率波动性。新台币方面,主要是受到人民币汇率和港股市场的非对称影响,即人民币贬值和港股的走强都有助于弱化汇率波动。

资本市场方面,A 股市场的回归中除台湾综合指数外,其余变量的非对称效应均保持显著。其中,人民币和港元的汇率贬值会增加汇率波动,而新台币的贬值则会诱发跨境资本流向大陆,抬高 A 股市场流动性,从而稳定市场。另外,上证综指自身的非对称效应显著为正,即在牛市中,股指波动会有所增强。而在恒生指数上扬时,A 股市场则会趋于平稳。台湾股票市场主要受港元和 A 股市场的非对称影响:港元贬值和上证综指上扬都会加剧市场波动。相对来说,香港股票市场更易受到外部市场的非对称影响。其中人民币、港元和新台币汇率的系数显著为正,即在三种货币贬值时,恒指波动性会有明显提升。其次,A 股和港股市场的系数显著为负,即上证综指和恒指上扬有助于弱化市场波动。此外,台湾综指的系数显著为正,亦即在台湾股票市场走强的过程中,套利资本可能会出现转向,从而加剧恒指波动。

4. 非对称性波动溢出效应检验与网络溢出

为了进一步验证上述结论,我们采用 Wald 检验方法构建了 24 个假设检验来判断各收益率间的非对称性波动溢出效应。表 3 结果显示,人民币汇率的非对称性波动溢出方面,新台币结果显著,但综合考虑具体系数值,其影响程度较小,这说明人民币汇率较为封闭,很少受外部市场因素影响。相对来说,港元汇率显著受到人民币汇率和港股市场的非对称溢出效应,而新台币汇率由于自由程度较高,除上证综指以外,其余收益率对其均存在显著的非对称溢出效应。由于资本市场受管控程度相对较低,与外汇市场相比,其余各收益率对股票市场均存在显著的非对称波动溢出效应。

表 3　　　　　　　　　　非对称性波动溢出效应检验

To	From					
	MLE	HKE	TWE	MLS	HKS	TWS
MLE		14.11 *** (0.00)	71.57 *** (0.00)	37.01 *** (0.00)	77.89 *** (0.00)	12.1 ** (0.01)
HKE	3.16 (0.37)		14.12 *** (0.00)	16.49 *** (0.00)	23.03 *** (0.00)	11.46 ** (0.01)

续表

To	From					
	MLE	HKE	TWE	MLS	HKS	TWS
TWE	5.83 (0.12)	3.96 (0.27)		18.44*** (0.00)	17.82*** (0.00)	10.38** (0.02)
MLS	6.04 (0.11)	6.43* (0.09)	6.27 (0.01)		18.4*** (0.00)	8.84** (0.03)
HKS	6.11 (0.11)	9.83** (0.02)	32.18*** (0.00)	11.76** (0.01)		48.98*** (0.00)
TWS	14.04*** (0.00)	4.11 (0.25)	39.56*** (0.00)	29.69*** (0.00)	45.12*** (0.00)	

注：***、**、*分别表示在1%、5%、10%水平下显著；( ) 里为t检验对应的p值。

图2展示了海峡两岸暨香港外汇市场和资本市场的波动溢出效应网络，其箭头指向表明波动信号的传递过程和方向。结果显示，各市场间的波动关联性较均值溢出更高，其网络密度达到23/30。其中恒生指数和台湾综合指数的总效应最高，达到1.8，这也进一步佐证了香港和台湾股票市场具有较高的自由度。同时我们也发现A股市场和另外两个市场存在显著的互动现象，但缺乏上证综指→人民币汇率的溢出路径。这主要是因为中国A股市场流动性相对较差、波动性较高，因此一部分国外投资者将A股作为非流动性资产或PE资产进行投资。目前来看，大部分QFII进入中国市场的主要方式是购买指数基金，甚至一些机构的QFII额度获批后却长时间未进行投资。

（四）动态相关系数的提取

基于上述非对称VAR(1) – BEKK(1,1) – MVGARCH模型，我们提取人民币汇率、港元汇率、新台币汇率、上证综指、恒生指数、台湾综指收益率动态相关系数，如图3所示。为了厘清具体趋势，我们将模型得到的月度动态相关系数取年度平均；同时，将动态相关系数分为四个层面，第一层面为各地区内部货币汇率与资本市场，第二层面是内地与香港地区的外汇市场和股票市场（共计4对关系），第三、四层面分别为大陆与台湾、香港和台湾的金融市场。

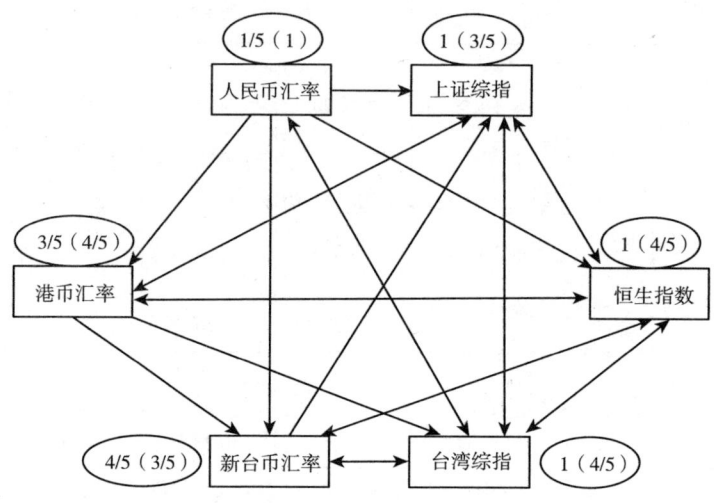

图2 波动溢出效应网络

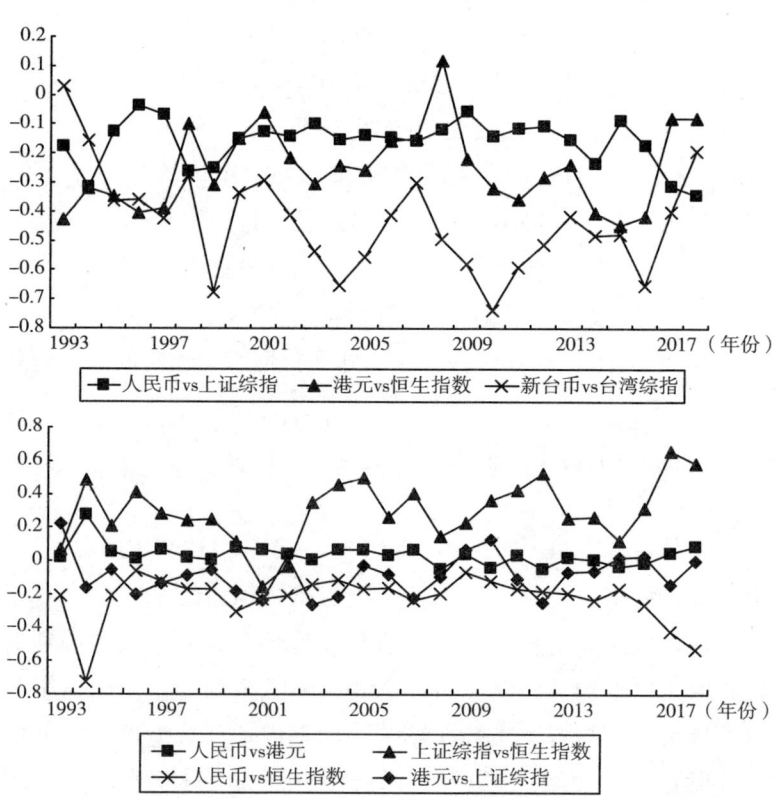

图3 海峡两岸暨香港外汇市场和资本市场的动态相关系数

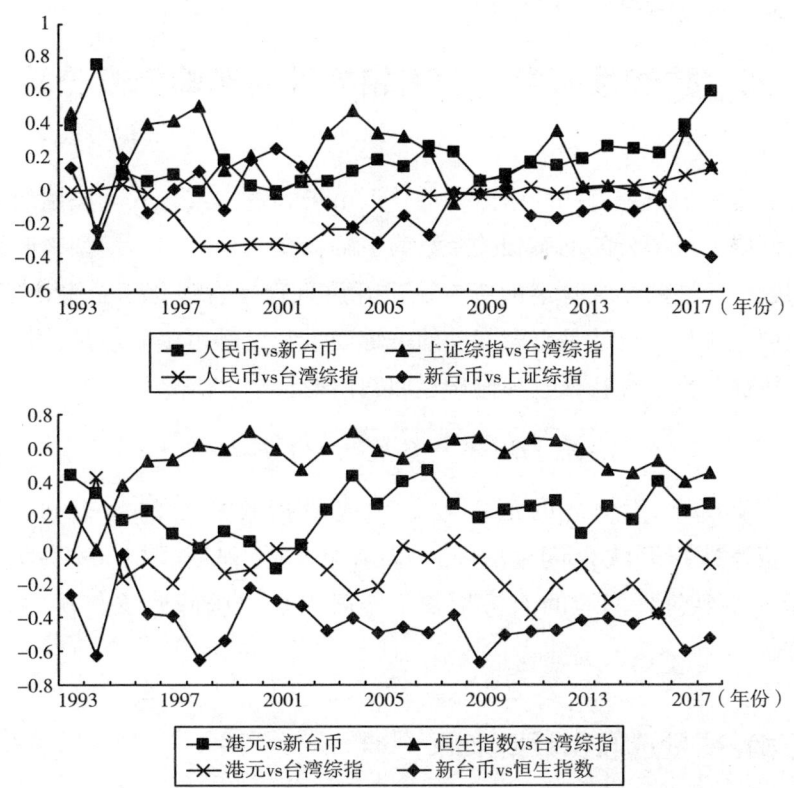

图 3　海峡两岸暨香港外汇市场和资本市场的动态相关系数（续）

资料来源：非对称 BEKK-MVGARCH 模型。

由动态相关系数可以发现：首先，在各地区内部的货币汇率与资本市场的动态关系方面，台湾地区的联动性更强但波动性也较大，人民币汇率与上证综指的关联性较弱且相对稳定，这也进一步印证了波动溢出效应中的观点。其次，从跨地区层面来看，香港与台湾的市场联动明显强于内地与香港或者大陆与台湾。但同时我们也发现，随着人民币汇率市场化和国内金融市场体制改革的持续推进，后者的市场联动性明显增强。例如，随着 2015 年"8.11"人民币中间价形成机制改革的实施，人民币与新台币之间的汇率联动大幅提升。而随着近几年"沪港通""深港通""债券通"的相继开启，国内投资者跨境购买股票和债券、国际资本进入中国进行证券投资已经变得愈加便利，上证综指和恒指指数之间的关联性也明显增强。

四、扩展性研究：动态相关性的影响因素分析

为了进一步研究海峡两岸暨香港外汇市场和资本市场联动关系的动态诱因，我们以上一部分的动态相关系数为被解释变量建立回归模型来回答以下三个问题：海峡两岸暨香港的资本账户开放进程是否强化了金融市场联动？汇率制度安排是否仍然是金融互动的关键变量？金融市场联动是否具有地域性、市场性等异质性特征？我们构建回归模型：

$$Corr_{i,t} = \beta_0 + \beta_1 CA_{i,t} + \beta_2 ERS_{i,t} + \beta_3 Control_t + \mu_{i,t}$$

其中，$Corr_{i,t}$ 为两地的汇率收益率或股指收益率的动态相关系数。$CA_{i,t}$ 为资本账户开放程度。$ERS_{i,t}$ 为汇率市场化程度。$Control_t + \mu_{i,t}$ 为控制变量，主要包括两地的经济增长、金融发展、国际收支情况以及恐慌指数。

（一）变量选取和数据来源

动态相关系数 $Corr$，主要由前文的六元非对称 VAR-BEKK-MGARCH 模型估计得出。同时，在各地区内部，以动态相关系数的绝对值作为代理变量；而在跨地区层面，以四对关系动态相关系数绝对值的总和作为代理变量。

资本账户开放程度 CA。对资本账户开放的测算方法主要包括两类：一类被称为法定测度（de jure），常用于实证研究的包括：金融开放指数（Quinn，1997；Chinn & Ito，2008），以及资本管制程度指数（中国）（Chen & Qian，2015）等；另一类被称为事实测度（de factor），后续研究主要基于储蓄率—投资率法（Feldstein & Horioka，1980）、利差法（Edwards & Khan，1985）、实际国际资本流动量法（Kraay，1998；Lane & Milesi-Ferretti，2006）。其中法定指标虽然应用比较广泛，但跨境投资者能够通过各种渠道逃避资本账户管制，该指标无法反映出真实的资本账户开放程度；而储蓄率—投资率法、利差法等事实测度受其他外界因素的影响较多，因此本专题

将采用实际国际资本流动量法衡量资本账户开放程度,并以公式"货币当局外汇占款变动量－经常账户差额/GDP"进行测算,以 CA 表示。其中,由于 GDP 缺乏月度数据,我们通过三次样条插值法对季度 GDP 进行处理以获取月度数据。相关数据来源于 Wind 资讯和 CEIC 数据库。

汇率市场化程度 ERS。关于 ERS 的测度,我们参考陈浪南和苏海峰(2015)的方法:首先根据日度汇率变动数据计算最大汇差,计算得出当月累计值;然后将累计值除以当月汇率均值以标准化;并以相同方法对美元、欧元、日元和瑞士法郎进行标准化,并取平均值;最后将人民币、港元和新台币数据除以四种货币的平均值,得到三者的汇率市场化程度。相关数据来源于东方财富 Choice 数据库。

控制变量。经济增长 GDP,以工业生产指数同比增速予以表征。金融发展 FDI,以广义货币供应 M2 除以外汇储备予以表征。国际收支 BOP,以贸易差额除以 GDP 予以表征。恐慌指数 VIX,以美国标普 500 指数波动率予以表征。数据来源于 Wind 资讯和 CEIC 数据库。

由于部分数据不可得,时间跨度定为 1996 年 1 月~2018 年 5 月。变量以及数据结构特征详见描述性统计结果,具体如表 4 所示。

表 4 描述性统计二

变量类型	变量	样本数	均值	标准差	最小值	最大值
被解释变量	各地区内部动态相关系数	807	0.34	0.20	7.2×10^{-5}	0.84
	跨地区动态相关系数	807	1.13	0.48	0.18	3.01
解释变量	资本账户开放程度	807	11.34	13.88	0.02	108.27
	汇率市场化程度	807	0.16	0.17	0.003	1.27
控制变量	工业生产指数同比增长	807	5.23	9.77	-34.92	59.83
	金融发展程度	807	4.74	1.84	2.51	10.12
	国际收支状况	807	-1.24	9.95	-31.06	13.91
	恐慌指数	269	20.25	7.97	10.13	62.64

(二)实证回归和结果分析

由于采用的是长面板数据,因此首先需要进行组间异方差、组间自相关和组间同期相关的检验，检验结果如表 5 所示。可以发现，面板数据可能存在组间异方差和组间同期相关，为此应使用面板校正标准误进行估计。

表 5　　　　　　　　　　面板数据初步检验

检验类别	被解释变量	
	各地区内部动态相关系数	跨地区动态相关系数
组间异方差	7.46* (0.0586)	4.07 (0.2540)
组内自相关	0.028 (0.8833)	0.028 (0.8832)
组间同期相关	15.225*** (0.0016)	97.880*** (0.000)

注：***、**、*分别表示在1%、5%、10%水平下显著；( ) 里为 t 检验对应的 p 值。

表 6 为参数估计的结果，可以发现，对于各地区内部的外汇市场与资本市场的动态相关性而言，资本账户开放和汇率市场化等对外改革行为虽有正向作用，但均不显著。同时，在 5% 的显著性水平上，该地区的经济增长和对外贸易情况对金融市场联动的影响显著。其中经济增长呈现正向效应，即随着经济增长水平的提高，地区内部的外汇市场与股票市场联动性会显著增强。这主要是因为经济发展水平的提高对金融市场融资产生了更高需求，在国内资本不能满足的情况下自然就会产生跨国需求，此时外汇市场与资本市场联动便会趋于强化。而对外贸易情况对市场联动表现为负向影响，这主要是因为随着对外贸易条件的改善，跨国投资者对该地区的汇率和金融市场稳定的信心增强，市场之间的波动溢出效应会因此弱化。在跨地区金融市场联动方面，资本账户开放和汇率市场化改革会显著强化市场间的金融互动。资本账户自由化的推动使得跨境资本流动日趋频繁，外汇市场和资本市场波动会迅速传导至其他地区；同时随着汇率波动弹性的进一步提升，跨境投资者在地区间资本市场的投资投机行为也会在各货币汇率上立刻有所体现。此外，各地区的经济增长、金融发展程度的提高，也会使地区间金融市场联动趋于强化。

表6　　面板校正标准误回归结果

解释变量	被解释变量	
	各地区内部动态相关系数	跨地区动态相关系数
CA	0.00046 (0.458)	0.0033*** (0.008) 0.00087 (0.503)
ERS	0.085 (0.131)	1.042*** (0.000) 0.086 (0.418)
GDP	0.0046** (0.034)	0.0018 (0.773) 0.0088* (0.079)
FDI	0.0016 (0.712)	0.045*** (0.000) 0.035** (0.050)
BOP	-0.0027** (0.038)	-0.00079 (0.788) -0.0029 (0.275)
VIX	-0.00095 (0.292)	-0.0023 (0.339)
地区效应	控制	控制
R^2	0.2440	0.3776
Wald 检验	300.22*** (0.000)	641.51*** (0.000)

注：***、**、*分别表示在1%、5%、10%水平下显著；()里为t检验对应的p值。

五、结论与政策启示

本专题采用1993年1月~2018年6月海峡两岸暨香港的汇率数据以及

股票市场数据，构建了六元非对称 VAR-BEEK-MVGARCH 模型，研究海峡两岸暨香港外汇市场和资本市场的均值溢出、波动溢出和非对称效应，进一步地，基于 BEKK 模型的回归结果提取了动态相关系数序列，并使用面板校正标准误模型，研究海峡两岸暨香港金融市场联动关系的决定因素和动态机制。形成了以下几个主要结论。

（1）海峡两岸暨香港的外汇市场和资本市场密切关联，是一个统一的整体。人民币和港元的收益率波动很少受到外部因素的影响，而新台币涨跌易受人民币和港元波动的影响，这是各自所施行的汇率制度决定的；本地区股票市场收益率波动不可避免受到本币汇率波动的干扰，本币汇率的升值有助于资本市场的发展；香港和台湾的股票市场还显著受到人民币汇率波动的冲击，A 股更多的是受到外界市场波动的影响。

（2）海峡两岸暨香港外汇市场和资本市场的波动溢出比均值溢出强度更大，汇率以及股指收益率都显著存在两类波动溢出效应。新台币的汇率波动容易受到外部市场因素的影响，人民币和港元汇率以及香港和台湾的股指对台湾股票市场均存在波动溢出效应；台湾综合指数主要受人民币汇率和香港恒指的波动溢出影响，但与 A 股市场互动性不强。

（3）人民币汇率、上证综指自身存在正的非对称效应；港元自身存在负的非对称效应，港元波动性还受到人民币汇率、A 股和港股市场的非对称影响，而港股更易受到外部市场的非对称影响；新台币则受到人民币汇率和港股市场的非对称影响，台湾股票市场主要受港元和 A 股市场的非对称影响。

（4）对于各地区内部的外汇市场与资本市场的动态相关系数而言，本地区的经济增长具有显著正向效应，对外贸易与金融市场联动呈负向关系。而在跨地区层面，资本账户开放和汇率市场化改革会显著强化市场间的金融互动。各地区的经济增长、金融发展程度的提高，也会使地区间金融市场联动趋于强化。

可以发现，随着人民币汇率市场化和国内金融市场体制改革的持续推进，海峡两岸暨香港的金融市场联动性将逐渐增强。"8.11"汇改，以及"沪港通""深港通""债券通"的开启，能够增强两岸股票市场间的关联性。因此，坚持推进对外开放政策，进一步开放资本项目，能够有助于疏通海峡两岸暨香港的资金通道，形成资金"互联畅通"的效果。此外，经济增长、金融发展程度的提高，也会使地区间金融市场联动趋于强化。当前中国经济总量已跃居世界第二,经济形势稳中有变,未来经济增长存在上台阶的可能性,这也会进一步强化海峡两岸暨香港金融市场紧密的关联关系。投资者在外汇买卖以及股票投资过程中应充分考虑两岸跨市场联动性的特点;监管当局不仅要关注内部金融联动,还应注重以海峡两岸暨香港为主的外部影响,做到综合分析、统筹考虑,平抑波动,更有效地控制风险。

参考文献

[1] 陈创练,姚树洁,郑挺国,欧璟华. 利率市场化、汇率改制与国际资本流动的关系研究 [J]. 经济研究,2017(4):64-77.

[2] 戴淑庚,胡逸闻. 资本账户开放风险指数的构建和测度 [J]. 经济与管理研究,2016(1):46-54.

[3] 戴淑庚,陆彬. 股票市场不完全信息交易与羊群效应变化趋势的实证分析[J]. 广义虚拟经济研究,2016(4):33-41.

[4] 戴淑庚,陆彬. 基于CSAD模型的股票市场羊群效应的实证研究 [J]. 广义虚拟经济研究,2016(1):77-89.

[5] 戴淑庚,余博. 中国短期资本流动波动性及其驱动因素研究 [J]. 广东社会科学,2018(4):26-36.

[6] 戴淑庚,张润苇,余博. 人民币在岸汇率与香港离岸汇率联动研究:关注多目标政策下的"不可能三角"平衡 [J]. 现代财经,2017(4):27-50.

[7] 丁超,陈宝熙. 海峡两岸暨香港股市联动效应分析——基于台湾地区的研究视角 [J]. 台湾研究集刊,2016(3):75-84.

[8] 龚金国,史代敏. 金融自由化、贸易强度与股市联动——来自中美市场的证据 [J]. 国际金融研究,2015,338(6):85-96.

[9] 谷耀,陆丽娜. 沪、深、港股市信息溢出效应与动态相关性——基于DCC-(BV)EGARCH-VAR的检验 [J]. 数量经济技术经济研究,2006(8):142-151.

[10] 胡聪慧,刘学良. 大宗商品与股票市场联动性研究:基于融资流动性的视角 [J]. 金融研究,2017(7):123-139.

[11] 李岸,夏越,乔海曙. 国际股票市场联动的影响路径与机制研究 [J]. 南京社会科学,2016(7):23-29.

[12] 唐礼智,刘堂勇. 基于股市联动性视角下海峡两岸经贸关系研究 [J]. 台湾研究集刊,2018(3):65-76.

[13] 王皓,李晓. 从中日韩股票市场联动性看东北亚地区金融一体化 [J]. 东北亚论坛,2016(4):72-85.

［14］王雯，张金清，李滨，等. 资本市场系统性风险的跨市场传导及防范研究［J］. 金融经济学研究，2018（1）：60－71.

［15］杨光. 中国股票市场与外汇市场联动效应研究［J］. 金融理论与实践，2016（10）：82－87.

［16］周先平，沈国旭，许梦杰. 互联互通背景下内地、香港股票市场联动关系分析［J］. 金融理论探索，2017（1）：52－59.

［17］Bertero E., Mayer C.. Structure and Performance：Global Interdependence of Stock Markets around the Crash of October 1987［J］. *European Economic Review*，1989，34（6）：1155－1180.

［18］Eun C. S., ShimS.. International Transmission of Stock Market Movements［J］. *Journal of Financial & Quantitative Analysis*，1989，24（2）：241－256.

［19］Jin M., Earla R., Shah A., et al.. A Re-examination of International Portfolio Diversification Based on Evidence from Leveraged Bootstrap Methods［J］. *Economic Modelling*，2006，23（6）：993－1007.

［20］King M. A., Wadhwani S.. Transmission of Volatility between Stock Markets［J］. *Review of Financial Studies*，1990，3（1）：5－33.

［21］Longin F., Solnik B.. Is the Correlation in International Equity Returns Constant：1960－1990?［J］. *Cepr Financial Markets Paper*，1995，14（1）：3－26.

［22］Morana C., Beltratti A.. Structural Change and Long-range Dependence in Volatility of Exchange Rates：Either, Neither or Both?［J］. *Journal of Empirical Finance*，2004，11（5）：629－658.

［23］Rangvid J.. Second Generation Models of Currency Crises［J］. *Journal of Economic Surveys*，2001，15（5）：613－646.

［24］Sverre H., Kjell A.. Home Sweet Home：Home Bias and International Diversification among Individual Investors［J］. *Journal of Banking & Finance*，2007，31（2）：317－333.

［25］Yao F., Dai S., Li Y.. Causal Analysis of Hong Kong Stock Market［C］. Proceedings of the 9th（2017）International Conference on Financial Risk and Corporate Finance Management，*Dalian University of Technology Electronic & Audio-visual Press*，July 2017，69－74.

海峡西岸经济区发展
报告2018
Chapter 4

板块四　农业与乡村振兴

专题十三 福建省乡村振兴的思路与对策

一、文献综述

乡村振兴在我国最早追溯到 20 世纪二三十年代。其中影响较大的是以梁漱溟为代表的乡村建设派、以晏阳初为代表的中华平民教育派。党的第一代领导集体在 20 世纪 50 年代提出了通过工业化、合作化、集体化、提高农民素质等路径来促进社会主义"新农村建设",1957 年刘少奇提出了社会主义新农村建设的概念并加以阐述。党的第二代领导集体提出通过发展乡镇企业、城镇化、农村制度创新(农地产权改革、农村户籍制度改革)和发展农村社会化服务体系等来促进乡村发展。2005 年党中央提出了"两个倾向"政策和建设社会主义新农村来促进美丽乡村建设。在党的十九大新时代背景下,党中央正式提出了"产业兴旺、生态宜居、乡风文明、治理有效、生活富裕"乡村振兴战略,2018 年中央一号文件即《中共中央 国务院关于实施乡村振兴战略的意见》从顶层设计到精细入微,对实施乡村振兴战略进行全面部署。

对于我国乡村振兴的内涵与外延,学术界和政界异议很少,讨论主题主要是具体促进措施方面。

(1)政界对促进我国乡村振兴的看法。汪洋(2017)提出通过培养新农民、推广新技术来促进乡村振兴。陈锡文(2017)提出"大力推动农村一二三产业融合发展是农民就业第三空间"来实现乡村振兴。韩俊(2017、2018)提出推进农业供给侧结构性改革;以完善产权制度和要素市场化的配置为重点,通过城镇化,减少农民,培育家庭农场等新型经营主体;重视扶持和保护普通小农户利益、外部资金注入来实现乡村振兴。农业部部长韩长赋（2017、2018）、张晓山（2017）、张红宇（2017）、魏后凯（2017）阐述的乡村振兴措施基本上是解读了党的十九大报告涉及的乡村振兴的战略措施；陈林（2017）提出以习近平"发展生产、供销、信用'三位一体'的理论"来促进乡村振兴。杨邦杰（2017）提出通过产业、基建、人才与政策来促进乡村振兴。郭永田（2018）指出产业兴旺是乡村振兴的基础。国土资源部部长姜大明提出"坚决破除土地收益用于'三农'的制度障碍，切实解决乡村建设发展的用地制约"；"完善农民闲置宅基地和闲置农房政策，探索宅基地所有权、资格权、使用权三权分置，落实宅基地集体所有权，保障宅基地农户资格权，适度放活宅基地使用权"①。叶兴庆（2018）提出"一靠政策二靠科技三靠投入"，通过金融创新盘活各类资金来促进乡村振兴。2018年，中央一号文件起草组成员按照一号文件列出的产业、生态、乡风、治理的负面清单，提出促进产业发展、农村环境、乡村治理和农村民生领域的思路。国务院提出"确定进一步支持返乡下乡创业的措施，激活农村资源要素促进乡村振兴"②。韩长赋（2018）提出真金白银的投入来推动乡村全面振兴。

（2）学术界对促进我国乡村振兴的看法。

首先，促进乡村振兴的措施。宋圭武（2017）提出通过建立中国农业的合作模式来实现乡村振兴。郑风田（2017）提出通过村庄规划、合并小村庄建设乡村小镇。增加资金、人才、产业等促进乡村振兴。党国英（2017）以江苏特色田园乡村建设为例，通过城乡统一的要素市场、农业技术进步模式转变、城乡区划模式转变、城乡社会治理模式转变来实现乡村振兴。王亚华、苏毅清（2017）提出通过脱贫攻坚、稳粮增收、繁荣农村经济、深化农业供给侧结构性改革、破解农村治理、城乡融合、调动农民参与、农业现代化八大措施促进乡村振兴。黄祖辉（2017）提出推进多种形式的农业适度规模经营来促进乡村振兴。廖彩荣、陈美球（2017）提出通过顶层设计、科学规划、制度供给、五位一体、农业供给侧结构性改革、人民主体等措施来促

---

① 国土部：坚决破除土地收益用于"三农"的制度障碍．人民网－财经频道，2018－1－16.
② 国务院常务会议确定进一步支持返乡下乡创业的措施 激活农村资源要素促进乡村振兴．中国政府网，2018－01－19.

进乡村振兴。蔡继明（2018）提出通过城镇化来减少农民，提高农业生产率促进乡村振兴。杨开忠（2018）提出依托都市圈的发展来实现乡村振兴。刘合光（2018）分析了乡村振兴的难题，提出通过深化改革、产业、科技、人才队伍来促进乡村振兴。周天勇（2018）提出通过放开户籍制度、土地产权改革，促进城乡公共服务如教育制度的均等化来促进乡村振兴。王立胜、刘岳（2018）分析了我国乡村存在的问题、十九大乡村振兴的丰富内涵；提出通过推进农村土地制度改革、发展农村集体经济；鼓励农民返乡创业、保护小农利益来促进乡村振兴。唐珂（2018）提出通过发展品牌强农来促进乡村振兴。唐任伍（2018）做好"人""地""钱""组织""文化"五个方面的文章。

其次，乡村振兴的动力来源。刘奇（2017）、韩俊（2018）都提出要依靠外部资金或要素供给；乔洪武、高树军（2018）通过政府和市场形成合力来促进乡村振兴。周立等（2018）提出借鉴日韩产业融合经验，发挥农业多功能性来促进乡村产业振兴。

再其次，我国乡村振兴存在的问题。2018年中央一号文件指出，我国发展不平衡不充分问题在乡村最为突出的主要问题有：农产品阶段性供过于求和供给不足并存，农业供给质量亟待提高；农民适应生产力发展和市场竞争的能力不足，新型职业农民队伍建设亟须加强；农村基础设施和民生领域欠账较多，农村环境和生态问题比较突出，乡村发展整体水平亟待提升；国家支农体系相对薄弱，农村金融改革任务繁重，城乡之间要素合理流动机制亟待健全；农村基层党建存在薄弱环节，乡村治理体系和治理能力亟待强化[1]。

最后，乡村振兴的阻碍或风险。郭晓鸣（2017）提出要防范乡村振兴的过度行政化、过度形式化、过度产业化、过度外部化的四大风险。桂华（2018）提出乡村振兴要警惕城市过剩资本借着乡村振兴战略名义下乡与农民争地争利；防止出现泡沫化的农村农业"三产化"；防止个别乡村的"形象工程"。汤敏（2018）认为要处理好乡村振兴的内生力量与外生力量的关系和平衡，防止外生行政力量带来的一些破坏性，农民才是我国乡村振兴的主体。农民专业合作组织不发达，制约产业兴旺；村庄规划没跟上，功能布局无法优化；农村老人数量多，养老服务缺失成大问题；公共服务往上走，

---

[1] 中共中央 国务院关于实施乡村振兴战略的意见. 新华网, 2018 – 2 – 4.

农民被迫进城。优秀人才难回流，乡村发展缺活力；输血造血都不足，乡村振兴缺资金。朱启臻（2018）认为，单向城镇化趋势、乡村学校和教育的问题、土地流转与规模经营盲目性阻碍了乡村振兴。魏后凯（2018）分析了我国乡村振兴存在的人才问题、资金问题和农民可持续增收问题。2018年中央一号文件指出当前我国发展不平衡不充分问题在乡村最为突出，主要表现在：农产品阶段性供过于求和供给不足并存，农业供给质量亟待提高；农民适应生产力发展和市场竞争的能力不足，新型职业农民队伍建设亟须加强；农村基础设施和民生领域欠账较多，农村环境和生态问题比较突出，乡村发展整体水平亟待提升；国家支农体系相对薄弱，农村金融改革任务繁重，城乡之间要素合理流动机制亟待健全；农村基层党建存在薄弱环节，乡村治理体系和治理能力亟待强化。

（3）目前我国乡村振兴的具体实践。20世纪二三十年代，晏阳初等在河北省定县瞿城村的实践、梁漱溟在山东邹平向的实践、卢作孚在重庆北碚的乡村实践都采取适宜的措施，取得较好的效果。十九大至今，各级政府的乡村振兴案例有：中农办主任唐仁健2017年调研指出，贵州省六盘水市农村资源变股权、资金变股金、农民变股民的"三变"核心是打造"股份农民"，通过集体资源调动政府资源、政府资源撬动社会资源的"双轮驱动"，有效活化了要素资源，实现了"产业连体""股权连心"，极大地调动了农民积极性，具有典型的制度创新意义。王佳宁（2017）实证分析了梁家河通过一二三产业融合来促进乡村振兴的案例。田春成、张亚（2017）分析了贵州省水城县乡村建设规划。成都市（2017）提出通过实施"十大重点工程"（乡村规划、特色镇建设、川西林盘保护修复、大地景观再造、农村人居环境整治、农业品牌、乡村人才、农民增收、农村文化现代化、城乡社区治理），扎实推进"五项重点改革"（农业供给侧结构性改革、农村集体产权制度、农村金融服务、财政支农投入机制、农村行政管理体制）来推动成都市的乡村振兴。周敏、刘义生（2017）具体分析了安徽六安通过三产融合来引领乡村振兴。2018年，湖北省委书记蒋超良在湖北省"两会"表态，每年投入1000亿打造美丽乡村。李昌平（2018）分析了河南信阳市五里店镇郝堂村通过资金、产业、土地等的融合来促进乡村振兴，并提出未来中国村庄的60%将会自行消亡，30%会振兴，10%将被城市化。2018年，福建省省委书记于伟国提出：首先打好特色牌，比如抓好茶叶、水产、花卉苗木、林竹、水果、畜禽、蔬菜七大千亿优势产业以及抓品牌农业建设；其次扶好小农户；再其次，唱好山海协作、城乡统筹、产业融合；最后，建立一支懂农业、爱农村、爱农民的"三农"工作队伍来促进福建省的乡村振兴。福建省政府2018年颁布的《关于实施乡村振兴战略的实施意见》提出了实现乡村振兴的指导思想、原则、目标和具体九大措施。

我国政界从宏观上解析了党的十九大和2018年中央一号文件，具有宏观的指导意义。学界对如何防范我国乡村振兴出现的风险、乡村振兴的微观主体、采取的改革措施等方面的分析十分具有现实意义；我国历史上的乡村振兴的措施、经验，各级政府促进乡村振兴的措施和案例都具有很强的借鉴意义。

二、福建省乡村振兴存在的问题

根据2018年中央一号文件《中共中央 国务院关于实施乡村振兴战略的意见》指出当前我国发展不平衡不充分问题在乡村振兴中最为突出，结合福建省乡村发展实际，福建省乡村振兴存在如下四大问题。

1. 福建省农产品供给质量亟待提高

2016年，福建省粮食播种面积为117.673万公顷，总产量为650.87万吨（见表1），其中稻谷产量为471.47万吨；粮食单产369千克/亩，其中稻谷为409千克/亩。每年要从省外或国外进口80亿千克左右的粮食。

表1　　　　　　　　福建省2016年主要农业产品产量

项目	粮食	油料	蔬菜	园林水果
总产量（万吨）	650.87	31.03	1833.43	761.60
主要播种面积（千公顷）	1176.73	120.05	767.39	541.698
粮食缺口（亿千克）	80			

资料来源：《福建统计年鉴2017》。

（1）农产品结构还不尽合理。福建省农产品总体供给充足，但中高端、优质特色农产品较少，品种、品质还不能满足居民消费水平提升、需求多样化的要求。2016年农林牧渔业总产值4155.68亿元，其中农业1782.01亿元,林业 315.14 亿元,牧业 681.68 亿元,渔业为 1235.48 亿元,分别占总产值的 42.88%、7.58%、16.40% 和 29.73%。福建省作为我国森林覆盖率第一的省份,涉及林业的第二和第三产业都有具体的提高潜力。

（2）户均经营面积狭小,农业生产组织化程度还不够高。根据第三次福建省农业普查数据,2016 年年末,耕地面积 2004.46 万亩,实际经营的林地面积（不含生态林防护林）11369.36 万亩（见表 2）①,全省共有 570.69 万农业生产经营人员。2016 年福建省户均经营 4.22 亩耕地,全省人均耕地面积 0.51 亩,仅为全国人均耕地 1.52 亩的 33.55%,大大低于联合国确定的人均 0.795 亩的警戒线。

表 2　　　　　　　　　福建省户均基本耕地和林地状况

	耕地面积（万亩）	农业经营户（万）	户均（亩）	实际经营林地（万亩）	户均
全国	202381.5	20743	9.76	304569	14.68
福建省	2004.46	475.09	4.22	11369.36	23.93

注：实际经营的林地面积不含生态林防护林。
资料来源：全国第三次农业普查数据来自国家统计局。福建省数据来自福建省第三次全国农业普查主要数据公报。

2. 农民适应生产力发展和市场竞争的能力不足,新型职业农民队伍建设亟须加强

（1）从事农业就业人员老龄化严重。2016 年,福建省农业生产经营人员 570.69 万人,其中女性 260.19 万人。在农业生产经营人员中,年龄 35 岁及以下的 78.81 万人,占全部农业从业人员的 13.8%,年龄在 36~54 岁的 298.74 万人,占 52.3%;年龄 55 岁及以上的 193.14 万人,占 33.8%（见表 3）。

（2）农民科学文化素质不高。2016 年全省农业生产经营人员 570.69 万人中文盲占 7.1%,小学文化程度占 43.7%,初中占 41%,高中或中专占 7.1%,大专及以上占 1.2%,初中及以下文化程度占 91.8%。

（3）农民组织化程度和规模化程度都不高。2016 年全省共有 6.98 万个

---

① 资料来源：福建省第三次全国农业普查主要数据公报,福建省统计局网站,http://tjj.fujian.gov.cn/xxgk/tjgb/201805/t20180518_2384552.htm。以下没有特别标注的福建省农业和农村的数据都出自第三次农业普查,不再一一标注。

表3 农业生产经营人员数量和结构

地区	农业生产经营人员总数（万人）	农业生产经营人员性别构成（%）		农业生产经营人员年龄构成（%）			农业生产经营人员受教育程度构成（%）					农业生产经营人员主要从事农业行业构成（%）				
		男性	女性	年龄35岁及以下	年龄36~54岁	年龄55岁及以上	未上过学	小学	初中	高中或中专	大专及以上	种植业	林业	畜牧业	渔业	农林牧渔服务业
全省	570.69	54.4	45.6	13.8	52.3	33.8	7.1	43.7	41.0	7.1	1.2	84.8	4.4	4.8	4.8	1.1
福州市	72.23	57.6	42.4	12.6	48.8	38.5	6.7	43.8	40.5	7.9	1.2	85.5	1.6	2.8	9.2	1.0
平潭	6.85	51.3	48.7	15.2	47.1	37.7	9.1	40.4	39.4	9.6	1.5	83.8	0.6	1.6	13.1	0.9
厦门市	11.34	51.4	48.6	10.3	49.3	40.4	8.1	51.2	31.5	7.1	2.1	81.1	0.7	10.5	5.9	1.9
莆田市	41.23	49.5	50.5	12.2	48.9	38.9	8.0	41.7	41.3	7.8	1.2	90.1	1.7	3.1	4.4	0.7
三明市	54.35	55.4	44.6	12.7	55.2	32.1	6.6	44.9	39.4	7.5	1.5	83.7	9.9	4.3	0.6	1.5
泉州市	97.26	47.4	52.6	14.8	50.6	34.6	6.8	44.4	41.8	6.0	0.9	88.6	1.3	6.5	3.2	0.4
漳州市	102.79	54.5	45.5	16.1	54.1	29.8	6.3	41.6	44.0	7.0	1.2	84.1	2.6	3.8	7.4	2.0
南平市	61.21	60.0	40.0	12.3	56.7	31.0	4.4	43.8	44.5	6.3	1.1	78.3	12.3	8.3	0.4	0.7
龙岩市	60.94	49.7	50.3	14.3	55.0	30.7	5.8	35.4	46.8	10.3	1.7	86.3	5.6	6.7	0.4	0.9
宁德市	69.34	62.5	37.5	13.6	50.0	36.4	11.9	52.1	30.1	4.9	1.0	82.6	4.7	2.1	9.3	1.4

资料来源：福建省第三次全国农业普查主要数据公报·福建省统计局网站，http://tjj.fujian.gov.cn/xxgk/tjgb/201805/t20180518_2384552.htm.

农业经营单位，在工商部门注册的农民合作社总数 3.42 万个，其中，农业普查登记的以农业生产经营或服务为主的农民合作社 1.78 万个；475.09 万农业经营户，其中，13.13 万规模农业经营户。

3. 农村基础设施和民生领域欠账较多，农村环境和生态问题比较突出，乡村发展整体水平亟待提升

（1）福建省农村基础设施欠账较多。根据福建省第三次农业普查，2016 年年末，在乡镇地域范围内，有火车站的乡镇占 8.3%，有码头的占 13.8%，有高速公路出入口的占 28.9%；99.5% 的村通公路。2016 年年末，全省 100.0% 的村通电，5.8% 的村通天然气，28.3% 的村有电子商务配送站点。

另外，全省 14377 个村，有 796 个行政村没有通自来水，717 个没有通有线电视；236 个村没有通宽带[①]。

（2）农村基本公共服务有待于进一步提高。根据福建省第三次农业普查，2016 年年末，97.3% 的乡镇有图书馆、文化站，15.6% 的乡镇有剧场、影剧院，18.7% 的乡镇有体育场馆，86.3% 的乡镇有公园及休闲健身广场，61.0% 的村有体育健身场所。2016 年年末，98.6% 的乡镇有幼儿园、托儿所，97.2% 的乡镇有小学，38.5% 的村有幼儿园、托儿所。

2016 年年末，99.5% 的乡镇有医疗卫生机构，99.7% 的乡镇有执业（助理）医师，80.2% 的乡镇有社会福利收养性单位，83.6% 的村有卫生室。2016 年年末，70.9% 的乡镇有商品交易市场，28.6% 的乡镇有以粮油、蔬菜、水果为主的专业市场，4.3% 的乡镇有以畜禽为主的专业市场，5.6% 的乡镇有以水产为主的专业市场，34.6% 的村有 50 平方米以上的综合商店或超市，4.1% 的村开展旅游接待服务，31.6% 的村有已办理营业执照的餐馆。

（3）农村生态问题还有巨大改善空间。生态宜居是乡村振兴的重中之重。2016 年年末，93.7% 的乡镇集中或部分集中供水，97.1% 的乡镇生活垃圾集中或部分集中处理，92.5% 的村生活垃圾集中或部分集中处理，27.2% 的村生活污水集中或部分集中处理，75.5% 的村完成或部分完成改厕。也就是说全省 927 个乡镇中有 6.3% 没有集中供水，有 2.9% 垃圾没有集中处理，在 14377 个乡镇村中有 72.8% 的行政村中生活污水没有集中处理，58.3% 的农户使用经过净化处理的自来水，也就是所有 41.7% 的农户没有使用净化处

---

① 2017 年福建统计年鉴，http://tjj.fujian.gov.cn/tongjinianjian/dz2017/index-cn.htm。

理的自来水。

与发达地区相比，福建省主要问题是农业面源污染问题严重，农产品质量安全风险增多，没有实现农业的绿色发展。2016 年福建省 133.63 万公顷耕地，消耗化肥 1238417 吨，合计约 926.75 千克（折纯）每公顷，高于全国 446 千克每公顷化肥施用量，远高于世界平均水平和高收入国家的 135 千克。2016 年全省施用农药 55387 吨，合计约 41.44 千克每公顷，远高于全国 9.84 千克每公顷的水平。另外 2016 年使用农用薄膜 62424 吨，也造成一定的白色污染。

4. 城乡收入差距和区域收入差距大，城市化质量有待提高

2017 年，福建省农村居民人均可支配收入 16335 元，比上年增长 8.9%，扣除价格因素，实际增长 8.0%；城镇居民人均可支配收入 39001 元，比上年增长 8.3%，扣除价格因素，实际增长 6.9%。全省城乡居民收入比 2.39∶1；其中最低的是漳州市城乡居民收入比为 2.00∶1，最高的是厦门市 2.44∶1。而 2016 年全省城乡收入比为 2.40∶1；其中财产性收入城镇居民为 4199.43 元，农村居民为 255.68 元，前者是后者的 16.42 倍（见表 4 和表 5）。

表 4　　　　2017 年福建省城乡收入水平及各地区城乡收入水平

地区	城市居民人均可支配收入（元）	农村居民人均可支配收入（元）	城乡收入比	城乡居民收入绝对差	常住人口城市化率（%）	户籍人口城市化率（%）
全省	39001	16335	2.39	22666	64.8	47.78
福州	40973	17865	2.29	23108	69.5	56.27
厦门	50019	20460	2.44	29559	89.1	85.22
泉州	42696	18606	2.29	24090	65.7	48.91
漳州	33359	16676	2.00	16683	57.7	36.55
莆田	34490	16492	2.09	17998	59.6	40.77
龙岩	33022	15698	2.10	17324	55.7	41.58
三明	32261	15212	2.12	17049	59	35.76
南平	30070	14558	2.07	15512	55.8	34.40
宁德	30502	14722	2.07	15780	55.7	35.32

资料来源：福建省和各地市 2017 年国民经济和社会发展统计公报，2017 年的福建统计年鉴。

表5　　　　　　　2016年福建省城乡居民收入构成及差距

项目	总收入	工资性收入	经营性收入	财产净收入	转移净收入
城市居民人均收入（元）	36014.26	22213.41	4919.35	4199.43	4682.07
可支配收入构成（%）	100	61.68	13.66	11.66	13.00
农村居民人均收入（元）	14999.19	6785.20	5821.46	255.68	2136.85
可支配收入构成（%）	100	45.24	38.81	1.70	14.25
城乡差距（倍）	2.40	3.27	0.85	16.42	2.19

资料来源：《福建统计年鉴2017》。

三、促进福建省乡村振兴的思路和对策

按照福建省2018年3月印发的《关于实施乡村振兴战略的实施意见》，福建省的乡村振兴规划分三阶段实施：第一阶段，到2020年，乡村振兴取得重要进展，制度框架（技术支农、财政金融支农和土地和山林地产权；滩涂产权制度清晰；户籍制度改革到位）和政策体系基本形成。第二阶段，到2035年，乡村振兴取得第二步决定性进展，农业农村现代化基本实现。第三阶段，到2050年，全面实现乡村全面振兴，农业强、农村美、农民富。同时，该实施意见还提出以下几条基本原则：坚持党管农村工作；坚持农业农村优先发展，加快补齐农业农村短板；坚持农民主体地位，不断提升农民的获得感、幸福感、安全感；坚持乡村全面振兴；坚持城乡融合发展；坚持人与自然和谐共生；坚持因地制宜、循序渐进，不搞一刀切，不搞形式主义，扎实推进的原则。

在全世界传统农业走向现代化的过程中，依据各地的土地、劳动力等资源禀赋的成功实践，主要有三种模式：一种是人地禀赋丰富的新西兰、澳大利亚、加拿大、美国为代表的新大陆模式；一种是人地禀赋高度紧张的以中国台湾、日本为代表的亚洲模式；第三种是人地比率介于上述两组地区之间，以荷兰、比利时和丹麦为代表的欧洲模式[①]。而三种模式的经验都证明了，乡村振兴核心就是人、地、钱三个问题。

---

① [日]早见雄次朗，[美]弗农·拉坦. 农业发展：国际前景[M]. 北京：商务印书馆，1993：72.

(一)"人"

通过合作组织来组织化农民;通过各类教育和培训提高福建省农民的科学文化素质;通过发展三大都市圈来减少农民数量。具体如下:

(1) 组织化农民。马克思、恩格斯认为未来社会小生产会被大生产所取代。必须通过合作制组织化农民。习近平同志指出要实现小农经济下的农业现代化,需要适合中国国情的道路。所谓国情:一是资源禀赋条件,主要是指社会经济发展基础、人口数量和质量、资源条件等;二是政治制度,即社会基本制度以及与之相适应的政治纲领和路线、方针、政策等;三是文化传统,即国家与民族文化传统、思想观念的历史积淀及其影响①。我国的国情是人多地少,小农家庭经营也具有文化传承、政治稳定等多功能性作用。早在1985年,时任县委书记的习近平的第一次率团访问美国考察农业,他就提出要注重学习先进的农业技术,但基于我国的人多地少的基本国情,"那种大农业的道路看来不行,就看东北那些人少地多的地方怎么样,那也有个成本问题","很多东西啊一定要因地制宜。什么是科学,并不一定是大、洋、全,并不一定是所谓的机械化。要最小成本、最大效益,什么事情都离不开现实②"。因此,习近平指出"立足本国本地的具体实际,正确选择农村市场化建设的切入点和发展方向。③"

针对我国小农分散经营、组织化程度低,难以单独面对大市场的弊端,为了克服四个矛盾——土地家庭承包与分散经营的农民难以进入市场的矛盾、建立统一市场与农产品和农业要素市场长期被严重分割的矛盾、市场经济的平等竞争与农业弱质地位引起的竞争不平等的矛盾、市场经济利益机制与市场中的产加销各个环节及不同市场主体利益分配不合理的矛盾④,习近平提出:这就要求我们要认真学习和借鉴西方发达国家组织、引导农民进入和占领市场的成功经验,引导农民组织起来,靠互相合作的集体力量,顺利进入并逐步占领了城市和国际农产品大市场,将农业市场化提升到高度发达

---

① 习近平. 中国农村市场化建设研究 [M]. 北京:人民出版社,2001:53.
② 陈林. 习近平的"三农"情怀. 人民网-人民论坛,2015-02-09 09:05:48.
③ 习近平. 中国农村市场化建设研究 [M]. 北京:人民出版社,2001:140.
④ 习近平. 中国农村市场化建设研究 [M]. 北京:人民出版社,2001:87-89.

的程度①。让农民依靠组织起来的强大力量,去顺利进入和不断开拓、占领国内外农产品市场,全面实现农村市场化,不断缩小与西方国家在农村市场化方面的发展差距,将我国建设成为国际农产品贸易的世界大国②。

在实践上,2006年时任浙江省委书记的习近平在借鉴日本、韩国的"综合农协"的基础上,提出"三位一体"构想:通过大力发展农民专业合作、供销合作、信用合作三类组织融合在一起,增强为农服务的流通、金融、科技三重功能;发展农民的横向与纵向联合,把生产职能与流通职能融为一体,发展跨乡、县的地区联合,组建大规模的中心合作社③。从而实现小农生产与现代市场经济有机地结合,使广大农民成为农业产业化的主体力量,切实推动现代农业的进程。

韩俊指出:人均一亩三分地、户均不过十亩田的小农生产方式是我国农业发展需要长期面对的现实。处理好发展适度规模经营和扶持小农生产的关系,是乡村振兴的重大政策问题。要坚持家庭小农生产为基础与多种形式适度规模经营为引领相协调,既要把定发展规模经营是农业现代化必由之路的前进方向,也要认清小规模农业经营是很长一段时间内我国农业基本经营形态的基本国情农情④。习近平在2013年中央农村工作会议中强调,"坚持和完善农村基本经济制度,加快构建以农户家庭经营为基础、合作与联合为纽带、社会化服务为支撑的立体式复合型现代农业经营体系"⑤。家庭承包经营加社会化服务体系在十八届三中全会和党的十九大被确定为是我国的新型农业经营体系。因此,福建省乡村振兴必须立足农户家庭经营的基本面,注重发挥新型农业经营主体带动作用,通过大力培育各类专业化、市场化的服务组织,提升小农生产经营组织化程度,着力强化服务联结,把小农生产引入现代农业发展轨道。

(2) 提高农民的科学文化素质。马克思指出"应用资本、劳动和科学就

---

① 习近平. 中国农村市场化建设研究 [M]. 北京:人民出版社,2001:139.
② 习近平. 中国农村市场化建设研究 [M]. 北京:人民出版社,2001:140.
③ 陈林. 习近平的"三农"情怀. 人民网-人民论坛,2013-5-3.
④ 韩俊. 关于实施乡村振兴战略的八个关键性问题. 中国党政干部论坛,2018 (5).
⑤ 中央农村工作会议在北京举行. 习近平李克强作重要讲话 [N]. 人民日报,2013-12-25.

可以使土地的收获量无限地提高"①，机器"对农业起着强有力的改造作用"②。毛泽东结合中国小农经济建设的实践，提出通过科学技术的发展来实现农业现代化的路径。明确提出："科学技术这一仗，一定要打，而且必须打好。……不搞科学技术，生产力无法提高"③。邓小平认为农业的现代化："一靠政策，二靠科学，三靠投入。科学技术的发展与作用是无穷无尽的。④"

习近平提出，为实现农业现代化，培养造就新型农民队伍，需要通过各类教育培训来提高农民的科学文化思想素质。2013年11月3日，习近平在湖南考察时强调：要切实办好农村义务教育，让农村下一代掌握更多知识和技能⑤。在2013年12月23日中央农村工作会议中，习近平指出：要提高农民素质，培养造就新型农民队伍，把培养青年农民纳入国家实用人才培养计划，确保农业后继有人。要把加快培育新型农业经营主体作为一项重大战略，以吸引年轻人务农、培育职业农民为重点，建立专门政策机制，构建职业农民队伍，为农业现代化建设和农业持续健康发展提供坚实人力基础和保障⑥。2014年6月23日全国职业教育工作会议召开，习近平指出：要加大对农村地区、民族地区、贫困地区职业教育支持力度，努力让每个人都有人生出彩的机会⑦。

通过教育来提高农民素质的观点，早在2004年12月20日，习近平在浙江省经济工作会议上就提出了，他引用了邓小平的名言"我们要千方百计，在别的方面忍耐一些，甚至牺牲一点速度，把教育问题解决好。⑧"习近平增加教育、大办各类教育投入提高农民素质的理论实践和发展了马克思"实行

---

① 马克思恩格斯全集（第1卷）[M]. 北京：人民出版社，1956：616.
② 列宁全集（第5卷）[M]. 北京：人民出版社，1986：109.
③ 毛泽东文集（第8卷）[M]. 北京：人民出版社，1999：351.
④ 邓小平文选（第三卷）[M]. 北京：人民出版社，1993：17.
⑤ 唐湘岳，谭鑫. 让农村下一代掌握更多知识和技能——湖南重点抓好教育扶贫[N]. 光明日报，2014-01-09.
⑥ 陈林. 习近平的"三农"情怀. 人民网-人民论坛，2013-05-03.
⑦ 全国职业教育工作会议召开 习近平作指示李克强接见代表. 中国新闻网 2014-06-23 20：17：00.
⑧ 习近平引用过的邓小平名言. 海外网，http://opinion.haiwainet.cn/n/2014/0731/c456318-20915328.html.

普遍的免费的国民教育"①的理论，继承和发展了毛泽东指出："从百分之八十的人口中扫除文盲，是新中国的一项重要工作"②；邓小平指出提高农民整体素质是实施"科技兴农"和农业现代化的关键。

因此，在中央的2013年一号文件和2016年一号文件，尤其是党的十九大报告，都提出加快培育新型职业农民。将职业农民培育纳入国家教育培训发展规划，基本形成职业农民教育培训体系，把职业农民培养成建设现代农业的主导力量。这都表明了只有提高农民的文化素质，才能促进我国乡村振兴。

(3) 大力发展海峡西岸城市群来逐渐减少农民，实现农地适度规模经营。党的十八大报告提出："坚持走中国特色新型工业化、信息化、城镇化、农业现代化道路"。2013年11月召开的十八届三中全会明确提出，"坚持走中国特色新型城镇化道路"。2013年12月召开的中央城镇化工作会议也强调，"走中国特色、科学发展的新型城镇化道路"。党的十九大报告提出："实施区域协调发展战略"，并具体指出："以城市群为主体构建大中小城市和小城镇协调发展的城镇格局，加快农业转移人口市民化。"因此，福建省乡村振兴必须通过大力发展海峡西岸城市群来逐渐减少全省农民数量，逐渐实现农地适度规模经营。

2016年福建省户均经营4.22亩耕地，全省人均耕地面积0.51亩耕地，仅为全国人均耕地1.52亩的33.75%，大大低于联合国确定的人均0.795亩的警戒线。福建省户均山林地有23.93亩。2017年福建省常住人口城镇化率为64.8%，户籍人口的城市化才47.78%。因此，如果能实现土地的适度规模经营如户均42.2亩，需要转移90%以上的农村人口，这就需要大力发展海峡西岸城市群，包括三大都市圈。2017年，福州闽江口都市圈、厦门湾都市圈和湄洲湾都市圈面积合计41683.66平方公里，约占全省的33.61%；人口合计2832万常住人口，占全省的72.41%；地区生产总值合计24611.88亿元，约占全省76.20%（见表6）。这里是福建省经济政治文化中心，具有福建省最好的产业链，基础设施较为完备。三大都市圈都有完整的铁路、公路、机场和港口资源。如果能解决好"钱"的问题，即福建省农民变成市民的资金来源，就需要改革该省目前"地"的产权问题。

---

① 马克思恩格斯选集 第4卷 [M]. 北京：人民出版社，1995：202.
② 毛泽东. 论联合政府 [A]. 毛泽东选集（第三卷）[C]. 北京：人民出版社，1991：1083.

表6　　　　　2017年福建省三大都市圈基本经济社会发展状况

分布	面积（km²）	常住人口（万人）	GDP总量（亿元）
福州闽江口都市圈	11968	766	7104.02
厦门湾都市圈	14581.66	911	7914.66
湄洲湾都市圈	15134	1155	9593.2

资料来源：各地市2017年国民经济和社会发展统计公报。

（二）"地"

适当的农地和山林地产权改革，增加农民财产性收入，促进农民对农地的绿色投入。发育福建省农村要素市场、资本市场和土地市场，逐步实现农地适度规模经营。具体措施如下：

（1）耕地和山林地的确权有利于增加福建省农村居民的财产性收入。1978年的土地家庭联产承包责任制确认了农民对土地的占有和使用权，1984年我国确定了农民15年的使用权，1998年法律上确认了30年的使用权，党的十七届三中全会确认了农地农有的长久使用权，2011年中央经济会议上提出提高农民土地增值收益的决定（收益权），随后在党的十八届三中全会、2014年中央一号文件和2015年中央一号文件都提出：在符合规划和用途管制前提下，允许农村集体经营性建设用地出让、租赁、入股，实行与国有土地同等入市、同权同价；建立兼顾国家、集体、个人的土地增值收益分配机制，合理提高个人收益。在十八届五中全会上，党中央首次提出了创新、协调、绿色、开放、共享五大发展理念；2016年11月27日《中共中央 国务院关于完善产权保护制度依法保护产权的意见》指出：产权制度是社会主义市场经济的基石，保护产权是坚持社会主义基本经济制度的必然要求。有恒产者有恒心，经济主体财产权的有效保障和实现是经济社会持续健康发展的基础。因此，完善的农地产权制度供给是实现福建省乡村振兴、产业兴旺和农民生活富裕的前提和核心。

（2）明晰的土地产权有利于促进福建省农民增加对土地的保护和投入，实现农村的生态宜居。十九大提出乡村振兴之"乡村的生态宜居"。与发达国家相比，福建省的主要问题是农业面源污染问题严重，农产品质量安全风险增多，没有实现农业的绿色发展。2016年福建省133.63万公顷耕地，消耗化肥1238417吨，合计约926.75千克（折纯）每公顷，高于全国446千克每公顷化肥施用量，远高于世界平均水平和高收入国家的135千克。2016年全省施用农药55387吨，合计约41.44千克每公顷，远高于全国9.84千克每公顷的水平。另外2016年使用农用薄膜62424吨，也造成一定的白色污染。

2016年6月，中央全面深化改革领导小组审议通过了《国家生态文明试验区（福建）实施方案》，提出建设机制活、产业优、百姓富、生态美的新福建。建立明晰的耕地和林地产权，促进农民作为微观主体大幅度增加对耕地和林地的资金、技术、有机肥等投入，逐渐减少化肥和农药施用量，多施用有机肥，改善土壤质量；并运用绿色科技，发展适合全国消费者需求的绿色有机农产品。解决"地"的问题，关键是深化农村土地制度改革，建立健全土地要素城乡平等交换机制，加快释放农村土地制度改革的红利。要巩固和完善农村基本经营制度，落实农村土地承包关系稳定并长久不变政策，衔接落实好第二轮土地承包到期后再延长30年的政策，让农民吃上长效"定心丸"。完善农村承包地"三权分置"制度，在依法保护集体土地所有权和农户承包权的前提下，平等保护土地经营权，发展多种形式适度规模经营。因此，福建省可以根据党的十七届三中全会有关建立农民长久性农地产权的精神，建议在坚持农地集体所有、"三权分置"前提下，在全国率先赋予农民999年长久产权，从而增加农民财产性收入和对农地的投入。

（3）放活宅基地产权。陈锡文指出，2017年我国大中城市房屋空置率是11.9%，小城市房屋空置率13.9%，农村房屋空置率14%[①]。如果按照落实宅基地集体所有权，保障宅基地农户资格权和农民房屋财产权，适度放活宅基地和农民房屋使用权的要求，探索宅基地所有权、资格权、使用权"三权分置"，完善农民闲置宅基地和闲置农房政策，吸引资金、技术、人才等要素流向全省14401个行政村，使农民闲置住房成为发展乡村旅游、养老、文化、教育等产业的有效载体，促进党的十九大提出的实现乡村振兴的农村一二三产业融合，必能有效促进福建省乡村振兴。

---

① 陈锡文．中国农村还有5.7亿人，判断乡村情况要靠科学统计而不是返乡故事！．新华每日电讯，2018-3-16.

（三）"钱"

从"钱"来看，要鼓励公共财政和社会资源投入三农发展事业，一方面要按照十九大提出的坚持农业农村优先发展的理念，使福建省公共资源配置优先向"三农"倾斜，增强财政支持农业、发展农村和补助农民的力度，切实提高农村公共服务供给水平和效率；另一方面要创造条件激励社会资本，把适合农村发展的产业、项目、技术分流到农村，鼓励万企万村对接，以提高农村技术水平、产业兴旺程度和现代化程度，为农民提供更多就业机会，增加其收入，最终有利于提高城乡融合发展程度。

（1）改革县乡体制。2016年福建省有85个县市区，927个乡镇，14401个行政村。如果能够改革目前福建省的县级政府机构，实现毛泽东说的精兵简政，把每个县超过100个科局级单位减少到新中国成立初期的6个单位，改目前乡镇一级政府机构为派出机构，这样至少每年能节约超过100亿元人民币的行政开支。建议在2020年实现全省15年义务教育，适当提高全省农民养老金等社会保障水平。2020年农村60岁以上老人月均500元；2049年实现城乡统一的社会保障制度，以吸引海内外人才来福建省促进乡村振兴。

（2）改革支农财政体制。目前福建省财政支农资金涉及教育、发改、科技、水利、农林等十多个政府机构，形成支农资金的"九龙治水"，建议全部归口于农业部门统一使用，从而提高资金的使用效益。

（3）实现厦门、福州和泉州在福建省其他市区的耕地占补。比如厦门目前还有180平方公里的基本农地，而由于种粮成本的抬升，南平、龙岩、三明有大量耕地撂荒，能否通过本省市级区域调整，实现厦门完全大都市化。

实现福建省乡村振兴是一个渐进的过程，比如在减少农民，提高农民的基础上，在合理引导农民进入海峡西岸城市群的前提下，逐渐实现农民和耕地山林地的资源禀赋合理化、规模化。这需要改革目前福建省农地和山林地、宅基地的产权制度，促进农村劳动力、资本和土地等要素市场发育，需要具体贯彻落实党的十九大提出的农业和农村优先发展的政策，通过福建省县乡镇体制改革，开源节流，促进公共资金和社会资源对全省农业和农村的投入，从而实现福建省乡村振兴，率先实现农业和农村现代化。

参考文献

[1] 陈林. 乡村振兴:"小农户"要靠"大农合"[J]. 小康, 2017 (11): 30-31.

[2] 党国英. 乡村振兴长策思考[J]. 农村工作通讯, 2017 (21).

[3] 廖彩荣, 陈美球. 乡村振兴战略的理论逻辑、科学内涵与实现路径[J]. 农林经济管理学报, 2017, 16 (6).

[4] 刘合光. 乡村振兴战略的关键点、发展路径与风险规避[J]. 新疆师范大学学报, 2018 (2).

[5] 王亚华, 苏毅清. 乡村振兴——中国农村发展新战略[J]. 中央社会主义学院学报, 2017 (6).

[6] 魏后凯. 实施乡村振兴战略和区域协调战略 推进中国特色社会主义现代化建设[J]. 财经智库, 2017 (6).

[7] 习近平. 中国农村市场化建设研究[M]. 北京:人民出版社, 2001.

[8] 张红宇. 实施乡村振兴战略需进一步深化农村改革[J]. 农村经营管理, 2017 (11).

[9] 张军. 乡村振兴:理论、实践与措施[J]. 中国农村经济, 2018 (1).

[10] 张晓山. 实施乡村振兴战略的几个抓手[J]. 人民论坛, 2017-12-6.

[11] 郑风田. 乡村振兴可施六策[J]. 当代县域经济, 2017 (12).

[12] 中共福建省委 福建省人民政府印发关于实施乡村振兴战略的实施意见[N]. 福建日报, 2018-3-26.

[13] 中共中央 国务院关于实施乡村振兴战略的意见. 新华社北京 2018-2-4电.

专题十四　福建省农业多功能性理论与实证研究

农业多功能性,是指农业具有经济、社会、文化和生态四大功能。党中央在2007年的一号文件中首次提到多功能农业的概念,并强调农业在保证粮食原料的供给之外,还发挥着增加就业机会、保障农民增收、保护环境生态、观光休闲和传承农业文化的作用。2015年中央农村工作会议上提出了推进农村第一、第二、第三产业融合发展,开发农业多种功能。党的十九大提出乡村振兴战略,其中最重要的路径安排就是发挥农业的多功能性作用,促进农村的第一、第二、第三产业融合。

福建省从农业多功能性出发,依托地区优势,充分有效地利用资源,发展特色现代农业,推动了农业现代化的发展。近年来,在农业发展过程中,福建省根据各地区的资源优势和地域特色,通过规划特色产业布局和产业集聚区,发挥各地独特优势,有针对性地促进农业功能多元化,有效地提高了农业产业的发展。因此,有必要对当前福建省的农业多功能发展水平进行有效评估,进而探讨未来福建省农业多功能发展的方向,为福建省早日实现乡村振兴做出贡献。

一、文献综述

(一)农业多功能性的内涵

农业多功能性概念最早可追溯至20世纪80年代末90年代初,日本为保护国内稻米市场而将对本国文化的保护与对国内水稻种植生产的保护联系起来。随后日本提出农业多功能性概念，强调农业在农产物供给之外的其他功能，并以此为基础制定和实施相应的农业政策。欧盟的共同农业政策（CAP）指出不仅要注重农业生产力的提高和粮食供给，更要重视农业生产过程中对森林、土地等生态环境的影响，以及农业就业、农业生产者的生活质量、农村社区的活力并且要加强对农村景观、文化活动的维护。联合国粮农组织（FAO）指出，农业除了基本的粮食安全保障之外，还包括经济功能、社会功能和环境外部性三个特征，粮农组织还提出农业在经济维稳、保障农村社区稳定和文化传承方面的价值。经济合作与发展组织（OECD）指出，农业生产所具有的非商品性产出使得农业生产具有公共产品特征和外部性，并表现在资源及生态环境的可持续、传统文化保护等方面，农业的实际价值大于农产品本身，导致农业在农副产品生产之外还具有不同的功能。世界银行（2008）指出，农业具有促进经济增长、社会福利保障和就业保障以及生态功能的作用。

国内外诸多学者从多角度出发对农业多功能性理论的演变和农业多功能性内涵进行梳理，一些文献对农业多功能性的基本含义进行了归纳，总体来说，农业生产活动不仅具有基本的经济生产功能（即粮食纤维等原材料的供给），还在食品质量安全、农民的生活与就业、乡村区域的发展、农村景观环境、土地保护、生物多样性的维护、农村传统文化遗产保护等多方面具有重要的非商品生产功能（Rossing & Zander，2007；Renting & Rossing，2009；Zasada，2011；陶陶和罗其有，2004；陈秋珍，2007；王志刚，2012；刘小蕾，2014；胡卫华，2015；程剑桥和黄国桢，2016；张明艳和孙晓飞，2018）。

各国农业发展的实践经验表明，随着农业的发展，农业的功能可以划分为经济、社会、生态和文化四个方面。

（二）农业多功能性的量化分析

国外学者关于农业多功能性的量化研究主要为成本收益分析以及结合偏好和支付意愿等环境经济学的评估方法估算农业多功能性的价值。

伊罗贾尔（Yrojal，2004）使用条件估值法在消费者中对农业多种功能的重要程度展开调查，并由消费者的偏好和意愿支付值的估算得出，农业的诸多功能中，粮食安全被认为是最重要的，其次是动物福利和农村的发展等。A. 科拉（Arovuoriand Kola，2006）使用陈述选择法结合 Logit 模型在农民中就其对农业政策目标的选择进行调查，结果表明农民更倾向于接受能够增加农业功能性价值的政策。兰德尔等（Randall et al.，2008）从农业的生态功能出发，使用支付意愿法对农业生态功能包括湿地环境、陆地生态和地表水质量三个方面展开调查，通过市民的意愿支付值估算农业生态功能的价值。穆恩（W. Moon，2011）采用条件估值法分析美国农业的多功能性，通过公众意愿支付的偏好对美国农业非商品价值进行估算。I. 扎萨德（Ingo Zasada，2011）将区位因素纳入考虑，应用回归模型分析了城市周边发展状况和农业多功能活动之间的联系，得出城郊发展状况对农业提供休闲娱乐和环境保护功能具有较大的影响。赫林加等（P. W. Heringa et al.，2013）以荷兰多个地区为研究对象，使用投入—产出模型研究了农业多功能性的社会重要性，结果表明，在产出和就业方面，农业多功能并不是经济增长的主要驱动力。和对农业部门自身的影响相比，农业多功能对其他经济部门的影响更小。S. 米什科尔齐（Simona Miškolci，2013）通过以偏好为基础的价值评估方法来分析捷克农业的非商品产出：首先使用层次分析法权衡农业的不同功能及偏好顺序，其次使用条件估值法估算出农业的非市场价值，再其次以偏好顺序设定权重对非市场价值进行分解，最后在此基础上研究公众的偏好、对农业非市场价值的支付意愿以及农业政策之间的关系。帕泽克等（K. Pazek et al.，2014）基于斯洛文尼亚存在农业多功能性并且水平因地区（农场）而异的假设下，比较层次分析法和多属性效用理论两种方法在农业多功能性定量分析方面的应用，结果表明这两种分析方法对农业多功能性的分析是有效的。V. 克瓦克斯塔德（Valborg Kvakkestad，2015）利用李克特量表结合问卷调查，研究农民对农业多功能性和土地使用的看法以及他们对农业支付方式的评价，结果表明受访者认为自己不仅生产高品质食品，而且农业生产过程中还产生文化景观和文化遗产等公共产品。E. 斯基门蒂等（Emanuele Schimmenti et al.，2016）对位于西西里 3 个省的 13 个农场进行详细调查，研究在西西里典型农村地区进行的农业多功能活动、企业生产选择的动机和总体满意度水平，以确定农业多功能活动的效用。J. 哈森克等（Jan Hassink et al.，2016）运用皮尔森相关性检验和曼—惠特尼 U 检验研究了社会人口、经济和所持有土地的地理特征及土地在多功能活动中的参与率之间的关系。S. 马尔斯巴纳等（Soroush Marzbana et al., 2016）在伊朗乡村随机选择了 209 户农户进行调查，研究农民对农业多功能性的看法以及对他们观念的影响程度，根据收集到的数据，使用探索性因子分析法提取出关于农业多功能性的六个因素并进行聚类分析，结果表示，虽然粮食生产仍被认为是农业系统的一个关键，但农民对农业多功能性持积极看法。

国内学者对不同地区农业多功能性的量化分析主要包括对农业多功能性发展的水平评价和价值测算。其中在价值测算方面主要采用条件价值评估法和替代法等；在发展水平评价方面，则多使用聚类分析法、主成分分析法和层次分析法等。

（1）在价值测算方面。曹鹏等（2010）应用条件价值评估法调查江汉平原地区的 870 位农民，了解农民对农业多重功能的具体内涵、公益功能的保护责任等方面的认知程度，调查农民自愿参与农业多功能性保全的支付意愿，并对影响支付意愿的主要社会经济因素进行相关性分析。李俊岭（2009）、谈存峰（2012）分别以东北地区和兰州市为研究对象，将农业的多功能性分为经济、社会、生态和文化四个方面，分别利用市场价值法、成本替代法、生态系统单位面积生态服务价值表以及旅游费用法测算农业这四个方面的价值。王敬（2016）基于农业范式视角，以陕西省关中地区为研究对象，采用问卷调查和案例分析相结合的方法，分析农业多功能性与农业范式选择的关系，最后得出结论为应该综合发展农业多功能。

（2）在发展水平评价方面。吕耀（2008）利用因子分析法和分层聚类分析法，定量评价了我国农业在食品生产、经济和生态三个方面的功能，根据因子分析的结果对各功能的价值进行组合，形成九种组合类型，并利用分层聚类法进行聚类分析，价值评估和聚类分析的结果与我国农业发展现状基本吻合。因此，对农业的生产、经济和生态功能分析时，运用多维价值评估模型是可行的。乌东峰等（2009）构建包括有机、生态、旅游、能源、文化和都市六个农业功能准则层共 24 项指标的评价指标体系，运用层次分析法综合评价了我国 31 个省区市现代多功能农业的发展状况。陈锴（2011）从农业多功能性的角度出发，实证分析了农业结构调整和农民收入增加的经济关系，对长江三角洲农业结构状况进行研究和评价；运用灰色关联模型，验证农村家庭经营性收入和种植业、林业、畜牧业、渔业的产值的关联度，并对收入增长率进行预测。佟光霁等（2014）在分析了农业多功能性的特性以及结构的基础上，运用灰色多层次模型分析了哈尔滨市的农业多功能性发展状况。王浩等（2015）以江苏省近 5 年来各地市农业多功能发展为研究对象，进行了涵盖生产供给、经济社会及生态环境方面的农业多功能评价，采用动态因子分析法进行横向与纵向双向分析江苏省农业发展的动态变化，结果表明江苏省各地农业多功能发展在纵向上相对变化不大，在横向上呈现出明显的区域差异。彭建等（2016）以北京市为例，基于层次分析法从农业经济、生态及社会三个方面筛选相关指标，定量评价 2001 年、2011 年背景下都市农业的综合功能，结果表明，随着城市化进程加速，农业综合功能整体被削弱，而农业功能的多样性呈增加的趋势。钟源等（2017）以湖南省为研究对象对农业多功能性的生产供给、社会保障、生态服务和休闲旅游四个功能，采用聚类分析和 Arc GIS 空间叠加的方法进行实证分析，并根据分析结果对农业主导功能和农业区位布局分区。

相关学者对福建省农业多功能性也进行了研究。在以福建省为研究对象的农业多功能性相关研究中，多以定性研究为主，林承艺（2007）和林玲（2013）都对福建省农业多功能性发展状况和发展模式进行了详细的定性分析；也有学者在农业功能分区和针对农业的生态、文化功能进行定量研究，熊志平（2010）对福建省多功能农业的发展状况进行 SWOT 分析，并对农业的生产、社会、生态和文化四个功能分别进行价值测算。郑晶（2010）从福建省农业功能区划的角度出发，结合福建省的具体情况建立指标体系，选取 19 个定量指标和定性指标，使用聚类分析中的 R 型聚类对福建省农业功能进行区划。钟苏侨（2016）以多功能农业与生态农业为基本出发点，选取福建省 9 个区市为研究对象，利用超效率 DEA-Tobit 两部法，测算 2004~2013 年福建省各地区生态农业的发展效率。郑石、林国华（2017）根据福建省 8 个地市休闲农业发展规模和 4 种休闲农业发展业态，构建了休闲农业 DEA 评价模型，测算福建休闲农业发展综合效率、计划效率和规模效率，并进行了效率、规模报酬和松弛变量的实证分析，结果表明福建省休闲农业发展效率整体较低，规模差异较大。

以上不同学者关于农业多功能性的量化研究主要为成本收益分析，以及结合偏好和支付意愿等环境经济学的评估方法估算农业多功能性的价值。国内学者对不同地区农业多功能性的量化分析主要包括对农业多功能性发展的水平评价和价值测算。其中在价值测算方面主要采用条件价值评估法和替代法等；在发展水平评价方面，则多使用聚类分析法、主成分分析法和层次分析法等。准确评估当前农业多功能性发展状况是科学制定多功能农业政策、充分发挥农业多种功能的前提，本专题采用定性研究和定量研究相结合的方法，将对福建省农业多功能性的发展水平有更全面的评估。

二、农业多功能发展水平评价指标体系构建

农业多功能性，是指农业除了具有提供人类和牲畜所需要的食物以及纤维的功能外，还具有独特的非商品生产功能，包括在经济、社会、生态环境以及文化等领域与农业相关的、农业所提供的所有物品和服务。从目前的研究来看，农业多功能性基本概念、理论体系等基础研究已较为完善，而对于农业功能评价指标体系构建、定量化评价方法等方面的研究相对欠缺。本专题将基于科学性、全面性、系统性和可比性四大原则，在借鉴前人研究成果的基础上，从农业多功能性的内涵和特征出发，依据不同农业功能的基础支持、表现形式、发展需求等特点，结合福建省现阶段农业的实际发展状况和指标数据的可获得性，选取具有代表性的指标，构建农业多功能性综合评价指标体系。由于农业的文化功能较难以量化，并且相关数据获得难度较大，所以本专题主要从农业的经济功能、社会功能和生态功能三个方面，建立共包含16个指标的农业多功能发展水平评价指标体系。本专题所构建的指标体系总体结构如表1所示。

表1 农业多功能发展水平评价指标体系

目标层（A）	准则层（B）	指标层（C）	性质	参考文献
农业多功能发展水平评价指标体系	经济功能	C1 农林牧渔业总产值占地区总产值的比重	正	C6 指标选取参考文献[17]
		C2 粮食总产量	正	
		C3 油料作物总产量	正	
		C4 人均粮食占有量	正	
		C5 粮食单产	正	
		C6 单位面积农业机械总动力	正	

续表

目标层（A）	准则层（B）	指标层（C）	性质	参考文献
农业多功能发展水平评价指标体系	社会功能	C7 城乡收入比	负	C11 指标选取参考文献[11]
		C8 农村恩格尔系数	负	
		C9 农业从业人员承载量	正	
		C10 农村居民家庭经营性净收入占比	正	
		C11 农业社会保障	正	
	生态功能	C12 农药施用强度	负	C13 指标选取参考文献[15] C14 指标选取参考文献[21] C15 指标选取参考文献[30] C16 指标选取参考文献[10]
		C13 化肥环境污染风险指数	负	
		C14 农田生态系统多样性指数	正	
		C15 生态服务系统价值当量	正	
		C16 农业生态价值支付意愿	正	

福建省农业多功能评价指标体系的各项指标说明如下。

1. 农业的经济功能

经济功能是指农业具有生产和提供丰富的农副产品的功能，它是农业最基本的功能，是农业作为国民经济基础的体现。在反映农业的经济功能指标的选取上，本专题选用农林牧渔业总产值占地区总产值的比重、粮食总产量、油料作物总产量、人均粮食占有量、粮食单产、单位面积农业机械总动力六个指标。

（1）农林牧渔业总产值占地区总产值的比重：农林牧渔业总产值反映了一定时期内农林牧渔业生产的总规模和总成果，比重越大，则农林牧渔业对地区总产值的贡献越大。

（2）粮食总产量和油料作物总产量：粮食和油料作为比较具有代表性的产品，分别表示农业为城乡居民和工业产业提供的生活、生产所需的基本粮食和原材料，总产量越大，则说明农业发挥的粮食安全保障功能越稳定。

（3）人均粮食占有量和粮食单产：农业最基本的功能是提供粮食等生活必需品，而这一功能的发挥又受到人口和耕地资源等条件的制约，人均粮食占有量表示粮食的人均占有量，粮食单产表示每单位耕地的粮食产量，这两个指标都是粮食安全保障的衡量，并在一定程度上衡量了农业的生产率。

(4) 单位面积农业机械总动力：农业机械动力反映了农业的科技和现代化水平，在推进农业机械化发展的当下，每单位耕地面积农业机械总动力的增加也从侧面反映了农业生产效率和农业物质生产能力的提高。

2. 农业的社会功能

社会功能是指农业具有提供就业、养老以及生产生活等方面社会保障的功能，在维护社会稳定、促进农村区域发展方面具有至关重要的作用。在反映农业的社会功能指标的选取上，本专题选用城乡收入比、农村恩格尔系数、农业从业人员承载量、农民家庭经营性净收入占比和农业社会保障五个指标。

（1）城乡收入比：它是指城市居民人均可支配收入与农村居民人均可支配收入的比值，衡量了城市居民和农村居民收入水平的差异程度。

（2）农村恩格尔系数：它用来衡量农民的生活水平。

（3）农业从业人员承载量：它是指单位耕地面积的农业从业人员数量，衡量了耕地承载农业劳动力能力的大小，在一定程度上反映了农业的就业保障功能。

（4）农村居民家庭经营净收入占比：农村居民家庭经营净收入代表农村居民从事农业生产种植、牲畜养殖等，以及其他与农业相关的活动所获得的收入，反映了农业为农民带来的直接经济效益，经营净收入在收入构成中占比越大，则农业对农村居民生产生活的支撑作用越大。

（5）农业社会保障：主要指农业为农村家庭养老以及基本生活需求方面提供保障，采用替代成本法来衡量农业的养老等社会保障功能，用农村居民最低生活保障支出替代农村养老人员所需的费用，从而估算农业社会保障的价值。即：

$$农业社会保障\ V = H \times L \times S \times R$$

其中 H 表示农村户数，L 表示每户农林牧渔业从业劳动力人数，S 表示每一劳动力赡养人数，R 表示农村最低生活保障。

3. 农业的生态功能

生态功能是指农业的发展对生态造成的影响，具体体现在正反两个方面。一方面，农业的生态功能是指农作物的种植以及农林牧渔业之间的相互协调将在调节气候、涵养水土以及维持生态平衡和生物多样性等方面起正向作用。另一方面,农业的开发也将对自然环境和原始生态带来伤害,这是负向作用。比如农业产业发展取得高效益的同时也对生态和自然环境带来不容忽视的负面影响,主要表现在化肥、农药等化学制品的滥用将带来土地退化和环境污染等问题。因此,在反映农业的生态功能指标的选取上,本专题选用农药施用强度、化肥环境污染风险指数、农田生态系统多样性指数、生态服务系统价值当量、农业生态价值支付意愿五个指标。

(1) 农药施用强度:即每单位耕地面积的农药施用量,为负向指标,反映了农药的使用对农田生态系统造成的压力。

(2) 化肥环境污染风险指数:刘钦普(2014)基于瑞典学者拉斯·霍坎松(Lars Hakanson)在1980年提出的重金属污染环境风险评价方法,提出了化肥环境污染风险指数,本专题将参考其研究方法进行化肥和农药的环境污染风险指数计算。计算公式为:

$$\text{化肥环境污染风险指数}\ R_t = \sum W_i \frac{F_i}{F_i + T_i}$$

其中:F_i 为第 i 种肥料的施用强度,即单位耕地面积化肥施用折纯量(kg/hm^2);T_i 为第 i 种化肥施用的环境安全阈值(kg/hm^2);W_i 为第 i 种化肥的风险权重,本专题的研究包括氮、磷、钾三类肥料,借鉴刘钦普(2017)的研究方法,将福建省这三类肥料环境安全阈值分别设定为 $149.3kg/hm^2$、$74.6kg/hm^2$、$74.6kg/hm^2$,并将这三类肥料的风险权重分别设定为 0.648、0.230、0.122。

(3) 农田生态系统多样性指数:农业对生态环境的正面影响之一是维持生态平衡和物种多样性,为了对这一功能进行衡量,借鉴宋小青(2014)、何露等(2010)的研究,采用 Shannon-Wienner 指数进行计算,即:

$$\text{农田生态系统多样性指数}\ H_i = -\sum P_i \ln(P_i)$$

其中 P_i 为第 i 类农作物播种面积占总播种面积的比重,本专题依据福建省农业特色产品规划,选取粮食作物、油料作物、蔬菜、水果、食用菌、茶叶六类作物进行计算。

(4) 生态服务系统价值当量:在对农业的生态环境调节功能的衡量中,多数学者基于生态系统服务理论,采用科斯坦萨(Costanza)等或谢高地等给出的不同土地利用类型提供气候条件、水源涵养和土壤保持等生态服务系统的价值当量进行计算。科斯坦萨等（1997）提出了生态系统服务价值的估算原理及方法；谢高地等（2008）结合中国情况对700位专家进行问卷调查，提出了中国生态系统单位面积生态服务价值当量表，用于估算包括森林、草地、农田、湿地、水域等的生态服务价值。因此，本专题将参考谢高地等的研究，对福建省生态服务系统价值当量进行测算。

（5）农业生态价值支付意愿：参照李金昌（2002）的研究结果，使用发展阶段系数法对环境进行价值评估，从而衡量人们对生态价值的支付意愿，即：

$$L = L_1 \times R_1 + L_2 \times R_2$$

其中，L_1、L_2分别为城市和农村人口所占比例，R_1、R_2分别为城市和农村的恩格尔系数。

4. 农业的文化功能

文化功能主要表现为农业在保护和促进文化多元发展以及提供休闲、教育等的作用上。在对农业的文化功能进行定量分析方面，通过阅读前人的相关研究发现，部分学者选择使用乡村观光旅游的人数与费用来衡量观光农业的发展，通过定性分析农业非物质文化遗产的重要性，并对重要性以一定的标准进行打分来衡量农业文化传承功能，也有学者使用国家级和省级现代农业园个数、国家地理标志农产品数量等指标来衡量农业的文化功能，但综合来看目前尚缺乏对农业文化功能客观科学有效的衡量指标。由于农业的文化功能较难以量化，并且相关数据难以收集整理齐全，本专题将仅从经济、社会和生态三个方面构建农业多功能发展水平评价指标体系，并对农业的文化功能进行一定的定性分析。

三、福建省农业多功能性综合评价分析

利用第二部分构建的农业多功能发展水平评价指标体系，使用福建省9个地市2012~2016年5个年度的统计数据，基于熵权TOPSIS法对福建省9个地市的农业多功能发展状况进行综合评价，进而探讨福建省在农业功能分区方面政策的实施效果,为进一步的政策制定提供依据。

(一) 基于熵权 TOPSIS 法的综合评价分析

综合评价是根据所给的条件,对每个评价对象采用一定的方法和标准赋予一个评价值,根据评价值择优或者排序,通过综合评价和比较,对每一个评价对象提出相应的改进措施。综合评价的步骤一般是根据评价对象和评价目的,建立相应的综合评价指标体系,再选择合适的方法进行评价。

TOPSIS 法,全称为 technique for order preference by similarity to an ideal solution,是一种根据有限个评价对象与理想化目标的接近程度进行排序的方法,通过综合考量各个指标的重要程度,对各方案的优劣做出评判。其基本原理如下:通过标准化的评价指标数据和各指标的权重计算出决策矩阵,找出理想解和负理想解(其中理想解的各项指标都达到各评价指标的最优值,负理想解的各项指标都达到各评价指标的最差值),计算评价对象与综合评价的理想解和负理想解的相对距离并排序,以此评价方案的优劣。当评价对象距离理想解越近,同时距离负理想解越远时,则为最佳方案。

在多目标决策中一般要对各指标赋予不同的权重,本专题采用熵权法赋权。在信息系统中,信息熵是熵原理的一种运用,用于度量信息的无序程度。熵权法根据各项指标包含的信息量大小来赋予相应的权重。某项指标的指标值变异程度越大,该指标所包含的信息量就越大,该指标的熵值就越小,从而该指标在综合评价中所起的作用就越大,权重也就越大。作为一种广泛使用的客观赋权法,熵权法根据各评价指标的变异程度所反映的信息量大小来确定权数,能够反映指标的效用价值,在一定程度上避免主观因素产生的影响,比起主观赋权法,其给出的权重具有较高的可信度。

根据以上原理,可以得出熵权 TOPSIS 方法的具体步骤如下:

(1) 建立评价矩阵以及数据标准化处理。假设有 m 个评价对象和 n 个最低层次的评价指标,则可建立一个 m 行 n 列的评价矩阵 $X = (x_{ij}')_{m \times n}$。由于 x_{ij}' 为指标的实际值,为消除各指标的量纲及数量级差异对结果的影响,采用极差标准化的方法对评价指标进行标准化处理。同时由于在计算熵值时需要对数据取对数,为了防止某些数据出现无意义的情况,在此采用对数据平移一个单位处理。经过处理后的矩阵为 $Y = (y_{ij})_{m \times n}$。

对于越大越好的指标:

$$y_{ij} = \frac{x_{ij} - \min(x_{1j}, x_{2j}, \cdots, x_{mj})}{\max(x_{1j}, x_{2j}, \cdots, x_{mj}) - \min(x_{1j}, x_{2j}, \cdots, x_{mj})} + 1, i = 1, 2, \cdots, m; j = 1, 2, \cdots, n$$

对于越小越好的指标:

$$y_{ij} = \frac{\max(x_{1j}, x_{2j}, \cdots, x_{mj}) - x_{ij}}{\max(x_{1j}, x_{2j}, \cdots, x_{mj}) - \min(x_{1j}, x_{2j}, \cdots, x_{mj})} + 1, i = 1, 2, \cdots, m; j = 1, 2, \cdots, n$$

(2) 确定指标权重。第 j 项指标下第 i 个评价对象占该指标的比重:

$$P_{ij} = \frac{y_{ij}}{\sum_{i=1}^{m} y_{ij}}, j = 1, 2, \cdots, n$$

(3) 计算指标的熵值。第 j 项指标的熵值:

$$e_j = -\frac{1}{\ln m} \sum_{i=1}^{m} y_{ij} P_{ij} \ln P_{ij}$$

(4) 计算指标的差异系数和熵权。指标的熵值越小,则差异系数越大,熵权越大,表示该指标越重要。

第 j 项指标的差异系数:

$$g_j = 1 - e_j$$

第 j 项指标的熵权:

$$W_j = \frac{g_j}{\sum_{j=1}^{n} g_j}, j = 1, 2, \cdots, n$$

(5) 构造加权规范化矩阵。

$$S = (s_{ij})_{m \times n} = (y_{ij} w_j)_{m \times n}, i = 1, 2, \cdots, m; j = 1, 2, \cdots, n,$$

(6) 确定理想解和负理想解。

理想解 $S^+ = (s_1^+, s_2^+, \cdots, s_n^+)$,其中 $s_j^+ = \max(s_{1j}, s_{2j}, \cdots, s_{mj})$

负理想解 $S^- = (s_1^-, s_2^-, \cdots, s_n^-)$,其中 $s_j^- = \min(s_{1j}, s_{2j}, \cdots, s_{mj})$

(7) 计算各个评价对象到理想解的距离 D_i^+ 和负理想解的距离 D_i^-。

$$D_i^+ = \sqrt{\sum_{j=1}^{n}(s_{ij}-s_j^+)^2}$$

$$D_i^- = \sqrt{\sum_{j=1}^{n}(s_{ij}-s_j^-)^2}$$

（8）计算综合评价值。第 i 个评价对象与理想解的相对贴近度为 T_i，即综合评价值。对各个评价对象的 T_i 进行排序，T_i 越大，说明评价对象的综合排名越高，综合发展水平越好。

$$T_i = \frac{D_i^-}{D_i^+ + D_i^-}, (0 \leq T_i \leq 1)$$

为了获得福建省各地市农业多功能发展的时空格局，本专题使用第二部分构建的农业多功能性综合评价指标体系（见表1），建立福建省9个地市的判断矩阵，并分别计算2012～2016年各指标的熵值和权重；根据所得权重以TOPSIS法分别计算福建省9个地市的指标值与最优解和最劣解的欧式距离以及与最优解的贴近度，并对得分进行排序。本节进行综合评价的原始数据由2013～2017年历年福州市、厦门市、泉州市、漳州市、三明市、龙岩市、南平市、宁德市、莆田市的统计年鉴以及历年各市的国民社会和经济发展统计公报等资料收集整理得到。其中，由于各市的农业机械总动力的数据无法完全收集，这部分分析中将该指标从评价指标体系中剔除，剔除之后，将对各地市农业多功能发展水平分析的全面性产生一定程度的影响，但分析的结果仍然具有较大的参考意义。

（二）福建省农业多功能性实证分析

对数据进行标准化处理后，确定指标权重，并计算出各评价指标的熵值 e_j、差异系数 g_j、熵权 W_j 以及理想解 S^+ 和负理想解 S^-，结果如表2所示。

表2　　　　　　　　　指标权重计算具体值

指标	e_j	g_j	W_j	S^+	S^-
C1	0.9914	0.0086	0.0563	0.1127	0.0563
C2	0.9908	0.0092	0.0603	0.1205	0.0603

续表

指标	e_j	g_j	W_j	S^+	S^-
C3	0.9876	0.0124	0.0813	0.1627	0.0813
C4	0.9894	0.0106	0.0696	0.1391	0.0696
C5	0.9901	0.0099	0.0655	0.1309	0.0655
C6	0.9904	0.0096	0.0634	0.1267	0.0634
C7	0.9877	0.0123	0.0807	0.1614	0.0807
C8	0.9888	0.0112	0.0738	0.1477	0.0738
C9	0.9873	0.0127	0.0834	0.1669	0.0834
C10	0.9881	0.0119	0.0780	0.1560	0.0780
C11	0.9931	0.0069	0.0452	0.0905	0.0452
C12	0.9928	0.0072	0.0471	0.0942	0.0471
C13	0.9920	0.0080	0.0530	0.1059	0.0530
C14	0.9913	0.0087	0.0576	0.1151	0.1151
C15	0.9871	0.0129	0.0848	0.1697	0.1697

分别对9个地市各项指标的加权值与正、负理想解进行距离计算,得到正理想解距离 D_i^+、负理想距离 D_i^-,并计算9个地市到理想点的相对贴近度 T_i,即9个地市的农业多功能发展水平综合得分,并进行排序,具体结果如表3所示。从表3可以看出,2016年福建省农业多功能发展状况较好的三个市分别为福州市、泉州市和漳州市。

表3　　　　2016年福建省各市农业多功能发展水平综合得分

地区	D_i^+	D_i^-	T_i	排名
厦门	0.1956	0.1767	0.4747	7
福州	0.1072	0.2044	0.6560	1
漳州	0.1624	0.1589	0.4946	3
泉州	0.1349	0.1808	0.5727	2
莆田	0.1694	0.1480	0.4663	8
三明	0.1707	0.1561	0.4776	5
龙岩	0.1662	0.1552	0.4829	4
宁德	0.2077	0.1136	0.3536	9
南平	0.1723	0.1570	0.4769	6

根据以上方法与步骤,分别计算2012~2016年福建省9个地市的农业

多功能发展水平综合得分和排序,结果如表4所示。

表4　　2012~2016年的综合得分和排序

地区	2012年		2013年		2014年		2015年		2016年	
	得分	排名	得分	排名	得分	排名	得分	排名	得分	排名
厦门	0.4767	6	0.4753	5	0.4299	8	0.4916	3	0.4747	7
福州	0.6239	1	0.6226	1	0.6130	1	0.6586	1	0.6560	1
漳州	0.4816	5	0.4732	6	0.4920	7	0.4822	4	0.4946	3
泉州	0.6058	2	0.6002	2	0.5584	2	0.5847	2	0.5727	2
莆田	0.4993	4	0.5042	3	0.5230	4	0.4724	5	0.4663	8
三明	0.4294	8	0.4216	8	0.5178	5	0.4557	8	0.4776	5
龙岩	0.4653	7	0.4622	7	0.5455	3	0.4722	6	0.4829	4
宁德	0.3288	9	0.3239	9	0.4127	9	0.3609	9	0.3536	9
南平	0.5125	3	0.4956	4	0.5033	6	0.4705	7	0.4769	6

从表4的结果来看,2012~2016年农业多功能发展水平综合得分排名靠前的为福州市和泉州市,排名较为靠后的为宁德市和三明市,而其他市区的排名在各年内变动较大。从各年的综合得分数值变化来看,各地区的综合得分增减变动趋势整体保持一致,数值的变动可能跟整个经济社会的大环境变化有关。另外,每个地区在各年内得分数值变化不大,除了福州和泉州的数值保持在0.5以上,宁德的数值低于0.4以外,其他市的数值基本在(0.4,0.5)之间波动,这说明福建省各地市的农业多功能发展水平虽然存在差异,但是差异并不大,各地市的农业多功能发展水平基本比较均衡。

为详细评价农业多功能发展水平的综合情况,分析各地市在农业的经济、社会和生态三个方面的发展状况,再次使用熵权TOPSIS法,对福建省9个地市的农业多功能发展水平分别从经济功能、社会功能和生态功能三个维度进行评价,结果如表5~表7所示。

表5　　经济功能的综合评价得分与排序

地区	2012年		2013年		2014年		2015年		2016年	
	得分	排名	得分	排名	得分	排名	得分	排名	得分	排名
厦门	0.2093	9	0.2212	9	0.2395	9	0.2203	9	0.1747	9
福州	0.6692	1	0.6578	1	0.6704	1	0.6825	1	0.6800	1

续表

地区	2012 年		2013 年		2014 年		2015 年		2016 年	
	得分	排名	得分	排名	得分	排名	得分	排名	得分	排名
漳州	0.5950	3	0.5930	3	0.5889	3	0.5984	3	0.6057	3
泉州	0.4876	5	0.4806	6	0.4875	6	0.4917	6	0.4831	6
莆田	0.4582	7	0.4662	7	0.4729	7	0.4769	7	0.4764	7
三明	0.4745	6	0.4891	5	0.5046	5	0.5131	5	0.5132	5
龙岩	0.5017	4	0.5196	4	0.5404	4	0.5460	4	0.5491	4
宁德	0.2538	8	0.2565	8	0.2580	8	0.2575	8	0.2587	8
南平	0.6035	2	0.6218	2	0.6428	2	0.6392	2	0.6248	2

表6　社会功能的综合评价得分与排序

地区	2012 年		2013 年		2014 年		2015 年		2016 年	
	得分	排名	得分	排名	得分	排名	得分	排名	得分	排名
厦门	0.5812	2	0.5767	2	0.4853	4	0.5910	3	0.5840	3
福州	0.5567	3	0.5665	3	0.5298	2	0.6467	1	0.6390	1
漳州	0.4147	5	0.4029	5	0.4455	6	0.4306	4	0.4421	4
泉州	0.6760	1	0.6690	1	0.5683	1	0.6228	2	0.6146	2
莆田	0.4746	4	0.4833	4	0.5165	3	0.4071	5	0.3735	6
三明	0.2227	8	0.2091	8	0.4722	5	0.3471	6	0.3920	5
龙岩	0.2545	7	0.2267	7	0.4431	7	0.2988	8	0.2951	8
宁德	0.1754	9	0.1735	9	0.4143	8	0.3220	7	0.3034	7
南平	0.3195	6	0.2596	6	0.2642	9	0.2926	9	0.2703	9

表7　生态功能的综合评价得分与排序

地区	2012 年		2013 年		2014 年		2015 年		2016 年	
	得分	排名	得分	排名	得分	排名	得分	排名	得分	排名
厦门	0.5821	8	0.5857	8	0.5739	8	0.5848	8	0.5845	8
福州	0.6713	5	0.6679	5	0.6564	6	0.6393	6	0.6409	5
漳州	0.3984	9	0.3957	9	0.3975	9	0.3990	9	0.3913	9
泉州	0.7363	3	0.7344	3	0.7244	3	0.7112	3	0.7046	4
莆田	0.6686	6	0.6602	6	0.6700	5	0.7043	4	0.7085	3

续表

地区	2012年		2013年		2014年		2015年		2016年	
	得分	排名	得分	排名	得分	排名	得分	排名	得分	排名
三明	0.6550	7	0.6386	7	0.6357	7	0.6236	7	0.6184	7
龙岩	0.9048	1	0.9111	1	0.9107	1	0.8987	1	0.8905	1
宁德	0.7348	4	0.7125	4	0.6926	4	0.6476	5	0.6303	6
南平	0.8766	2	0.8629	2	0.8465	2	0.8207	2	0.8114	2

从表5~表7可以看出，2012~2016年福建省各地市的农业发展在经济功能、社会功能、生态功能三个方面的得分虽然有所变动，但整体的排名基本保持稳定。在经济功能方面，发展较好的为福州市、南平市、漳州市和龙岩市。在社会功能方面，发展较好的为福州市、泉州市和厦门市。在生态功能方面，发展较好的为龙岩市、南平市和泉州市。可以看出，经济功能和社会功能方面，各地市的得分数值差异较大，最高分在0.6以上，最低分在(0.1,0.2)之间波动，这说明福建省各地市在发挥农业的经济和社会功能方面存在着较大的差异；而虽然各地市的生态功能得分数值也存在着一定的差异，但可以看出各地市的得分都比较高，说明福建省各地市农业生态功能的发挥整体上优于农业的经济和社会功能，这也在一定程度上说明了比起农产品的生产和供给，福建省更加侧重发展生态农业。

（三）结果分析

就以上基于熵权TOPSIS法进行综合评价分析的结果可以看出，虽然各地市的农业多功能发展水平基本比较均衡，但从农业的经济、社会和生态三个功能来看，不同的地市各有所侧重，发展差异较大。具体来说：

（1）福州市为近几年来福建省农业多功能综合发展水平最高的城市，其中，福州市的经济功能和社会功能的得分均高于其他城市，这说明福州市的农业现代化水平相对较高，农业的发展带来良好的经济和社会效益；然而，福州市生态功能的得分相对较低，这反映出福州在发展农业的同时，农作物生产种植过程中农药、化肥等对环境造成影响的物质投入量较大，并且福州市城市化水平较高的同时也具有较低的森林覆盖率，农业的正向生态效益较低。

(2) 泉州市的农业多功能综合发展水平仅次于福州市,农业的社会功能处于全省最高的水平,并且生态功能发挥着良好的作用。泉州市农业的经济功能得分较低,农业的经济功能较弱。与此同时,农业的社会功能得分较高,这反映了泉州市农业现代化水平较高,农业产业体系较为发达。农业的生态功能得分较高也在一定程度上反映了泉州市农业生产对生态环境造成的不良影响较低。

(3) 南平市农业经济功能的得分仅次于福州市,并且生态功能的得分仅次于龙岩市,但南平市的社会功能得分低,近年来基本处于最末的水平,并且近年来南平市的农业多功能综合发展水平明显落后于其他设区市。这说明南平市的第一产业在经济总量中仍占据着重要的一部分,农业是经济发展的很大动力,并且农业能够实现较高的产量,但社会功能得分较低则在一定程度上反映出南平市的农业产业发展仍然相对落后,农业生产仍比较传统。因此,农业现代化发展还有待提高。另外,南平市作为福建省森林覆盖率较高的地区之一,也是我国重点集权林区和毛竹主产区,具有丰富的森林物种资源,2016 年南平市实现林业产值 85.64 亿元,约为福建省林业总产值的 27%[①]。这保证了南平市生态农业的发展,同时,农业能够发挥良好的生态效益和经济效益。

(4) 厦门市的农业发展状况与泉州市较为相似,农业在社会功能方面发挥着较好的作用,但是厦门市农业的经济功能和生态功能作用明显落后于其他设区市,农业多功能综合发展水平也不高。这与厦门市产业结构高度正相关,从产业结构来看,2016 年厦门市的三次产业比为 0.6:41.2:58.2,这与泉州市相似,说明厦门市农业规模很小,但农业产业发展良好,农业的发展为相关从业人员带来较高的经济收入和就业保障,并且厦门较高的经济水平也保证了农民更高的生活质量。厦门市的森林覆盖率水平在全省处于最低的水平,农业在涵养水源、保持水土、净化空气和维持生物多样性等方面发挥的作用较小,这在一定程度上解释了厦门市农业的生态功能得分较低的原因。

(5) 漳州市的农业多功能综合发展水平最近两年相比其他设区市有较大的提高,农业的经济功能发挥得较好,社会功能有所提高,这说明漳州市基

---

① 资料来自 2017 年南平统计年鉴和 2017 年福建统计年鉴。

本能够保证农产品供给和粮食安全，农业发展的经济效益有所提高，给农民创造的收入和就业机会有所增加。另外，漳州市的森林覆盖率水平较高，但是农业的生态功能得分在全省一直最低，说明在农业生产过程中各种化学制品的使用对生态环境造成的破坏较大，因此应该强化农业污染的治理，进而提高耕地土壤的质量。

（6）龙岩市作为全省森林覆盖率最高的一个设区市，农业的生态功能得分最高，与此同时，龙岩市的农业发挥着较好的经济功能和较差的社会功能，与南平市类似，这说明龙岩市的农业现代化水平还有待提高。

（7）三明市和莆田市的农业多功能综合发展水平和农业的经济、社会、生态三个功能的排名在近几年虽然出现较频繁的波动，但基本保持在全省中等水平。而宁德市的农业多功能综合发展水平一直处于全省最低的水平，农业的经济和社会功能均处于低水平，生态功能也没有发挥出良好的效益。这说明这三个设区市都还需要进一步提高农业现代化，并注重加强农业的生态效益。

从农业多功能发展水平的综合评价结果来看，各地市农业多功能发展的状况基本符合福建省对农业产业带的规划和布局。属于闽东南农业产业带的福州、莆田、泉州、厦门和漳州5个设区市中，农业均发挥着较好的经济功能或者社会功能，该产业带主要定位于发展高优农业，以规模化、集约化、工厂化的现代农业为重点，实现农业与第二、第三产业的融合。从评价结果总体看来，这几个地市均实现了较高的农业多功能综合发展水平和农业现代化水平，农业的发展带来良好的经济和社会效益，农业的粮食安全保障以及为人民提供就业、带来收入等功能具有较突出的贡献。但是厦门市和莆田市的经济功能较弱，漳州市和莆田市的社会功能较弱。属于闽西北产业带的南平、三明、宁德和龙岩4个设区市中，农业在经济功能和生态功能发挥着较大的作用，尤其南平市和龙岩市的经济功能和生态功能突出，农业发展提供了很好的粮食安全保障和生态效益，这也基本符合该产业带作为重要林区和商品粮基地，发展绿色生态农业的定位。但是该产业带里的三明市和宁德市农业的生态功能发展明显还相对落后，并且该产业带农业的整体社会功能还需要加强。因此，在未来农业发展过程中还应进一步转方式、调结构，提高农业现代化水平，更好地发挥农业对农民的经济收入和就业的作用，并且更加注重改善农业对生态环境的影响。

四、政策建议

对福建省 2012~2016 年农业多功能发展水平进行测算后发现，2012~2016 年福建省的农业多功能发展水平总体上呈现持续上升的趋势。这说明从总体上而言，福建省农业的发展在经济、社会和生态三个方面发挥了越来越重要的作用，农业功能呈现多元化发展的趋势。

本专题从研究结论出发，提出如下政策建议：

（1）转变发展观念，促进农业功能向多元化发展。随着福建省进入工业化中期，农业在国民经济中的比重呈下降趋势，但农业经济在国民经济中的基础地位却没有改变。农业是国民经济发展的支柱性产业，是国民经济发展的重要源泉。在传统农业发展过程中，由于过分重视农作物供给的农业经济功能，使得农业发展呈现不稳定的状态。当前中央农业发展政策中指出农业的主要矛盾由总量不足转变为结构性矛盾，强调推进农业供给侧结构性改革，实现农业现代化发展和可持续发展。在推进农业向现代化转变的过程中，农业功能多元化是基本的趋势和方向。因此，在未来农业发展过程中，要继续夯实农业的基础地位，更加注重发展观念的转变，认识到农业不仅具有产品生产的经济功能，还具有社会保障、环境保护和文化传承功能，并促进农业功能向多元化发展，不仅要提高农业生产的质量和效益，还要注重实现绿色生产，拓展农业产业链，加强农业同第二、第三产业的融合，并且在发展农业过程中重视农民的利益和农村的建设。在农业发展过程中重视农业多功能性理念，以人为本，提高农民的生产生活质量，注重对乡村风貌、乡野景观、生态环境、村落形态的保护以及对乡村文化的传承，这也正是对十九大乡村振兴战略的响应。

（2）农业具有多功能的性质，在农业发展过程中，应充分考虑当地的自然条件和资源禀赋，因地制宜的发展农业，充分发挥地区的比较优势，突出农业发展重点。从本专题的综合评价分析结果来看，福建省闽东南产业带以发展高优农业为主，应该依靠科技进步，加快发展设施农业，加强农产品加工业的建设，实施农业产业化经营。因此该产业带应比较侧重农业的经济与社会功能。对于该产业带的福州、莆田、泉州、厦门和漳州 5 个设区市，厦门和莆田还需要加强农产品生产供给的经济功能，漳州和莆田还需要加强农业对农民生活保障的社会功能。福建省闽西北产业带以发展绿色农业为主，应该重点发展丰富的农林产品和相关加工产品，主打绿色农产品。因此该产业带应比较侧重农业的生态功能。对于属于该产业带的南平、三明、宁德和龙岩4个设区市，三明和宁德的生态功能还需要加强；另外，强调农业多功能性，促进农业功能多元化发展，最终受益的应该是广大农民，而该产业带的整体社会功能都还需要加强。

参考文献

[1] 曹鹏，陈兴，刘章勇. 江汉平原农业多功能性保全的CVM研究［J］. 华中农业大学学报（社会科学版），2010（1）：32－35.

[2] 陈锴. 农业结构调整、农业多功能性与农民收入变化——基于长三角苏、浙、沪地区的实证研究［J］. 经济问题，2011（11）：82－86.

[3] 陈秋珍，John Sumelius. 国内外农业多功能性研究文献综述［J］. 中国农村观察，2007（3）：71－79.

[4] 程剑桥，黄国桢. 注重开发我国多功能农业［J］. 上海交通大学学报（农业科学版），2016，34（2）：64－68.

[5] 杜挺，谢贤健，梁海艳，黄安、韩全芳. 基于熵权TOPSIS和GIS的重庆市县域经济综合评价及空间分析［J］. 经济地理，2014，34（6）：40－47.

[6] 福建省人民政府. 福建省"十三五"现代农业发展专项规划［EB/OL］. http://www.fujian.gov.cn/zc/zfxxgkl/xxgkml/jgzz/nlsyzcwj/201606/t20160617_1189573.htm.

[7] 何露，闵庆文，张丹. 农业多功能性多维评价模型及其应用研究——以浙江省青田县为例［J］. 资源科学，2010，32（6）：1057－1064.

[8] 胡卫华. 陕西现代农业多功能性思考［J］. 农业现代化研究，2015，36（1）：19－22.

[9] 雷勋平，邱广华. 基于熵权TOPSIS模型的区域环境承载力评价实证研究［J］. 环境科学学报，2016，36（1）：314－323.

[10] 李金昌. 价值核算是环境核算的关键［J］. 中国人口·资源与环境，2002，12（3）：11－17.

[11] 李俊岭. 东北多功能农业功能价值实证分析［J］. 中国农业资源与区划，2009（4）：32－36.

[12] 林承艺. 福建省农业多功能性研究［D］. 福建农林大学硕士论文，2007.

[13] 林玲. 农业多功能视角下福建省农业产业发展研究 [D]. 福建师范大学硕士论文, 2013.

[14] 刘钦普. 中国化肥施用强度及环境安全阈值时空变化 [J]. 农业工程学报, 2017, 33 (6): 214-221.

[15] 刘钦普. 中国化肥投入区域差异及环境风险分析 [J]. 中国农业科学, 2014, 47 (18): 3596-3605.

[16] 刘小蕾. 基于农业多功能性的中国经济的发展 [J]. 中国市场, 2014 (9): 89-90.

[17] 吕耀, 谷树忠, 王兆阳. 农业多功能性与国际农产品贸易政策改革——兼论我国世贸谈判的应对策略 [J]. 经济地理, 2004, 24 (6): 838-841.

[18] 吕耀. 基于多维评价模型的农业多功能性价值评估 [J]. 经济地理, 2008 (7): 650-655.

[19] 彭建, 赵士权, 田璐等. 北京都市农业多功能性动态 [J]. 中国农业资源与区划, 2016 (5): 152-158.

[20] 彭建, 刘志聪, 刘焱序. 农业多功能性评价研究进展 [J]. 中国农业资源与区划, 2014, 35 (6): 1-8.

[21] 宋小青, 欧阳竹. 耕地多功能内涵及其对耕地保护的启示 [J]. 地理科学进展, 2012, 31 (7): 859-868.

[22] 孙新章. 新中国60年来农业多功能性演变的研究 [J]. 中国人口、资源与环境, 2010, 20 (1): 71-75.

[23] 谈存峰, 王生林. 西北干旱半干旱区农业多功能价值分析——以兰州市为例 [J]. 西北农林科技大学学报（社会科学版）, 2012 (7): 41-44.

[24] 陶陶, 罗其友. 农业的多功能性与农业功能分区 [J]. 中国农业资源与区划, 2004 (1): 45-49.

[25] 佟光霁, 张晶辉. 基于灰色多层次模型的多功能农业发展水平评价——以哈尔滨市为例 [J]. 辽宁大学学报（哲学社会科学版）, 2014 (5): 70-76.

[26] 王浩, 肖亚朋, 王凯. 基于动态因子分析的江苏省农业多功能发展研究 [J]. 商业经济研究, 2015 (35): 132-134.

[27] 王敬. 农业范式视角下的农业多功能性研究——以陕西省关中地区小农生计问题为例 [J]. 农业现代化研究, 2016, 37 (1): 23-28.

[28] 王志刚, 黄圣男, 彭纯玉. 农业多功能性理论的演进——基于贸易政策视角的研究综述 [J]. 成都理工大学学报（社会科学版）, 2012 (11): 51-57.

[29] 乌东峰, 张世兵, 曾栋梁. 基于模糊综合评价的现代多功能农业研究 [J]. 经

济地理，2009（12）：2075-2079.

［30］谢高地，甄霖，鲁春霞．等．一个基于专家知识的生态系统服务价值化方法［J］．自然资源学报，2008，23（5）：911-919.

［31］熊志平．福建省多功能农业发展研究［D］．福建师范大学硕士论文，2010.

［32］张明艳，孙晓飞．民族地区农业多功能性分析［J］．合作经济与科技，2018（1）：20-23.

［33］张义博．农业现代化视野的产业融合互动及其路径找寻［J］．改革，2015（2）：98-107.

［34］郑晶，黄森慰，苏时鹏．农业功能区划研究［J］．中国农学通报，2010，26（8）：381-388.

［35］郑石，林国华．基于 DEA 的福建省休闲农业发展效率评价研究［J］．福建论坛（人文社会科学版），2007（2）：187-193.

［36］钟源，刘黎明，刘星．农业多功能评价与功能分区研究——以湖南省为例［J］．中国农业资源与区划，2017，38（3）：93-100.

［37］朱琳，张琳，叶晓雯，张燕．基于 TOPSIS 方法的土地利用综合效益评价［J］．经济地理，2012，32（10）：139-144.

［38］Arovuori, K., Kola, J.. Multifunctional Policy Measures：Farmers' Choice［J］. *General Information*，2006，1557（2）：376-379.

［39］Costanza R., D'Arge R., Groot R. D., et al.. The Value of the World's Ecosystem Services and Natural Capital［J］. *World Environment*，1997，387（1）：3-15.

［40］Emanuele Schimmenti, Giuseppe Daddi, Antonio Asciuto, Mariarosa Di Gesaro, Marcello D'Acquisto. Explorative Study of Multifunctional Agriculture in a Sicilian Inland Area［J］. *Rivista di Economia Agraria*，2016（1）：423-434.

［41］Gretchen C. Daily. *NaturesServices：Societal Dependence on Natural Ecosystems*［M］. Washington D. C.：Island Press，1997.

［42］Ingo Zasada, Christian Fertner, Annette Piorr, et al.. Peri-Urbanisation and Multifunctional Adaptation of Agriculture Around Copenhagen［J］. *Geografisk Tidsskrift-Danish Journal of Geography*，2011，11（1）：59-72.

［43］Jan Hassink, Herman Agricola, Jac Thissen. Participation Rate of Farmers in Different Multifunctional Activities in the Netherlands［J］. *Outlook of agriculture*，2016，45（3）：192-198.

［44］K. Pazek, C. Rozman, D. Majkovic, J. Turk1, M. KljajiC, A. Skraba, A. Borec, P. Simonic, J. Prisenk. Assessment of Multifunctional Agriture：Application of Selected Multi-

Criteria Methods In Case of Slovenia[J]. *Bulgarian Journal of Agricultural Science*, 2014, 27 (5): 1008 – 1017.

[45] Moon, W., Griffith, J. W., Assessing Holistic Economic Value for Multifunctional Agriculture in the US ☆ [J]. *Food Policy*, 2011, 36 (4): 455 – 465.

[46] P. W. Heringa, C. M. van der Heideb, W. J. M. Heijmanc. The Economic Impact of Multifunctional Agriculture in Dutch Regions: an Input-Output Model[J]. *NJAS-Wageningen Journal of Life Sciences*, 2013 (7): 59 – 66.

[47] Randall, A., Kidder, A., Chen, D. R.. Meta Analysis for Benefits Transfer-Toward Value Estimates for Some Outputs of Multifunctional Agriculture[J]. *European Association of Agricultural Economists*, 2008: 87 – 92.

[48] Rossing, W. A. H., Zander, P., Josien, E., et al.. Integrative Modelling Approaches for Analysis of Impact of Multifunctional Agriculture: A Review for France, Germany and The Netherlands[J]. *Agriculture Ecosystems & Environment*, 2007, 120 (1): 41 – 57.

[49] Simona Miškolci. Economic Evaluation of Multifunctional Agriculture Outputs in the Czech Republic: Matching Agriculture Policy with Social Requirements[J]. *Visegrad Journal on Bioeconomy and Sustainable Development*, 2013 (1): 19 – 27.

[50] Soroush Marzbana, Mohammad Sadegh Allahyaria, Christos A. Damalasb, Exploring Farmers' Orientation Towards Multifunctional Agriculture: Insights from Northern Iran Soroush [J]. *Land Use Policy*, 2016 (59): 121 – 129.

[51] Valborg Kvakkestada, Per Kristian Rørstadb, Arild Vatnb. Norwegian farmers' Perspectives on Agriculture and Agricultural Payments: Between Productivism and Cultural Landscapes[J]. *Land Use Policy*, 2015, 42 (1): 83 – 92.

[52] World Bank. *Development Report* 2008: *Agriculture for Development*[M]. World bank publication: Washington D. C., 2008.

[53] Yrjola, T., Kola, J.. Consumer Preferences Regarding Multifunctional Agriculture [J]. *International Food & Agribusiness Management Review*, 2004, 7 (2): 78 – 90.

[54] Zasada, I.. Multifunctional Peri-Urban Agriculture—A Review of Societal Demands and The Provision of Goods and Services by Farming[J]. *Land Use Policy*, 2011, 28 (4): 639 – 648.

专题十五 福建省乡村振兴的文化支持

一、福建乡村的基本概况

(一) 乡村基本情况

1. 福建农村现状①

根据福建省统计局发布的《福建省第三次全国农业普查主要数据公报》，2016 年，福建全省共有 6.98 万个农业经营单位，570.69 万农业生产经营人员。在土地利用方面，2016 年年末，耕地面积 2004.46 万亩，实际经营的林地面积（不含生态林防护林）11369.36 万亩。

农村生活条件和基本公共服务设施近年来有很大改善。生活条件方面：2016 年年末，99.7% 的住户拥有自己的住房；在乡镇地域范围内 99.5% 的村通公路，全省 100.0% 的村通电；大部分乡镇村生活垃圾污水能得到集中处理。公共服务设施方面：2016 年年末，97.3% 的乡镇有图书馆、文化站，86.3% 的乡镇有公园及休闲健身广场，61.0% 的村有体育健身场所；98.6% 的乡镇有幼儿园、托儿所，97.2% 的乡镇有小学，38.5% 的村有幼儿园、托儿所；99.5% 的乡镇有医疗卫生机构，80.2% 的乡镇有社会福利收养性单位，83.6% 的村有卫生室。虽然相较之前的全国农业普查，各项指标都有上升，但仍有进一步发展的空间。

---

① 福建省第三次全国农业普查主要数据公报．福建省统计局网站，http://tjj.fujian.gov.cn/xxgk/tigb/201805/t20180518_2384552.htm.

2. 农民收入情况

2013年以来，福建省的农民人均可支配收入在绝对数量上不断增长，从2013年的11404.85元上升至2016年的14999.19元，每年实际年增长率均高于9%，其中工资性收入和经营性收入占比最大，这充分说明了近年来，福建省农村农民的收入在不断提高。但随着城乡二元体制的持续以及时价的上升，农村居民的相对收入实际上并没有得到提高。从表1中发现，福建省农村居民家庭恩格尔系数（恩格尔系数＝食品烟酒消费支出/生活消费支出）均高于37%，高于《中国农村统计年鉴2017》中全国农村居民家庭恩格尔系数水平（32.2%）。由此可见，福建省农村居民用于食品烟酒消费的支出比重相对较高，而用于教育、投资等领域的消费则较低，家庭的总体收入相对较少，农民生活水平不高。因此，福建省农村发展必须牢牢围绕农民增收这条主线，不断调整农业结构，创新农业发展方式，发展现代农业，让更多的农村居民享受到现代农业发展带来的效益。

表1　　　　福建省农村居民人均可支配收入及恩格尔系数

项目	2013年	2014年	2015年	2016年
人均可支配收入（元）	11404.85	12650.19	13792.70	14999.19
工资性收入（元）	5054.25	5655.21	6187.00	6785.20
经营净收入（元）	4684.58	5093.61	5455.57	5821.46
财产净收入（元）	160.05	201.28	232.46	255.68
转移净收入（元）	1505.97	1700.09	1917.68	2136.85
可支配收入构成（%）	100.00	100.00	100.00	100.00
工资性收入（元）	44.32	44.70	44.86	45.24
经营净收入（元）	41.08	40.27	39.55	38.81
财产净收入（元）	1.40	1.59	1.69	1.70
转移净收入（元）	13.21	13.44	13.90	14.25
恩格尔系数（%）	38.90	38.19	37.57	37.32

资料来源：《福建统计年鉴2017》。

3. 农业生产条件

农业生产是自然再生产与经济再生产密切结合的物质生产过程，在人类的农业生产活动中，农业生产条件对农业生产和农村经济的发展有着根本的制约作用。从表2中可以看出，2012~2016年福建省农业生产条件的改善情况显著。其中，农村用电量和农用塑料薄膜使用量年平均增长率为正，这在一定程度上符合农业经济发展规律，2016年农业机械动力和有效灌溉面积下降明显，农药使用量大致呈现波动下降的趋势，但下降幅度不大，随着大多数人的生态环保意识增强以及农业现代化、科技化的发展，人们对于农业生产中的农药残留等问题越来越重视，从而对农业生产中农药使用量的控制提出了更高的要求。

表2　　　　　　　　　2012~2016年福建省农业生产条件

年份	农业机械动力（万千瓦）	有效灌溉面积（千公顷）	化肥施用量（吨）	农药使用量（吨）	农村用电量（万千瓦小时）	农用塑料薄膜使用量（吨）
2012	1286.80	1120.98	1208660	57846	3128548	58692
2013	1336.76	1122.42	1205733	57804	3466813	59154
2014	1368.41	1118.78	1226138	56391	3676659	60932
2015	1384.13	1061.65	1238017	55770	3810646	62067
2016	1269.09	1055.37	1238417	55387	3844476	62424

资料来源：《福建统计年鉴2017》。

4. 农业生产结构

从三大产业来看，福建省以第二产业的发展为主，第三产业次之，农业生产发展比较薄弱。由表3数据计算出，2016年福建省第一、第二和第三产业的地区生产总值年增长率分别为11.57%、5.97%和14.02%，2016年福建省第一、第二和第三产业对经济增长的贡献率分别为3.2%、63.6%、33.2%，第一产业对经济增长的贡献率最低，这在一定程度上也说明了第一产业即农业存在的问题。但由于农业是经济的基础产业，农业生产关系到粮食和食品安全、农民收入以及社会稳定等方方面面，其重要性不容忽视。

表3　　　　　　2012~2016年福建省三大产业生产总值　　　　　　单位：亿元

年份	地区生产总值	第一产业	第二产业	第三产业
2012	19701.78	1776.71	10187.94	7737.13
2013	21868.49	1874.23	11329.60	8664.66
2014	24055.76	2014.80	12515.36	9525.60
2015	25979.82	2118.10	13064.82	10796.90
2016	28519.15	2363.22	13844.96	12310.97

资料来源：《福建统计年鉴2017》。

表4显示,从农林牧渔等产业总产值来看,2016年,福建省农林牧渔业的总产值达到2444.81亿元,比上年增长了约11.43个百分点,其中,农业、林业、畜牧业、渔业分别比上年增长了10.07%、0.17%、19.43%、14.04%。2013~2016年,福建省农业总产值在农林牧渔业总产值中的比重始终高于40%以上,其次是渔业,这四年间福建省渔业产值在总产值中的比重年均达到21.64%,而牧业产值占总产值的比重总体呈现下降趋势,此外,福建省林业产值在总产值中所占的比重最小,始终在10%以下。可见,福建省主要以农业和渔业发展为主,牧业和林业的发展比重较小(方青,2014)。

表4　2013~2016年福建省农林牧渔业总产值　　单位:亿元

年份	总产值	农业	林业	畜牧业	渔业	农、林、牧、渔服务业
2013	1938.98	867.35	188.88	267.79	550.21	64.75
2014	2085.04	963.23	207.75	272.43	571.39	70.24
2015	2194.06	1017.1	201.58	297.4	602.02	75.96
2016	2444.81	1119.57	201.92	355.17	686.56	81.59

资料来源:《福建统计年鉴2017》。

(二)乡村的文化概况

党的十八大以来,福建省扎实推进文化强省建设,文化事业文化产业全面繁荣,艺术精品创作成果丰硕,舞剧《丝海梦寻》、高甲戏《大稻埕》、芗剧《保婴记》等一批精品叫响海内外舞台;《海上生明月·中华经典诗歌咏诵会》以舞台电视的形式,生动地展示和弘扬了中华优秀传统文化;鼓浪屿成功列入世界文化遗产,137处国家级和675处省级文物保护单位传承着福建悠久的历史;公共文化事业不断繁荣,一批文化惠民工程和惠民活动活跃在八闽大地;文化产业向支柱性产业目标迈进。福建正向海内外彰显八闽文化魅力,展示传播中华优秀传统文化的福建风采。福建文化系统广大干部职工也积极坚持以人民为中心的创作导向,坚持思想精深、艺术精湛、制作精良相统一,围绕重大节点,加强现实题材创作,大力繁荣福建省文艺创作。加快推动福建文化走出去，以崭新的姿态进入中国特色社会主义新时代，展现文化战线新风采①。

1. 文化事业

根据《福建统计年鉴2017》显示，2016年福建省文化系统共有艺术表演团体70个，全省共有公共图书馆90个，博物馆98个；图书出版总印数9709万份，期刊出版总印数4215万份，报纸出版总印数90608万份；年末广播节目综合覆盖率为98.96%；电视节目综合覆盖率为99.12%。根据各年福建统计年鉴数据显示，2012~2016年广播综合和电视综合人口覆盖率一直稳步上升，其余指标也呈现稳定态势，为推动福建省文化事业发展奠定良好基础（见表5）。

表5　2012~2016年福建省文化事业情况

年份	艺术表演团体（个）	公共图书馆（座）	博物馆（座）	图书出版总印数（万份）	期刊出版总印数（万份）	报纸出版总印数（万份）	广播综合人口覆盖率（%）	电视综合人口覆盖率（%）
2012	74	87	94	9078	3660	118783	98.04	98.58
2013	77	88	98	8870	4920	120576	98.20	98.63
2014	72	88	98	8619	4426	111945	98.31	98.70
2015	70	90	98	8800	3970	106072	98.68	98.94
2016	70	90	98	9709	4215	90608	98.96	99.12

资料来源：《福建统计年鉴2017》。

2. 文化产业

海上丝绸之路是古代中国与外国交通贸易和文化交往的海上通道，曾将中国与各个大洲联系在一起，形成了跨越亚欧非的海上文化大动脉。在历史上，福建泉州是海上丝绸之路的始发地，而福建省有着海丝文化、客家文化、妈祖文化、船政文化等特色文化，借助海上丝绸之路，福建文化产业大有可为。且近年来，世界闽南文化节也让福建省闽南文化与世界文化越来越紧密地融合在了一起，"中国·福建文化海外驿站"更是架起了福建文化和

---

① 石建平．福建文化建设将乘党的十九大强劲东风展现新风采［EB/OL］．http://wht.fujian.gov.cn/whcyysc_ 27528/cyzc/201710/t20171018_ 2038380. htm，2018 -7 -20．

世界文化交流的桥梁。

为了深入挖掘利用福建文化资源，推动福建文化产业发展，福建省相关部门从多方面推动文化产业转型升级、跨越发展。从国家统计局认定的统计数据来看：2016年全省文化产业单位实现增加值1200亿元左右，约比上年同期增长13%，占地区生产总值比重超过4.2%。2017年上半年，福建文化产品进出口额为13.97亿美元，同比增长高达27.63%。根据"十三五"文化改革发展规划，到2020年，福建文化产业增加值将超过2200亿元，占GDP比重超过5%，成为国民经济的支柱性产业。同时为了进一步推进福建省文化产业发展，相关部门近年也采取了一系列有力措施。

（1）加大产业政策扶持。2009年4月，中共福建省委办公厅、省人民政府办公厅出台了《关于加快发展文化产业的意见》，对福建省发展十大重点文化产业作出了部署。党的十七届六中全会后，福建省委、省政府落实中央的意见，出台了《中共福建省委关于贯彻落实党的十七届六中全会精神推动文化大发展大繁荣的实施意见》等一系列政策，从政策上保障福建文化产业各行业的发展。

（2）加强项目资金支持。福建省文化产业发展专项资金设立于2009年，福建省级财政每年安排3000万元，用于扶持文化体制改革和文化产业发展；2012年开始每年安排文化产业发展专项资金1亿元。2009~2015年，福建省文化产业发展专项资金补助重点文化改革和产业发展项目388个，累计安排下达资金41200万元，带动福建省各地文化产业的发展。并且从2017年开始，为了加强红色文化资源保护利用开发，推动传统媒体与新兴媒体融合发展等重大项目，福建文化产业专项资金规模增加到1.3亿元。同时，福建省成立了海峡文化产业投资基金和福建文化产业投资基金，通过各方资金、资本投资，为福建省文化产业发展提供资金支持。

（3）大力发展重点企业。为了促进文化产业重点领域的企业提升绩效，政府推动福建省市109家文化龙头企业制定实施文化产业发展规划，确定重点培育项目99个。且每年在全省评选十大重点文化企业，评选出来的十大重点企业，政府在资金、政策、财税等方面予以扶持。通过这样的项目和资金扶持，带动了一批增长潜力大的民营文化企业，一些文化企业在经济下行的形势下每年仍保持20%以上的增速发展。

（4）大力建设重点项目。除了发展重点企业，政府每年在全省评选十大重点项目，评选出来的十大重点项目在推动过程中遇到的困难和问题，将予以重点支持和解决。2016年度的十大重点文化产业项目全年完成投资约30亿元。福建省还制定了《关于推进2016年文化和旅游融合发展重点项目的实施意见》，明确文化资源开发与展览展示、历史文化名村名镇建设、文化旅游演艺、工业文化旅游等文化旅游重点融合项目。

（5）推进产业园区集聚效应。政府推动福建全省各个地区重点建设文化产业园区，并进一步根据地方的文化特色和产业资源，建设产业集群。经省文化改革发展工作领导小组研究同意，2014年3月，省委宣传部等9部门下发《关于公布全省文化产业园区名单的通知》，正式公布81个在建或基本建成的文化产业园区，且每年评选重点文化产业园区。2018年9月21日，全省文化改革发展工作推进会在福州召开，省委常委、宣传部部长高翔，省政府副省长杨贤金等领导为福建省文化产业重点园区授牌，将福州软件园动漫游戏产业园区、莆田工艺美术城、晋江市洪山文化创意产业园等园区认定为福建省重点文化产业园区，文化产业园区吸引多家文化企业入驻，集聚效应明显（王晴，2017）。

二、福建乡村振兴现存的问题

虽然近年来，福建乡村发展大有进步，但福建省乃至全国城乡二元化的情况仍然存在，进一步导致了资源分配不均问题，该问题延缓了乡村的振兴发展。城乡分治的二元经济社会结构至今未能从根本上得到改变，从个体层面而言，农民日益增长的美好生活需要长期得不到满足，且由于物质基础匮乏，导致农民精神层面上的缺失以及对社会利益漠不关心，这是村民自治条件下农村精神文化建设滞后的原因之一。福建省城乡之间的差距不仅表现在物质生活上，在文化生活方面的表现更为明显。从空间看，农村与城市相比，文化投入和发展水平差距很大；从主体上讲，农民与市民、农民工与城市工在文化生活上差别很大。

城乡二元社会结构在文化层面上的表现：一是城乡文化发展政策失衡，农业基础设施建设严重不足，城乡居民的文化生活环境差距拉大；二是城乡民间文化投资失衡,农村文化发展缓慢;三是城乡居民收入增长失衡,文化消费差距不断扩大;四是城乡文化体制改革失衡,农村制度供给滞后,无法适应农村文化的发展要求。

(一) 文化人才

1. 基层文化人才缺失

表6为根据《中国文化文物统计年鉴》整理而成的2011~2015年福建农村文化站从业人员情况统计表。总体来看,2011~2015年,福建省农村文化站机构数总体处于一个稳定的水平。从业人员、专职人员以及专业人员占文化站从业人数的比重呈现逐年上升的趋势。

表6   2011~2015年福建农村文化站从业人员情况

年份	机构数（个）	从业人员（人）	专职人员（人）	专业技术人员（人）	文化站平均从业人数（人）	专职人员占比（%）	专业人员占比（%）
2011	948	1864	708	338	1.97	37.98	18.13
2012	946	1757	823	433	1.86	46.84	24.64
2013	977	2066	1057	442	2.11	51.16	21.39
2014	961	2269	1274	540	2.36	56.15	23.80
2015	962	2388	1357	599	2.48	56.83	25.08

资料来源:历年《中国文化文物统计年鉴》。

(1) 文化站机构数。

从表6可知,虽然2011~2015年福建省农村文化站机构数总体处于稳定的水平,但农村文化站的覆盖面远远不够。按照2016年度的《中国文化文物统计年鉴》,福建省辖区内行政村个数为8902个,由此可以得知,福建省现如今的农村文化站的机构个数难以覆盖辖区内行政村,无法满足农民的基本专题化需求。

(2) 从业人员。从表6可以看出,虽然福建省农村文化站的从业人员、专职人员以及专业人员占文化站的从业人数呈现逐年上升的趋势,但是,农村文化站的平均从业人数不超过3人,其中文化站平均专职人员数在2011~

2015年分别为0.75人、0.87人、1.08人、1.33人、1.41人,专职人员许多年间不到从业人员的一半;而文化站平均专业技术人员数在2011~2015年分别为0.36人、0.46人、0.45人、0.56人、0.62人,均不足1人,占从业人员比重大约为五分之一。可以看出,福建省农村文化站从业人员较少、专职人员以及专业化人才更为稀缺。

福建省乡村文化队伍亟待加强,乡村文化站、艺术馆等群众文化场馆人员配备不足、缺乏专业人才。由于城乡经济文化以及社会发展的不均衡,同时福建省大部分乡镇尚未建立起完善的用人机制,一定程度上导致了福建省农村文化人才流失严重,现存的农村文化工作站从业人员队伍人才匮乏、缺乏稳定性、后备力量不足,难以满足农村人民日益增长的文化需求。

2. 农村文化产业人才缺失

从自我发展方面看,民间技艺的传承人在逐年减少,造成技术传承的困境。从协作创新的角度看,文化人才的素质影响到文化产业的质量,城市和农村相比就业机会更多,农民进城打工的工资收入相比务农收入会比较理想,因此农村生源的大中专毕业生不愿回乡工作,文化产业虽然能够带来比较丰厚的收益,但是风险也很高,政府关于文化产业投融资的政策尚不完善,文化产业的风险预防和保障机制也不健全,农民中的能工巧匠在农村从事文化产业的积极性不高,留在农村的文化产业人才数量就不多。开放的文化产业人才引进体系又没有建立起来,当前农村的工资待遇和城镇相比差距较大,大部分文化产业人才认为农村文化产业发展规模效益不高、职业发展空间不大,且社会保障体系较不健全,所以农村较难吸引、留住和有效使用人才。

从经济的角度分析,农村文化产业发展滞后,不具备培养文化产业人才的物质基础,民间技艺、传统文化以及文化人才带来的经济收入以及发展空间不大(潘金志、黄旺生,2013),目前在农村从事文化产业的农民综合素质不高,他们中绝大多数是中学学历,文化产业专业知识不多,缺乏科学的文化产业管理方法,经营理念也比较落后,市场竞争意识不强。人才短缺致使许多优秀文化资源得不到开发,文化产业发展后劲严重不足。

(二) 资源资本利用

1. 社会资源资本利用

自党的十七大以来，我国积极推进社会资本投入文化产业，鼓励金融机构主动和文化产业合作，推动了文化产业投融资体系的初步建立，旨在让社会资本为文化产业的发展提供资金支持，并成为文化产业发展的重要保障。虽然福建省文化产业在不断发展，但是对农村文化产业的关注才刚刚起步，特别是当前农村投融资体系还不健全，尚不能很好地为农村文化产业提供资金、发挥资金融通的功能，成为福建农村文化产业发展的重要瓶颈。这体现在福建农村文化企业整体实力偏弱，很难吸引金融资本的投融资，农村文化产业投融资中介服务体系建设滞后，金融机构缺乏支持农村文化企业融资的内在动力，农村文化产业投融资的信用担保体系薄弱。

具体来说，福建省的农村文化企业基本上是中小企业，自有发展基金有限，文化产品的价值具有不确定性，文化企业的资产表现为无形资产，由于我国无形资产的评估机构不多，文化企业的无形资产难以评估，造成与银行的信贷模式不匹配，导致投融资渠道不畅通。国家是文化产业投资的最大主体，一般用于城市文化产业园区；民间资本投融资有趋利性和盲目性的特点，又因为文化产业具有高风险性，民间资本投资文化产业的积极性不高。部分地方政府比较重视城市文化产业发展，在农村文化产业发展方面公共服务职能不到位，对发展农村文化产业的发展重视不够，不愿对农村文化产业投入太多的人力、物力、财力。农村文化产业的投融资机制不完善，文化产业本身又具有高风险的特征，民营资本进入文化产业领域的法律法规还不健全，民营资本准入和财政税收政策在城市能够实行，但是不太符合农村的实际。更为严重的是，有些地方还存在政府与民营资本争利的现象，导致农村文化产业难以吸收更多的民营资本。福建农村文化产业的规模小，分布散，综合实力小，所以文化产业投融资体系的完善，目前只能借鉴城市文化产业的实践逐步推进。

2. 公共资本利用

公共资本的利用主要集中在公共文化服务这一公共产品的利用上。而公共文化服务（支出与投入）作为一种公共产品，决定了它具有非竞争性与非排他性的特征。公共产品的特征决定了公共资本的供给大部分由政府承担，同时，对于乡村文化公共资本利用的评价无法以利润最大化作为标准。因此，我们需要一个科学的基层文化服务评价机制、投入产出测算准则来更好地发现福建公共资本在投入与使用上存在的不足与问题，探讨相应的改进措施，进而指导福建省农村文化公共资本进一步科学、有效地发展。综上所述，从效率入手是评价福建省农村公共资本利用以及发现其中问题的一个较为合理、行之有效的方式方法，因此，对于福建省农村公共资本利用效率的测算进而进行评价变成了研究福建省农村公共资本利用水平的核心问题。DEA 方法无须设定模型具体的函数形式，只需通过分析投入产出"单位"是否落在所预计的有效前沿面上，由此来评价投入产出"单位"的相对有效性，对于投入产出"单位"进行效率评价具有良好的效果，也同福建省农村公共资本利用评价的要求相契合。一般情况下，我们可以使用 DEA 方法之中的 Malmquist 生产效率指数来研究福建省农村公共资本利用的动态效率。

考虑到福建省农村公共资本利用相关数据的可得性，同时出于对福建省农村公共资本利用横向研究的考虑，本专题从省级层面研究福建省农村公共资本利用的效率，进一步探讨其存在的问题困境。

因此，本专题从《中国统计年鉴》《中国农村统计年鉴》《中国文化文物年鉴》选取了我国 31 个省、自治区、直辖市 2006～2015 年福建省农村公共资本产出和投入数据，考虑到数据的可得性和相关性，在省级这一层面上，选取了农村文化站数量、群众业余演出团队、农业产出作为产出指标。在投入指标方面，经过农村人口占总人口的比重对数据进行转化，得出了农村文化事业费、农村文化体育与传媒支出。

本专题将 2006～2015 年 10 年我国 31 个省一级农村公共资本利用投入产出指标通过 DEAP 2.1 软件进行 Malmquist 指数动态分析，计算结果如表 7 所示。

表7　　　　　　　2006～2015 年我国省一级村公共资本利用动态效率

地区	effch	techch	pech	sech	tfpch
北京	0.961	0.933	1.050	0.915	0.896
天津	0.991	0.935	1.047	0.947	0.927
河北	1.011	0.946	1.000	1.011	0.957
山西	1.001	0.899	1.015	0.987	0.901

续表

地区	effch	techch	pech	sech	tfpch
内蒙古	0.963	0.929	0.975	0.988	0.894
辽宁	1.024	0.967	1.006	1.018	0.989
吉林	0.976	0.930	0.977	0.999	0.907
黑龙江	1.043	0.969	1.037	1.006	1.010
上海	0.911	0.957	1.001	0.910	0.872
江苏	1.029	0.953	0.994	1.035	0.980
浙江	0.968	0.968	0.971	0.997	0.937
安徽	1.011	0.932	1.001	1.010	0.942
福建	1.019	0.948	1.008	1.011	0.967
江西	1.024	0.895	1.023	1.000	0.917
山东	0.977	0.876	1.000	0.977	0.856
河南	1.02	0.933	1.000	1.020	0.952
湖北	1.047	0.973	1.014	1.033	1.020
湖南	0.997	0.906	1.000	0.997	0.903
广东	0.988	1.000	0.964	1.025	0.988
广西	0.994	0.924	0.983	1.011	0.918
海南	0.962	0.930	1.000	0.962	0.895
重庆	0.981	0.920	1.000	0.981	0.903
四川	1.000	0.916	1.000	1.000	0.916
贵州	1.001	0.886	0.998	1.003	0.887
云南	1.028	0.935	1.034	0.995	0.961
西藏	1.058	0.891	1.010	1.048	0.943
陕西	0.962	0.902	0.961	1.001	0.868
甘肃	1.009	0.903	1.009	1.000	0.911
青海	0.989	0.923	1.021	0.969	0.913
宁夏	0.971	0.901	1.017	0.954	0.875
新疆	0.977	0.916	0.987	0.990	0.894
全国平均值	0.996	0.928	1.003	0.993	0.925

Malmquist 生产效率指数的表达形式为:

$$M_{(x_t,y_t,x_{t+1},y_{t+1})} = \frac{S_0^t(x_t,y_t)}{S_0^t(x_{t+1},y_{t+1})} \times \frac{D_0^t(x_{t+1},y_{t+1})}{D_0^t(x_t,y_t)}$$

$$\times \left[\frac{D_0^t(x_{t+1},y_{t+1})}{D_0^{t+1}(x_{t+1},y_{t+1})} \times \frac{D_0^t(x_t,y_t)}{D_0^{t+1}(x_t,y_t)} \right]$$

上式等号右边，第一项为规模效率变动（sech），第二项表示纯技术效率变动（pech），第三项（中括号内部分）为技术变动（techch）。上式给出了 Malmquist 生产效率指数的计算方法，也说明了 Malmquist 指数分析结果之间的关系。在 Malmquist 指数分析方法中，以 1 为分界线：如若结果大于 1，则认为农村公共资本利用在该项指标投入下效率提高，反之，则代表效率降低。

从表 7 可以看出，和其他省、自治区、直辖市对比来看：福建省五项指标值都高于全国平均。从排名水平上来看，技术效率变动（effch）、技术变动（techch）、纯技术效率变动（pech）、规模效率变动（sech）、Malmquist 指数（tfpch，也可以称为全要素生产率）分别位列全国第 9 位、第 8 位、第 14 位、第 9 位、第 6 位。总的来说，福建省农村公共资本这 10 年利用效率的发展在全国范围内处于中上水平，同福建省的经济发展水平相当。

从将福建省自身放进全国维度的评价结果来看：福建省这 10 年技术效率变动（effch）的值为 1.019，纯技术效率变动（pech）值为 1.008、规模效率变动（sech）值为 1.011，都大于 1，表明了从技术和规模上而言，福建省农村公共资本利用在 2006~2015 年 10 年间效率都是提升的。具体到各个指标可以看出，2006~2015 年，一方面，福建省农村公共文化服务技术效率的年均增长为 1.9%，由技术效率分解得到的纯技术效率年均增长为 0.8%，规模效率年均增长为 1.1%；另一方面，技术变动（techch）和全要素生产率（tfpch）的值分别为 0.948 和 0.967，均低于 1，技术变动十年间平均降低 6.2%，全要素生产率评价下降 3.3%。以上指标表明，规模效率和纯技术的效率的共同增长带动了 10 年间的投入效率。而全要素生产率 10 年间呈现降低状态的主要原因在于福建省农村公共文化服务在这 10 年间没有达到"向生产前沿面移动"或"增长效应"。这表明福建省在农村公共文化投入中，规模上渐渐达到了有效状态，但是并没有对现存的技术水平进行充分的利用，资源资金分配不科学、投入结构不合理造成了总体效率的缺失。

(三) 文化事业发展

在我国，文化事业主要指的是政治经济体制当中存在的文化事业单位的集合名词，文化事业单位是在文化领域从事研究创作、精神产品生产和文化公共服务的组织机构。在农村这一层级当中，文化事业主要指乡村文化站、文艺馆、图书馆及其组织的文化演出和相应活动等，由政府主导或指引，受到乡村基层政府文化职能的实施水平影响较大。目前福建省乡村文化事业仍存在一些问题。

1. 文化事业供给不足

福建省乡村文化事业发展的症结仍然是文化事业供给不足，同经济发展水平不相适应。从《中国文化文物统计年鉴2016》的统计数据看，2015年福建省辖区内文化活动场所个数为13824个，举办文艺活动次数为9242次、举办展览个数为2261个，图书馆藏书为435.49万册，计算机台数为5339台，这些指标在相近发展水平以及行政村个数的省份中都处在中下位置；行政村个数相近的安徽省以及江西省，辖区内文化活动场所个数分别为13714个与15086个，举办文艺活动次数分别为5368次与12298次，举办展览个数分别为4081次与2261次，图书馆藏书分别为483.61万册与599.02册，计算机台数分别为14918台与7254台。再以近几年的《中国文化文物统计年鉴》来看，这一问题仍然存在，因此福建省文化事业发展相对滞后，公共文化供给机制不健全，供给力度存在不足的情况。

2. 资源资金分配不合理

如前文所述，福建省农村公共资源的投入在规模上已经达到了效率增长，可能在资金利用上存在资源资金分配不科学、结构不合理的问题，没能把资金有效地投入对文化事业有帮助的基础设施建设上。

3. 文化管理体制不规范

存在基层政府对农村文化重要性认识不到位，农村基层组织队伍建设不够，素质不高，缺乏威信、凝聚力以及号召力等问题。在文化事业上缺乏科学有效的领导，文化职能上的"越位""错位"和"缺位"等一系列问题，导致文化站形同虚设，没有正常开展文化活动（李牡丹、周批改，2006）。

乡村文化事业单位编制不明确、领导队伍不稳定、人才流失严重、资金配置不到位，使得福建省乡村文化事业供给上难以满足乡村群众日益增长的文化需求。

（四）文化产业发展

福建省有着丰富的民俗文化资源，以闽南地区为例：闽南地区拥有南音、高甲戏、歌仔戏、皮影戏、宋江阵、送王船、拍胸舞等非物质文化遗产，它们不仅文化浓厚，还特色鲜明。在2005年12月，国家文化部提出了第一批国家非物质文化遗产名录推荐项目共有501项，其中福建省有36项，扣除以国家各部委名义上报的项目外，福建名列各省区市的前茅。除此之外，"中国民间艺术之乡""中国民间特色艺术之乡"、历史文化名村（镇）的数量都居全国前列。而且，2006年2月在国家博物馆举办的中国非物质文化遗产保护成果展，在很大程度上体现了福建民俗文化（吴声怡、许慧宏，2007）。

此外，福建与台湾仅一水之隔，同时有相当一部分福建籍的侨胞分布在东南亚地区，这使福建与港澳台及海外的经济文化交往较为频繁和密切。在这些交往过程中，首先有更多的机会可从这些文化产业较发达的地区和国家吸取现代经营理念和科学的管理方式。

总而言之，福建省拥有自己浓厚的传统文化和传统民俗、开放的文化胸怀，这些都为福建省农村文化产业发展提供了良好的"温床"。但是，福建省农村文化产业在发展尚存在一些突出的矛盾，也暴露出了一些问题。

1. 乡村文化产业体系不健全

福建省大部分农村的文化产业仍是传统的发展方式，商品和服务形式单一，产业效果不佳。农村大部分文化商品还是纯手工制作，自动化水平不高、附加价值低。传统文化产业发展水平较低，如戏剧文化基本采用露天表演，实行影视制作的不多，这样就缩小了范围和影响。文化产业科技含量低，农村文化创意产业等新型文化产业还处在初级阶段。福建省农村文化产业普遍采取粗放型经营，区域之间、不同文化业态之间各自发展，采用粗放式经营，没有建立文化产业发展的专业合作组织，整合和优化文化资源的效果不佳，造成了农村文化产业集约化程度较低，难以实现产业的集聚效应，导致了福建省农村文化资源的整体实力和竞争力不强。文化产业知名度低，有些特色文化资源虽具有产业开发价值，在区域内有一定影响力，但产业营销措施不到位，在省内和国内鲜为人知。文化产业与农业、旅游业等方面缺少互动发展，在内容生产、技术创新、人力资源方面没有充分合作，导致福建省农村文化产业链条不长。农村文化资源没有得到有效的配置，各个地区发展水平不均衡，群众文化消费水平不高，以至于福建省农村文化产业规模偏小，综合实力与城市相比有较大差距。

2. 乡村文化创新能力较低

福建省农村文化具有历史悠久的特点，保持着原生态的吸引力，但同时又有封闭性和滞后性的特点，开放创新的程度不如城镇，在内容生产、表现形式、传播手段等方面比较落后，基本上是以传统资源提供低端文化产品和服务。如漳平新桥农民画虽有几十年的发展时间，但作为一种艺术形态存在方式，其发展形成和成熟还显得单薄。一是思想观念束缚。农民的文化产业发展意识比较淡薄、模糊，在传统文化基础上进行创新的自觉性较差，对于文化与经济的关系仅停留在"以文补文，有偿服务""文化搭台，经济唱戏"的阶段，根本没有意识到文化能产生经济效益。或者认为，农村就是发展农业，先进的文化产业和农村相去甚远。当发达地区纷纷把文化产业纳入战略视野加以快速推动的时候，许多人都认为像农村这样欠发达地区在发展文化产业上是无所作为的。观念上的误区使人们对于发展农村文化产业缺乏自信、缺乏动力。二是农民综合素质不高。科技文化水平无法满足文化创新的需要，不具备进行文化产业创新的智力支持，文化产业研发不够深入，难以实现传统文化产业的现代转型。三是团队合作不够。福建发展农村文化产业的专业合作组织较少，所以单靠个别文化工作者的创新，仅是工艺的较小改进，只有依靠团队合作才能实现文化产业的重大突破。

3. 乡村文化产业消费相对滞后

需求是推动产业进步的一大动力，旺盛的消费可以为乡村文化产业的发展提供资金支持以及发展导向，因此乡村文化产业消费和乡村文化产业的发展在根本上是辩证统一的。目前，福建省农村群众受到经济能力制约以及消费理念的影响，文化消费支出较低。根据《福建年鉴2016》，福建省城镇居民人均教育文化娱乐消费支出2314元，增长6.6%，增幅比同期城镇居民人均生活消费支出高0.7个百分点；农村居民人均教育文化娱乐消费支出1003.9元，增长6.7%，增幅提高6.3个百分点。从数据可以看出，福建省农村人均教育文化消费支出多年不及城镇的一半。福建省农村群众文化消费观念滞后，文化需求程度普遍不高。福建省农村的消费层次较低，消费结构单一。农民的消费目的主要是休闲娱乐，很少追求高端优雅的艺术产品。从消费结构看，农民的大部分支出用在维持生产生活和子女受教育上。福建省农村文化产品和服务价格偏高，遏制了农民的消费行为。据调查，福建农村许多著名文化旅游景点的门票价格在几十元以上，大多数农民心理上不认可这样的消费，减少了农民的文化消费意愿。受农村风俗习惯、经济水平等因素的影响，大部分农民的文化消费需求不是很高，农村的文化消费空间还有待扩展，文化消费环境也亟待改善。长期以来城乡二元结构的制约，造成农村文化基础设施建设相对滞后，文化场所和设施不能满足文化产业发展的需要。贴近农民精神生活需求的文化产品和服务较少，文化市场秩序不规范，从而抑制农民群众的文化消费。

三、振兴福建乡村的若干文化举措

十九大报告指出，我国社会主要矛盾已经转化为人民日益增长的美好生活需要和不平衡不充分的发展之间的矛盾。对于乡村农民来说，他们对于文化消费的需求和不平衡不充分的乡村文化供给之间也存在矛盾。

经过上述分析，福建省乡村振兴存在如下问题：一是城乡二元化的结构依旧存在，政府对于资源在城市和农村之间分配比例依然不合理，对农村文化发展不重视；二是城乡经济发展不平衡，城乡可支配收入差距过大，导致城乡居民对于文化消费的偏好和需求程度不同；三是农村人口"老龄化"和"空心化现象严重"，现存农村从业人员文化素质普遍不高，对于文化产业和农村振兴的重要关系认知不足，且文化产业的专业从业人员数量和质量均低于城市平均水平，对于文化存续供血不足；四是在结构方面，绝大多数农村文化服务产业仍采取粗放型经营，农村文化产业集约化程度较低，文化资源难以有效整合，投入产出比没有达到预期效果；五是管理效率不高，政府对于公共文化基础设施的管理存在"轻使用，重建设"的现象，对于文化活动的开展存在"重形式，轻实效"的现象。

福建乡村振兴离不开乡村文化的发展，解决上述现存的问题是文化发展的当务之急。如何振兴乡村文化，让农民享有健康丰富的精神文化生活，是全面建成小康社会需要解决的现实课题。接下来将从文化人才、文化事业和文化产业三个方面来详细叙述如何通过文化支持来振兴福建乡村。

（一）文化人才

1. 提高基层文化人才的数量和质量

从《中国文化文物统计年鉴》整理而成的 2011~2015 年福建农村文化站从业人员情况统计表（见表6）可知，文化站机构数虽处于稳定的水平，但农村覆盖率低，无法满足农民基本专题化需求。因此，政府的首要任务就是加快建设各农村地区文化站。文化站的开设可从一定程度上满足各地区农民的基本专题化需求。其次，文化站需要配备相应的专业从业人员，从表6可知，文化站的平均从业人数不超过3人，文化专职从业人数不到1个，这一定程度上弱化了文化站存在的意义。因此，要加强乡村文化建设队伍，打造一支有理想、有文化、有热血的乡村文化振兴队伍（陈运贵，2018）。

要想培育和打造好乡村文化建设队伍，首先，必须有完善的用人机制作保障。福建省大部分乡镇并没有建立起和城市就业环境一样的聘任机制，这一定程度上造成了文化人才的流失。乡镇部门在建立完善的用人机制之后，对于乡村文化站、艺术馆等群众文化场馆要相应地配给一定数量的专业人才，以保证文化站能够正常运营发挥其应有的作用。其次，对于农村以外的文化精英，政府可以通过出台"优秀文化人才引进"项目，制定就业优惠政策和激励机制，以此吸引城市的文化人才流入。最后，对于潜在的文化能人，文化管理部门可以通过定期举办各种文化活动，如戏剧欣赏、舞狮、猜字谜等，来发掘文化新人，培养乡村文化基层带头人。

2. 保护民间技艺传承人

城市的就业机会较农村更多，吸引了大批毕业生留在城市务工，导致农村留守青年比例逐渐下降，民间技艺的传承人也在逐年减少。而且，学习民间技艺的投资回报率较低，职业发展空间也比较小。针对上述问题，政府应该采取必要的经济手段，从生活上保证文化传承人的基本生存问题，就农村的就业环境而言，并不能长久地留住他们。除此之外，乡镇政府对农村现有的技艺传承人应给予相应的政策激励，不仅要让大家重视文化传承，也要让群众意识到文化传承是可以带来丰厚收益的。技艺传承的政策激励可以从职业发展、宣传包装、产业链发展、社会保障等方面入手。对于相应等级的技艺传承人可以每年给予一定的财政补贴，在加大文化传承宣扬力度的同时，让更多的有志于技艺传承的年轻人回归本源。在产业链方面，政府可以联合互联网企业，扩大文化产业的发展规模，建立专业的文化产业管理办法，利用文化创造效益，也间接促进了乡镇的经济发展，形成良性循环。在社会保障方面，可以给予民间技艺的传承人高于普通农民的社保额度，间接激励群众加入文化传承的事业当中。

（二）文化事业

文化事业是指在文化领域从事研究创作、精神产品生产和文化公共服务的组织机构，主要是以政府为主导，以提供公共文化服务、实现和保障人民群众的基本专题化权益为目的，包括公共图书馆、博物馆、公共文化社区等。在农村这一层级当中，文化事业主要为乡村文化站、文艺馆、图书馆及其组织的文化演出和相应活动等。文化事业相较于文化产业而言具有较强的公益性（陈立旭，2008）。

从前文可知，福建省乡村文化事业发展的症结仍然是文化事业供给不足，同经济发展水平不相适应，且事业单位对其缺乏科学有效的领导。除此之外，在农村公共文化投入中，规模上虽然达到了有效状态，但仍存在政府对于资金分配不科学、投入结构不合理等问题，使得福建省乡村文化事业供给上难以满足乡村群众日益增长的文化需求。

在新农村视域下，振兴乡村除了要激发个人奋斗的积极性之外，更重要的是要发挥好政府的作用。在乡村文化的传承和发展中，政府应该充当的角色是文化传播的渠道建立者和文化传承的保卫者，而不应当是文化资源的占有者和文化产业利益的既得者。文化意识和产业意识都是文化传承和发展中不可或缺的。乡民和乡村企业作为文化发展的重要主体，他们的文化意识和产业意识需要靠政府来唤醒和传播。因此政府作为文化发展的带头人，对于任何资源都应合理利用，以达到唤醒和传播的作用。

1. 规范文化专项资金的分配

资金分配是"项目规划—投资—资金设立—资金分配—项目实施—绩效管理"中的重要环节，文化专项资金是否做到科学、合理、有效地分配直接关系到后续的项目实施过程和绩效管理能否有效地开展。

首先，建设服务型政府，缩短文化专项资金的审查流程。资金审查环节多、涉及的部门多，大大降低了资金分配的效率，因此政府应该简化审批程序，减少资金审批的行政成本。但这并不意味着任何项目都可以申请领用专项资金，仍要以项目有利于发展文化为主。

其次，事业单位应该建立健全文化专项资金的监督管理机制。面对上级政府下拨到乡村文化事业单位的专项资金，应专款专用，并公开资金使用情况，接受大众监督，杜绝贪污腐败现象的产生，并建立相关负责人的经济责任追究制度，将经济责任落实到具体责任人的身上。

2. 合理化资源的投入结构

资源投入结构不合理很大程度上与文化事业的预算管理制度和财政拨款有关。如果政府对于各级预算缺乏科学的管理，对文化基础设施项目缺乏实地的考察，各层领导各自为政，就会导致基层政府在给乡镇文化事业单位财政拨款时出现与实际需求不符的情况。拨款不足的直接后果就是乡镇文化机构站并没有足够的资金去提供文化公共服务，更不用谈文化的传播和传承。针对各项目的资源投入比重，各基层政府和乡镇文化事业单位都必须进行全面预算管理，对每一个项目所需要的物资和人力都需要和实际情况结合。每一笔拨款也都要落实走向；除此之外，对于文化事业单位的工作人员都需要定期进行培训，更新相关管理理念，并组织团建活动，增强组织内部的凝聚力，更好地成为服务型机关单位。

3. 提供因地制宜的文化供给

文化站等事业单位举办文艺活动、文化展览等虽然是意在宣扬文化传承的重要性，但从某种程度上来说有些活动只是为了完成上级指标而不得不举办的，并非完全是从农民角度出发，满足他们内心对于文化消费需求而开展的。因此文化事业供给不足，不仅仅是表现在数量上，也表现在质量上。虽然市场上不乏许多有偿文化消费场所，但市场经济倾向于漠视缺乏货币支付能力的弱势群体的文化需求，而基层群众恰恰就是低收入水平群体。因此文化事业的有效供给就显得尤为重要。乡镇政府和文化事业可以通过对基层群众文化消费需求的调研，以及他们的文化需求意愿强烈程度来举办各种不同类型的活动，如曲艺杂技表演、文物展览、生态文化旅游等。而这些活动也会间接吸引异地消费者的参与，从而使文化事业的发展形成良性循环。文化事业的繁荣也可以引导村民梳理新文化消费观念，拓展文化产业发展空间。

（三）文化产业

诚然，乡村文化需要保护，但保护不意味着闭门造车和止步不前，而是要传承和发展。传承过去的优秀文化，发展未来的先进文化，两者合二为一，才能真正做到对乡村文化的保护。而借助产业优势，能够很好地将传统的乡村文化通过各种各样的形式创造物化价值和巩固内在价值。因此，乡村文化和现代产业形式结合在一起寻求共同发展是必然趋势。但正如上文所述，目前乡村文化产业的发展仍是传统的发展方式，商品和服务形式单一，大多以手工艺品、特色服饰及纪念品制造和销售、休闲和观光旅游为主（张振鹏，2013）。这种发展模式通过简单、粗放的产业化手段来迎合消费者的需求，自动化水平和附加价值非常低。除此之外，区域之间没有建立专业的文化发展组织，整合和优化文化资源的效果也没有达到预期。以上种种表明，文化产业的现状与文化发展的目标"可持续发展"是背道而驰的。因此乡村文化的产业化过程需要平衡好文化与产业之间的发展关系，既要注重产业发展的经济效益，也要保证不破坏文化的内在价值。

1. 保证文化产业中文化的真实性

产业化符合当前乡村文化发展需要这一事实毋庸置疑，但是在实践领域中，过度的产业化会破坏文化的真实性。何为文化的真实性？即文化的"纯真和本原"，这正是文化的特色所在。而产业化是利用人的创意对文化资源进行开发和生产的过程，这会对文化的真实性构成威胁（张振鹏，2013）。因为产业化追求的是规模效益，通过现代化工业的方式，流水线的生产作业对生产线上的产品进行大规模复制，以达到从量的集合到质的激变。而文化是历史的积淀，会随着时间而去粗取精。所以文化产品的单纯模仿和复制只能是表面形式，并不能带给消费者真实的文化感受。文化的特色唯一性就在于它能融入真实性的文化元素，真实性是文化的内在品质，只有尊重文化的真实性，才能将文化产业可持续发展。

2. 刺激消费需求

正如前文所说，乡村文化消费相对滞后，而需求又是推动产业进步的一大动力。因此，提升文化消费需求和推动文化产业发展在本质上是辩证统一的。而提升消费需求的背后,是研究需求低的原因和如何刺激消费需求。消费需求不高的原因在于:经济能力的制约以及文化消费观念的影响。

经济能力的制约在于农村与城市经济发展差距过大,乡村文化企业整体实力偏弱,很难吸引金融资本的投融资,间接导致了农村文化企业的难产,农村文化产业投融资中介服务体系建设滞后,金融机构缺乏支持农村文化企业融资的内在动力,农村文化产业投融资的信用担保体系薄弱。而党的十九大报告提出"实施乡村振兴战略",为乡村振兴指明了方向。福建省农信联社副主任张永良在接受采访时表示,服务乡村振兴战略已成为福建省农信系统的共同意志,福建省农信联社党委坚决贯彻落实党中央、国务院和省委、省政府的决策部署,迅速行动,把服务乡村振兴战略作为工作的总抓手,充分发挥地缘、人缘和网络优势,精准发力,努力把更多金融资源优先配置到农村经济社会发展的重点领域和薄弱环节,当好乡村振兴的金融主力军[1]。党的十九大提出乡村振兴战略后,福建省农信联社作为乡村振兴的金融中坚力量,也立即响应,2017年11月率先在全国农信系统出台了《福建农信服务乡村振兴战略行动计划(2018—2022年)》,提出了五年累放涉农贷款超万亿元、为800万乡村客户建立金融档案、评定信用农户150万户、让利于民15亿元、因地制宜研发乡村金融产品五大发展目标,实施服务乡村振兴战略十大行动,助力福建加快实施乡村振兴战略[2]。加快推进现代化的农村金融体系,是福建省乡村振兴不可缺少的一部分。

文化消费观念的落后是基于经济能力而言,农村人口的消费占比主要集中于衣食住行,很少追求高雅的艺术产品,文化服务的价格也相对偏高,限制了农民对于文化的消费。而且贴近农民精神生活需求的文化产品和服务较少,因此农民对于文化消费的需求较低。针对此类问题,刺激消费需求成为首要任务。

刺激消费需求的背后就是要了解用户对于产品的关注点。首先,农民对于文化的消费除了看中文化产品的具体使用价值之外,更加关注它所带给人们的精神满足感。而精神满足感来源于用户对于文化产品的认知,只有置身于特定的环境之中,才能领略到不同文化所带来的不同感受。这种特定的环

---

[1][2] 福建日报. 福建农信:不忘初心牢记使命当好乡村振兴的金融主力军 [EB/OL]. http://fjrb.fjsen.com/fjrb/html/2018 - 04/17/content_1100844.htm?div = - 1,2018 - 07 - 17.

境是文化与自然话语融合在一起的产物,这也是逐渐得到公众认同的环境的定义。自然因文化而有灵气,景观因文化而有意义。比如,黄鹤楼、滕王阁等历史建筑是因传世名篇才吸引无数游客驻足,而现代兴建的豪华大剧院如果没有优秀的文化作品或优秀的剧目在其中演出,则仅仅是建筑物(张振鹏,2013)。乡村的自然风光给予消费者的是观感,而让消费者走进乡村生活,与当地人有更亲近的接触和交流,他们所得到的才是完整的印象、深刻的体验。因此注重用户的消费体验才是提升乡村文化消费的关键,两者相辅相成,互相促进,互相发展。村民大多动手能力强,动手参与文化产品的制作对于其感受文化的内涵更为真实。文化站等机构在展示乡村文化艺术的同时,可以引入当地居民参与,尤其是民间工艺品的手工创造。除此之外,吸引外地消费者来参与文化活动对于获取不同类型的用户体验感也非常重要。区域与区域之间本身存在着文化差异,两地居民之间的互动能够更好地促进文化交融,由此激活文化传统精神中的创造力。

3. 文化产业创新

福建省的村落虽然都有丰富多样的民俗文化,但在文化传承以及发展方面仍较落后。通过文化与产业的协同发展,实现文化和经济的可持续发展是两者的共同目标。在创新文化产业方面,可以有以下几个突破点。

(1) 商业模式创新。传统的村落文化虽然历史悠久并且富有原生态的吸引力,但同时又有封闭性和滞后性的特点,开放创新程度低也造成了文化产业的落后,因此文化创新就显得尤为重要。在大数据环境下,将文化产业的商业模式与互联网结合,对用户需求进行精准定位,开发出符合不同用户要求的文化产品。文化产品主要包括农村历史传承的民族特色演出(如舞狮舞龙、扭秧歌等)、民俗工艺品(如陶艺、剪纸、刺绣等)、民间曲艺(如杂技、戏曲等)、生态文化旅游业等(解学芳,2008)。据不完全统计,截至2013年,中国已建成4万多个旅游景区,有半数以上分布在农村地区;全国乡村旅游景区每年接待游客超过5亿人次,旅游总收入超过2000亿元,其中自助游占比达到了70%,只有30%是团队旅游,这说明了中国的旅游已经进入了全民旅游时代(赵华、于静,2015)。人们已经不再满足固定路线和旅行团单一的"上车睡、下车拍"固定旅游模式,而开始注重旅游的文化体验和精神内在体验,这给文化旅游产业和乡村旅游的发展带来了新一轮的挑战和机遇。挑战在于如何通过设计线路流程来吸引游客,机遇在于如果成功吸引游客。这将会有利于乡村文化的传播,同时促进乡村经济良性循环发展。互联网可以通过精准定位,把握不同类型的用户对于乡村文化旅游的需求,根据用户想要体验的旅游类型,来制定和推送相应的文化旅游产品。比如,针对周末及清明、端午等短期旅游,用户的需求定位集中在就近的城市周边村落,并且以放松心情、增进家人感情为主,那么相关的文化旅游机构就可以推出"农家乐"乡村旅游发展模式。乡村依托山水的自然景观以及原生态的农产品和一系列展现风土民俗的文化体验类产品,能够精准吸引久居城市的上班族、热爱探寻大自然的一家三口以及公司的团建活动。而针对大数据分析出的部分偏好历史文化的用户,文化旅游机构通过搜索引擎向目标用户推送古村镇旅游相关信息或者在线下投放广告。古村镇有着深厚的历史文化底蕴、朴实的民风和乡土气息浓郁的建筑遗迹,对于爱好历史文化的游客来说不失为一种了解中国文化的体验(赵华、于静,2015)。除此之外,针对不同的用户需求,还有民间手工艺术推动乡村旅游的发展模式,等等。生态文化旅游的方式不仅给农村的经济发展带来了正效益,也向全中国乃至全世界展现了本村落特有的历史文化,强化了当地的品牌形象。

(2)管理模式的创新。管理模式是在管理理念指导下建构起来,由管理方法、管理模型、管理制度、管理工具、管理程序组成的管理行为体系结构。好的管理模式能够为企业的发展带来良性效益,有利于企业内部和谐发展。乡村文化企业大多采用亲情化管理模式和友情化管理模式,这主要是基于乡村经济不发达、现居人口基数小、企业管理理念落后和法律意识淡薄。此类管理模式的利弊在于,它利用家族血缘关系和友情关系中的内聚性功能,在企业创业初期帮助企业快速成长,但企业发展到一定程度之后,内聚性功能会转化为内耗功能,使企业的发展出现滞缓,潜在的亲人朋友之间的利益纠纷浮出水面。因此,管理模式的创新在一定程度上可以帮助乡村文化企业解决现行管理模式上存在的问题。优秀的企业管理模式有很多种,根据不同企业对于战略发展的要求不同,可以实行不同的管理模式。首先,在企业内部建立相应的规范化制度,应用一定的规则来推动企业管理。当然,这种规则必须是大家所认可的带有契约性的规则,同时这种规则也是责权利对称的。因为未来企业管理的目标模式是以制度化管理模式为基础的。其次,在此基础上,运用绩效管理系统,从员工技能、外部环境、内部条件以及激励效应等方面考察影响企业绩效的原因。通过定期有效的绩效评估,肯定成绩，指出不足，奖励对组织目标达成有贡献的行为和结果，约束不符合组织发展目标的行为和结果。通过这样的激励机制促使员工自我开发，提高能力素质，改进工作方法，从而达到更高的个人和组织绩效水平。规范化的企业管理模式背后，以人为本的企业文化仍然是核心。企业文化是企业的灵魂，是推动企业发展的不竭动力。以人为本的企业文化，不仅强调尊重人的感情，在企业间营造出团结互助，互相激励的和睦气氛，也使企业职工之间形成强大的凝聚力和向心力。

四、结　　语

文化振兴是乡村全面振兴不可或缺的重要内容。习近平总书记在全国"两会"期间指出，要推动乡村文化振兴，加强农村思想道德建设与公共文化建设。这一明确的要求，为提升乡村振兴软实力指明了方向。实践也证明，只有大力推进乡村文化振兴，塑造新时代的乡村精神，充分体现独特的乡村价值，全面展示优良的乡村风尚，才能不断丰富农民的精神食粮，不断提振乡村民众精气神韵，为乡村拼搏振兴与农民安居乐业营造良好的社会氛围。

乡村文化振兴是一个包括村民思想观念、道德风尚、知识素养、精神品格，以及公共文化服务与乡风文明水准等诸多内容在内的系统工程。2017年12月习近平总书记在江苏徐州考察时就明确指出，农村精神文明建设很重要，物质变精神，精神变物质是辩证法的观点，实施乡村振兴战略要物质文明与精神文明一起抓，特别要注重提升农民精神风貌[1]。这对于乡村文化振兴具有重要指导意义。

近年来，福建省贯彻落实"三农"政策，坚持稳中求进工作总基调，牢固树立新发展理念，落实高质量发展的要求，统筹推进"五位一体"总体布局和协调推进"四个全面"战略布局。根据福建省印发的《关于实施乡村振兴战略的实施意见》，福建省计划到2020年，乡村振兴取得重要进展，制度框架

---

[1] 习近平在江苏徐州市考察时强调 深入学习贯彻党的十九大精神 紧扣新时代要求推动改革发展．中国共产党新闻网，http://cpc.people.com.cn/n1/2017/1214/c64094-29705356.html．

和政策体系基本形成；到 2035 年，乡村振兴取得决定性进展，农业农村现代化基本实现；到 2050 年，乡村全面振兴，农业强、农村美、农民富全面实现。

参考文献

[1] 陈立旭. 从传统"文化事业"到"公共文化服务体系"——浙江重构公共文化发展模式的过程 [J]. 中共宁波市委党校学报，2008，30（6）：5-15.

[2] 陈运贵. 关于乡村文化振兴的理论检视与现实思考——基于乡村振兴战略的研究视角 [J]. 皖西学院学报，2018，34（3）：30-34.

[3] 方青. 福建省农村经济发展现状与对策研究 [J]. 现代农村科技，2014（17）：73-75.

[4] 福建日报. 福建农信：不忘初心牢记使命当好乡村振兴的金融主力军 [EB/OL]. http://fjrb.fjsen.com/fjrb/html/2018-04/17/content_1100844.htm?div=-1，2018-7-17.

[5] 福建省统计局. 福建省第三次全国农业普查主要数据公报 [EB/OL]. http://tjj.fujian.gov.cn/xxgk/tjgb/201805/t20180518_2384552.htm，2018-7-18.

[6] 福建省统计局. 福建统计年鉴-2017 [EB/OL]. http://tjj.fujian.gov.cn/tongjinianjian/dz2017/index-cn.htm，2018-7-15.

[7] 解学芳. 文化产业与文化事业博弈下的新农村文化建设 [J]. 理论与改革，2008（6）：98-101.

[8] 李牡丹，周批改. 农村文化事业发展滞后的原因分析与体制改革思路 [J]. 山东农业大学学报（社会科学版），2006，8（3）：55-60.

[9] 潘金志，黄旺生. 福建省农村文化产业发展现状及对策 [J]. 福建农林大学学报（哲学社会科学版），2013，16（4）：5-8.

[10] 石建平. 福建文化建设将乘党的十九大强劲东风展现新风采 [EB/OL]. http://wht.fujian.gov.cn/whcyysc_27528/cyzc/201710/t20171018_2038380.htm，2018-07-20.

[11] 王晴. 福建文化产业发展经验及问题探讨 [J]. 福建理论学习，2017（6）：25-27.

[12] 吴声怡，许慧宏. 论民俗文化的产业开发——福建省农村文化产业发展的模式选择 [J]. 农业经济问题，2007（1）：56-61.

[13] 张振鹏. 新型城镇化中乡村文化的保护与传承之道 [J]. 福建师范大学学报（哲学社会科学版），2013（6）.

[14] 赵华，于静. 新常态下乡村旅游与文化创意产业融合发展研究 [J]. 经济问题，2015（4）.

后　　记

本课题是洪永淼教授所主持的"中央高校基本科研业务费专项资金资助"项目（项目编号：20720181068）和教育部哲学社会科学发展报告资助项目（项目批准号：11JBGP006）——《海峡西岸经济区发展报告》2018年的阶段性成果。2012~2016年的阶段性成果——《海峡西岸经济区发展报告2012》《海峡西岸经济区发展报告2013》《海峡西岸经济区发展报告2014》《海峡西岸经济区发展报告2015》和《海峡西岸经济区发展报告2016》已由北京大学出版社出版，2017年的阶段性成果——《海峡西岸经济区发展报告2017》已由经济科学出版社出版。

在研究过程中，本课题得到了厦门大学社科处的大力支持，王亚南经济研究院科研秘书许有淑，课题组秘书处秘书、研究助理张怡璇也为本课题付出了辛勤的汗水，在此一并致谢。

本课题的最后统稿工作由蔡伟毅、任力完成。各章内容的撰写具体分工如下：

前言（蔡伟毅、任力）

专题一：《建设自由贸易港区的基本思路——以厦门市为例》（王艺明）

专题二：《海峡西岸建设自由贸易港区的现状及前瞻》（杨权、高瑶、钟素英、许悦萌）

专题三：《厦门自贸区金融改革与自由港政策衔接问题研究》（郑鸣、郑立超、张慧敏、李古阳、钟琦、程茜、陈思文）

专题四：《福建省对外直接投资区位选择研究》（蔡伟毅、董海东）

专题五：《厦门市完善政府购买公共服务机制研究》（刘晔、魏天寿、林陈聘）

专题六：《福建省可持续发展的影响因素研究》（郑若娟、施伶霞）

专题七：《厦门市分级诊疗"三师共管"模式的绩效评估》（张兴祥、陈申荣）

专题八：《抓住地铁时代机遇加快厦门跨岛发展步伐的研究》（郑鸣、郑立超、黄荣、雷鑫、杨伟奇、罗思琦）

专题九：《厦门自由贸易港建设的金融支持》（徐宝林、雷墁、魏起文）

专题十：《福建省科技金融发展问题研究》（徐宝林、林金金、胡耕岩、陆滢）

专题十一：《福建省绿色金融发展的对策分析》（任力、吴艳辉　王君铭）

专题十二：《海峡两岸暨香港金融市场联动研究——基于六元非对称VAR-BEKK-MVGARCH模型》（戴淑庚、余博、管超）

专题十三：《福建省乡村振兴的思路与对策》（丁长发）

专题十四：《福建省农业多功能性理论与实证研究》（丁长发、李晴）

专题十五：《福建省乡村振兴的文化支持》（林细细、石梦冉、马程之、汪烨）

后记（任力、蔡伟毅）

课题组主要成员（以英文姓氏为序）：

蔡伟毅：厦门大学经济学院金融系副教授，经济学博士

戴淑庚：厦门大学经济学院金融系教授，经济学博士、博士后

丁长发：厦门大学经济学院经济系副教授，经济学博士

洪永淼：美国康奈尔大学 Ernest S. Liu 经济学与国际研究讲席教授、首批中央"千人计划"入选者、首批人文社科教育部"长江学者"讲座教授、博导，美国加州大学圣地亚哥校区经济学博士，现任厦门大学经济学院、王亚南经济研究院院长

林细细：厦门大学经济学院财政系副教授，经济学博士

刘　晔：厦门大学经济学院财政系教授，经济学博士，现任厦门大学经济学院财政系副主任

任　力：厦门大学经济学院经济系教授，经济学博士、博士后

王艺明：厦门大学经济学院财政系教授，经济学博士，现任厦门大学王亚南经济研究院副院长、经济学院财政系副主任

徐宝林：厦门大学经济学院金融系助理教授，经济学博士

杨　权：厦门大学经济学院国际经济与贸易系教授，经济学博士

后　记

张兴祥：厦门大学经济学院经济系副教授，经济学博士，现任厦门大学劳动经济研究中心副主任

郑　鸣：厦门大学经济学院金融系教授，经济学博士，现任厦门大学—新加坡管理大学中国资本市场研究中心副主任

郑若娟：厦门大学经济学院经济系教授，经济学博士，现任厦门大学企业社会责任与企业文化研究中心常务副主任